एस. एम. मुशरिफ़

करकरे के हत्यारे कौन ?

भारत में आतंकवाद का असली चेहरा

एस. एम. मुशरिफ़ की अन्य पुस्तकें

- ब्राह्मणवादियों के धमाके, मुसलमानों को फाँसी
- 26/11 की जांच — न्यायपालिका भी क्यों नाकाम रही?
- आर एस एस देश का सबसे बड़ा आतंकवादी संगठन
- करकरे को किसने और क्यों मारा?

हमारे नवीनतम प्रकाशनों को यहां देखें
www.pharosmedia.com/books

फ़ेसबुक पर विचार-विमर्श करें
facebook.com/whokilledkarkare

एस. एम. मुशरिफ़
पूर्व आई जी पुलिस, महाराष्ट्र

करकरे के हत्यारे कौन ?

भारत में आतंकवाद का असली चेहरा

PHAROS

Karkare ke Hatyare Kaun? *Bharat mein aatankvaad ka asli chehra*
By S.M. Mushrif, former I.G. of Police, Mahashtra

हिन्दी अनुवाद : सैयद मन्सूर आग़ा, अजय पाण्डे, कमता प्रसाद, अन्तरा करवड़े
पुनरावलोकन : अदील अख़्तर, मुहम्मद इलियास हुसैन

Hindi translation of
Who Killed Karkare? The Real Face of Terrorism in India

यह किताब अंग्रेज़ी, उर्दू और गुजराती में भी इसी प्रकाशन में उपलब्ध है। कन्नड़, मलयालम, तमिल, पंजाबी और मराठी में भी अन्य प्रकाशनों द्वारा उपलब्ध है।

This book is also available in English, Urdu and Gujarati from the same publisher. Also available in Marathi, Tamil, Malayalam, Punjabi, Bengali & Kannada.

Hindi edition Reprint 2012, 2014, 2015, 2019, 2022, 2023
First Hindi edition 2010
First English edition 2009

ISBN-10: 81-7221-038-8
ISBN-13: 978-81-7221-038-0

Pharos Media & Publishing Pvt Ltd
D-84 Abul Fazal Enclave - I
Jamia Nagar,
New Delhi-110025, India
Tel. 011-26947483, 011-2694 5825,
Whatsapp: +91-9818120669
Email: books@pharosmedia.com
Website: www.pharosmedia.com/books

PRINTED & BOUND IN INDIA

www.whokilledkarkare.com

समर्पित

राष्ट्रपिता महात्मा गाँधी को

जिनसे पूछा गया कि
“भगवान क्या है ?”
तो उन्होंने जवाब दिया कि
“सच ही भगवान है”

एक ऐसे ज़माने में
जबकि हर तरफ़ धोखा ही धोखा हो,
सच कहना एक क्रांतिकारी काम है।

— जॉर्ज ऑरवेल

विषय-सूची

तीसरे अंग्रेज़ी संस्करण का प्राक्कथन

अक्तूबर 2009 ई. में इस किताब के पहले अंग्रेज़ी संस्करण के प्रकाशन के बाद कुछ उल्लेखनीय बातें सामने आईं हैं, जो स्पष्ट रूप में मौजूदा किताब में अपनाए गए दृष्टिकोण की पुष्टि करती हैं और जो कुछ विवरण पहले उपलब्ध थे, उनके आधार पर निकाले गए तार्किक नतीजों की पुष्टि करती हैं। मौजूदा किताब के तीसरे अंग्रेज़ी संस्करण के छपने के लिए जाते समय तक की कुछ उल्लेखनीय घटनाएं निम्मिलिखित हैं :

1) ब्राह्मणवादी शक्तियों की ओर से एक नाकाम कोशिश गोवा में साम्प्रदायिक माहौल को करकरे के दौर से पहले की पोज़ीशन में पहुंचाने के लिए की गई, जब दीवाली के त्योहार के अवसर पर हिन्दू धार्मिक समारोह के दौरान बम धमाके किए गए, ताकि मुसलमानों को बरबाद करने का सिलसिला फिर से शुरू हो जाए।
2) प्रधान कमेटी की रिपोर्ट पब्लिक के लिए जारी करने के नाम पर महाराष्ट्र सरकार ने यह हास्यास्पद हरकत की कि पहले तो इसके हानि-रहित हिस्से को *प्रसारित* कर दिया और फिर इस चीज़ को यक़ीनी बनाकर कि अस्ल रिपोर्ट की एक कॉपी भी किसी और को न मिल सके, इसके संवेदनशील हिस्सों को निकालकर इसे विधानसभा में पेश कर दिया।
3) क़त्ल किए गए पुलिस अफ़सर अशोक कामटे की पत्नी श्रीमती विनीता कामटे की रचना "टू द लास्ट बुलेट" के प्रकाशन, जिसमें उन्होंने अपने साहसी और बहादुर पति के जीवन का चित्रण किया है और 26/11 की बदक़िस्मत रात में कामा हॉस्पिटल के अन्दर और उसके आसपास घटनेवाली घटनाओं के ख़ास तौर पर हवाले दिए हैं।

जहाँ तक नम्बर 2 और 3 की घटनाओं का संबंध है, मैंने "बाद की घटनाएं एक बार फिर थ्योरी की पुष्टि करती है," के शीर्षक से इस संबंध में एक सारगर्भित टिप्पणी व्याख्या एवं संदर्भ के साथ लिखी है और उसे मौजूदा संस्करण के छठे अध्याय के अन्त में शामिल किया है। साथ ही, कुछ वायरलेस रिकॉर्ड जो श्रीमती

कामटे ने आर टी आई (RTI) के ज़रिए सरकारी तौर पर हासिल करके अपनी किताब में पेश किए और कुछ दूसरे साक्ष्य जो उन्होंने शामिल किए, जो इस किताब में मेरे निकाले गए कुछ निष्कर्षों से अनुकूलता रखते हैं, उन बिन्दुओं को और अधिक बल प्रदान करने के लिए इस संस्करण में बढ़ाया गया है। साथ ही, यह भी कि चूँकि ब्राह्मणवादी शक्तियों की नाकाम कोशिश की घटना, जिसके तहत गोवा का बम धमाका किया गया, इस किताब में शामिल नहीं किया गया था, उसको मैं संक्षेप में यहाँ बयान करता हूं :

अक्तूबर-नवम्बर 2008 में मालेगांव बम धमाका केस में 11 ब्राह्मणवादी आतंकवादियों की गिरफ़्तारी के बाद देश में बम धमाकों का सिलसिला लगभग पूरी तरह रुक गया, जिससे इस किताब में पेश किया गया यह दावा सही साबित होता है कि बम धमाकों के लिए ब्राह्मणवादी संगठन और इंटेलिजेंस ब्यूरो के ब्राह्मणवादी तत्त्वों की भरपूर मिली-भगत ज़िम्मेदार है, जो उन घटनाओं के लिए मालूम और नामालूम तथा फ़र्ज़ी "मुस्लिम आतंकवादी संगठनों" को दोषी ठहराते हैं। उनका उद्देश्य मुसलमानों के ख़िलाफ़ आम हिन्दुओं को पूर्वाग्रह में ग्रस्त करके उनके दिमाग़ों में नफ़रत का ज़हर भरना है और ब्राह्मणवादी शैतानी हरकतों से उनके ध्यान को हटाना है। धमाकों से रहित यह दौर, जो लगभग एक साल से ज़्यादा का है, उनके लिए अत्यन्त चिन्ताजनक रहा। क्योंकि जैसे-जैसे समय गुज़रता जा रहा था, आम लोगों के दिमाग़ों में यह बात घर करती जा रही थी कि पिछले 5-6 वर्षों के दौरान बम धमाकों का जो सिलसिला चला वह ब्राह्मणवादी आतंकवादियों की कारसतानी थी। इसलिए ब्राह्मणवादियों के दिमाग़ में हलचल मच रही थी कि कहीं कोई बड़ी तबाही बरपा की जाए, जिससे परिस्थिति करकरे से पहले के दौर वाली बन जाए।

26/11 के आतंकवादी हमले से लोगों का ध्यान हटाने के लिए दीवाली के त्योहार से ठीक पहले 16 अक्तूबर 2009 ई. को ब्राह्मणवादी आतंकवादी ग्रुप "सनातन संस्था" के लोगों ने एक कोशिश मारगांव (गोवा) में एक ऐसी जगह धमाका करने के लिए की, जहाँ बड़ी संख्या में हिन्दू दीवाली का पर्व मनाने के लिए जमा हुए थे। लेकिन उनकी बदक़िस्मती और हिन्दुस्तान की ख़ुशक़िस्मती थी कि एक बम लगाते समय फट गया जिससे "सनातन संस्था" के दो सदस्य मर गए। बाद में दो ज़िन्दा बम पुलिस ने नाकारा बनाए। (*इंडियन एक्सप्रेस*, पुणे; *सकाल*, पुणे और *पुधारी*, पुणे; 18 अक्तूबर 2009)। इस उद्देश्य से कि इस

योजना को अमली जामा पहनाने के बारे में मुसलमानों पर शक किया जाए, घटना-स्थल पर एक शॉपिंग बैग छोड़ दिया गया था, जिसमें उर्दू में "ख़ान मार्किट" लिखा हुआ था और उसमें इत्र की एक शीशी भी रखी थी (*द संडे इंडियन एक्सप्रेस*, पुणे, 8 नवम्बर 2009)। उद्देश्य बिल्कुल स्पष्ट था। हर व्यक्ति सोच सकता है कि नतीजा क्या होता। वे बम फटे नहीं, लेकिन अगर फट जाते तो जिस तरह वे लगाए गए थे, एक हिन्दू त्योहार के दौरान एक बड़ी संख्या में निर्दोष हिन्दू मारे जाते जैसा कि पहले होता रहा है। फिर देश भर से सैकड़ों मुस्लिम लड़कों को गिरफ़्तार किया जाता, यातनाएं दी जातीं और उनके सगे-संबंधियों को टॉर्चर किया जाता। इंटेलिजेंस ब्यूरो आगे बढ़ती और उनके ख़िलाफ़ "साक्ष्य" पेश करती और "मुसलिम आतंकवाद" का भूत फिर से ज़िन्दा हो जाता। लेकिन संयोग से यह सब कुछ नहीं हुआ और मालेगांव बम धमाका केस के आरोपियों – लेफ़्टिनेंट पुरोहित और अभिनव भारत की प्रज्ञा सिंह ठाकुर के बीच तार जुड़े हुए मिले (*इंडियन एक्सप्रेस*, पुणे, 12 दिसम्बर 2009)।

यह घटना उस दावे की पुष्टि करती है, जो इस किताब में पेश किया गया है कि देश में धमाकों के ज़िम्मेदार ब्राह्मणवादी हैं। मगर ब्राह्मणवादी मीडिया के ज़रिए मुसलमानों के सिर इलज़ाम थोपा जाता है ताकि मुसलमानों के ख़िलाफ़ सीधे-सादे हिन्दुओं के दिमाग़ में नफ़रत बिठाई जाए।

एस .एम .मुशरिफ़

प्राक्कथन

यह पुस्तक वास्तव में एक शोध-कार्य है जो पुलिस सेवा और सामाजिक क्षेत्र में अपने लम्बे अनुभव और समाचारपत्र-पत्रिकाओं में पिछले कुछ सालों में साम्प्रदायिकता व आतंकवाद के बारे में छपी रिपोर्टों पर आधारित है। इसके दो मुख्य उद्देश्य हैं। एक यह कि भारत में साम्प्रदायिकता के बारे में उन बहुत सारे सवालों के जवाब तलाश करना जो जीवनभर और ख़ासकर पुलिस सेवा में जाने के बाद से मुझे उद्वेलित करते रहे। दूसरा उद्देश्य स्वर्गीय हेमंत करकरे की राष्ट्र के लिए अंजाम दी गयी उस सेवा को श्रद्धा-सुमन अर्पित करना है जो उन्होंने एक राष्ट्रविरोधी आतंकी साज़िश का भंडाफोड़ कर अंजाम दी।

इस पुस्तक को क़लमबन्द करने के लिए मुझे प्रेरित करने वाले कारकों में एक कारक वह परिदृश्य है जो मुझे उस स्थान के सेक्यूलर माहौल से मिला जहां मैं पला-बढ़ा, उस साम्प्रदायिक माहौल के उलट जो देश के अधिकतर स्थानों पर पाया जाता है।

मैं महाराष्ट्र के ज़िला कोल्हापुर में एक क़स्बे कागल का निवासी हूं। एक ऐसा क़स्बा जो ज़िला मुख्यालय से निकट और राष्ट्रीय राजमार्ग पर स्थित होने की वजह से अपने देहाती अंदाज़ के साथ नगरीय जीवन का एक हल्का-सा रंग लिए हुए है।

सन् 1960 व 1970 के दशकों में, जब मैं एक विद्यार्थी था, देश भर में और ख़ास तौर से महाराष्ट्र सहित मध्य और उत्तरी राज्यों में साम्प्रदायिक दंगों के समाचार लगातार आते रहते थे। जब राज्य के अधिकांश भाग साम्प्रदायिक दंगों से झुलस रहे होते थे, कोल्हापुर उनसे बचा रहता था। कोल्हापुर राज्य के पूर्व महाराजा छत्रपति साहू की दूरदृष्टि, उदारता और उनकी प्रगतिशील सामाजिक, आर्थिक व शैक्षणिक नीतियों की वजह से ये क्षेत्र शांति व सौहार्द्र का द्वीप बना रहता। वही थे जिन्होंने सन् 1902 में, देश के इतिहास में पहली बार धर्म, जाति और बिरादरी से ऊपर उठ कर समाज के सभी पिछड़े वर्गों को सरकारी नौकरियों में 50 प्रतिशत आरक्षण दिया। अत: पूरे कोल्हापुर में वातावरण इतना शांतिमय और सौहार्द्रपूर्ण रहा कि मेरी पीढ़ी के लोगों को साम्प्रदायिक दंगों का ताप और उसके भयानक परिणामों का अहसास तक नहीं हुआ।

मैं सन् 1976 में पुलिस सेवा में आया और सीधे उप-अधीक्षक पुलिस के पद पर मेरी नियुक्ति हुई। थोड़ी-सी अवधि में ही, सन् 1981 सीनियरिटी के साथ आई पी एस में ले लिया गया और सन् 2005 में, जबकि मैं एक रेंज का पुलिस महानिरीक्षक था, अपनी इच्छा से मैंने रिटॉयरमेंट ले लिया और उसके बाद स्वयं को सामाजिक कामों के लिए समर्पित कर दिया।

मैं सौभाग्यशाली रहा कि पुलिस सेवा के दौरान मुझे ज़्यादातर प्रशासकीय पदों पर काम करने का अवसर मिला। जिन नगरों या ज़िलों में मैंने काम किया, उनमें से ज़्यादातर साम्प्रदायिक दृष्टि से संवेदनशील या अति संवेदनशील थे इसलिए मुझे साम्प्रदायिक समस्याओं को स्वयं देखने और समझने के काफ़ी अवसर मिले।

मैं चूंकि सामाजिक दृष्टि से एक प्रगतिशील ज़िला कोल्हापुर से आया था इसलिए जिन स्थानों पर मेरी नियुक्ति हुई, उनका तनावपूर्ण साम्प्रदायिक वातावरण, और जन सामान्य को भड़का कर दंगे कराने की एक वर्ग की सुनियोजित कोशिशें शुरू-शुरू में मेरे लिए बड़ी हैरानी और परेशानी का कारण बनी रहीं। लेकिन समय के साथ-साथ मैंने बदले हुए सामाजिक वातावरण को समझ लिया और एक पेशागत पुलिस अधिकारी की हैसियत से परिस्थितियों से निपटने के रास्ते और तरीक़े निकाल लिए। यद्यपि एक मुस्लिम अधिकारी के लिए साम्प्रदायिक रूप से संवेदनशील वातावरण में काम करना बहुत कठिन होता था लेकिन मैंने अपने प्रशासकीय तौर-तरीक़ों और समझ-बूझ के साथ परिस्थितियों को संभाला और तमाम ज़िम्मेदारियों में सफल रहा। और यही अनुभव था जिसने मुझे इस विषय पर यह शोध-कार्य करने के लिए प्रोत्साहित किया।

एक पुलिस अधिकारी के पद पर अपने सेवाकाल के दौरान साम्प्रदायिक हंगामों में आने वाले मामलों की, क़ानूनी बन्दोबस्त के अनुसार छान-बीन करने के अलावा मैंने उनका अध्ययन मध्यकालीन भारत के इतिहास की रोशनी में सामाजिक विज्ञान और भीड़ की मानसिकता के संदर्भ में भी किया। मैंने यह बात नोट की कि हिन्दू-मुस्लिम दंगे न तो दोनों सम्प्रदायों के बीच किसी वास्तविक भ्रम का नतीजा होते हैं और न ही अचानक या घटनात्मक कारणों से फूट पड़ने वाली उत्तेजना से होते हैं। बल्कि ये हिंसक घटनाएं उन ब्राह्मणवादी संगठनों व संस्थाओं की सोची-समझी और लगातार कोशिशों का नतीजा होती हैं, जो

"हिन्दू संगठन" का मुखौटा लगाकर समाज में साम्प्रदायिकता का ज़हर फैलाती रहती हैं।

मैंने उन घटनाओं को मध्यकालीन इतिहास से जोड़ने की भी कोशिश की, लेकिन कोई तर्कसंगत सम्बन्ध तलाश नहीं कर सका। हां, जब मैंने साम्प्रदायिक दंगों के इतिहास में जाकर देखने की कोशिश की और ख़ास तौर से उन दंगों के जो बीसवीं सदी में हुए तो मैं सन् 1893 ई. का साल निर्धारित कर सका जहां से साम्प्रदायिक दंगों का वह सिलसिला शुरू हुआ जो पूरी बीसवीं सदी में बढ़ती हुई रफ़्तार और मंशा के साथ चलता रहा और उसका अंजाम सन् 1992 में बाबरी मस्जिद के विध्वंस और सन् 2002 के गुजरात-नरसंहार के रूप में सामने आया। इसे हम साम्प्रदायिकता का पहला चरण कह सकते हैं।

21 वीं सदी शुरू हुई तो देश भर में बम धमाकों का एक नया सिलसिल सामने आया, जिनकी रिपोर्टिंग मीडिया में बहुत ही बढ़ा-चढ़ाकर और ग़लत ढंग से हुई। ये रिपोर्टिंग देश की प्रमुख ख़ुफ़िया एजेंसी (आई बी) के इशारों पर हुईं; फिर इन बम धमाकों की जाँच में निहित उद्देश्यों से आई बी का ग़ैरज़रूरी हस्तक्षेप; सन् 2006 ई. का नानदेड़ बम धमाका केस, जिसकी सच्चाई स्वत: ही सार्वजनिक हो गई; ए टी एस प्रमुख हेमंत करकरे द्वारा सन् 2008 के मालेगांव बम धमाकों की बिल्कुल ईमानदाराना और पारदर्शी जाँच, जिससे आतंक फैलाने के एक राष्ट्रव्यापी आतंकी नेटवर्क का भंडाफोड़ हुआ; मुंबई पर 26/11 का आतंकी हमला, जो आई बी द्वारा एक बहुत महत्त्वपूर्ण सूचना को जान-बूझ कर रोक लिए जाने का नतीजा था। उसके परिणामस्वरूप मालेगांव मामले की जाँच में रुकावट; ए टी एस प्रमुख हेमंत करकरे की दर्दनाक और कायरतापूर्ण हत्या और उनकी जगह पर जल्दबाज़ी में तुरंत एक विवादास्पद पुलिस अधिकारी के. पी. एस. रघुवंशी की नियुक्ति; मुंबई आतंकवादी हमले के दौरान सी एस टी-कामा अस्पताल-रंग भवन लेन की घटनाओं की आई बी और एफ बी आई द्वारा अत्यंत संदेहपूर्ण जाँच, जिसमें मुंबई क्राइम ब्रांच का रोल मात्र एक कठपुतली जैसा रहा और इसी तरह की दूसरी घटनाएं शामिल हैं।

मैंने इस किताब में उन सवालों के जवाब तलाश करने की कोशिश की है जो सन् 1893 ई. के पहले बड़े हिन्दू-मुस्लिम साम्प्रदायिक दंगे से लेकर 26 नवम्बर 2008 के मुंबई पर आतंकी हमले तक की घटनाओं से खड़े हुए हैं। वे सवाल कुछ इस तरह हैं :

1. इसके बावजूद कि पूरे मध्यकालीन भारत में और उसके बाद के काल में भी ब्राह्मणों के सम्बन्ध मुसलमानों के साथ सामान्यत: मधुर रहे हैं, फिर आख़िर किस कारण से ब्राह्मणवादियों ने सन् 1893 से जान-बूझ कर मुस्लिम-विरोधी वातावरण बना कर हिन्दू-मुस्लिम दंगों को बढ़वा देना शुरू किया।
2. मुल्क की प्रमुख ख़ुफ़िया एजेंसी आई बी आख़िर क्यों आर एस एस जैसे ब्राह्मणवादी संगठनों की घिनौनी साम्प्रदायिक गतिविधयों से सरकार को अंधकार में रखती रही है, हालाँकि ये संगठन देश भर में अपनी हज़ारों शाखाओं के माध्यम से मुसलमानों के विरुद्ध विष फैलाते हैं।
3. देश भर में यद्यपि पिछले 60 साल से साम्प्रदायिक दंगों का सिलसिला लगातार जारी है; फिर भी आख़िर क्या कारण है कि आई बी ने सरकार को क़भी समय रहते सही सूचना देकर और ईमानदारी के साथ अपनी सलाह देकर उनको कंट्रोल नहीं किया ?
4. 21वीं सदी के शुरू से ही आई बी ने क्यों अचानक "ख़ुफ़िया सूचनाओं" के नाम पर तथाकथित "मुस्लिम" आतंकी संगठनों से प्रमुख व्यक्तियों, धार्मिक स्थानों और महत्त्वपूर्ण संस्थानों के लिए सम्भावित ख़तरे की अफ़वाहें फैलानी शुरू कर दीं ?
5. आई बी ने सरकार को अनेक ब्राह्मणवादी संगठनों द्वारा की जा रही तैयारियों से आख़िर क्यों ख़बरदार नहीं किया ? जैसे अपने कैडर्स (स्वयंसेवकों) को आतंकवाद की ट्रेनिंग देना, हथियार और गोला-बारूद जमा करना, बम बनाना, यहाँ तक कि उनके धमाके भी करना आदि ?
6. आई बी ने अभिनव भारत की गतिविधियों और उसके "हिन्दू-राष्ट्र" बनाने की योजना से सरकार को अन्धेरे में क्यों रखा ?
7. आई बी लगभग हर बम धमाके और दहशतगर्दी के हर मामले की जाँच में अपने आप ही क्यों ग़ैरज़रूरी हस्तक्षेप करती है जबकि उसकी असल ज़िम्मेदारी केवल ख़ुफ़िया जानकारियां हासिल करना है ?
8. मुंबई पर 26/11 के आतंकी हमले के बारे में आई बी ने अत्यंत महत्त्वपूर्ण जानकारी को क्यों रोके रखा और मुंबई पुलिस व पश्चिमी जलसेना कमान को इसकी जानकारी क्यों नहीं दी जो कि इस मामले से सबसे ज़्यादा सम्बंधित थे।

9. आई बी ने उन 35 मोबाइल फ़ोनों के नम्बरों को, जिनके बारे में शक है कि 26/11 मुंबई आतंकवादी हमले के दौरान आतंकियों के उपयोग में थे, अपनी निगरानी में क्यों नहीं रखा ? जबकि हमले से पांच दिन पहले ही आई बी को ये नम्बर उपलब्ध करा दिए गए थे।

10. ए टी एस प्रमुख हेमंत करकरे के क़त्ल के चंद घंटों के अंदर-अंदर आई बी ने उनके स्थान पर के. पी. रघुवंशी जैसे विवादित और साम्प्रदायिक अधिकारी की नियुक्ति क्यों करवाई ?

11. आई बी ने क्यों मुंबई हमले के केस को शुरू से ही व्यावहारत: अपने हाथ में ले लिया और क्यों एक विदेशी एजेंसी एफ बी आई को हमारे आंतरिक मामलों में इतना अधिक हस्तक्षेप करने दिया ?

मेरी खोज मुझे बताती है कि ये सारे सवाल एक-दूसरे से सम्बंधित हैं और आपस में जुड़े हुए हैं। इस खेल के असल खिलाड़ी ब्राह्मणवादी तत्त्व हैं जिनमें ब्राह्मणों की एक मामूली-सी संख्या के अलावा कुछ थोड़े-से ऐसे ग़ैर ब्राह्मण भी शामिल हैं जिनकी ब्रेनवाशिंग की गयी है। इसी के साथ आई बी जिसमें ब्राह्मणवादी तत्त्वों का दबदबा है, और मीडिया का एक वर्ग जिसपर ब्राह्मणवादियों का कंट्रोल है, शामिल हैं। उनका असल मक़सद भारतीय समाज पर ब्राह्मणवादियों का पूरा नियंत्रण क़ायम करना है। शुरू में उनका निशाना आम हिन्दुओं को दंगों में लिप्त करके सामाजिक और धार्मिक नियंत्रण प्राप्त करना था। लेकिन अपने मुस्लिम-विरोधी अभियान में आशा से अधिक सफलता ने उनके अंदर राजसत्ता हथियाने की लालसा भी पैदा कर दी। इस निशाने को हासिल करने के लिए उन्होंने रामजन्म भूमि जैसे भावनात्मक मुद्दे खड़े करके साम्प्रदायिक भावनाओं को और अधिक भड़काया। आख़िरकार बाबरी मस्जिद के विध्वंस के बाद वे राजनीतिक सत्ता प्राप्त करने में सफल हो गए जिसको आज़ादी के बाद के ज़माने में उनकी साम्प्रदायिक राजनीति का चरम बिन्दु कहा जा सकता है।

इस प्रकार सत्ता का स्वाद लग जाने के बाद ब्राह्मणवादियों की उमंगों में और उफान आया। लेकिन कट्टरपंथी ब्राह्मणवादी तत्त्व दूसरी ग़ैर ब्राह्मणवादी शक्तियों के साथ सत्ता में साझेदारी से संतुष्ट नहीं हुए और उन्होंने महसूस किया कि वे दूसरे ग़ैर ब्राह्मणवादी संगठनों के साथ रह कर अपने मूल ब्राह्मणवादी एजेंडे को लेकर नहीं चल सकते। इसलिए वे सत्ता पर पूरा अधिकार चाहने लगे।

इसलिए उन्होंने संवैधानिक तरीक़े से स्थापित केन्द्रीय सरकार को उखाड़ फेंकने और उसकी जगह "हिन्दू-राष्ट्र" के नाम पर ब्राह्मणवादी राष्ट्र स्थापित करने की साज़िश रचना शुरू कर दी। उनकी योजना थी देश भर में बड़ी संख्या में बम धमाके कराना और उनका आरोप आई बी में मौजूद अपने हमदर्दों की मदद से मुसलमानों पर लगाना जिसके बाद मीडिया का एक वर्ग अराजकता की स्थिति पैदा करे जिससे उनके लिए देश पर क़ब्ज़ा करने का मार्ग प्रशस्त हो जाए।

लेकिन देश के सौभाग्य और ख़ुद उनके दुर्भाग्य से उनका सपना इस वजह से पूरा होने से रह गया कि मालेगांव बम धमाकों की जाँच के दौरान महाराष्ट्र पुलिस के आतंक-विरोधी दस्ते (ए टी एस) ने हेमंत करकरे के नेतृत्व में उस साज़िश का भंडाफोड़ कर दिया। अभी जबकि करकरे की जाँच अधूरी थी मुंबई में 26/11 के आतंकी हमले की घटना पेश आ गयी जिससे उसकी जाँच अचानक रुक गई। इस हमले में करकरे संदिग्ध परिस्थितियों में क़त्ल कर दिए गए। 26/11 के इस आतंकी हमले को आसानी से रोका जा सकता था, लेकिन आई बी ने जान-बूझ कर एक अत्यंत महत्त्वपूर्ण सुराग़ को, जो उसको भरोसेमन्द सूत्रों से मिला था, रोके रखा। यह शक कि सूचना जान-बूझ कर रोकी गई थी, करकरे के क़त्ल के चंद घंटों के अंदर-अंदर ही एक अत्यंत विवादित और साम्प्रदायिक पुलिस अधिकारी के. पी. एस. रघुवंशी को उनके स्थान पर ए टी एस का प्रमुख नियुक्त किया जाने से पक्का हो गया, जिसमें आई बी ने बहुत ज़्यादा रुचि ली, जिसकी अपनी भूमिका कि मुंबई हमले के छत्रपति शिवाजी रेलवे टर्मिनस (विक्टोरिया रेलवे जंक्शन) कामा अस्पताल और रंग भवन गली वाले भाग की घटनाओं में सबसे ज़्यादा संदिग्ध है। अत: इस चीज़ ने रघुवंशी को मालेगांव 2008 धमाका मामले की जाँच हाथ में लेने और उस जल्दबाज़ी में निपटा देने का मौक़ा दे दिया।

मैंने इस किताब में उन घटनाओं को उनके घटित होने के क्रम में बयान किया है और समाचारपत्रों की रिपोर्टों व दूसरे स्रोतों से मिली सूचनाओं के आधार पर उनका विश्लेषण करके कुछ नतीजे निकाले हैं। और इस आधार पर जो नज़रिया पेश किया है वह इस बात से और ज़्यादा साबित हो गया है कि *देश भर में हर बम धमाके के बाद सैकड़ों मुस्लिम नौजवानों की गिरफ़्तारियों के बावजूद धमाकों का जो सिलसिला रुकने में नहीं आ रहा था, वह सन 2008 के मालेगांव आतंकी हमले के मूल अपराधियों (साध्वी प्रज्ञा ठाकुर, ले. कर्नल प्रसाद पुरोहित और*

महंत दयानन्द पाण्डे आदि) की गिरफ़्तारी के बाद लगभग पूरी तरह थम गया है।[1]

मुझे नहीं मालूम कि मेरी इस पुस्तक को पाठक किस तरह लेंगे? ख़ास तौर से मुंबई हमले से सम्बंधित अध्याय को, क्योंकि उस हमले के बाद से अब तक विशेषत: छत्रपति रेलवे टर्मिनस, कामा अस्पताल और रंगभवन गली की घटनाओं के बारे में आई बी और मुंबई क्राइम ब्रांच द्वारा मीडिया के माध्यम से मनगढ़ंत और झूठी सूचनाएं लोगों पर बहुत ज़्यादा दाग़ी जा चुकी हैं। मुझे विश्वास है कि आपने पूरी किताब को ध्यानपूर्वक पढ़ा तो मेरे अध्ययन और मेरे बयान को आप पुलिस की कहानी से ज़्यादा भरोसे लायक़ पाएंगे। मैं यह आग्रह नहीं करता कि जो नतीजे मैंने निकाले हैं आप उनको ज्यों का त्यों स्वीकार कर लें और उनपर बिना जांचे कार्यवाही की जाए। मेरी इच्छा केवल यह है कि जो नए तथ्य सामने आए हैं उनकी रोशनी में किसी स्वतंत्र एजेंसी से या उच्च स्तरीय कमीशन से सारे मामले की फिर से जाँच कराई जानी चाहिए, जैसा कि किताब के अध्याय 7 में कहा गया है, लोकसभा में विपक्ष के नेता एल के आडवाणी भी तीन बार यह मांग कर चुके हैं।

जहां तक ब्राह्मणवादी तत्त्वों का सम्बन्ध है, उनकी प्रतिक्रिया तीन में से किसी एक रूप में होगी, जो उनका नियमित तरीक़ा है। वे या तो इस पुस्तक की पूरी तरह अनदेखी कर देंगे (लेकिन इस मामले में यह इसलिए सम्भव नहीं है कि मामला बहुत संवेदनशील है)। या वे किताब में से कुछ भावुक विषयों को परिवेश से अलग करके लेंगे और जनभावनाओं को भड़काने का प्रयास करेंगे। या फिर आम हिन्दुओं को विरोध-प्रदर्शन पर उकसा कर ख़ुद हमेशा की तरह परदे के पीछे छुप जाएंगे। ऐसा ही उन्होंने डॉक्टर बाबा साहिब अम्बेडकर की किताब *द रिडिल्स ऑफ़ हिन्दुइज़्म* (The Riddles of Hinduism) पर किया था। मेरी पाठकों से गुज़ारिश है कि वे पूरी किताब को पढ़े बिना अपनी प्रतिक्रिया व्यक्त न करें और ब्राह्मणवादी प्रोपेगण्डे का शिकार न हो जाएँ। वरना इस पुस्तक की रचना का उद्देश्य ही ख़त्म हो जाएगा।

---

[1] उसके बाद केवल एक घटना गोवा में हुई उसमें भी ब्राह्मणवादी संगठनों से जुड़े आतंकवादी ही लिप्त पाए गए – अनुवादक

1

हिन्दू-मुस्लिम दंगे

आम हिन्दुओं (बहुजन) को दबोचे रखने के लिए ब्राह्मणवादियों की रणनीति

हो सकता है कि कोई इस बात को न माने लेकिन देश के साम्प्रदायिक परिदृश्य में आम धारणा ये है कि भारतीय मुसलमान आम तौर से देशभक्त नहीं हैं, उनका झुकाव पाकिस्तान की ओर रहता है और उनको तथाकथित "मुस्लिम-आतंकवादियों" से हमदर्दी है। और इसी लिए ब्राह्मणवादी, जिन्हें देशभक्त और राष्ट्रवादी समझा जाता है, कट्टर मुस्लिम-विरोधी हैं, और आम हिन्दुओं को "जागृत" करते व इस्लाम के "ख़तरे" से उन्हें ख़बरदार करते रहते हैं। एक और कारण जो ब्राह्मणवादी मुसलमानों का कड़ा विरोध करने के लिए बार-बार दोहराते हैं, वे कथित अत्याचार हैं जो उनके अनुसार मध्यकालीन भारत में मुस्लिम शासकों ने अपने लगभग सात सौ साल के शासन काल में हिन्दुओं पर किए हैं।

इस पर चर्चा करने से पहले कि इन आरोपों में कितनी सच्चाई है, हमें यह जान लेना चाहिए कि ये ब्राह्मणवादी हैं कौन जो अपने आप ही इस देश और हिन्दू धर्म की रक्षा के दावेदार बन बैठे हैं? ये "ब्राह्मणवादी" ब्राह्मणों का एक बहुत छोटा-सा वर्ग और बहुत ही थोड़े-से ऐसे ग़ैर-ब्राह्मण हैं, जिनके विचारों को एक विशेष सांचे में ढाल दिया गया है। ये समझते हैं कि जातियां जन्म से हैं और ब्राह्मण जाति सबसे ऊंची है, देव जाति है और भारतीय समाज पर हमेशा राज करने के लिए पैदा की गयी है। लेकिन लाख टके का सवाल ये है कि क्या वास्तव में ब्राह्मण मुस्लिम-विरोधी रहे हैं? और अगर ऐसा है तो कब से? इतिहास हमें बताता है कि ब्राह्मण कभी भी मुस्लिम-विरोधी नहीं रहे। बल्कि वे 1893 ई. से अचानक उनके ख़िलाफ़ हो गए, जो कि भारत के साम्प्रदायिक

इतिहास में एक मील का पत्थर है। इस बिन्दु की समीक्षा हमें मध्यकालीन इतिहास की कसौटी पर करनी चाहिए।

यह एक ऐतिहासिक तथ्य है कि सात सौ साल से अधिक समय तक भारत पर मुसलमानों ने शासन किया है। यह भी एक सच्चाई है कि उस दौरान भारतीय समाज पर ब्राह्मणों का निश्चित रूप से आज के मुक़ाबले कहीं अधिक चुनौती मुक्त (आसान) था। सीधे-सादे हिन्दू पूरी तरह उनके वश में थे और वही करते थे जो ब्राह्मण उनसे करवाना चाहते थे। उस दौर में अगर ब्राह्मण वास्तव में मुस्लिम शासकों के विरोधी होते तो वे उनको एक साल भी भारत पर राज न करने देते। लेकिन मध्यकालीन भारत के इतिहास में एक मिसाल भी ऐसी नहीं मिलती कि ब्राह्मणों ने हिन्दू समाज को मुसलमानों के ख़िलाफ़ "जागृत" करने का प्रयास किया हो या मुस्लिम शासकों को सत्ता से हटाने के लिए कोई खुला या भूमिगत आन्दोलन चलाया हो। दूसरी तरफ़ उस काल का इतिहास ऐसे उदाहरणों से भरा हुआ है कि ब्राह्मणों ने मुसलमान शासकों की सहायता की और इस बात को सुनिश्चित किया कि उनका शासन आसानी से चलता रहे। मुग़ल शासक अकबर के "नवरत्नों" में से कई ब्राह्मण थे। टीपू सुलतान के ख़ास सलाहकार और प्रशासकीय अधिकारी ब्राह्मण थे। यहाँ तक कि औरंगज़ेब, (जिनका नाम आज ब्राह्मणवादी साम्प्रदायिक उत्तेजना भड़काने के लिए ख़ूब इस्तेमाल करते हैं) के "दरबार" में भी 50 प्रतिशत से ज़्यादा ब्राह्मण थे। वास्तव में ब्राह्मणों के समर्थन की बदौलत ही मुसलमान सात सौ साल से अधिक समय तक आराम के साथ भारत पर शासन कर सके, जिसमें अकबर और औरंगज़ेब जैसे मुग़ल शासकों का दौर भी शामिल है। इनमें से हर एक का शासन पचास साल तक चला। संक्षेप में यह कहा जा सकता है कि मध्यकालीन भारत में मुसलमानों के साथ ब्राह्मणों के सम्बन्ध सौहार्द्रपूर्ण रहे।

इस पृष्ठभूमि में आर एस एस के पूर्व सरसंघचालक एम एस गोलवलकर का अपनी पुस्तक *We or Our Nationhood Defined* (हम अथवा हमारी परिभाषित राष्ट्रयाद) में ये दावा कि "उस मनहूस दिन से जब पहली बार मुसलमान भारत में उतरे आज तक हिन्दू-राष्ट्र इन लुटेरों को परास्त करने के लिए पूरी बहादुरी के साथ लड़ रहा है"; एक खुला झूठ लगता है जब तक कि वह "हिन्दू-राष्ट्र" की शब्दावली से ब्राह्मणों को अलग न करें।

पुणे में ब्राह्मण पेशवाओं के शासनकाल के दौरान, जबकि मुसलमानों की आबादी 30 प्रतिशत से अधिक थी, 1818 ई. में राज्य के ख़ात्मे तक हिन्दू-मुस्लिम टकराव का एक भी उदाहरण नहीं मिलता। पेशवाओं के राज में जबकि हिन्दू दलितों के लिए ज़रूरी था कि वे थूकने के लिए मिट्टी की एक हंडिया अपनी गरदन में डाले रहें और अपने पीछे एक बड़ी सी झाड़ू लटकाए रहें ताकि ज़मीन पर पड़ने वाले उनके पैरों के "अपवित्र चिह्न" साथ-साथ मिटते चले जायें, मुसलमानों के साथ सम्मानजनक व्यवहार किया जाता था। इसके अलावा सन् 1857 ई. के पहले स्वतंत्रता संग्राम में, जो सर्वजन हिन्दुओं, ब्राह्मणों और मुसलमानों ने मिल कर लड़ा था, ये सर्वजन हिन्दू और ब्राह्मण ही थे जिन्होंने मुग़ल शासक बहादुर शाह ज़फ़र को अपना राजा घोषित किया था। मतलब यह है कि उन्नीसवीं सदी के पूर्वार्द्ध तक बल्कि उसके बाद भी मुसलमानों और ब्राह्मणों के सम्बन्ध बहुत ही सौहार्द्रपूर्ण रहे और उस समय तक ब्राह्मण मुसलमानों या मुस्लिम शासकों के ख़िलाफ़ नहीं थे। फिर स्वाभाविक रूप से यह सवाल पैदा होता है कि उन्नीसवीं सदी के अन्त में, यानी 1893 से जबकि देश में साम्प्रदायिक दंगों का वह सिलसिला शुरू हुआ जिसका नतीजा देश के विभाजन के रूप में निकला और जो अभी तक जारी है, तब से ब्राह्मण मुस्लिम-विरोधी क्यों हो गए ?

सन् 1893 ई. से आज तक साम्प्रदायिक दंगों के इतिहास और पिछले चंद सालों के दौरान वास्तविक व काल्पनिक दोनों प्रकार के आतंकवाद को समझने के लिए हमें उस समाज-सुधार-आन्दोलन को समझना होगा जो ब्राह्मणवादी सामाजिक व्यवस्था को बदलने के लिए 19 वीं सदी के अन्त में शुरू हुआ और पूरे देश, ख़ास तौर से महाराष्ट्र व कुछ दक्षिणी राज्यों में फैल गया।

समाज-सुधार के आन्दोलन से हिन्दुओं का ध्यान हटाने के लिए ब्राह्मणवादियों ने मुसलमानों को चारे के रूप में इस्तेमाल किया

प्राचीन काल से ही ब्राह्मण भारत के सामाजिक जीवन पर पूरी तरह हावी रहे हैं। जब कभी भी उनकी स्थिति के लिए कोई ख़तरा पैदा हुआ उन्होंने विरोध पर क़ाबू पाने और समाज पर वर्चस्व बनाए रखने के लिए मौक़े के हिसाब से विभिन्न प्रकार की रणनीतियां और चालें इस्तेमाल कीं। जैसे बौद्ध भिक्षुओं का क़त्ल

करना और उन्हें देश से निकाल देना, जातिवादी व्यवस्था का गठन, अपने द्वारा लिखे गए ग्रंथों में ब्राह्मणों की महिमा का बयान और उन्हें भगवान का दर्जा देना, जातिवादी व्यवस्था को मज़बूत करने के लिए मनुस्मृति की रचना क़रना और उसे ईश्वरीय पुस्तक बताकर पेश करना, समाज में अंधविश्वासों और आडम्बरों को बढ़ावा देना। क्षत्रीय राजाओं को रोकने के लिए विदेशी हमलावरों को बुलाना, स्वार्थपूर्ण उद्देश्य से ग़लत और विकृत इतिहास गढ़ना वग़ैरह।

उन्होंने मुग़ल और ब्रिटिश काल में इसी चाल से काम ले कर समाज पर अपना प्रभुत्व बनाए रखा। लेकिन उन्नीसवीं सदी के अन्त में पुणे (महाराष्ट्र) के ज्योतिराव फूले ने, जिनको बाद में "महात्मा" का ख़िताब नवीन इतिहास में पहली बार दिया गया, लम्बे समय से चली आ रही ब्राह्मणवादियों की मक्कारी को उजागर किया। उन्होंने सर्वजन हिन्दुओं, दबे कुचले लोगों और महिलाओं के लिए, जिनको शिक्षा से वंचित रखा गया था, स्कूल खोले। उन्होंने किताबें, गीत और नाटक लिखे, और उनकी मदद से आम हिन्दुओं को जागृत किया और उन्हें बताया कि किस तरह ब्राह्मणवादियों ने मुद्दतों से आम जनता को ग़ुलाम बनाए रखा है, और किस तरह वे ग़रीब किसानों, दलितों, महिलाओं और दूसरे दबे कुचले लोगों के शोषण, उत्पीड़न और ज़िल्लतों के लिए ज़िम्मेदार रहे हैं और किस तरह उन्होंने पूरे समाज को आर्थिक, सामाजिक और बौद्धिक नुक़सान पहुंचाया है। और किस तरह मुट्ठी भर ब्राह्मण बाक़ी समाज की क़ीमत पर ख़ुद हर क्षेत्र में फलते-फूलते रहे हैं। महात्मा ज्योतिराव फूले के इस जागृति अभियान ने समाज पर व्यापक प्रभाव डाला।

उनके इस आन्दोलन और समाज में उसके गहरे प्रभाव से प्रभावित हो कर कोल्हापुर (महाराष्ट्र) के राजा शाहू जी और बड़ौदा (जो अब गुजरात में है) के राजा सियाजी राव गायकवाड़ ने भी न केवल लोगों को जागृत किया बल्कि उन्होंने महात्मा ज्योतिराव फूले की शिक्षाओं के आधार पर अपने-अपने राज्यों से ब्राह्मणवादियों को बेदख़ल करने के लिए कई सामाजिक प्रयोग भी किए। लगभग उसी ज़माने में दक्षिणी भारत में रामा स्वामी पेरियार और नारायण गुरु जैसे समाज-सुधारकों ने भी ऐसी ही जन-जागृति के आन्दोलन शुरू किए। उन्नीसवीं सदी के अंत तक महाराष्ट्र और कई दक्षिणी राज्यों में ये आन्दोलन ख़ूब ज़ोर पकड़ चुके थे और बाक़ी देश में भी फैलने लगे थे।

यह स्थिति ब्राह्मणवादियों के लिए गम्भीर चिंता का कारण बन गई थी जिन्हें यह ख़तरा पैदा हो गया था कि अगर यह आन्दोलन पूरे देश में फैल गया और आम हिन्दुओं के दिमाग़ में ये बात बैठ गई कि उनके सारे दुख-दर्द और कष्टों के लिए मूल रूप से ब्राह्मण ही ज़िम्मेदार हैं तो वे उनको छोड़ेंगे नहीं और निश्चित रूप से बदला लेंगे। ख़ास कर देर-सवेर अंग्रेज़ों के देश छोड़ जाने के बाद।

अत: उस स्थिति पर क़ाबू पाने के लिए ब्राह्मणवादी नेता और बुद्धिजीवी एक ऐसी रणनीति बनाने में लग गए जिससे संकट पर क़ाबू पाया जा सके, उनके द्वारा किए गए अत्याचारों को आम हिन्दू भूल जाएं और समाज पर उनका अपना वर्चस्व बना रहे। चुनांचे पुणे के कुछ ब्राह्मणवादी नेताओं को एक अनोखी तरकीब सूझी जिसके अनुसार समाज-सुधार के आन्दोलन और उसके नतीजे में आम हिन्दुओं के इंतिक़ाम (प्रतिशोध) से ब्राह्मणवादियों को बचाने का रास्ता यह था कि हिन्दू-मुस्लिम विभाजन करके आम हिन्दुओं का ध्यान आन्दोलन से हटा दिया जाए और उन्हें आपस में ही लड़ा दिया जाए। ब्राह्मणवादियों ने इस "योजना" को सर्वसम्मति से स्वीकर कर लिया और एकजुट हो कर इस योजना में लग गए। इस योजना का पहला परीक्षण पुणे में सन् 1893 ई. में साम्प्रदायिक दंगा भड़का कर दिया गया। जिसके लिए उसी साल मुंबई में एक घटना से पैदा हो जाने वाले सामाजिक तनाव का सहारा लेकर हिन्दुओं को मुसलमानों के ख़िलाफ़ भड़काया गया। उसके बाद ब्राह्मणवादियों ने पीछे मुड़ कर नहीं देखा। एम एस गोलवाल्कर द्वारा अपनी पुस्तक "वी ऑर अवर नेशनहुड डिफाइंड" (हम या हमारी परिभाषित राष्ट्रीयता) में नाज़ी जर्मनी की मिसाल देकर जातीय नरसंहार पर खुले आम उकसाना उनकी इस रणनीति का ही हिस्सा है : "अपनी जाति और संस्कृति को शुद्ध रखने के लिए जर्मनी ने अपने देश से सामी नस्ल (यहूदियों) का सफ़ाया करके पूरी दुनिया को हिला दिया था — जाति पर गर्व की सबसे ऊंची मिसाल .... हिन्दुस्तान में हमारे लिए सीखने और फ़ायदा उठाने के लिए एक अच्छा पाठ।" इस तरह साम्प्रदायिक दंगों का जो सिलसिला सन् 1893 ई. में शुरू हुआ और आज तक जारी है, इस ब्राह्मणवादी रणनीति का ही नतीजा है और यह समाज-सुधार के उस आन्दोलन से आम हिन्दुओं का ध्यान हटाने के लिए बनाई गयी है जो अत्याचार व भेद-भाव वाली ब्राह्मणवादी सामाजिक व्यवस्था को बदलने के लिए शुरू हुआ था। इस रणनीति में असली निशाना

हिन्दू बहुजन हैं जबकि मुसलमान केवल चारे के तौर पर इस्तेमाल किए जा रहे हैं।

यद्यपि ब्राह्मणवादियों ने सन् 1893 से ही इस रणनीति पर अमल शुरू कर दिया था और समय-समय पर साम्प्रदायिक समस्याओं को हवा देते रहते थे लेकिन उनकी गतिविधियाँ पूरी तरह संगठित और सुनियोजित नहीं थीं। अत: इस नीति को सुनियोजित ढंग से कार्यान्वित करने और अपने ब्राह्मणवादी कार्यकर्ताओं में अनुशासन व बेहतर तालमेल के लिए सन् 1925 में कार्यकर्ताओं के एक संगठन "राष्ट्रीय स्वयंसेवक संघ" (आर एस एस) का विधिवत गठन किया गया। अपने उद्देश्यों की प्राप्ति के लिए आर एस एस ने दो महत्त्वपूर्ण संस्थाओं मीडिया और इंटेलिजेंस को, जो जनमत को प्रभावित करने और अपनी आवश्यकता के अनुसार ढालने में सक्षम हैं, अपनी पकड़ में लेने का फ़ैसला किया। सन् 1947 में भारत के स्वतंत्र होने तक संघ इन दो महत्त्वपूर्ण अंगों पर बड़ी हद तक कंट्रोल कर चुका था। आज़ादी के बाद उसने इन दोनों संस्थाओं पर लगभग पूरी तरह अपनी पकड़ बना ली और फिर इनका इस्तेमाल देश के साम्प्रदायिक वातावरण को बिगाड़ने के लिए किया। इस तरह आम जनता का ध्यान देश की मूल समस्याओं से हटाकर देश की लगभग सभी सामाजिक और सांस्कृतिक संस्थाओं पर कंट्रोल हासिल कर लिया।

हम यहाँ केवल मीडिया और इंटेलिजेंस के रोल पर विचार करेंगे और यह देखेंगे कि पिछले सालों में ये संस्थाएं कितनी शक्तिशाली हो गयी हैं और आर एस एस के ब्राह्मणवादियों ने किस तरह उनको अपने सामाजिक और राजनीतिक उद्देश्यों की प्राप्ति के लिए इस्तेमाल किया है।

ब्राह्मणवादियों के नियंत्रण वाला मीडिया

मीडिया ब्राह्मणवादियों के हाथों में एक बहुत शक्तिशाली हथियार है और वे उसका इस्तेमाल बहुत ही प्रभावशाली ढंग से करते हैं। उन्होंने मीडिया पर आरम्भ से ही लगभग पूरा नियंत्रण प्राप्त कर लिया और इस मामले में वे बहुत चौकन्ना रहते हैं। वे मीडिया में हर जगह मौजूद रहते हैं। कोई यह नहीं जानता कि इलेकट्रॉनिक या प्रिंट मीडिया में किस जगह और किस हैसियत में वे मौजूद हैं और वास्तव में कौन उसको नियंत्रित कर रहा है। वे इलेक्ट्रॉन की तरह काम

करते हैं जो दिखाई तो किसी को नहीं देते मगर उनकी मौजूदगी हर जगह महसूस होती है। कुछ एक अपवादों को छोड़ कर मुख्यधारा के किसी भी अख़बार को हम पढ़ते हैं तो साफ़ लगता है कि कोई ब्राह्मणवादी शक्ति उसे कंट्रोल कर रही है। यही स्थिति इलेक्ट्रॉनिक मीडिया की है। सत्ता में चाहे कोई भी दल क्यों न हो, ये ताक़तवर हथियार हाथ में आ जाने से वे शासकों, प्रशासकों, राजनीतिज्ञों, सिविल और पुलिस प्रशासन, यहाँ तक कि उद्योगपति तथा व्यापारी वर्ग को भी अत्यंत प्रभावशाली ढंग से कंट्रोल करते हैं।

मीडिया पर ब्राह्मणवादियों के कंट्रोल की वजह समझ में आनी वाली है। लिखने-पढ़ने पर ब्राह्मण हमेशा से अपना एकाधिकार (Monopoly) बनाए हुए हैं, और इसी वजह से पत्रकारिता में भी स्वाभाविक रूप से शुरू में ब्राह्मणों का ही बोलबाला रहा। लेकिन पहले ब्राह्मण पत्रकार आम जनता की सामाजिक, आर्थिक और राजनीतिक समस्याओं को सामने लाने में सकारात्मक भूमिका अदा करते थे। मीडिया के माध्यम से वे उनकी समस्याओं और परेशानियों को सामने लाते थे और उनके समाधान में सहयोग भी देते थे। वे मनमौजी शासकों और अत्याचारी प्रशासकों पर भी नज़र रखते थे और उनको अन्याय व अत्याचार से रोकने की कोशिश करते थे।

लेकिन 19 वीं सदी के अन्तिम दशक से ब्राह्मणों में एक विशेष मानसिकता वाले तत्त्वों ने मीडिया पर नियंत्रण हासिल कर लिया और उसका उपयोग आम हिन्दुओं को मुसलमानों से लड़ाकर उनका ध्यान समाज-सुधार के प्रयासों से हटाने के ब्राह्मणवादी एजेंडे को पूरा करने लिए शुरू कर दिया ताकि समाज पर पहले की तरह उनका वर्चस्व बना रहे। इसके लिए उन्होंने देश में साम्प्रदायिक माहौल को बिगाड़ा और आम जनता को ग़लत सूचनाएं देकर गुमराह किया।

आज़ादी के बाद स्वदेशी भाषाओं के समाचारपत्रों पर ब्राह्मणवादियों ने लगभग पूरी तरह नियंत्रण हासिल कर लिया था। यद्यपि उस समय तक कुछ दूसरी जातियों और विभिन्न विचारधाराओं के पत्रकार भी मैदान में आ गए थे, मगर उनकी संख्या बहुत कम थी। अत: ये नए पत्रकार उनपर अपना प्रभाव नहीं डाल सके। इनको मालूम था कि पूरी व्यवस्था ब्राह्मणवादियों के हाथों में है इसलिए व्यवस्था में अपना अस्तित्व बनाए रखने के लिए उन्हें चाहे-अनचाहे ब्राह्मणवादी नीतियों का पालन करना पड़ा। यदि किसी ने उनसे अलग रास्ता

अपनाने की कोशश की या असंतोष की आवाज़ उठाई तो उसको सुनियोजिन तरीक़े से मेन स्ट्रीम मीडिया से अलग कर दिया गया।

इसके बावजूद समाज-सुधारकों, धर्मनिरपेक्ष लोगों, अल्पसंख्यकों और आम जनता के लिए कुछ मौक़ा था कि देसी मीडिया पर ब्राह्मणवादियों का प्रभुत्व होने के बावजूद अंग्रेज़ी समाचारपत्र बड़ी हद तक उनकी पकड़ से बाहर और आज़ाद थे और उनकी निष्पक्षता बनी हुई थी लेकिन यह स्थिति उसी समय तक रही जब तक अंग्रेज़ी अख़बारों के ख़ास एडीशन बड़े-बड़े शहरों से प्रकाशित होते रहे। जैसे ही उन्होंने अपने क्षेत्रीय एडीशन प्रकाशित करने शुरू किए, बड़ी संख्या में ब्राह्मणवादी उनमें घुस आए और आज स्थिति यह है कि इलेक्ट्रॉनिक मीडिया और अंग्रेज़ी प्रेस उनके नियंत्रण में हैं। यही कारण है कि ब्राह्मणवादी, जिनके पंजे मीडिया पर मज़बूती के साथ गड़े हुए हैं, हुकूमत के ऊँचे से ऊँचे अधिकारी से लेकर छोटे से छोटे कर्मचारी तक सब पर दबाव डालते हैं, यहाँ तक कि उनको ब्लैकमेल तक करते हैं और उद्योगपतियों, व्यापारियों व आम लोगों तक से अपना काम निकाल लेते हैं।

ब्राह्मणवादियों और आई बी के बीच सांठ-गांठ आर एस एस द्वारा आई बी पर क़ब्ज़ा

आई बी भारत सरकार की गुप्त सूचनाएं प्राप्त करने की प्रमुख संस्था है। इतना ही नहीं यह हुकूमत की आंख और कान है, अतः बिल्कुल शुरू से ही ब्राह्मण-वादियों ने इसमें घुस-पैठ शुरू कर दी और आज़ादी के बाद के दस साल में इसपर पूरा कंट्रोल हासिल कर लिया। किसी साम्प्रदायिक संगठन के किसी सरकारी संस्थान पर योजनाबद्ध तरीक़े से नियंत्रण प्राप्त कर लेने का यह आदर्श उदाहरण है। उन्होंने ये सब कुछ किस तरह किया, यह भी अध्ययन के लिए एक दिलचस्प विषय है।

आई बी के अधिकारी और कर्मचारी दो तरह के होते हैं। कुछ तो स्थायी रूप से नियुक्त होते हैं और कुछ को, ख़ास कर मध्यम व ऊंचे पदों पर, राज्यों से डेपुटेशन पर नियुक्त किया जाता है। प्रारम्भ में ब्राह्मणवादियों ने आई बी में प्रवेश किया और सबसे महत्त्वपूर्ण स्थाई पदों पर जम गए। उसी के साथ आर एस एस जैसे ब्राह्मणवादी संगठनों ने विभिन्न राज्यों के तेज़ तर्रार नवयुवक ब्राह्मण

आई पी एस अधिकारियों को डेपुटेशन पर आई बी में जाने के लिए प्रोत्साहित करना शुरू किया।

मराठी पाक्षिक पत्रिका "बहुजन संघर्ष" (30 अप्रैल 2007) में प्रकाशित एक रिपोर्ट में बताया गया है कि :

"इस प्रकार आई बी के प्रमुख पदों पर आर एस एस के वफ़ादारों के आसीन हो जाने के बाद उन्होंने यह नीति अपनाई कि ख़ुद ही राज्यों के ऐसे अधिकारियों को चिह्नित करते जो उनकी नज़र में आई बी के लिए "उचित" होते और उनको ही आई बी में लिया जाने लगा। इसका नतीजा यह हुआ कि आर एस एस की विचारधारा से सहमत युवा आई पी एस अधिकारी अपने सेवा काल के आरम्भ में ही आई बी में शामिल होने लगे और फिर 15, 20 साल तक आई बी में ही रहे। कुछ ने तो अपना पूरा कैरियर आई बी में गुज़ारा। उदाहरण के लिए महाराष्ट्र केडर के अफ़सर वी जी वैद्य सेवा-निवृत्त होने तक आई बी में ही रहे और डॉयरेक्टर के उच्चतम पद तक पहुंचे। दिलचस्प बात यह है कि जब वह आई बी के डॉयरेक्टर थे, उनके भाई एम जी वैद्य महाराष्ट्र आर एस एस के प्रमुख थे। अगर आई बी के ऐसे अधिकारियों की सूची पर, जो विभिन्न राज्यों से डेपुटेशन पर आई बी में लिए गए, गहराई से नज़र डाली जाए तो यह नज़र आएगा कि उनमें से अधिकतर या तो आर एस एस के वफ़ादार रहे हैं या उनका आर एस एस से निकट का सम्बन्ध रहा है और वे या तो आर एस एस के इशारे पर आई बी या "रा" में गए हैं या फिर उनको इन संगठनों में मौजूद आर एस एस का एजेंडा पूरा करने वाले अधिकारियों ने लिया है। रिकॉर्ड में दिखाने के लिए कुछ ऐसे अफ़सर भी आई बी में लिए जाते रहे जिनका सम्बन्ध आर एस एस से नहीं रहा लेकिन उनको स्थायी रूप से ग़ैर महत्त्वपूर्ण काम सौंपे गए।"

आई बी द्वारा आर एस एस के एजेंडे का लागू करना

इस प्रकार आई बी पर व्यावहारिक रूप से आर एस एस के पूर्ण नियंत्रण के बाद उसने आर एस एस के एजेंडे को बड़ी तत्परता के साथ इस तरह कार्यान्वित करना शुरू किया जैसे वह कोई सरकारी संगठन न हो बल्कि आर एस एस का ही कोई अंग हो। आर एस एस को एक राष्ट्र हितैषी संगठन के रूप में सामने लाने और वामपंथियों को देशद्रोही व मुसलमानों को रूढ़िवादी, आतंकवादी और देश-विरोधी सम्प्रदाय ठहराने के अपने उद्देश्य में वह पूरी तरह सफल हो चुकी है।

उसने इसके लिए निम्न तरीके अपनाकर "सच्चाई को दबाओ, झूठ को सच बना कर प्रस्तुत करो" की नीति पर काम किया :

1. आई बी ने सरकार को आर एस एस और उसके सहयोगी संगठनों की साम्प्रदायिक गतिविधियों, विदेशों से भारी मात्रा में धन की प्राप्ति, सामाजिक, शैक्षिणिक और सांस्कृतिक संस्थाओं और मीडिया में उनकी घुसपैठ से और उस साम्प्रदायिक ज़हर से जो पूरे देश में वे अपनी हज़ारों शाखाओं के माध्यम से दिन-रात फैलाते रहे हैं, अंधेरे में रखा और इसके बजाय आर एस एस को एक "राष्ट्र-प्रेमी संगठन" के रूप में प्रस्तुत किया। यह बात उन रिपोर्टों के अध्ययन और विश्लेषण से ज़ाहिर हो जाती है जो आई बी ने पिछले कुछ सालों में सरकार को दी हैं।
2. आई बी ने वामपंथी दलों और मुस्लिम संस्थाओं व सेक्यूलर संगठनों के बारे में एक बिल्कुल ही उलटी नीति अपनाई। उसने उनकी गतिविधयों के बारे में बहुत ही बढ़ा-चढ़ा कर और कभी बिल्कुल झूठी सूचनाएं सरकार को दीं, हालाँकि उनकी गतिविधियां आर एस एस और उसके सहयोगी संगठनों की सरगरमियों के मुक़ाबले में राष्ट्र के लिए कुछ भी हानिकारक नहीं रहीं। केन्द्र में सत्ता में आने वाली हर सरकार ने, जो कि सूचनाओं के लिए पूरी तरह आई बी पर निर्भर है, उन रिपोर्टों पर भरोसा किया और वामपंथियों व धर्मनिरपेक्ष संगठनों को "चरमपंथी" या "आतंकवादी" ठहरा कर उनकी क़ानूनी गतिविधियों तक में रुकावटें खड़ी कीं और इस तरह उन्हें किनारे लगाया।

आई बी आर एस एस से ज़्यादा ब्राह्मणवादी है

पिछले कुछ वर्षों से नई पीढ़ी की राजनीतिक आकांक्षाओं के दबाव में और कुछ अपने "ब्राह्मणी मूल" पर हिन्दू मुखौटा चढ़ाने की बेचैनी की वजह से आर एस एस और उसके राजनीतिक संगठन बी जे पी को पिछले वर्षों के दौरान अपने मूल एजेंडे के कुछ बिन्दुओं पर समझौता करना पड़ा जिसका एक नतीजा यह हुआ कि ब्राह्मणवादी एजेंडे के प्रति उनका उत्साह बड़ी हद तक कमज़ोर पड़ गया। लेकिन आई बी में मौजूद ब्राह्मणवादियों का मामला ऐसा नहीं है। वे संघ परिवार के एजेंडे को बराबर दिमाग़ में रखते हैं। और न केवल पहले की तरह ही उस एजेंडे के प्रति वफ़ादार और समर्पित हैं बल्कि सरकार में लगातार बढ़ते

प्रभाव और प्रशासन पर अपने दबदबे की बदौलत दिन-प्रति-दिन ज़्यादा से ज़्यादा दुस्साहसिक कारनामे अंजाम देने का हौसला पा रहे हैं। इस तरह धीरे-धीरे आई बी ने ब्राह्मणवाद के असल चैम्पियन की भूमिका अपना ली है और आर एस एस की विचारधारा और नीतियों का संरक्षक बन गई है। अगर ब्राह्मणवादी मानसिकता के आई बी अफ़सरों की आर एस एस एजेंडे के प्रति ऐसी वफ़ादारी और निष्ठा न होती तो आर एस एस की असल आत्मा कब की मिट चुकी होती और अपने सारे संसाधनों और मज़बूत संगठन के बावजूद समाज पर ऐसी मज़बूत पकड़ वह हासिल न कर पाती जैसी कि उसने कर ली है। आर एस एस और आई बी एक दूसरे से कितने जुड़े हुए हैं, निम्न उदाहरण से यह अच्छी तरह समझा जा सकता है :

दिल्ली यूनीवर्सिटी के प्रोफ़ेसर सैयद अब्दुर्रहमान गीलानी ने, जिनको दिल्ली हाईकोर्ट और सुप्रीम कोर्ट दोनों ने संसद भवन पर आतंकी हमले के आरोप से बरी कर दिया था, *तहलका* (22 नवम्बर 2008) में लिखा है : "मैंने इस इंटेलिजेंस ऐजंसी को बहुत क़रीब से देखा है। उनके साथ बैठ कर मुझे कभी ऐसा नहीं लगा कि मैं एक लोकतांत्रिक देश के किसी सरकारी दफ़्तर में बैठा हूँ। बल्कि हमेशा ऐसा प्रतीत हुआ कि मैं आर एस एस के मुख्यालय में बैठा हूँ।"

आई बी और "रा" में कोई तुलना नहीं

मैं रॉ को आई बी की श्रेणी में नहीं रखना चाहता क्योंकि दोनों की विशेषताएं अलग हैं। और उसके निम्न कारण हैं :

1. "रॉ" (RAW: Research & Analysis Wing) की स्थापना आज़ादी के कोई बीस साल बाद इंदिरा गांधी के शासन काल में हुई थी, इसलिए लगातार कोशिशों के बावजूद इस संगठन का आई बी की तरह ब्राह्मणीकरण नहीं हो सका। यूं तो रॉ में भी कुछ अधिकारी ब्राह्मणवादी विचारधारा के रहे हैं, मगर ऐसा मामला एक-आध ही हो सकता है इसलिए इस संस्था में उस प्रकार की वैचारिक घुसपैठ नहीं हो सकी जिस तरह आई बी में हो गई है।
2. इसके अलावा यह कि "रॉ" का कार्य-क्षेत्र पाकिस्तान, बंगला देश, चीन, अफ़ग़ानिस्तान, श्रीलंका और कुछ दूसरे देशों तक सीमित है और वह देश के आंतरिक मामलों पर प्रभाव नहीं डाल सकती। इसलिए आई बी की

तरह उसकी उपस्थिति महसूस नहीं हो सकती।

3. पिछले कुछ वर्षों के दौरान इन दोनों संगठनों में प्रोफ़ेशनल मुक़ाबला इस हद तक पहुंच गया है कि दोनों एक दूसरे को नीचा दिखाने का एक भी अवसर हाथ से जाने नहीं देते।

इस वजह से "रॉ" में काफ़ी संख्या में ब्राह्मणवादी अधिकारियों की मौजूदगी के बावजूद आर एस एस और दूसरे ब्राह्मणवादी संगठन उसको "अपना" नहीं समझते और उसपर ज़्यादा भरोसा नहीं करते। यद्यपि समय-समय पर वे अपने उद्देश्यों के लिए उसका उपयोग भी करते हैं। नतीजे के तौर पर आई बी धीरे-धीरे सबसे ज़्यादा शक्तिशाली संगठन बन गई है।

संघ-नियंत्रित आई बी : अपने आप में अधिकार-सम्पन्न संगठन

केन्द्र में एक के बाद एक सत्ता में आने वाली सरकारें कुछ तो ख़ुद अपनी राजनीतिक उलझनों में और कुछ दिन-प्रतिदिन के सरकारी काम-काज में इतनी व्यस्त रहीं कि जब तक ये समझ सकतीं कि आई बी पर व्यावहारत: ब्राह्मणवादी छा चुके हैं, बहुत देर हो चुकी थी और तब तक आई बी अपने लिए एक ऐसा सुदृढ़ और सुव्यवस्थित कवच बना चुकी थी कि उसे तोड़ना किसी सरकार के लिए सम्भव नहीं रहा। अत: सरकार को उसे सत्ता के एक स्वच्छंद अंग के रूप में स्वीकार करना पड़ा। आई बी प्रमुख को नियुक्त करने का विधिवत अधिकार यद्यपि सरकार के हाथ में है लेकिन सामान्यत: उसके सामने चयन की शायद ही कोई गुंजाइश बाक़ी रहती है। यह एक परम्परा बन गई है कि सेवा-निवृत होने वाला डॉयरेक्टर, ख़ुद अपने उत्तराधिकारी का नाम प्रस्तावित करता है और सरकार उसको बिना कोई सवाल किए स्वीकार कर लेती है। पूर्व में दो अपवादों को छोड़ कर इस प्रणाली पर पाबंदी से अमल होता रहा है। यदि सरकार कोई ऐसा निदेशक नियुक्त भी कर देती है, जो ब्राह्मणवादी न हो, तब भी उससे कोई विशेष अंतर नहीं पड़ता। ब्राह्मणवादी आई बी में इतनी मज़बूती से अपने क़दम जमाए हुए हैं कि वे किसी "बाहरी" अफ़सर को आई बी की कार्य-प्रणाली में कोई बड़ा परिवर्तन नहीं करने देते और अगर वह अपनी बात पर डटा रहता है और उन तत्त्वों की सलाह को स्वीकार नहीं करता तो फिर ऐसी परिस्थिति पैदा कर दी जाती है जो ख़ुद उस अफ़सर के लिए और साथ ही

सरकार के लिए दुविधा का कारण बन जाती है और इस तरह वे तत्त्व उसको अपनी राह पर ले आते हैं।

आई बी किस प्रकार केन्द्र और राज्य सरकारों को अपनी पकड़ में रखती है ?

प्रधानमंत्री की दिनचर्या सामान्यत: आई बी के डॉयरेक्टर की मुलाक़ात से शुरू होती है। 15-20 मिनट की इस मीटिंग में डॉयरेक्टर प्रधानमंत्री को पिछले 24 घंटों के दौरान होने वाली घटनाओं से संक्षिप्त रूप से अवगत कराता है और यह भी बताता है कि आई बी ने अपने सूत्रों से जो सूचनाएं प्राप्त की हैं और देश की सामाजिक व साम्प्रदायिक स्थिति का जो अनुमान उसने अपनी जानकारी के आधार पर लगाया है, उसको नज़र में रखते हुए आगे किस तरह की घटनाओं की सम्भावना है। डॉयरेक्टर आई बी गृहमंत्री को भी रोज़ाना संक्षिप्त रिपोर्ट पेश करता है। जब कभी कोई ख़ुफ़िया जानकारी ऐसी होती है जिसका सम्बन्ध विदेश मामलों या रक्षा मामलों से हो तो आवश्यकता अनुसार वह सीधे सम्बंधित मंत्री को भी रिपोर्ट देता है।

पी. एम. और गृहमंत्री को रोज़ाना रिपोर्टें पेश किए जाने की इस व्यवस्था का आई बी के ब्राह्मणवादी वर्षों से पूरा-पूरा दोहन करते रहे हैं और इसके चलते उन्होंने बड़ी चतुराई से आई बी को शासन और प्रशासन की पहुंच से पूरी तरह सुरक्षित कर लिया है। इसके लिए जो कार्य-प्रणाली अपनाई जाती है वह इस तरह है :

1. "अत्यंत गुप्त सूचना" और "ख़ुफ़िया कार्यवाही" का ठप्पा लगा कर वे इस बात को सुनिश्चित कर लेते हैं कि आई बी की गतिविधियों के बारे में कोई सूचना प्रमुख सरकारी विभागों जैसे पी. एम. कार्यालय, गृह-मंत्रालय, विदेश-मंत्रालय या सुरक्षा-मंत्रालय में इधर से उधर न जाने पाए।
2. उन्होंने राज्य सरकारों, उच्च सिविल और पुलिस अधिकारियों, यहाँ तक कि न्यायपालिका में भी ये भ्रम पैदा कर रखा है कि आई बी जो कुछ भी करती है वह देश की सुरक्षा और प्रतिष्ठा के लिए करती है और उसकी प्रधानमंत्री कार्यालय से स्वीकृति होती है।
3. "गुप्त ऑप्रेशन", "ख़ुफ़िया कार्यवाही", "देश-विरोधी तत्त्वों के विरुद्ध कार्यवाही", "आतंकवादियों के ख़िलाफ़ कार्यवाही," "आंतरिक सुरक्षा",

"अंतरराष्ट्रीय सम्बन्ध" आदि शब्दावली को बार-बार दोहरा कर वे अपनी लगभग सारी गतिविधियों को गुप्त और अपारदर्शी रखती है।

उपर्युक्त परिस्थिति के नतीजे में केन्द्र के विभिन्न विभाग, राज्य सरकारें, सिविल और पुलिस अफ़सर आई बी की हिदायात पर इस तरह पूरी तत्परता से काम करने लगे हैं मानो वह निर्देश वास्तव में प्रधानमंत्री के कार्यालय से प्राप्त आदेश हैं। वे इस डर से कि कहीं "अत्यंत ख़ुफ़िया सूचना" किसी और के हाथों में न पड़ जाए, न तो आई बी की किसी हिदायत के औचित्य पर कोई सवाल उठाते हैं और न प्रधानमंत्री के कार्यालय से या गृह-मंत्रालय से या किसी अन्य सरकारी उच्च अधिकारी से उसकी पुष्टि करते हैं। उनको यह डर भी रहता है कि यदि उन्होंने आई बी के निर्देश पर ठीक उसी प्रकार कार्यवाही नहीं की या उसके औचित्य की पुष्टि करनी चाही तो आई बी उनके विरुद्ध अपने सिक्का बंद हथियार "ऑफ़ीशिअल सीक्रेट एक्ट सन् 1923" को इस्तेमाल कर सकती है। अतः आई बी की "ख़ुफ़िया कार्रवाइयों" का सिलसिला बिना किसी डर और किसी हस्तक्षेप या रुकावट के चलता रहता है। "अत्यंत गुप्त" मामलों में एक विभाग से दूसरे विभाग में सूचनाओं का स्वतंत्र आदान-प्रदान न होने के कारण किसी को यह पता भी नहीं चलता कि उस कारवाई को प्रधानमंत्री के कार्यालय से या गृह-मंत्रालय से मंज़ूरी हासिल है या नहीं। अतः यह बिल्कुल सम्भव है कि प्रधानमंत्री के दफ़्तर या गृह-मंत्रालय को उसकी सूचना तक न हो। *चुनांचे, वक़्त गुज़रने के साथ आई बी की "ख़ुफ़िया" कार्रवाहियों का राज़ इतने परदों के पीछे छिपता चला गया कि अब इसमें भी शक है कि ख़ुद प्रधानमंत्री या गृहमंत्री भी इन परदों के पार देख सकते हैं या नहीं।*

आई बी की ढीठाई

आई बी की साम्प्रदायिकता का इससे बेहतर और कोई प्रमाण नहीं हो सकता कि सन् 1993 ई. तक उसमें एक भी मुसलमान अधिकारी नहीं था (*कॉम्यूनलिज़्म कॉम्बेट*, सितम्बर 1993, *द टेलिग्राफ़*, कलकत्ता; 18 मार्च 1993 तथा *द संडे*, 27 मार्च-2 अप्रैल 1994), यद्यपि सन् 1993 ई. के बाद मात्र ख़ानापूर्ति के लिए कुछ मुस्लिम अधिकारियों को भी आई बी में डेपुटेशन पर लिया गया। लेकिन यह कल्पना ही की जा सकती है कि उनके साथ किस तरह का व्यवहार किया

गया होगा और उनपर कितना भरोसा किया गया होगा। ख़ास तौर से आई बी के ब्राह्मणवादी अफ़सरों के उस ढीठाई को ध्यान में रखते हुए कि वे मुसलमान गृह सचिव तक को अपनी गतिविधियों की रिपोर्ट देने से वे बचते थे, जो कि उनका बॉस होता है। एक पूर्व डी. जी. पुलिस के. एस. सुब्रह्मणियम ने अपने एक लेख में जो नवम्बर 2008 के *मुस्लिम इंडिया* में प्रकाशित हुआ था, लिखा है : "एक पूर्व केन्द्रीय गृह सचिव ने जो इस पद पर आसीन होने वाले पहले मुसलमान थे एक बार मुझसे शिकायत की कि आई बी अपनी रिपोर्टें उनको नहीं दिखाती हालाँकि वह आई बी के विधिवत उच्च अधिकारी हैं।"

आई बी में ब्राह्मणवादी अधिकारियों ने मुफ़्ती सईद के साथ, जब वे केन्दीय गृहमंत्री थे, किस तरह का व्यवहार किया यह पता नहीं है, लेकिन सम्भावना यह है कि वे मिस्टर सईद की उपेक्षा नहीं कर सके होंगे, क्योंकि उस समय के प्रधानमंत्री विश्वनाथ प्रताप सिंह ऐसे आदमी नहीं थे कि उन्हें आसानी से शीशे में उतार लिया गया हो क्योंकि वह उन अधिकारियों की जन्म-पत्री से उसी तरह वाक़िफ़ थे जिस तरह अपने हाथों की लकीरों से। अत: उनको बहकाना उनके बस की बात नहीं रही होगी। उनके शासन काल में आई बी ने अपनी गतिविधियों को स्प्रिंग की गुड़िया की तरह, सरकार बदलने के बाद उछल-कूद करने के लिए सीमित कर लिया होगा।

सरकार आई बी के फंदे में

मराठी पाक्षिक *बहुजन संघर्ष* (30 मई 2008) ने लिखा है :

"यह परिस्थिति कैसे पैदा हुई और क्यों आई बी, पाकिस्तान की आई एस आई की तरह पिछले चंद सालों में इतनी शक्तिशाली बन गई कि न केवल यह कि सरकार को अपनी मंशा पर चलाए बल्कि उसे और उसके नेताओं को ब्लैकमेल भी करे। इसका कारण यह है कि सन् 1990 ई के दशक में उस समय के प्रधानमंत्री और गृह-मंत्रालय ने आई बी को यह छूट दे दी थी कि वह कुछ संवेदनशील मामलों में, बिना रिकॉर्ड पर लाए ख़ुफ़िया जाँच करे और कुछ संदिग्ध लोगों के टेलीफ़ोनों पर गुप्त रूप से नज़र रखे। आई बी के अफ़सर सरकार को यह विश्वास दिलाने में सफल हो गए कि यदि फ़ोन विधिवत तौर पर टेप किए गए या उन संवेदनशील मामलों में नियमानुसार जाँच की गई तो महत्त्वपूर्ण राज़फ़ाश हो जाने का अंदेशा है। इस तरह वह

ख़ुफ़िया तौर पर फ़ोन टेप करने और जाँच करने का अधिकार प्राप्त करने में सफल हो गए। आई बी ने अपनी ब्राह्मणवादी मानसिकता के अफ़सरों की नियुक्तियां टेलीफ़ोन विभाग के प्रमुख पदों पर करवा कर उस तरीक़े को स्थायी कर लिया और ग़ैर क़ानूनी तौर से फ़ोन टेप करने को एक परम्परा बना लिया। यह मालूम नहीं है कि बाद में आने वाली सरकारों से आई बी ने इस ग़ैर क़ानूनी कार्रवाही की विधिवत अनुमति प्राप्त की या नहीं या यह बात उनकी जानकारी में आई भी या नहीं, लेकिन आई बी आज भी इसी प्रणाली पर चल रही है। जिस सरकार ने आई बी को इस काम की अनुमति दी थी, उसको शायद इस बात का अंदाज़ा नहीं था कि वह आई बी के हाथ में एक दोधारी तलवार दे रही है जिसको ख़ुद उसके ख़िलाफ़ भी इस्तेमाल किया जा सकता है और इसके नतीजे बहुत गम्भीर हो सकते हैं। टेलीफ़ोन विभाग में आर एस एस के किसी वफ़ादार को बिठा कर किसी भी व्यक्ति की, चाहे वह किसी भी हैसियत का मालिक हो, टेलीफ़ोनिक बातचीत को सुना जा सकता है और उसे ब्लैकमेल किया जो सकता है। इस तरह सरकार ख़ुद अपने बनाए हुए फंदे में फंस गई है।"

केन्द्रीय सरकार के पास गुप्त जानकारियां प्राप्त करने या उनकी पुष्टि करने का कोई दूसरा साधन नहीं है। अत: आई बी जो कुछ भी सूचनाएं उपलब्ध कराती है उसको सरकार बग़ैर जांचे-परखे ज्यों का त्यों स्वीकार कर लेती है। सरकार यह समझती है कि आई बी सब कुछ जानती और समझती है मगर उसको यह ख़याल नहीं आता कि वक़्त के साथ-साथ आई बी सबसे शक्तिशाली भी हो गई है और सरकार के सारे प्रमुख विभागों को अपने इशारों पर चला रही है और उनको ब्राह्मणवादी व्यवस्था को मज़बूत करने के लिए इस्तेमाल कर रही है। मतलब यह कि आई बी एक ऐसा अनेक सिरों वाला "जिन" बन गई है जो पाकिस्तान की आई एस आई की तरह अपने आक़ाओं को भी निगल सकता है।

आर एस एस और दूसरे ब्राह्मणवादी संगठन मज़बूत हुए

मीडिया के बड़े हिस्से और आई बी जैसे दो बहुत ही शक्तिशाली हथियार हाथ में आ जाने से आर एस एस ने थोड़े से ही समय में पूरे देश में अपने हाथ-पैर फैला

लिए। आज देश भर के 30 हज़ार से ज़्यादा नगरों और क़स्बों में उसकी 44 हज़ार शाखाएं चल रही हैं। उसके स्वयंसेवकों की संख्या हालाँकि ठीक-ठीक मालूम नहीं है लेकिन ये संख्या 70-80 लाख के आसपास हो सकती है। प्रसिद्ध विचारक और लेखिका अरुनधती रॉय ने अपने लेख *नाइन इज़ नॉट इलेविन एण्ड नवम्बर इज़ नॉट सेप्टेम्बर* में लिखा है : "आर एस एस की 45 हज़ार शाखाएं, अनगिनत सेवक संस्थाएं और सत्तर लाख स्वयंसेवक देश भर में घृणा की विचारधारा फैलाने में व्यस्त हैं"। (*आउटलुक,* दिसम्बर 2008)

आर एस एस के सहयोगी संगठनों की एक लम्बी सूची है जिनके उद्देश्य देखने में हानिकारक नहीं लगते। उनमें से कुछ प्रमुख संगठन और उनके तथाकथित उद्देश्य निम्न प्रकार हैं :

सहयोगी संगठन का नाम / तथाकथित उद्देश्य या काम

1. हिन्दू जागरण मंच — आन्दोलनकारी शाखा
2. बजरंग दल — आन्दोलनकारी शाखा
3. भारतीय जनता पार्टी (बी जे पी) — राजनीतिक शाखा
4. ए बी वी पी — विद्यार्थी संगठन
5. विद्या भारती — शिक्षा विभाग जिसमें 13 हज़ार शिक्षा संस्थान, 70 हज़ार अध्यापक और एक करोड़ 70 लाख विद्यार्थी हैं।
6. अखिल भारतीय ग्राहक पंचायत — उपभोक्ता आन्दोलन
7. वनवासी कल्याण आश्रम — वनवासियों का कल्याण
8. अखिल भारतीय साहित्य परिषद — साहित्यिक मंच
9. प्रज्ञा भारती — बौद्धिक मंथन मंच
10. दीन दयाल रिसर्च इंस्टीट्यूट — शोध-कार्य
11. भारतीय इतिहास संकलन योजना — इतिहास के क्षेत्र में शोध-कार्य
12. संस्कृत भारती — भाषा संस्थान
13. सेवा भारती — मलिन बस्तियों में रहने वालों की सेवार्थ संस्था
14. हिन्दू सेवा प्रतिष्ठान
15. स्वामी विवेकानन्द मेडिकल मिशन — स्वास्थ्य
16. राष्ट्रीय चिकित्सक संघ
17. भारतीय कुष्ठ निवारण संघ — कुष्ठ रोगियों की सेवा
18. सहकार भारती — सहकारी आन्दोलन

19. भारत प्रकाशन — मुद्रण व समाचारपत्र तथा अन्य प्रचार-सामग्री का प्रकाशन
20. सुरुचि प्रकाशन — मुद्रण व प्रकाशन
21. लोकहित प्रकाशन — मुद्रण व प्रकाशन
22. ज्ञान गंगा प्रकाशन — मुद्रण व प्रकाशन
23. अर्चना प्रकाशन — मुद्रण व प्रकाशन
24. भारतीय विचार साधना — मुद्रण व प्रकाशन
25. साधना पुस्तक — मुद्रण व प्रकाशन
26. आकाशवाणी साधना — मुद्रण व प्रकाशन
27. सामाजिक समरसता मंच — सामाजिक मेल-मिलाप
28. विश्व हिन्दू परिषद — धर्म-प्रचार
29. विवेकानन्द केंद्र — चिंतन व दर्शन।

आर एस एस और उसके साम्प्रदायिक व हिंसावादी सहयोगी संगठनों जैसे विश्व हिन्दू परिषद, बजरंग दल और हिन्दू जागरण मंच आदि यूं तो दावा तो यह करते हैं कि उनका उद्देश्य देश को एक "हिन्दू-राष्ट्र" में बदलना है, लेकिन उनका असल मक़सद "ब्राह्मणवादी राष्ट्र" स्थापित करना और भारतीय समाज पर ब्राह्मणवाद का वर्चस्व बनाना है, वे न केवल धार्मिक जीवन में बल्कि राजनीतिक मैदान में भी ब्राह्मणवादी व्यवस्था का बोल-बाला चाहते हैं। इस उद्देश्य को ध्यान में रखते हुए और, जैसा कि पहले बताया गया, हिन्दू जनसाधारण का ध्यान समाज-सुधार के प्रयासों से और हिन्दू समाज पर सदियों से जारी अपने आतंक व अत्याचारों के इतिहास से हटाने के लिए वे हिन्दूओं और अल्पसंख्यकों में साम्प्रदायिक कटुता फैलाते रहते हैं और साथ ही परोक्ष रूप से आम हिन्दुओं और दलितों में भी भेद-भाव को हवा देते हैं। आर एस एस की शाखाओं में बचपन से ही प्रशिक्षण पाने वाले और अच्छी तरह से सिखाए-पढ़ाए हुए "स्वयंसेवक" सीधे-सादे हिन्दू नवयुवकों और युवतियों के दिमाग़ों में अल्पसंख्यक वर्गों विशेषत: मुसलमानों और ईसाइयों के ख़िलाफ़ लगातार ज़हर घोलते रहने के लिए भारतीय इतिहास के विकृत और मनगढ़ंत क़िस्सा सुनाते और इस्लाम व मुसलमानों के ख़िलाफ़, और कुछ क्षेत्रों में ईसाइयों के ख़िलाफ़ अफ़वाहें फैलाते हैं। वे साम्प्रदायिक तनाव फैलाने के किसी भी अवसर पर चूकते नहीं है। ऐसे

धार्मिक समारोहों, उत्सवों, सभाओं आदि में जिनमें बड़ी संख्या में श्रद्धालु जमा होते हैं, उनके लिए इस प्रचार का बेहतरीन अवसर होता है।

उन नवयुवक "स्वयंसेवकों" के अलावा दूसरे पेशागत लोग और बुद्धिजीवी जैसे डॉक्टर, वकील, इतिहासकार, लेखक, साहित्यकार, पत्रकार, नाटककार व लेखक यहाँ तक कि सरकारी कर्मचारी भी, जो आर एस एस की विचारधारा का दम भरते है, अपने-अपने क्षेत्रों में साम्प्रदायिक वातावरण को दूषित करने के लिए अपनी भूमिका निभाते हैं और परोक्ष रूप से ब्राह्मणवादी व्यवस्था की जय जयकार करते हैं। पक्के संघी अपने विवादित दृष्टिकोण के प्रचार व प्रसार करने का कोई भी अवसर नहीं चूकते और पार्टियों में, समारोह में, यहाँ तक कि यात्रा के दौरान भी वह मुस्लिम-विरोधी वातावरण बनाने का कोई मौक़ा नहीं छोड़ते।

इस प्रकार आर एस एस और दूसरे ब्राह्मणवादी संगठनों द्वारा लगातार साम्प्रदायिकता का वाइरस फैलाते रहने से माहौल हमेशा तनावपूर्ण रहता है और ज़रा-सी चिंगारी भी साम्प्रदायिक हिंसा भड़काने के लिए काफ़ी हो जाती है। उसके बाद जो दंगे होते हैं उनमें आम हिन्दू, दलित और मुसलमान ही जान और माल का नुक़सान उठाते हैं। उनके ख़ानदान मुसीबतों का शिकार होते हैं। उनके बच्चे पुलिस के हत्थे चढ़कर मुक़दमों में उलझा दिए जाते हैं और उनका कैरियर तबाह हो जाता है। दूसरी तरफ़ कट्टर ब्राह्मणवादी जो दंगा भड़काने में मूल भूमिका अदा करते हैं, बिल्कुल प्रभावित नहीं होते क्योंकि दंगा भड़कते ही वे आम हिन्दू और मुस्लिम नौजवानों को उनके हाल पर छोड़ कर चुपके से खिसक लेते हैं, फिर ये नौजवान सालों तक पुलिस कार्रवाई और अदालती मुक़दमों को झेलते रहते हैं। इस तरह आर एस एस और दूसरे ब्राह्मणवादी संगठन आम हिन्दुओं और मुसलमानों को आपस में लड़ाने में ख़ूब सफल हैं।

भारत में सन् 1893 ई. से चले आ रहे साम्प्रदायिक दंगों का इतिहास इतना व्यापक और पेचीदा है कि उसका पूरा विवरण इस किताब में बयान नहीं किया जा सकता। लेकिन हम संक्षेप में यह स्वीकार करने पर मजबूर हैं कि अपने इस शैतानी साज़िशी योजना की बदौलत ब्राह्मणवादी अपनी इच्छा के अनुसार समाज पर सामाजिक और धार्मिक नियंत्रण हासिल करने में न केवल बड़ी हद तक सफल हो गए हैं बल्कि उससे भी ज़्यादा बहुत कुछ हासिल कर चुके हैं।

साम्प्रदायिक दंगे : चुनाव जीतने के लिए जादू की छड़ी

हिन्दू-मुस्लिम दंगों की रणनीति बनाने वालों ने तो सपने में भी नहीं सोचा होगा कि भविष्य में ये दंगे ब्राह्मणवादियों को भरपूर राजनीतिक लाभ देंगे और चुनाव जीतने के लिए जादू की छड़ी का काम देंगे। साम्प्रदायिक दंगे भड़काने में संघ परिवार को न केवल ब्राह्मणवाद-विरोधी समाज-सुधार आन्दोलन का प्रभावी इलाज हाथ आ गया बल्कि चुनाव जीतने के लिए मानो जादू की एक छड़ी भी मिल गई। किसी इलाक़े में समाज-सुधार का आन्दोलन 80 प्रतिशत तक भी सफलता प्राप्त कर ले तो, संघ परिवार बस एक दंगा भड़का कर उसको शून्य पर पहुंचा सकता है। क्योंकि जैसे ही कोई साम्प्रदायिक दंगा फूटता है, आम हिन्दू नवयुवक सब कुछ भूल कर उन ब्राह्मणवादी तत्त्वों के चारों ओर जमा हो जाते हैं, जो "हिन्दू संगठन" का मुखौटा लगाए होते हैं। इस तथ्य को आर एस एस ने बड़ी होशियारी के साथ अपने राजनीतिक हित के लिए इस्तेमाल किया है। चूंकि कोई भी सेक्यूलर संगठन न तो अपनी नीतियों पर इतनी दृढ़ता से जमा रहा है और न आर एस एस की तरह अपने इरादों में इतना पक्का है कि अपनी नीतियों और राजनीतिक कार्यक्रमों के माध्यम से उसकी चालों का तोड़ करता हो इसलिए दंगों की कूटनीति से लाभ उठाते हुए उसकी राजनीतिक शाखा यानी बी जे पी कई राज्यों में सत्तासीन होने में सफल हो गया और बाबरी मस्जिद की बड़ी घटना के बाद केन्द्र में भी सत्ता पर क़ाबिज़ हो गया। लेकिन यह परिस्थिति ज़्यादा दिन तक चलने वाली नहीं थी। दंगे भड़काने में ब्राह्मणवादियों की भूमिका धीरे-धीरे लोगों को महसूस होने लगी है और उनकी बदनीयती को भी वे अब समझने लगे हैं। विशेषत: गुजरात दंगों के बाद संघी बुरी तरह बेनक़ाब हो गए और अपने राजनीतिक उद्देश्यों को प्राप्त करने के लिए मुसलमानों को अपमानित करने के दूसरे हथकंडे तुरन्त तलाश करने की ज़रूरत वे महसूस करने लगे।

2

नई चाल, नया जाल

साम्प्रदायिकता के बजाय "मुस्लिम-दहशतगर्दी" का हव्वा

गुजरात के 2002 क़त्लेआम की निन्दा पूरी दुनिया में हुई और आर एस एस व बी जे पी की भी हर जगह बदनामी हुई। इससे ब्राह्मणवादी शक्तियों ने यह समझ लिया कि भविष्य में साम्प्रदायिक दंगों से, जो पिछले पांच दशकों से उनके लिए जादू की छड़ी बने रहे हैं, अब वे मनचाहे नतीजे नहीं पा सकेंगे और राजनीतिक फ़ायदा नहीं होगा बल्कि उनकी मार उलटे उनपर पड़ेगी और बाबरी मस्जिद के विध्वंस तक की अपनी विघटनकारी व साम्प्रदायिक राजनीतिक चालों से जो कुछ कमाया है वह भी गंवाना पड़ जाएगा। इसलिए उन्होंने चाल बदलकर साम्प्रदायिक दंगे भड़काने की अपनी नीति के बजाय मुस्लिम-आतंकवाद का हव्वा खड़ा करने का फ़ैसला किया और आई बी की मदद व मीडिया के समर्थन से इसके लिए ज़मीन बनानी शुरू कर दी।

भारत में "मुस्लिम-दहशतगर्दी" का हव्वा खड़ा करने में आई बी ने महत्त्वपूर्ण भूमिका अदा की। जब ब्राह्मणवादियों ने मुसलमानों को हताश करने के लिए आतंकवाद को नए हथियार के रूप में इस्तेमाल करने का फ़ैसला किया तो आई बी ने "सामान्य जासूसी सूचना" (General Intelligence) के नाम पर जाने-पहचाने या अनजान मुस्लिम आतंकी संगठनों की तरफ़ से महत्त्वपूर्ण लोगों (VIPs), प्रतिष्ठानों या धार्मिक स्थलों पर सम्भावित हमलों की अफ़वाहें फैलानी शुरू कर दीं और इस तरह देश में मुस्लिम-आतंकवाद के बढ़ने के संकेत दिए। जबकि सच्चाई यह है कि इंटेलिजेंस एजेंसियों के शब्दकोष में "सामान्य जासूसी सूचना" नाम का कोई पारिभाषिक शब्द होता ही नहीं। शब्द "इंटेलिजेंस" का मतलब ही "ख़ुफ़िया तरीक़े" से प्राप्त ऐसी निश्चित सूचना होता है जिसको सार्वजनिक नहीं किया जाता बल्कि गुप्त रखा जाता है और उसके आधार पर उचित निरोधक कार्यवाही की जाती है। लेकिन आई बी ने मुसलमानों को

बदनाम करने और उनका मनोबल तोड़ने के लिए संघ परिवार के आदेश पर और पुलिस ने आई बी के इशारे पर इंटेलिजेंस के नाम से अफ़वाहों पर आधारित गुप्त सूचनाएं मीडिया की मदद और माध्यम से लगभग हफ़्तावार फैलानी शुरू कर दीं। ख़बरों के निम्नलिखित नमूनों से जो पिछले तीन साल के दौरान बड़ी पाबंदी के साथ प्रकाशित व प्रसारित की जाती रही हैं, यह बात पूरी तरह उजागर होती है :

1. "आतंकी मदरसों का बेजा इस्तेमाल कर रहे हैं : आई बी" (*द टाइम्ज़ ऑफ़ इंडिया*, जून 2006)।
2. "प्रमुख मन्दिर दहशतगर्दों के निशाना पर" (मराठी दैनिक *महासत्ता*, कोल्हापुर, 21 जून 2006)।
3. "पुणे में गणेश पूजा के अवसर पर बम धमाकों की योजना" (मराठी दैनिक *सकाल*, पुणे, 26 जुलाई 2006)।
4. "अल-क़ायदा मुंबई और दिल्ली में हमले कर सकता है : स्वतंत्रता दिवस के अवसर पर आतंकी कार्यवाही की सम्भावना पर अमेरिका की ओर से चेतावनी" (*द टाइम्ज़ ऑफ़ इंडिया*, पुणे, 12 अगस्त 2006)। (नोट : यह "ख़ुफ़िया सूचना" आई बी ने मीडिया को दी थी, जिसका अमेरिका ने दूसरे दिन ही खंडन कर दिया।
5. "दिल्ली में आतंकी कार बम हमले करने के फ़िराक़ में; इंग्लैंड में आतंक की साज़िश रचने वालों का सम्बन्ध जैश से" (*संडे टाइम्ज़ ऑफ़ इंडिया*, 13 अगस्त, 2006)। (अख़बार *द न्यूयार्क टाइम्ज़* ने इंग्लैंड में जैश की तथाकथित साज़िश की छान-बीन की और उसको (damp squib) सीला हुआ बम (जो चल नहीं सकता) ठहराया : *सकाल*, पुणे, 31 अगस्त 2006)।
6. "सात आत्मघाती बम सक्रिय : ए टी एस प्रमुख" (मराठी दैनिक *पुधारी*, 4 सितम्बर 2006)।
7. "पुलिस के भेस में दहशतगर्द मुंबई में गणपति विसर्जन के अवसर पर गड़बड़ कर सकते हैं" (गुप्तचर विभाग के सूत्रों के हवाले से *दैनिक पुधारी*, कोल्हापुर की रिपोर्ट; 5 सितम्बर, 2006)।
8. "प्रमुख एटमी ठिकानों पर बड़े आतंकी हमलों की आशंका" : इंटेलिजेंस के हवाले से पी एम का बयान (6 सितम्बर 2006, सभी अख़बारों में)।

9. "सिलसिला ख़त्म नहीं हुआ, लश्कर-ए-तैयबा प्रमुख प्रतिष्ठानों पर और हमलों की योजना बना रहा है : एटीएस प्रमुख की चेतावनी" (*द टाइम्ज़ ऑफ़ इंडिया,* पुणे, 4 अक्तूबर 2006)।
11. राज्यों के डी जी पी और आई जी पी के वार्षिक सम्मेलन में प्रधानमंत्री की उपस्थिति में आई बी निदेशक ई एस एल नरसिंहम ने उन अफ़सरों को क़ानूनी पकड़ से मुक्त कराने की मांग की जो "आतंकियों" का मुक़ाबला कर रहे हैं (मतलब यह कि जो आतंकवादी बता कर निर्दोष मुसलमानों को मार रहे हैं) (दैनिक *सकाल,* पुणे 24 नवम्बर, 2006 और देश भर के अन्य समाचारपत्र)।
12. महाराष्ट्र के पूर्व डी जी पी श्री अरविंद इनामदार ने, जो आर एस एस के जाने माने हमदर्द हैं तुरंत आई बी प्रमुख के इस प्रस्ताव का समर्थन किया। साथ ही यह मांग भी की कि दहशतगर्दी के ख़िलाफ़ पोटा जैसा सख़्त क़ानून बनाया जाए (दैनिक *सकाल,* पुणे, 2 दिसम्बर 2006)।
13. "गोवा में पर्यटक अल-क़ायदा के निशाने पर" (ख़ुफ़िया विभाग के सूत्रों के हवाले से दैनिक *सकाल,* पुणे की रिपोर्ट, 15 दिसम्बर 2006)।
14. "सोनिया गांधी के अल-क़ायदा के निशाने पर होने की चेतावनी; आतंकी इकाई को पाकिस्तानी ख़ुफ़िया एजेंसी आई एस आई का समर्थन हासिल" (ख़ुफ़िया एजेंसियों से प्राप्त गुप्त सूचनाओं के आधार पर गृह-मंत्रालय के हवाले से *द टाइम्ज़ ऑफ़ इंडिया,* पुणे, 22 दिसम्बर 2006 में प्रकाशित)।
15. "25 और 26 दिसम्बर के लिए मुंबई में हाई अलर्ट" (चौकसी बढ़ाई गई); क्रिसमस के अवसर पर और प्रधानमंत्री के दौरा के मौक़े पर नगर में आतंकी हमलों की आशंका : मुंबई के पुलिस कमिशनर ने दुबई के किसी होटल के बैरे से फ़ोन पर प्राप्त सूचना के बाद शहर के तमाम थानों को एलर्ट किया। बैरे ने बताया था कि उसने कुछ संदिग्ध व्यक्तियों से उस समय इस आशय की बात सुनी थी जब वे आपस में बातें कर रहे थे (*मिड-डे,* मुंबई, 20 दिसम्बर 2006)।
16. "प्रमुख राजनेताओं पर रिमोट कंट्रोल से उड़ाए जाने वाले खिलौना हवाई जहाज़ों से बम हमले की आशंका। ये हमले यू पी, पंजाब और उत्तराखंड में चुनाव-प्रचार के दौरान हो सकते हैं। सोनिया गांधी और

राहुल गांधी को निशाना बनाया जा सकता है" यह "समाचार" ख़ुफ़िया एजेंसियों ने आतंकियों के बीच फ़ोन पर होने वाली बातचीत के आधार पर दिया है जो कि काल इंटरसेप्ट करके सुना गया (मराठी दैनिक *पुधारी*, पुणे, 22 जनवरी 2007)।

17. "हिन्दुस्तान के क्रिकेट खिलाड़ियों पर आतंकी हमले का अंदेशा; सचिन तेंदुलकर, सौरभ गांगुली और राहुल द्राविड़ असल निशाना" : दावा किया गया है कि यह सूचना गुप्तचर एजेंसियों ने आतंकवादियों के फ़ोन सुन कर प्राप्त की है और केन्द्रीय गृह-सचिव वी के दुग्गल ने उड़ीसा के मुख्य सचिव को पत्र लिख कर इससे सचेत किया है (*दैनिक पुधारी*, 23 जनवरी 2005)। जबकि यही समाचार देते हुए दैनिक *सकाल*, पुणे (23 जनवरी 2005) ने लिखा है कि यह सूचना *टाइम्ज़ न्यूज़ चैनल* ने "ख़ुफ़िया सूत्रों" के हवाले से प्रसारित की है)।
18. "समझौता एक्सप्रेस रेल और मालेगांव बम धमाकों में टाइमर एक जैसे" (*द टाइम्ज़ ऑफ़ इंडिया*, पुणे, 24 फ़रवरी 2007, पटियाला से गुजरात पुलिस की टीम के हवाले से *जो केस की तफ़तीश नहीं कर रही थी*, लेकिन उसने इन दोनों आतंकी हमलों के लिए लश्कर-ए-तैयबा और सिमी को आरोपित किया)।
19. "दहशतगर्दों के पास रासायनिक बम, अक्तूबर में हमलों का अंदेशा" (दैनिक *पुधारी*, कोल्हापुर, पुलिस सूत्रों के हवाले से)।
20. "आतंकी संगठनों से स्टॉक मार्केट को ख़तरा : राष्ट्रीय सुरक्षा सलाहकार का बयान" (*द टाइम्ज़ ऑफ़ इंडिया*, पुणे, 15 फ़रवरी 2007)।
21. "तरल बम दहशतगर्दी का नया हथियार": (*द टाइम्ज़ ऑफ़ इंडिया*, पुणे, 27 मई 2007)।
22. "अब हरकत की नज़र गुजरात पर": (*सकाल*, पुणे, 28 मई 2007 "ख़ुफ़िया एजेंसी" के हवाले से)।
23. "अल-क़ायदा ने भारत के विरुद्ध युद्ध छेड़ दिया" (*द टाइम्ज़ ऑफ़ इंडिया*, पुणे, और दैनिक *सकाल*, पुणे, 9 जून 2007)। (यह सुचना आई बी ने सम्भवतः उस ख़त व सी डी के आधार पर फैलाया जो श्रीनगर की एक स्थानीय समाचार एजेंसी 'सी एन एस' को किसी अज्ञात आतंकी इकाई "अल-क़ायदा-ए-हिन्द" ने पहुंचाए थे।)

24. "केन्द्र ने राज्यों को सचेत किया" : (दैनिक *टाइम्ज़ ऑफ़ इंडिया,* पुणे और दैनिक *सकाल,* पुणे, 4 सितम्बर 2007)। अधिकारियों ने बाद में स्पष्ट किया कि यह अलर्ट "बिना विशेष विवरण" (non specific) था और उसका आधार कोई पुख़्ता सूचना नहीं थी। यह तो सिर्फ़ जन्म अष्टमी और गणेश पूजा के त्योहारों को ध्यान में रखते हुए सामान्य चेतावनी थी।

25. "शिरडी टिरिम्बकेशवर निशाने पर" (दैनिक *टाइम्ज़ ऑफ़ इंडिया,* पुणे, 17 सितम्बर 2007, आई बी रिपोर्ट के आधार पर स्पेशल आई जी पी नासिक के हवाले से)।

26. "मानव बम" की "सूचना" के बाद मुंबई और हैदराबाद में रेड अलर्ट (*सकाल,* पुणे, 6 अक्तूबर 2007, ख़ुफ़िया एजेंसियों के हवाले से)।

27. "जैश ने राहुल गांधी के लिए ग्रिनेड के हार की साज़िश रची : पुलिस का बयान" (*द टाइम्ज़ ऑफ़ इंडिया,* पुणे और दैनिक *सकाल,* पुणे, 23 नवम्बर 2007, आई बी और यू पी पुलिस द्वारा दी हुई सूचना के आधार पर)

28. "महन्त नृत्य गोपालदास को अल-क़ायदा ने दी धमकी" (*नवभारत,* मुंबई, 23 नवम्बर 2007)। यह ख़बर पुलिस द्वारा दी गयी इस सूचना के आधार पर प्रकाशित हुई कि महन्त जी को एक पत्र मिला है, जिसमें अल-क़ायदा ने धमकी दी है कि "अपने चेलों के साथ इस्लाम *क़बूल* कर लो वरना मरने के लिए तैयार हो जाओ"। लेकिन दूसरे ही दिन मालूम हुआ कि यह पत्र जाली था और ख़ुद महन्त के एक चेले संतोष जाइसवाल ने लिखा था। वह चाहता था कि महन्त की सुरक्षा बढ़ा दी जाए (*आज का आनन्द,* पुणे, 24 नवम्बर, 2007)।

29. "रिलीफ़ वर्क की आड़ में लश्कर कर रहा है बंगला देश में भर्ती" (*द टाइम्ज़ ऑफ़ इंडिया,* पुणे, 27 नवम्बर 2007, "गुप्तचर एजेंसियों" के अफ़सरों के हवाले से)।

30. "यू पी आई एस आई समर्थित दहशतगर्द इकाइयों का गढ़ : सरकार" (*द टाइम्ज़ ऑफ़ इंडिया,* पुणे, 26 नवम्बर 2007, राज्य सभा में सुरक्षा व गुप्तचर एजेंसियों के हवाले से एक प्रश्न के उत्तर में दी गई सूचना के आधार पर)।

31. "आतंकी हमले की धमकी के बाद दिल्ली में चौकसी" (*द टाइम्ज़ ऑफ़ इंडिया*, पुणे, और दैनिक *सकाल*, पुणे, 4 दिसम्बर, एक सीनियर पुलिस अफ़सर के हवाले से जिसने बताया कि यह सूचना आई बी से प्राप्त हुई है)।

32. "मायावती आतंकवादियों के निशाने पर क्यों" (*द टाइम्ज़ ऑफ़ इंडिया*, पुणे, 25 दिसम्बर 2007)

ख़बर पर ग़ौर करने से साफ़ पता चलता है कि यह अफ़वाह (ख़बर) आई बी ने फैलाई है, जिसका लक्ष्य मायावती को यह जताना था कि मुसलमानों को चरमपंथी कहकर उन्होंने मुसलमानों के ग़ज़ब को दावत दे दी है। इसलिए अब मुख्यमंत्री दहशतगर्दों के निशाने पर हैं। इस तरह आई बी ने मायावती को मुसलमानों के ख़िलाफ़ उकसाने की कोशिश की।

33. "गिरफ़्तार दहशतगर्दों की योजना गेट वे ऑफ़ इंडिया को उड़ाने की थी" (मराठी दैनिक *लोकमत*, पुणे, 1 जनवरी 2008। यू पी में पिछले महीने पकड़े गए पांच संदिग्ध दहशतगर्दों से पूछताछ करने वाले पुलिस अफ़सरों के हवाले से)।

34. "दाऊद ने आडवाणी और मोदी को क़त्ल करने की सुपारी ली" (दैनिक *सकाल*, पुणे और दैनिक सामना, पुणे (30 जनवरी 2008) स्टार न्यूज़ की ख़बर 'रॉ' के हवाले से)।

35. "सदिग्ध गिरफ़्तार आतंकी अमेरिका को निशाना बनाना चाहते थे; हिन्दुस्तान में अभी बहुत कुछ किया जा सकता है : दहशतगर्द लीडरों का विचार" (*संडे टाइम्ज़ ऑफ़ इंडिया*, पुणे, 3 फ़रवरी 2008, दीवानगरी, कर्नाटक में कुछ मामलों में गिरफ़्तार संदिग्ध लोगों से पूछताछ करने वाले पुलिस अफ़सरों के बयान के हवाले से)।

36. "कर्नाटक के दहशतगर्दों ने गोवा के प्रमुख पर्यटक स्थलों को निशाना बनाने की साज़िश रची थी" (*द टाइम्ज़ ऑफ़ इंडिया*, पुणे, 8 फ़रवरी 2008, कुछ संदिग्ध आतंकियों से पूछताछ करने वाले कर्नाटक के पुलिस अफ़सरों के हवाले से)।

37. (अ) "लश्कर के छः दहशतगर्द एस टी एफ के फंदे में" - बाम्बे स्टॉक एक्सचेंज में दहशतगर्दों के अप्रत्यक्ष निवेश (*द टाइम्ज़ ऑफ़ इंडिया*,

पुणे, 11 फ़रवरी 2008, कुछ संदिग्ध दहशतगर्दों से पूछताछ करने वाले कर्नाटक पुलिस अफ़सरों के हवाले से)।

(आ) "मुंबई बचा ली गई" (दैनिक *पुधारी*, पुणे, 11 फ़रवरी 2008)। इन दोनों दैनिक समाचारपत्रों ने यह ख़बर कर्नाटक के डी जी पी विक्रम सिंह की प्रेस को दी गई जानकारी के आधार पर दी है, जिन्होंने यह "रहस्योद्घाटन" किया कि दहशतगर्द मुंबई स्टॉक एक्सचेंज, चर्च गेट स्टेशन और मुंबई के एक प्रसिद्ध मंदिर पर हमले की साज़िश रच रहे थे।

38. "मुंबई को निशाना बनाने की साज़िश में फ़हीम अंसारी का अहम रोल रहा है" (दैनिक *सकाल*, पुणे, 13 फ़रवरी 2008, यू पी पुलिस के हवाले से)।

39. "मुंबई में 13 स्थानों पर बम धमाके करने की साज़िश" : (दैनिक *पुधारी*, पुणे, कुछ गिरफ़्तार संदिग्घ लोगों से पूछताछ के आधार पर मुंबई पुलिस के सूत्रों के हवाले से ख़बर)।

40. "आर डी एक्स की खेप पकड़े जाने पर सोनिया का दौरा जम्मू व कश्मीर स्थगित" (*द टाइम्ज़ ऑफ़ इंडिया*, पुणे और दैनिक *पुधारी*, पुणे, 23 फ़रवरी 2008)। दूसरे दिन पता चला कि आर डी एक्स पकड़े जाने की सूचना निराधार थी। अत: 25 फ़रवरी के *द टाइम्ज़ ऑफ़ इंडिया* ने जो ख़बर प्रकाशित की उसका शीर्षक था : आर डी एक्स की खेप पकड़े जाने के सी आर पी एफ के ग़लत दावे ने सोनिया की जम्मू व कश्मीर की सभा को रद्द करा दिया।" इस भ्रामक समाचार से जो राजनीतिक नुक़सान होना था वह तो हो ही गया, मगर सवाल यह है कि सोनिया की उस महत्त्वपूर्ण जनसभा के रद्द किए जाने के लिए असल ज़िम्मेदार कौन है ? सी आर पी एफ, जिसने ग़लत दावा किया या आई बी, जिसने बग़ैर मामले की छान-बीन के सोनिया के दौरे के लिए हरी झंडी देने से इंकार कर दिया।

41. "डी (दाऊद) कम्पनी अब लश्कर का हिस्सा" (*द टाइम्ज़ ऑफ़ इंडिया*, 28 मार्च 2008 और दैनिक *पुधारी*, 29 मार्च 2008, इंटेलिजेंस सूत्रों के हवाले से)।

42. "सिमी की 32 आतंकी महिलाएं मुंबई में सक्रिय" : (दैनिक *पुधारी,* पुणे, 21 मई 2008, मुंबई पुलिस के सूत्रों के हवाले से)।
43. "जगन्नाथ मन्दिर निशाने पर" (दैनिक *सकाल,* पुणे (18 मई 2008) इंटेलिजेंस की रिपोर्ट के आधार पर)।
44. "आई एस आई का ख़तरा 2025 तक रह सकता है" (*द टाइम्ज़ ऑफ़ इंडिया,* पुणे, 9 जून 2008, केवल आंतरिक उपयोग के लिए एक "ख़ुफ़िया रिपोर्ट" की बुनियाद पर, जिसको "सुरक्षा एजेंसियों" के पांच अफ़सरों की एक कमेटी ने तैयार किया है (विभागीय उपयोग के लिए गुप्त रिपोर्ट का यह "सार्वजनिक" इस्तेमाल विचारणीय है)।
45. "पुलिस को और दहशतगर्द हमलों का अंदेशा, "इंडियन मुजाहिदीन" के सक्रिय कार्यकर्ता गिरफ़्तार, लेकिन सिलीपर सेल सक्रिय" (*संडे टाइम्ज़ ऑफ़ इंडिया,* पुणे, 12 अक्तूबर 2008, इंटेलिजेंस और पुलिस सूत्रों के हवाले से)।
47. (अ) "सचिन तेंदुलकर को अग़वा करने की योजना" (दैनिक *सकाल,* कोल्हापुर, 3 नवम्बर 2008, नागपुर पुलिस सूत्रों के हवाले से)।
(आ) "सचिन को अग़वा करने की जैश की योजना, मगर इंटेलिजेंस ने रिपोर्ट से इंकार किया" (दैनिक *पुधारी,* कोल्हापुर, 4 नवम्बर 2008, पुलिस कमिशनर नागपुर के हवाले से)।
(इ) "सचिन को जैश से ख़तरा" (*तरूण भारत,* कोल्हापुर, 4 नवम्बर 2008, पुलिस कमिशनर नागपुर के हवाला से। लेकिन जब आई बी ने उस रिपोर्ट से इंकार किया तो कमिशनर ने कहा कि उनको यह सूचना फ़ोन पर केन्द्रीय गृह-मंत्रालय से मिली थी)।
48. "हिन्दुस्तान आतंकी ख़तरे के फिर से मूल्यांकन पर मजबूर; पाकिस्तान का जिहादी आतंक हिन्दुस्तान में फैलने ही वाला है" (*द टाइम्ज़ ऑफ़ इंडिया,* दिल्ली, 31 मार्च 2009)।
49. "समुद्र के रास्ते केरल में दहशतगर्द हमले की ख़ुफ़िया सूचना के बाद अलर्ट" (*द टाइम्ज़ ऑफ़ इंडिया,* दिल्ली, 31 मार्च 2009)।
50. "वरूण गांधी को मौत के घाट उतार देने की शकील की साज़िश" (*द टाइम्ज़ ऑफ़ इंडिया,* दिल्ली, 1 अप्रैल 2009, लखनऊ में आई बी के अज्ञात सूत्रों के हवाले से)।

51. "निशाना वरूण गांधी नहीं, शिवसेना प्रमुख हैं" (*हिन्दुस्तान टाइम्ज़,* 1 अप्रैल 2009)।

52. "प्रशिक्षित पायलट चोरी से हिन्दुस्तान में दाख़िल हो गए; एक सीनियर इंटेलिजेंस अफ़सर ने कहा : हम हरगिज़ कोई ख़तरा मोल नहीं ले सकते" (*द टाइम्ज़ ऑफ़ इंडिया,* पुणे, 2 अप्रैल 2009)।

53. "11 मुख्यमंत्रियों की सुरक्षा बढ़ाने का निर्देश : केन्द्र सरकार।" सूत्रों के अनुसार चुनावों के दौरान प्रमुख राजनेताओं पर आतंकी हमलों की आशंका की रिपोर्ट को ध्यान में रखते हुए केन्द्रीय गृह-मंत्रालय ने निर्देश जारी किया (*द टाइम्ज़ ऑफ़ इंडिया,* पुणे, 8 अप्रैल 2009)।

ख़बरों के ये नमूने केवल उन समाचारपत्रों से लिए गए हैं जो मैं पढ़ता रहता हूँ। ये ख़बरें उन दिनों देश भर के दूसरे अख़बारों में भी प्रकाशित हुई होंगी। ये लम्बी सूची पेश करने का मेरा मक़सद यह दिखाना है कि आई बी में मौजूद ब्राह्मणवादी अधिकारी किस तरह लगातार ऐसी अफ़वाहें फैलाते रहे हैं और किस तरह उन्होंने अपने फ़रेब के जाल में सब तरह के लीडरों को फांस लिया है, जैसे सोनिया गांधी, राहुल गांधी, एल के आडवाणी, नरेन्द्र मोदी, वरूण गांधी, मायावती और ग्यारह प्रमुख राज्यों के मुख्यमंत्रियों से लेकर जीवन के दूसरे मैदानों से जुड़ी प्रमुख हस्तियों जैसे सचिन तेंदुलकर, सौरभ गांगुली, राहुल द्राविड़ वग़ैरह और इनके अलावा आम निशानों जैसे "महत्त्वपूर्ण ठिकाने" और "धर्म-स्थलों को ख़तरे" में दिखाकर हर तरह के राजनेताओं और समाज के तमाम वर्गों को अल्पसंख्यकों के ख़िलाफ़ करने का प्रयास किया है।

इस तरह यह बात पूरी तरह साफ़ हो जाती है कि आई बी और दूसरी एजेंसियां पूरी तरह आर एस एस के इशारों पर काम करती रही हैं और देश में मुस्लिम-विरोधी वातावरण बनाने की उसकी साज़िश में साथ देते हुए मुस्लिम-आतंकवाद की निराधार अफ़वाहें फैलाती रही हैं। अगर ये ख़तरा वास्तव में वैसा ही होता जैसा इन समाचारों से लगता है तो इन सूचनाओं में से आख़िर कुछ तो सही निकलतीं। परन्तु ऐसा नहीं हुआ।

स्वागत-योग्य केवल एक घटना यह हुई है कि आई बी और दूसरे सरकारी सूत्रों के हवालों से छपती रहने वाली इस तरह की बेबुनियाद रिपोर्टों में से एक रिपोर्ट पर (जो ऊपर नम्बर 52 पर दर्ज है) जिसमें आई बी के हवाले से प्रशिक्षित

पायलटों के कथित रूप से छुप कर देश में घुस आने की सनसनीख़ेज़ सूचना दी गई थी, गृहमंत्री पी चिदम्बरम ने नोटिस लिया और अपने अधिकार का उपयोग करते हुए तथ्यों की जाँच कराई और 2 अप्रैल 2009 को अपनी प्रेस कांफ्रेंस में घोषणा की कि "इस तरह का कोई वास्तवविक ख़तरा नहीं है। हमें चोकन्ना रहना होगा लेकिन फ़िलहाल विमानों का अपहरण किए जाने की आशंका से सम्बंधित समाचार में कोई सच्चाई नहीं है इसलिए हवाई अड्डों पर घोषित अलर्ट को वापस ले लिया गया है।" गृहमंत्री ने मीडिया को भी ख़बरदार किया कि निराधार ख़बरें न दी जाएं। समय रहते उनका ये क़दम निश्चित रूप से सराहनीय है, मगर उनको मालूम होना चाहिए कि ज़्यादातर मामलों में ऐसी निराधार ख़बरों का सूत्र ख़ुद उनकी अपनी इंटेलिजेंस एजेंसी आई बी है। यह अच्छा होगा कि वह आई बी को इस तरह की निराधार अफ़वाहें फैलाने के ख़िलाफ़ चेतावनी दें और जो लोग जान-बूझ कर ऐसा करें उनके ख़िलाफ़ सख़्त कार्रवाई की जाए।

सुरक्षा-जाँच — मुस्लिम-आतंकवाद की परिकल्पना को और हवा देती है

इस तरह की ख़बरों का असर केवल अख़बार पढ़ने वालों तक ही सीमित नहीं रहता बल्कि इसके दूरगामी नतीजे होते हैं। लगातार ऐसी अफ़वाहों की वजह से हवाई अड्डों, रेलवे स्टेशनों, धर्म-स्थलों तथा अन्य सार्वजनिक स्थानों और प्रमुख व्यक्तियों की सुरक्षा और कड़ी कर दी जाती है। फिर जब लोगों को लम्बी-लम्बी पंक्तियों में खड़े होकर सुरक्षा-जाँच से गुज़रना पड़ता है तो स्वाभाविक रूप से वे "मुस्लिम-आतंकवादियों" को कोसते हैं और आम मुसलमानों के ख़िलाफ़ ग़ुस्से और घृणा की भावनाएं उनमें पैदा होती हैं। यह इस मामले का सबसे दुखद पहलू है और योजना बनाने वालों की मंशा यही है।

जाली हमले और मुठभेड़

आई बी तथाकथित आतंकवादियों की गतिविधियों की निराधार अफ़वाहें फैलाने पर ही बस नहीं करती बल्कि अपनी अफ़वाहों को विश्वसनीय बनाने के लिए कभी-कभी ख़ुद भी "आतंकी" हमले कराती और मुठभेड़ें अंजाम देती है, जिसमें सारे ही "आतंकवादी" मार दिए जाते हैं। बाद में किसी ज्ञात या अज्ञात संगठन से उसका सम्बन्ध दिखाकर उन्हें मुसलमान घोषित कर दिया जाता है। हालाँकि वास्तविक हमले या मुक़ाबले में ये हमेशा मुमकिन है कि एक-दो आतंकियों को

ज़िंदा पकड़ लिया जाए। उनका ज़िन्दा पकड़ा जाना इसलिए भी ज़रूरी होता है कि उनसे उनके संगठन और आगे की साज़िशों के बारे में महत्त्वपूर्ण जानकारियां मिल सकती हैं। मगर ज़्यादातर मामलों में वे सब मार डाले जाते हैं, जिससे आगे की जाँच की सम्भावना ही ख़त्म हो जाती है। इस तरह की घटनाओं को हक़ीक़त का रूप देने के लिए मारे गए "दहशतगर्दों" के क़ब्ज़े से कुछ विस्फोटक सामग्री और ऑटोमेटिक हथियारों की बरामदगी दिखाई जाती है। लेकिन यह इस बात का सबूत नहीं है कि मारे गए लोग वास्तव में आतंकवादी ही थे। क्योंकि ख़ुफ़िया एजेंसियों "रॉ" और "आई बी" ऐसा विस्फोटक सामान, बम और हथियार वग़ैरह आसानी से हासिल कर लेती हैं। इन हमलों और मुठभेड़ों से "आई बी" और "रॉ" का उद्देश्य केवल यह होता है कि आम हिन्दुओं में मुसलमानों के लिए दुर्भावना पैदा हो, जिससे हिन्दू समाज पर उन संगठनों की पकड़ मज़बूत हो जो हिन्दू संगठनों के नाम से सक्रिय हैं। वे अपनी साज़िश का भांडा फूट जाने के डर से सरकार को इस तरह के मामलों में भरपूर जाँच-पड़ताल भी नहीं करने देते।

काल्पनिक आतंकवाद

सम्भावित आतंकी हमलों की ख़बरें, जो मीडिया ज़्यादातर आई बी के इशारे पर और आमतौर से बिना किसी तसदीक़ (पुष्टि) के तुरन्त प्रसारित कर देता है भारत में "मुस्लिम-आतंकवाद" की एक भयानक तस्वीर बनाती हैं। तो क्या वास्तव में भारत में तथाकथित "मुस्लिम-दहशतगर्दी" इतनी ही भयानक है ? बल्कि इससे भी पहले यह सवाल कि क्या वास्तव में भारत में "मुस्लिम-आतंकवाद" है भी! दुनिया भर में आतंकवाद की मानसिकता, इतिहास और उसके तौर-तरीक़ों को निगाह में रखा जाए तो उस सवाल का जवाब है : "नहीं"।

दुनिया भर में पिछली दो सदियों के दौरान आतंकवाद के इतिहास पर एक नज़र डालें तो पता चलता है कि आतंकवादियों ने उन लोगों को हरगिज़ नहीं छोड़ा, जिन्होंने उनकी विचारधारा का विरोध किया या उनकी गतिविधियों में रुकावट डाली या उनको कुचलने के लिए कार्यवाही की या उनकी मांगों को मानने से इंकार किया। इसकी कुछ स्पष्ट मिसालें नीचे प्रस्तुत हैं :

1. जब अमेरिकी राष्ट्रपति अब्राहम लिंकन ने, दक्षिणी अमेरिकी राज्यों को एक अलग देश के तौर पर स्वीकार करने की मांग को रद्द कर दिया तो

यह मांग करने वाले एक आतंकी संगठन "कंफीड्रेसी" के एक सदस्य ने उनको 15 अप्रैल 1865 को क़त्ल कर दिया।

2. मध्य यूरोप के विशाल राज्य "आस्ट्रो-हंगेरियन एम्पायर" के उत्तराधिकारी आर्क ड्यूक फ्ररांज़ फर्डीनांड को एक सर्बियन आतंकवादी गिरोह "ब्लेक हेण्ड" ने, जो यह मांग कर रहा था कि बोसनिया को एम्पायार से काट कर विशाल सर्बिया राज्य का हिस्सा बना दिया जाए, 28 जून 1914 को क़त्ल कर दिया। मिस्टर फर्डीनांड की हत्या ने ही पहले विश्वयुद्ध की चिंगारी लगाई।
3. 22 नवम्बर 1963 को अमेरिकी राष्ट्रपति जान एफ कनेडी के क़त्ल का भेद तो अभी तक नहीं खुल सका। लेकिन शक है कि उनको अमेरिकी माफ़िया ने ख़ुद अमेरिकी ख़ुफ़िया एजेंसियों की मदद से इसलिए क़त्ल करा दिया था कि मिस्टर कनेडी उन अपराधी गिरोहों के ख़िलाफ़ बहुत ही सख़्त रवैया अपनाए हुए थे।
4. अमेरिका में कालों के प्रति रंगभेद और अपमान की नीति के विरुद्ध आन्दोलन के प्रमुख मार्टन लूथर किंग जुनियर का 4 अप्रैल 1968 हुआ क़त्ल तो अभी तक मुअम्मा है। उस क़त्ल केस में सज़ा पाने वाले जैम्स अर्ल रे का कहना था कि यह क़त्ल एक बड़े गोरे नस्लवादी गिरोह की साज़िश का परिणाम था और वह तो उसका एक छोटा-सा शिकार था।
5. पाकिस्तान की पूर्व प्रधानमंत्री श्रीमती बेनज़ीर भुट्टो के क़त्ल (27 दिसम्बर 2007) में एक चरमपंथी शिया विरोधी धार्मिक संगठन "लश्करे-झंगवी" पर शक किया जाता है, जो श्रीमती भुट्टो के तथाकथित "इस्लाम मुख़ालिफ़" रवैया से नाराज़ था।

आतंकवादियों द्वारा अपने विरोधियों को ख़त्म कर देने की घटनाओं के लिए हमें बहुत दूर देखने की ज़रूरत भी नहीं। हमारे अपने देश में ही पिछले 60 सालों के दौरान हमारे प्रिय नेताओं की आतंकवादियों ने हत्या की है। राष्ट्रपिता गांधी जी को ब्राह्मणवादी चरमपंथियों ने निर्दयता से क़त्ल कर दिया। उसका कारण ये बताया जाता है कि गांधी जी पाकिस्तान की स्थापना के बाद उसका पक्ष ले रहे थे, हालाँकि मूल कारण यह था कि उन्होंने आज़ाद हिन्दुस्तान में ब्राह्मणवादी सामाजिक व्यवस्था लागू करने से इंकार कर दिया था। प्रधानमंत्री इंदिरा गांधी को

ऑपरेशन बलू स्टार की वजह से ख़ालिस्तानी आतंकवादियों ने बेदर्दी के साथ क़त्ल किया और पूर्व प्रधानमंत्री राजीव गांधी को सबसे ख़ूंख्वार आतंकी गिरोहों में से एक एल टी टी ई ने इसलिए उड़ा दिया कि उन्होंने श्रीलंका सरकार को एल टी टी ई से लड़ने में मदद देने के लिए सशस्त्र सेनाओं को श्रीलंका भेजा था।

इन मिसालों से जो तर्कसंगत परिणाम हम निकाल सकते हैं वह यह है कि "असली आतंकवादी" उन लीडरों को नहीं बख़्शते जो उनका विरोध करते हैं। लेकिन भारत में बहुत ज़्यादा चर्चित "मुस्लिम-आतंकवाद" का मामला इस तरह का नहीं लगता। उनके सम्बन्ध में ऐसी कोई मिसाल सामने नहीं आई। आई बी और मीडिया की मदद से ब्राह्मणवादियों ने मुस्लिम-आतंकवाद की जो तस्वीर लोगों के दिमाग़ों में उतारी है वह तो भारत के पूर्व और मौजूदा सभी आतंकी गरोहों से बहुत ज़्यादा भयानक है। यद्यपि भारत में और भी कई आतंकी गिरोह सक्रिय हैं, मगर सबसे ज़्यादा शोर तथाकथित "मुस्लिम-आतंकवाद" का है। बहुत-से राजनीतिक नेता, सामाजिक कार्यकर्ता और कट्टरपंथी ब्राह्मणवादी लीडर रात दिन मुसलमानों और काल्पनिक "मुस्लिम-आतंकवादियों" के ख़िलाफ़ ज़हर उगलते रहते हैं, मगर आज तक उनमें से किसी एक पर भी कोई घातक हमला तो दूर की बात है, हमले का प्रयास तक नहीं हुआ है।

यह तर्क दिया जा सकता है कि अब तक दहशतगर्द उन ब्राह्मणवादी लीडरों को इस वजह से निशाना नहीं बना सके; एक यह कि उन लीडरों के सुरक्षा प्रबंध बहुत कड़े हैं, दूसरे यह कि आतंकियों को यह डर हो सकता है कि ऐसे किसी हमले की प्रतिक्रिया होगी जिसमें बड़े पैमाने पर मुसलमानों का ख़ून बहेगा। ये दोनों तर्क बेकार हैं। पहले तो यह कि बहुत-से राष्ट्राध्यक्षों और बड़े लीडरों की हत्याओं ने यह दिखा दिया है कि कैसा ही कड़ा सुरक्षा घेरा क्यों न हो, दहशतगर्दों को उसमें सेंध लगा कर अंदर घुसने और अपने निश्चित निशाने तक पहुंचने से कोई रोक नहीं सकता। दूसरे यह कि जिस तरह के "जिहादी आतंकवाद" को आई बी और ब्राह्मणवादी नेता प्रोजेक्ट करते रहे हैं उसमें किसी प्रकार की मानवीय भावनाओं और दया के लिए कोई स्थान नहीं है। "जिहादी-दहशतगर्द" हरगिज़ इस बात का ग़म नहीं करेंगे कि हज़ार दो हज़ार ग़रीब हिन्दुस्तानी मुसलमान उनकी विकृत विचारधारा की भेंट चढ़ जाएं। वास्तविकता यह है कि हमारे देश में "जिहादी-दहशतगर्दी" के भूत का कोई अस्तित्व है ही नहीं। ब्राह्मणवादी लीडरों को भी यह बात अच्छी तरह मालूम है, इसी लिए वे खुले

आम देश भर में आज़ादी के साथ घूमते फिरते हैं और बेखटके मुस्लिम सम्प्रदाय के ख़िलाफ़ घृणा की मुहिम चलाते रहते हैं।

क्या हिन्दुस्तानी मुसलमान दहशतगर्द हैं ?

भारत में "मुस्लिम-आतंकवाद" का कभी कोई ऐतिहासिक रिकॉर्ड नहीं है। यह तो ब्रिटिश काल में ही हुआ कि हिन्दुओं की तरह कुछ देशभक्त मुस्लिम क्रान्तिकारियों पर भी, जिन्होंने सन् 1857 के पहले स्वतंत्रता संग्राम में और फिर बाद में गांधी जी के नेतृत्व में स्वतंत्रता आन्दोलन में हिस्सा लिया था अंग्रेज़ शासकों द्वारा "आतंकवाद" का ठप्पा लगाया गया।

पिछले कुछ वर्षों के दौरान ज़रूर तीन ऐसी बड़ी घटनाएं हुई हैं जिनमें मुसलमान लिप्त पाए गए। ये हैं सन् 1993 के मुंबई सीरियल बम बलास्ट, सन् 1998 के कोयम्बटूर बम धमाके और सन् 2001 में इंडियन एयर लाइंस के विमान का कंधार अपहरण। इन तीनों में केवल विमान अपहरण की घटना को ही "आतंकवादी कार्रवाई" कहा जा सकता है। सन् 1993 के मुंबई सीरियल बम धमाके बाबरी मस्जिद विध्वंस के बाद साम्प्रदायिक दंगों में मुसलमानों की तबाही का बदला लेने के लिए अपराध पेशा मुसलमानों के एक गिरोह ने कराए थे और 1998 के कोयम्बटूर धमाके भी कुछ अपराधी गुटों ने ही किए जो मुसलमानों के ख़िलाफ़ संघ परिवार की हिंसक गतिविधियों से भड़के हुए थे। (नोट : इस केस में मद्रास हाईकोर्ट ने मुख्य आरोपी अब्दुल नासिर मदनी तथा अन्य अनेक लोगों को आरोप-मुक्त कर दिया है : अनुवादक) लेकिन ये दोनों घटनाएं निश्चित रूप से "आतंकवादी" घटनाएं नहीं थीं।

काल्पनिक "मुस्लिम-आतंकवाद" का भूत तो वास्तव में ब्राह्मणवादी संगठनों और आई बी द्वारा खड़ा किया गया ताकि उसकी आड़ में वास्तविक ब्राह्मणवादी आतंकवाद को छिपाया जा सके, जो अभी अपने असली रंग-रूप में नहीं आया था। लेकिन जिसकी तैयारियां बड़े विभिन्न रूपों में और देश भर में कई जगह और कई स्तरों पर की जा रही थी। ये बात निम्न रिपोर्टों से ज़ाहिर है :

आर एस एस, वी एच पी और बजरंग दल की आतंकवादी गतिविधियां

1) मार्च 2000 : बजरंग दल ने अपने सक्रिय कार्यकर्ताओं के लिए एक आतंकी प्रशिक्षण शिविर पुणे में आयोजित किया, जिसमें दूसरी चीज़ों के

अलावा जिलाटिन की छड़ों से बम बनाने और उनका धमाका करने का तरीक़ा भी सिखाया गया। उस कैम्प में राज्य स्तर के चालीस से पचास कार्यकर्ताओं ने भाग लिया। नानदेड़ का हिमांशू पांसे, उनका ग्रुप लीडर था, जो बाद में 2006 में बम बनाता हुआ मारा गया। उस कैम्प का आयोजन बजरंग दल के अखिल भारतीय शारीरिक शिक्षा विभाग (All India Physical Education Wing) के प्रमुख मिलिंद परांडे ने किया था (ये रहस्योद्घाटन नानदेड़ में 2006 के बम धमाके की जाँच के दौरान हुआ)।

2) 2001 : आर एस एस और बजरंग दल के कार्यकर्ताओं का एक 40 दिवसीय प्रशिक्षण शिविर नागपुर के भौंसाला मिलिट्री स्कूल में लगाया गया, जिसमें महाराष्ट्र के 54 कार्यकर्ता सहित देश भर से 115 लोग शरीक हुए। उनको हथियार चलाने, बम बनाने और उनका धमाका करने की ट्रेनिंग दी गई। प्रशिक्षण देने वालों में सेना के कुछ पूर्व और वर्तमान सीनियर अधिकारी और आई बी के कुछ रिटायर्ड सीनियर अफ़सर भी थे, (ये बात नानदेड़ बम धमाके 2006 और मालेगांव बम धमाके 2008 की जाँच-पड़ताल के दौरान सामने आई)।

3) 2003 : पुणे के सिंहगढ़ क़िले के पास स्थित आकांक्षा रिज़ोर्ट में एक कैम्प लगाया गया जिसमें बम बनाने और उनका धमाका करने की ट्रेनिंग दी गई। उसमें लगभग 50 नवयुवकों ने हिस्सा लिया। "मिथुन चक्रवर्ती" नाम का एक व्यक्ति इस कैम्प में मुख्य आदमी था, जिसने न केवल यह कि उन लड़कों को विस्फोटक पदार्थों को इस्तेमाल करने की ट्रेनिंग दी, बल्कि अन्तिम दिन उन सब को बड़ी मात्रा में विस्फोटक पदार्थ भी देकर विदा किया। जिन लोगों ने कैम्प में ट्रेनिंग दी उनमें आर्मी के सर्विंग और रिटायर्ड ऑफ़िसर, पुणे का एक शस्त्र विशेषज्ञ (हथियारों का माहिर) राकेश धवाड़े, कैमिस्ट्री के दो प्रोफ़ेसर, जिनके नाम शरद कुंटे और डॉक्टर देव बताए गए हैं, शामिल थे (ये तथ्य भी नानदेड़ और मालेगांव बम धमाकों की तफ़तीश के दौरान सामने आए)।

4) 15 मई 2002 : "संघ परिवार के 15 से 45 साल के बीच की आयु के 153 कार्यकर्ताओं ने पुणे शहर में 21 दिन के एक कैम्प में भाग लिया। खाकी नेकर, पहने इन कैडर्स ने "हिन्दू-राष्ट्र" के सम्बन्ध में लेज़िम, लाठी, योग, खो खो, कबड्डी के अलावा संस्कृत बोलने के अभ्यास सहित सब कुछ

सीखा। यह समर कैम्प ताला बंद परिसर में आयोजित हुआ, जिसमें न तो किसी को बाहर क़दम निकालने की इजाज़त थी और न बिना पूर्व सूचना के कोई अंदर आ सकता था।" उसी दौरान देश के दूसरे 71 स्थानों पर ऐसे ही कैम्प लगाए गए। लातूर (महाराष्ट्र) में 45 से 60 साल की पक्की आयु वाले लोगों ने एक विशेष कैम्प में सीनियर सिटीज़न बनने का पाठ सीखा (*पुणे न्यूज़ लाइन* [इंडियन एक्सप्रेस] 15 मई 2002) ।

5) 31 मई 2002 : बजरंग दल के सदस्यों का एक हफ़्ते का ट्रेनिंग कैम्प भोपाल (मध्य प्रदेश) में लगाया गया, जिसमें 150 कार्यकर्ताओं को हथियार चलाने की ट्रेनिंग दी गयी। कहा गया कि यह कैम्प युवाओं को, पाकिस्तान के साथ जंग की स्थिति में लड़ने का प्रशिक्षण दिया गया (*टाइम्ज़ ऑफ़ इंडिया,* पुणे, 31 मई 2002)।

6) 18 मई 2003 : विश्व हिंदू परिषद की महिला कार्यकर्ताओं के लिए मुंबई में 17 मई 2003 से एक शारीरिक प्रशिक्षण कैम्प लगाया गया, जिसमें युवतियों को जूडो व कराटे के साथ चाक़ू और तलवार से युद्ध का अभ्यास कराया गया (*संडे टाइम्ज़ ऑफ़ इंडिया,* 18 मई 2003)।

7) 31मई 2003 : आर एस एस की महिला कार्यकर्ताओं के लिए के कानपुर में 25 मई को शुरू हुए एक ऑल इंडिया ट्रेनिंग प्रोग्राम के अंतर्गत एक शिविर में लगभग 70 युवतियों को सेना के रिटायर्ड अफ़सरों ने रायफल लोड करने, निशाना साधने और गोली चलाने की ट्रेनिंग दी जबकि जूडो के ट्रेनर्स ने उन्हें मार्शल आर्ट्स की ट्रेनिंग दी। यू पी के कई दूसरे शहरों में भी इस तरह के 6 और कैम्प लगाए गए। देश भर में इस कार्यक्रम के अंतर्गत 73 शहरों में ऐसे कैम्प लगाए गए (*संडे एक्सप्रेस,* पुणे, 1 जून 2003)।

8) 18 मई 2001 : औरंगाबाद के नागेश्वरवाड़ी गणेश मंदिर के पास पाइप बम का धमाका हुआ। (*लोकमत,* औरंगाबाद, 24 मई 2006)।

9) 17 नवम्बर 2002 : औरंगाबाद में खड़केश्वर महादेव मंदिर और निराल बाग़ इलाक़े में वी एच पी के कार्यालय के पास पाइप बम धमाके हुए (*लोकसत्ता* वैब साइट, 24 मई 2006 और *लोकमत,* औरंगाबाद, 17 नवम्बर 2002) (6 अप्रैल 2006 को नानदेड़ में आर एस एस और बजरंग दल के दो कार्यकर्ता बम बनाते हुए धमाका हो जाने की घटना में मारे गए। पुलिस को घटना-स्थल से मिले हुए पाइप बम में तथा औरंगाबाद

के धमाकों में इस्तेमाल किए गए बमों में असाधारण समानता दिखी (*लोकमत*, औरंगाबाद, 24 मई 2006)।

10) 1 जून 2006 : नागपुर में आर एस एस के मुख्यालय पर हमले का प्रयास किया गया जिसमें कार्यालय के निकट "एंकाउंटर" में एक "पाकिस्तानी आतंकी गिरोह" के तीन "आतंकी" मारे गए। (इस मामले की सच्चाई मालूम करने के लिए हाईकोर्ट के एक रिटायर्ड जज जस्टिस बी जी कोलसे पाटिल की अध्यक्षता में एक "फेक्ट फाइंडिंग टीम" ने जो छान-बीन की तो इस नतीजे पर पहुंची कि मुठभेड़ की कहानी झूठी है। अत: कमेटी ने मामले की जूडीशियल जाँच की मांग की। ऐसा लगता है कि यह कार्रवाई आर एस एस के कहने पर आई बी ने अंजाम दी थी।)

11) 21 नवम्बर 2003 : परभनी की मुहम्मदिया मस्जिद पर उस समय बम फेंके गए जब नमाज़ी जुमा की नमाज़ अदा करके निकल रहे थे। तीन हमलावर मोटर साइकिल पर सवार हो कर आए और बम फेंक कर फ़रार हो गए (पी टी आई, 21 नवम्बर 2003)।

12) 27 अगस्त 2004 : मस्जिद मेराजुलउलूम, पुरना (ज़ि. परभनी) पर बम हमला (*तहलका*, 20 नवम्बर 2009)।

13) 27 अगस्त 2004 : जालना की क़ादरिया मस्जिद पर बम हमला हुआ (*तहलका*, 20 नवम्बर 2009)।

14) 6 अप्रैल 2006 : रात के डेढ़ बजे आर एस एस के स्वयंसेवक रिटायर्ड इंजीनियर "लक्षमण राजकोंडावार" के घर पर नानदेड़ में एक ज़बरदस्त बम धमाका हुआ जिसमें उसका 29 वर्षीय पुत्र नरेश राजकोंडावार और बजरंग दल नेता हिमांशू पांसे मारे गए जबकि उनके दूसरे तीन साथी घायल हुए और एक साथी राहुल बच गया जिसको बाद में पुलिस ने पकड़ा। यह धमाका उस वक़्त हुआ जब ये लोग घर में बम बना रहे थे।

15) 10 फ़रवरी 2007 : नानदेड़ में एक रहस्यमय बम धमाके में 28 वर्षीय "पांडूरांग भगवान अमिल कांथवान" मारा गया और उसका एक साथी दयानेश्वर मानिकराव गोनेवार (उम्र 40 साल) बुरी तरह घायल हुआ। इन दोनों का सम्बन्ध बजरंग दल से समझा जाता है (*द टाइम्ज़ ऑफ़ इंडिया*, पुणे, 11 फ़रवरी 2007)।

16) रामपुर (यू पी) में तीन लड़के जो ख़ुद को "जिहादे-इस्लामी" गिरोह का सदस्य बता कर लोगों को धमकी भरे पत्र भेजते थे और उनसे पैसा ऐंठते थे, गिरफ़्तार कर लिए गए। ये तीनों ग़ैर मुस्लिम हैं। उनके नाम राजपाल शर्मा, डोरी लाल और धर्म पाल हैं (*मिल्ली गज़ेट*, 1-15, अक्तूबर 2007)।

17) 26 सितम्बर 2007 : मुंबई में क्रिकेट खिलाड़ियों के आने से पहले पुलिस ने छ: बम बरामद किये। उसके बाद शहर में भारतीय क्रिकेट टीम विजय जुलूस से पहले पुलिस ने दो युवकों राजीव गोविंद सिंह और सुमित्रा बादल राय को गिरफ़्तार किया जो कम शक्ति के 6 बम लेकर जा रहे थे। देसी बनावट के ये बम भीड़ में कम से कम आधा दर्जन लोगों को हलाक कर सकते थे। (*द टाइम्ज़ ऑफ़ इंडिया*, पुणे, 27 सितम्बर, 2007)।

(यह सोच कर रोंगटे खड़े हो जाते हैं कि यदि ये गिरफ़्तारियां न होतीं और षड्यंत्र रचने वाले जुलूस में बम धमाके करने में सफल हो जाते तो उसके कितने भयावह परिणाम सामने आते और अगर कहीं ये दोनों मुसलमान होते तो पुलिस, मीडिया और जनता की प्रतिक्रिया क्या होती।)

18) 12 दिसम्बर 2006 : नासिक पुलिस ने शहर के पास एक गाड़ी से, जिसके मालिक की पहिचान नहीं हो सकी, 50 डेटोनेटर, जिलाटिन छड़ियों के 11 बॉक्स और अमोनियम नाइट्रेट के पांच टिन पकड़े। समझा जाता है इस विस्फोटक सामग्री का सम्बन्ध बजरंग दल से है (मराठी साप्ताहिक *शोधन*, मुंबई, 4 - 10 जुलाई 2008)।

19) 2006 : ज़िला अहमदनगर के एक गाँव में एक व्यक्ति शंकर सेलके के घर से 15 किलोग्राम आर डी एक्स बरामद किया गया। शंकर बाद में रहस्यमय परिस्थिति में मरा हुआ पाया गया (मराठी साप्ताहिक *शोधन*, मुंबई, 4 - 10 जुलाई 2008)।

20) 2006 : पुलिस ने पथारी, ज़िला अहमदनगर के एक चीनी कारख़ाने से बड़ी मात्रा में विस्फोटक पदार्थ ज़ब्त किए हैं (मराठी साप्ताहिक *शोधन*, मुंबई, 4-10 जुलाई 2008)।

21) 14 अक्तूबर 2006 : पुलिस ने ज़िला औरंगाबाद के "चिकल थाना" के तहत ग्राम अडगाँव के "सरपंच" के घर से साढ़े चार किलोग्राम अमोनियम नाइट्रेट, 186 जिलाटिन छड़ें और 566 डेटोनेटर ज़ब्त किए है (मराठी साप्ताहिक *शोधन*, मुंबई, 10-4, जुलाई 2008)।

22) 2006 : औरंगाबाद-मुंबई हाईवे पर एक क्लब में पुलिस ने एक व्यक्ति लक्ष्मण जयवन्त के क़ब्ज़े से 20 किलोग्राम अमोनियम नाइट्रेट और 18 छड़ें जिलाटिन की ज़ब्त कीं (मराठी साप्ताहिक *शोधन*, मुंबई, 4-10 जुलाई 2008)।

23) 11 अक्तूबर 2007 : महाराष्ट्र के ज़िला यवतमाल के एक गाँव में एक ताक़तवर बम धमाके में आर एस एस का एक संदिग्ध कार्यकर्ता डॉक्टर बाफना मारा गया (मराठी साप्ताहिक *शोधन*, मुंबई, 4-10 जुलाई 2008)।

24) 2007 : ज़िला लातूर पुलिस ने सात नौजवानों के क़ब्ज़े से 14 लाख 72 हज़ार रुपया मूल्य का अमोनियम नाइट्रेट और जिलाटिन की छड़ें ज़ब्त की हैं। उनके नाम हैं : विकास मवाड़, कैलास, विनोद, धनंजय, नितीश, महेश और गणेश (मराठी साप्ताहिक *शोधन*, मुंबई, 4 ता 10 जुलाई 2008)।

25) 15 अक्तूबर 2007 : वर्धा में दिवाली के अवसर पर कुछ लोगों को उपहार पैकिटों में बम भेजे गए। इस सम्बन्ध में पुलिस ने चार व्यक्तियों को गिरफ़्तार किया है। उनके नाम हैं : चिनटू *उर्फ़* महेश थाड़वानी, जितेश प्रधान, प्रकाश बावले और अजय जीवतोड़े। लेकिन उनका सरग़ना बांडू तेलगोटे *उर्फ़* "लाडन" फ़रार है (*दैनिक भास्कर*, 3 नवम्बर 2007)।

26) 20 फ़रवरी 2008 : मुंबई से लगभग 50 किलोमीटर की दूरी पर स्थित क़स्बा पनवेल के "सिनेराज सिनेमा हाल" में फ़िल्म "जोधा अकबर" दिखाए जाने के दौरान बम रखा गया (*कॉम्यूलिज़्म कॉम्बेट*, मुंबई, जुलाई व अगस्त, 2008)।

27) 31 अक्तूबर 2008 : पुलिस के बम खोजने और नाकारा बनाने वाले दस्ते ने नवीं मुंबई के "वाशी ऑडिटोरियम" में एक बम का पता चला कर नाकारा किया। बाद में मालूम हुआ कि बम एक ब्राह्मणवादी संगठन ने रखवाया था (*कॉम्यूलिज़्म कॉम्बेट*, मुंबई, जुलाई व अगस्त, 2008)।

28) 4 जून 2008 : थाने के "गडकारी रंगयातन थेटर" में बम धमाका हुआ जिसमें मराठी नाटक "अम्ही-पाचपुते" दिखाया जाने वाला था। उसमें सात व्यक्ति घायल हुए। बाद में पुलिस को पता चला कि इस साज़िश में कई ब्राह्मणवादी संगठन जैसे "गुरु कृपा प्रतिष्ठान", "सनातन संस्था" और "हिन्दू जन जागृति समिति" का इस धमाके में हाथ था। और उन्होंने ही सिनेराज सिनेमा हाल में और वाशी ऑडिटोरियम में बम रखवाए थे।

(*कॉम्यूलिज़्म कॉम्बेट*, मुंबई के अंक जुलाई-अगस्त 2008 की एक रिपोर्ट के अनुसार *इंडियन एक्सप्रेस* की छान-बीन से पता चला है कि महाराष्ट्र और गोवा के इन उग्रवादी संगठनों के सम्पर्क आस्ट्रेलिया, अमेरिका और कुछ अन्य देशों तक फैले हुए हैं)। ए टी एस ने इन संस्थाओं के छः सदस्यों को गिरफ़्तार करके महत्त्वपूर्ण जानकारी प्राप्त की जिसके आधार पर सितारा में एक गिरफ़्तार नवयुवक मंगेश निगम के घर से और पीन में बाल गंगा नदी के किनारे से बड़ी मात्रा में विस्फोटक सामग्री बरामद हुई।

29) 24 जनवरी 2008 : तेनकासी (ज़िला त्रुनलवेट्टी, तमिलनाडू) में आर एस एस के दफ़्तर में एक ज़बरदस्त बम धमाका हुआ। गहराई से जाँच-पड़ताल के बाद तमिलनाडू पुलिस ने संघ परिवार के विभिन्न सहयोगी संगठनों से सम्बंधित आठ व्यक्तियों को गिरफ़्तार किया। पुलिस ने बताया कि आरोपियों ने 14 पाइप बम बना लिए थे और वे इस साज़िश में जुलाई 2007 से लगे थे। गिरफ़्तार आतंकियों ने स्वीकार किया कि उनका इरादा राज्य में बड़े पैमाने पर साम्प्रदायिक घृणा फैलाना था (*मिल्ली गज़ेट*, नई दिल्ली, 16-29 फ़रवरी 2008)।

30) अप्रैल 2008 : दो सम्प्रदायों के बीच एक मामूली-सी हिंसक घटना की जाँच के दौरान पुलिस को पता चला कि ज़िला जलगाँव के ताल्लुक़ा चौपादा के एक छोटे से गाँव अमेरटी में घातक हथियार जैसे पिस्तौल, तलवार, चापड़ आदि बड़ी संख्या में बनाये जा रहे हैं। जाँच-पड़ताल के दौरान यह भी मालूम हुआ कि समता नगर में रहने वाले एक साम्प्रदायिक दल के सक्रिय सदस्य "शेटी फेटेवाला" ने, नवयुवकों को हथियार चलाने की ट्रेनिंग दी थी और उनको साम्प्रदायिक उत्तेजना पैदा करने वाली फिल्में और सी डी आदि दिखाई थी। (*मिल्ली गजेट*, नई दिल्ली, 16-31 मई 2008)।

31) 17 अप्रैल 2008 : मालेगांव पुलिस ने एक भवन के बेसमेंट में स्थित एक पैथालॉजिकल लेब पर छापा मारा और वहाँ से 5 आर डी एक्स बम, तीन आर डी एक्स बमों के पुराने ख़ोल, एक पिस्तौल, एक लेपटॉप, एक स्केनर, दो मोबाइल फ़ोन, एक एक हज़ार रुपये के चार जाली नोट और पांच हज़ार रुपये नक़द ज़ब्त किए और तीन व्यक्तियों नितीश अशिरे, साहिबराव धुरवे और जितेन्द्र खेमा को गिरफ़्तार किया, जिनका सम्बन्ध किसी गुमनाम संगठन से था (*मिल्ली गज़ेट*, नई दिल्ली, 1-15 मई 2008)।

32) जून-जुलाई 2008 : बाराबंकी (यू पी) पुलिस ने आर एस एस के एक स्वयंसेवक सूरज नारायण टंडन को गिरफ़्तार किया जो शहर के ठाकुरद्वारा मन्दिर को ध्वस्त करके हिंसा भड़काने की साज़िश रच रहा था (*मिल्ली गज़ेट*, नई दिल्ली, 16-31 जुलाई 2008)।

33) अक्तूबर-नवम्बर 2007 : वाशी और पनवेल में बम रखे जाने और थाणे में बम धमाके की जाँच के दौरान ये पता चला कि उसी गिरह ने पिछले साल दीपावली के अवसर पर रतनगिरी- पनवेल रोड पर स्थित मुस्लिम क़ब्रिस्तान में बम रखा था जो सौभाग्य से फट नहीं सका। (*मिल्ली गज़ेट*, नई दिल्ली, 16-31 जुलाई 2008)।

34) 4 अप्रैल 2008 : अजारा (ज़िला कोल्हापुर) के पास पुलिस ने दो नौजवानों "औलीवर बारदेसकर" और "दत्ता शंकर पचावाडेकर" को उस समय गिरफ़्तार किया जब वे एक मोटर साइकिल पर 35 देसी बम, एक बन्दूक़ और कुछ कारतूस आदि ले जा रहे थे (दैनिक *पुधारी*, कोल्हापुर, 11 अप्रैल 2008)।

35) जुलाई-अगस्त 2008 : आर एस एस के एक सहयोगी संगठन राष्ट्रीय हिन्दू सेना के प्रमोद मुथालिक ने बंगलौर में एक "आतंकवाद-विरोधी दस्ता" खड़ा किया है जिसमें बंगलौर से 150 और पूरे राज्य से 700 व्यक्ति भर्ती किए गए हैं। मुथालिक का दावा है कि उसने ये ग़ैर सरकारी सेना राज्य से आतंकियों को समाप्त करने के लिए खड़ी की है (*पुणे मिरर*, 23 अगस्त 2008)।

प्रमोद मुथालिक श्री राम सेना का भी प्रमुख है। उसका दावा है कि उसके आत्मघाती दस्ते में अब तक 1132 हिन्दू नौजवान आत्मघाती बम के रूप में भर्ती हो चुके हैं। श्री राम सेना ने आत्मघाती दस्ते के उन बम्बारों को ट्रेनिंग देने और उनको मानसिक रूप से तैयार करने (brain washing) के लिए मंगलौर, बेलगाम और शमोगा में ख़ुफ़िया ट्रेनिंग कैम्प भी लगाए हैं (*मिल्ली गज़ेट*, नई दिल्ली, 1-15 नवम्बर 2008)।

36) 2 अगस्त 2008 : फ़ैज़ाबाद (यू पी) की पुलिस ने साधु के भेस में एक व्यक्ति को उस समय गिरफ़्तार कर लिया जब वह अपनी झोली में कारगर बम लेकर अदालत परिसर में घुस रहा था। आरोपी का नाम "सन्त ननकौव दास" बताया गया है (*मिल्ली गज़ेट*, नई दिल्ली, 1-15 नवम्बर 2008)।

37) 24 अगस्त 2008 : कानपुर (उत्तर प्रदेश) में बजरंग दल के दो कार्यकर्ता राजीव मिश्रा और भोपेन्दर सिंह उस समय एक बम विस्फोट में मारे गए जब वे घर के अंदर बम बना रहे थे। कानपुर ज़ोन के आई जी पुलिस ए के सिंह ने पत्रकारों का बताया कि जाँच से पता चला है कि बड़ी संख्या में बम धमाके करने की साज़िश थी। पुलिस को बड़ी मात्रा मे विस्फोटक सामग्री के अलावा एक डायरी और मुस्लिम बहुल आबादी वाले क़स्बे फीरोज़ाबाद का एक हाथ का बना हुआ नक़्शा भी मिला है (*आउटलुक*, 15 सितम्बर 2008; *कॉम्यूलिज़्म कॉम्बेट*, सितम्बर 2008)। मामले की तहक़ीक़ात के दौरान एस टी एफ़ (यू पी) को पता चला कि धमाके में मारे गए बजरंग दल के कार्यकर्ताओं मिश्रा और भूपेन्दर ने घटना से दो माह पहले मुंबई के दो नम्बरों पर बार-बार फ़ोन किये थे। लेकिन जाँच से पता चला कि दोनों सिम कार्ड जाली नामों पर लिए गए थे। पुलिस इस बातचीत की विस्तृत जानकारी मोबाइल कम्पनियों से हासिल करने की कोशिश कर रही है। पुलिस का कहना है कि जितनी बड़ी मात्रा में कैमिकल मिश्रा के घर से बरामद हुए हैं वे गुजरात और बंगलोर जैसी तबाही के लिए काफ़ी थे (*द टाइम्ज़ ऑफ़ इंडिया*, मुंबई, 29 अक्तूबर 2008)।

38) 21 सितम्बर 2008 : दक्षिण कन्नड़ अपराध शाखा ने मंगलौर (कर्नाटक) में एक व्यक्ति दुरेश कामथ को गिरफ़्तार किया है, जिसने पतूर के एक निजी व्यावसायिक परिसर में बहुत बड़ी संख्या में जिलाटिन की छड़ें, डिटोनेटर और दूसरी विस्फोटक सामग्री ग़ैर क़ानूनी तरीक़ा से स्टॉक कर रखी थी (*मिल्ली गज़ेट*, नई दिल्ली, 1-15 अक्तूबर 2008)।

39) 3 अक्तूबर 2008 : टालेगाँव धाबड़े (ज़िला पुणे) में दशहरे के अवसर पर विश्व हिन्दू परिषद और बजरंग दल ने एक सशस्त्र रैली का आयोजन किया जिसमें कम आयु के लड़के तलवार, लाठी और झंडे उठाए हुए थे (दैनिक *लोकमत* [हेलो पुणे], पुणे, 4 अक्तूबर 2008)।

इस तरह की अनेक रैलियां महाराष्ट्र के दूसरे स्थानों पर भी निकाली गयीं जिनमें तलवारों, लाठियों, भालों और त्रिशूल आदि का प्रदर्शन किया गया और मुसलमानों के विरुद्ध उत्तेजक नारे लगाए गये। सबसे बड़ी रैली सांगी में निकाली गई, जिसमें पांच हज़ार से ज़्यादा लोगों ने हिस्सा लिया।

40) 29 सितम्बर 2008 : मालेगांव (महाराष्ट्र) और मोडासा (गुजरात) में बम धमाके बी जे पी के विद्यार्थी संगठन अखिल भारतीय विद्यार्थी परिषद से सम्बंधित एक चरमपंथी संगठन हिन्दू जागरण मंच" ने कराए थे, जिनमें क्रमश: छ: और एक (सभी मुसलमान) व्यक्ति मारे गए। मंच का मुख्यालय इंदौर में है (*इंडियन एक्सप्रेस*, पुणे, 23 अक्तूबर 2008)।

बाद की जाँच में पता चला कि इन धमाकों में हिन्दुत्व (ब्राह्मणवादी) आतंकवादी संगठन अभिनव भारत, कुछ सैनिक अफ़सरों और कुछ तथाकथित साधु-संतों का भी हाथ था। इन धमाकों के लिए उपयोग में लाए गए विस्फोटकों और उनकी तकनीक को देखते हुए यह समझा जाता है कि समझौता एक्सप्रेस और अजमेर की दरगाह के अलावा अन्य अनेक बम धमाके भी इसी गिरोह की साज़िश का नतीजा हैं।

इस सम्बन्ध में कुछ बहुत ही धमाकदार बातें सामने आ चुकी हैं। उदाहरण के लिए यह भेद खुला कि आतंकी संगठन अभिनव भारत के सदस्य 2002 से ही देश भर में धमाकों का अभियान चलाने की तैयारी में लगे हुए थे। दिसम्बर 2002 में मध्य प्रदेश पुलिस ने भोपाल के रेलवे स्टेशन से एक देसी बम बरामद किया। ठीक उसके एक साल बाद वैसा ही एक बम भोपाल के निकटवर्ती स्थान लामबा खेड़ा से बरामद किया गया था। दोनों बम तबलीग़ी जमाअत के वार्षिक सम्मेलन (इज्तिमा) में शरीक होने के लिए आने वाले लोगों को निशाना बनाकर रखे गए थे। इस सम्मेलन में लगभग 5 लाख लोग भाग लेते हैं। पुलिस ने जल्द ही यह पता लगा लिया कि इस साज़िश में स्थानीय हिन्दुत्वादी कार्यकर्ता रामनारायण कालसांगराम और सुनील जोशी का हाथ था। महाराष्ट्र ए टी एस की जानकारी के अनुसार ये दोनों चरमपंथी अभिनव भारत नामक संगठन में महत्त्वपूर्ण पदों पर आसीन हैं। इन दोनों के साथ बजरंग दल के कई दूसरे संदिग्ध सदस्यों से भी पुलिस ने पूछताछ की थी। (*दि हिन्दू*, दिल्ली, 20 नवम्बर 2006)।

लेकिन यह किसी को मालूम नहीं कि इस जाँच में क्या कुछ सामने आया और इस सिलसिले में क्या कार्रवाई की गई। सम्भवत: उनको स्वतंत्र छोड़ दिया गया, वरना वे उसके बाद मालेगांव, मोडासा, अजमेर, समझौता एक्सप्रेस, मक्का मस्जिद और दूसरे अनेक स्थानों पर बम धमाके नहीं करवा सकते थे।

41) 10 नवम्बर 2008 : आर एस एस के दो सदस्य केरल के ज़िला कन्नूर में बम बनाते हुए धमाके में मारे गए। दूसरे दिन इलाक़े की छान-बीन के दौरान पुलिस ने घटना-स्थल से मुश्किल से दोसौ मीटर की दूरी पर स्थित बी जे पी नेता प्रकाशन के घर से 18 देसी बम बरामद किए। (*इंडियन एक्सप्रेस*, पुणे, 11 नवम्बर और *द टाइम्ज़ ऑफ़ इंडिया*, पुणे 13 नवम्बर 2008)

42) 9 नवम्बर 2008 : मुख़बिरों से मिली एक सूचना के आधार पर कार्यवाही के दौरान पुलिस ने बदनापुर तहसील, ज़िला जालना, महाराष्ट्र के एक गाँव "मांजरगाँव" से 7 ज़िन्दा बम बरामद किए, जो एक धर्मस्थल के पास घास में छुपा कर रखे गए थे। ये बम इतने शक्तिशाली थे कि एक सौ मीटर तक तबाही मचा सकते थे। इस मामले में ए टी एस ने पुणे के राजेश दत्त ततारया डावरे और नानदेड़ के मारूती वाघ को गिरफ़्तार किया (*इंडियन एक्सप्रेस*, पुणे, *इंडिया इनफोडॉट कॉम, पी टी आई* के हवाले से, 11 नवम्बर 2008)।

43) 11 नवम्बर 2008 : असम के "उलफा" संगठन के चेयरमेन ऑरबिन्दो राजखोवा ने आरोप लगाया है कि "बोडो क्षेत्रीय प्रशासनिक जिलों" (बी टी ए डी) में अक्तूबर में होने वाले 30 बम धमाकों और जातिगत दंगों में आर एस एस का हाथ था। इन घटनाओं में लगभग 140 (बम धमाकों में 85 और हिंसक घटनाओं में 55) व्यक्ति मारे गए। उन्होंने दावा किया है कि उलफा के पास यह सिद्ध करने के लिए कि हिंसा की इन वारदातों में आर एस एस का हाथ है, काफ़ी पक्के सबूत मौजूद हैं। उलफा ने अपने मुखपत्र "फ्रीडम" में कई माह पहले ही यह बता दिया था कि आर एस एस ने देश के विभिन्न स्थानों पर बम धमाके कराने के लिए अपने कार्यकर्ताओं को निर्देश भेजे हैं मगर सरकार ने उसपर कोई क़दम नहीं उठाया (*डी एन ए, ऑन लाइन*, 11 नवम्बर 2008)।

44) 10 दिसम्बर 2008 : शक की बुनियाद पर गुजरात पुलिस ने जाम नगर के पास खमबाला से महाराष्ट्र के दो नौजवानों, महेश परब और अनिल जगताप को पकड़ कर उनके पास से दो लेपटॉप, चार मोबाइल फ़ोन, एक मोटर साइकिल, जाम नगर एयरपोर्ट का नक़्शा, सारे सौराष्ट्र इलाक़े का मानचित्र, अटारी सरहद, गुजरात और राजस्थान के सीमावर्ती इलाक़ों, रिलायंस और एस्सार कम्पनियों के प्रतिष्ठानों के नक़्शे बरामद किए। उनकी गाड़ी पर जी

पी एस यंत्र लगा था जिससे वे इलाक़े का सर्वे कर रहे थे। उनको अधिक जाँच-पड़ताल के लिए ए टी एस के हवाले किया गया। मगर गुजरात ए टी एस ने एक सप्ताह बाद उनको ख़ामोशी से छोड़ दिया और कहा कि वे इजाज़त लेकर सर्वे कर रहे थे (मराठी दैनिक *पुधारी,* 10 दिसम्बर 2008)।

45) 27 दिसम्बर 2008 : बजरंग दल ने "आतंक के विरुद्ध लड़ने के लिए" नौजवानों का एक तीन दिवसीय कैम्प 27-29 दिसम्बर के बीच लगाया जिसके लिए पुलिस से अनुमति नहीं ली गई। इस शिविर में मुंबई के 18 से 35 वर्ष की आयु के 110 नौजवानों ने भाग लिया। लाठी, तलवार और एयर राइफ़ल चलाने का प्रशिक्षण दिया गया। उन्होंने ऐसे भाषणों और चर्चाओं में भी भाग लिया जिनमें उनके दिमाग़ों में यह बात बिठाई गई कि आतंकवाद की ताज़ा घटनाओं के लिए इस्लामी जिहाद किस प्रकार ज़िम्मेदार है (*एशियन एज,* 29 दिसम्बर 2008 और *द मिल्ली गज़ेट,* 16-31 जनवरी 2009)।

46) 12 जनवरी 2009 : कर्नाटक का एक डाकू, नागराज जामबागी ने, जिसका सम्बन्ध एक चरमपंथी हिन्दू संगठन से है, यह स्वीकार किया है कि 10 मई 2008 को हुबली ज़िला अदालत में बम धमाके उसी ने कराए थे। राज्य ख़ुफ़िया विभाग के सूत्रों के अनुसार जामबागी और उसके दो दूसरे गुर्गे रमेश पवार और लिंगाराज लालगर उक्त चरमपंथी हिन्दू संगठन के सदस्य हैं।

यह धमाका ऐसे अवसर पर कराया गया जबकि कर्नाटक विधान सभा के लिए चुनाव का पहला चरण जारी था। धमाका उस मजिस्ट्रेट की अदालत में हुआ जिसमें सफ़दर नागोरी सहित सिमी के कुछ अन्य सदस्यों के मुक़दमों की दो दिन बाद पेशी थी। यद्यपि इस बारे में जाँच जारी थी मगर जनमत पर यह प्रभाव डाला गया कि धमाके में सीमी का हाथ है (*इंडियन एक्सप्रेस,* पुणे, 13 जनवरी 2009)।

47) 4 अप्रैल 2009 : महाराष्ट्र के ज़िला बीड के एक छोटे से गाँव घटसा वाली में एक बम धमाका हुआ। उस गाँव की आबादी मुश्किल से एक हज़ार है और उसमें 70, 80 मुसलमान रहते हैं। धमाके की सूचना मिलने पर पुलिस ने छान-बीन की और तीन व्यक्तियों अशोक लांडे, मेवर लांडे और तुलसी

राम लांडे को गिरफ़्तार कर लिया। पूछताछ के दौरान उन्होंने अपना अपराधी होना स्वीकार कर लिया और कहा कि वे यह नहीं चाहते कि गाँव में "मस्जिद बने" इसलिए ये धमाका किया गया (मराठी साप्ताहिक *शोधन*, 29 मई ता 4 जून 2009) इस मामले में यद्यपि जानी व माली नुक़सान कोई ख़ास नहीं हुआ लेकिन उसके प्रभाव बहुत ख़तरनाक हैं।

अतः यदि काल्पनिक "मुस्लिम-आतंकवाद" का हव्वा खड़ा करने के बजाय आई बी ने वास्तविक ब्राह्मणवादी आतंकवाद पर ध्यान केन्द्रित किया होता, जो कि "हिन्दू-राष्ट्र" के नाम पर "ब्राह्मणवादी राष्ट्र" स्थापित करने के लिए जारी है, तो बहुत-से बम धमाकों को रोका जा सकता था और हज़ारों जानें बचाई जा सकती थीं। लेकिन ऐसा लगता होता है कि आई बी ने अपने आक़ाओं के इशारे पर इन घटनाओं की अनदेखी की और दूसरी तरफ़ उनके साथ ब्राह्मणवादी आतंकी गतिविधियों को बढ़ावा दिया और जहां सम्भव हुआ उनमें सहयोग भी किया।

आई बी ने किस प्रकार मनमाने ढंग से बम धमाकों की जाँच में हस्तक्षेप किया और उनमें मुस्लिम नवयुवकों को फंसाने और वास्तविक आतंकी ब्राह्मणवादियों को बचाने के लिए किस तरह जाँच को ग़लत लाइनों पर डाला, उसका अंदाज़ा कुछ मामलों की उस समीक्षा से होता है जो अगले अध्याय में आएगी।

3

बम विस्फोटों की जाँच

ब्राह्मणवादियों को बचाने और मुसलमानों के फंसाने के लिए आई बी की ग़ैर ज़रूरी और सोची-समझी दख़ल अन्दाज़ी

पिछले कुछ वर्षों के दौरान, ख़ासकर जब से देश में लगातार बम विस्फोट हो रहे हैं आई बी ने ख़ुफ़िया जानकारी इकट्ठा करने का अपना असल काम मुश्किल से ही किया है। यह ज़्यादातर बम विस्फोट के मामलों की जाँच करती रही है। हाल के दिनों में एक भी घटना ऐसी नहीं है जिसमें बम विस्फोट या आतंकी हमले सही ख़ुफ़िया जानकारी और आई बी के समय पर दख़ल दिये जाने से टल गए हों। दूसरी तरफ़ लगभग हर धमाके के बाद आई बी में मौजूद ब्राह्मणवादी अधिकारी दख़ल देते हुए और स्थानीय पुलिस या जाँच एजेंसियों को अपनी सोच और अपने रेडिमेड सबूत को मानने को मजबूर करते पाए गए हैं।

बम विस्फोट के ऐसे ज़्यादातर मामलों में जिनका पता लगा लिए जाने का दावा किया गया है, आई बी पर बहुत संदिग्ध भूमिका निभाने का शक है। अगर ऐसे सभी मामलों की मीडिया में हुई रिपोर्टिंग का सावधानी से अध्ययन और विश्लेषण किया जाए तो लगभग हर बम विस्फोट की जाँच में आई बी द्वारा अपनाया गया जाँच का ढंग इस तरह का दिखाई देता है :

1) पहले ही दिन से मुस्लिम-संगठनों और/या लोगों पर आरोप मढ़ना

पिछले कुछ वर्षों के दौरान देश में लगभग हर बम विस्फोट के मामले में यह अनुभव रहा है कि विस्फोट की गूँज धीमी होने या विस्फोट के शिकार व्यक्ति का ख़ून सूखने से भी पहले ख़ुफ़िया और जाँच एजेंसियों के बीच कुछ मुस्लिम-संगठनों जैसे लश्कर-ए-तैयबा, हूजी, सिमी या हाल ही में खोजे गए "I.M." ("इंडियन मुजाहिदीन") या कुछ अज्ञात संगठनों पर महज़ अपने

ख़याली अंदाज़ों के आधार पर आरोप लगाने की होड़ शुरू हो जाती है और वे हमेशा साथ देने वाले मीडिया के माध्यम से जो कि काफ़ी हद तक ब्राह्मणवादी तत्त्वों के नियंत्रण में है, जहाँ तक हो सकता है, जम कर प्रचार करते हैं। और यह, मुस्लिम-विरोधी माहौल बनाने और आम हिन्दुओं को मुसलमानों के ख़िलाफ़ करने के ब्राह्मणवादियों और आई बी के मुख्य उद्देश्य को ध्यान में रखते हुए किया जाता है।

हालाँकि स्थानीय पुलिस, इसकी अपराध शाखा, आतंकवाद-विरोधी दस्ता और दूसरे ऐसे ही विशेष दस्ते या टीमें भी दौड़ में शामिल होती हैं लेकिन वे अपनी आँखें मूंद कर रिंग-मास्टर यानी आई बी और उसकी मंशा को भांपते हुए ही चलती हैं क्योंकि स्थानीय पुलिस से लेकर वरिष्ठ नौकरशाहों तक हर एक और यहाँ तक कि सरकार को भी आई बी द्वारा सीधे या घुमा-फिराकर समझाया जा चुका है कि कोई भी बम विस्फोट का मामला आतंकवाद से जुड़ा होने की वजह से आई बी का मामला है और सबको आई बी के अपनाए रास्ते पर चलना है। चूंकि सरकार समेत किसी की भी आई बी से सवाल करने की हिम्मत नहीं है, इसलिए हर एक आँख बंद करके उसके ही रास्ते पर चलता है। चुनांचे बम धमाकों में शामिल संभावित आतंकवादियों के बारे में स्थानीय पुलिस या ए टी एस द्वारा, अन्य जाँच एजेंसियों द्वारा, या वरिष्ठ नौकरशाहों और सरकार द्वारा धमाकों के तुरंत बाद व्यक्त किए जाने वाले विचारों को, 90 प्रतिशत मामलों में ये समझना चाहिए कि वे आई बी के विचार हैं। अगर किसी ने अलग चलने की हिम्मत की तो उस स्त्री या पुरुष को तुरन्त मजबूर कर दिया जाता है कि आई बी द्वारा दी गयी लाइन पर ही चले।

2) आई बी जाँच को व्यावहारिक रूप से अपने हाथ में ले लेती है

आम तौर से आई बी किसी बम विस्फोट की जाँच उसके तार्कि ढंग से नहीं होने देती। वह इस बात को सुनिश्चित करती है कि विस्फोटों की जाँच के हर मामले में उसका दख़ल रहे। यहाँ तक कि अगर स्थानीय पुलिस सही दिशा में जाँच कर रही है तो यह अचानक ही कूद पड़ती है, पहले से तैयार सबूत के साथ अपनी थ्योरी पेश कर देती है और स्थानीय पुलिस में से सावधानी से चुने गए एक "नरम" जाँच दस्ते के माध्यम से इसे निबटाती है। ऐसा तब ज़्यादा होता है जब

ब्राह्मणवादी तत्त्वों के शामिल होने का संदेह हो या अगर विस्फोट ख़ुद आई बी की करतूत हो।

अगर स्थानीय पुलिस या जाँच एजेंसी अंधेरे में टटोलती हुई दिखती हैं तो आई बी तुरंत ही कहानी में फिट हो सकने वाली स्क्रिप्ट लिखने और सबूतों से छेड़ख़ानी करने में जुट जाती है। अपनी शक्ति और संसाधनों की वजह से आई बी किसी भी सबूत को गढ़ने या मिटा देने या उसके साथ छेड़ख़ानी करने की ताक़त रखती है जैसे मोबाइल फ़ोन के प्रिंट-आउट, इक़बालिया बयान, यहाँ तक कि टेप की हुई बातचीत, विस्फोटक सामग्री, हथियार या फंसानेवाला साहित्य या मोबाइल फ़ोन वग़ैरह की ज़ब्ती, या ऐसा कुछ भी जिससे भोली-भाली जनता, मीडिया और यहाँ तक कि ट्रायल कोर्ट को भी, जो पुलिस हिरासत में रिमांड पर देने की अनुमति देती है, विश्वास दिलाया जा सके। ऐसी तैयारी के बाद, आई बी अचानक ही स्थानीय पुलिस या जाँच एजेंसी की मदद के बहाने मामले में दख़ल देती है और जाँच पर लगभग अधिकार जमा लेती है। इस तरह से वह स्थानीय पुलिस या ए टी एस, एस आई टी या यहाँ तक कि सी बी आई जैसी जाँच एजेंसियों के माध्यम से पूरे मुस्लिम-समुदाय को बदनाम और हतोत्साहित करने और भोले-भाले आम हिंदुओं के बीच में मुसलमान-विरोधी माहौल बनाने की सोच के साथ आसानी से सैकड़ों मुस्लिम युवकों को गिरफ़्तार करने की अपनी योजना को पूरा करती है जिसका नतीजा यह होता है कि जहाँ मुसलमान और धर्मनिरपेक्ष लोग सरकार या पुलिस को उनकी पक्षपातपूर्ण साम्प्रदायिक कार्रवाई और मनमानी के लिए दोषी ठहराते रहते हैं, वहीं उसके मुख्य निर्माता और मुख्य निदेशक यानी कि आई बी के ब्राह्मणवादी पर्दे के पीछे रहते हुए अपने टीवी स्क्रीन पर स्थिति का आनंद लेते हैं। आई बी का उन मामलों में दख़ल देना एकदम निश्चित है जहां ब्राह्मणवादी तत्त्वों के शामिल होने का शक हो या जहां धमाके आई बी के तथाकथित कवर-ऑपरेशन का नतीजा हों।

3) "मुठभेड़" - ख़ानापूर्ति के लिए आई बी का पसंदीदा हथियार

सबूत में छेड़ख़ानी के लिए या विस्फोट के किसी मामले में महत्त्वपूर्ण कड़ी को जोड़ने के लिए मुठभेड़ आई बी के बहुत काम की चीज़ है। मुठभेड़ से पहले, किसी भी "आतंकवादी" से अपनी डायरी में ऐसा कुछ भी लिखने को कहा जा

सकता है जो जाँचकर्ता उससे लिखवाना चाहता है, जैसे उसके "सहयोगियों" या "संचालकों" के नाम, पते, फ़ोन नंबर आदि, वे जगहें जहाँ वह "आतंकवाद के प्रशिक्षण" के लिए गया, उसके गिरोह की "आगे की योजनाएं" आदि या उसे एक मोबाइल फ़ोन पर अपने "सहयोगियों" या "संचालकों" से बात करने के लिए मजबूर किया जा सकता है या जाँच में ख़ानापूर्ति के लिए जो भी ज़रूरी हो वह करने को कहा जा सकता है ताकि "मुठभेड़" के बाद सामान्य चीज़ों जैसे विस्फोटक, हथियार, *जिहादी* साहित्य आदि के अलावा कुछ ख़ास चीजें जैसे उसकी अपनी लिखावट में लिखी डायरी, वह मोबाइल फ़ोन जिसपर उसने दूसरे आतंकवादियों से बात की थी, उसके पास से बरामद किये जा सकें।

दिल्ली पुलिस का विशेष प्रकोष्ठ, एस टी एफ उत्तर प्रदेश, ए टी एस महाराष्ट्र (जिसके प्रमुख के. पी. रघुवंशी हैं), अपराध शाखा मुंबई, एस आई टी राजस्थान, मध्य प्रदेश पुलिस, जम्मू-कश्मीर पुलिस का एक वर्ग, कर्नाटक पुलिस का एक वर्ग, हैदराबाद नगर पुलिस जैसे आई बी के चहेते उन्हें इस काम में मदद देते हैं। किसी "मुठभेड़" के लिए कश्मीर वास्तव में सबसे सुरक्षित जगह है जहां इसपर कोई भी सवाल भी नहीं उठा सकता है।

आई बी ने ये हथियार मुंबई ट्रेन बम विस्फोट मामले में, अहमदाबाद-सूरत मामले में, 2008 के दिल्ली बम विस्फोट मामले में, 2006 के संकट मोचन विस्फोट मामले में, उत्तर प्रदेश अदालतों में सीरियल बम विस्फोट के मामले में, जयपुर मामले में और ऐसे दूसरे कई मामलों में इस्तेमाल किया है।

4) ब्राह्मणवादी आतंकवादियों को बचाने के लिए अहम सुराग़ों की छान-बीन नहीं की जाती

अगर किसी विस्फोट की जगह बहुत ही अहम सुराग़ भी पाए गए हैं या प्रारंभिक जाँच के दौरान स्थानीय पुलिस ने महत्त्वपूर्ण लीड दी है तो अगर उससे ब्राह्मणवादी आतंकवादियों के फंसने की संभावना हो या अगर वे आई बी के पूर्वाग्रह और पहले से तैयार थ्योरी में फिट नहीं हैं तो आई बी ने उनकी बहुत बारीकी से छान-बीन करने और उनको तार्किक नतीजे तक पहुंचने नहीं दिया है। जैसा कि 2006 के मुंबई ट्रेन विस्फोट के मामले, 2006 के मालेगांव बम विस्फोट, 2007 के समझौता एक्सप्रेस विस्फोट, 2007 के हैदराबाद की मक्का

मस्जिद विस्फोट, 2007 के अजमेर शरीफ़ विस्फोट, 2008 के अहमदाबाद विस्फोट और 2008 के जयपुर विस्फोट के मामले में हुआ।

5) आई बी तेज़ी से पाला बदलती रहती है

कई बार ऐसा भी होता है कि आई बी अपनी थ्योरी फ़िक्स कर लेती है और इसे जाँच एजेंसी को निबटाने के लिए सौंप देती है और उसके बाद उसकी थ्योरी के विपरीत कुछ अवांछित घटनाएं हो जाती हैं। ऐसी किसी घटना में आई बी अपना पाला उतनी ही आसानी से बदल लेती है जैसे कमीज़ बदल ली जाती है। कुछ मामलों में तो इसने अपना पाला एक या दो बार नहीं बल्कि कई बार बदला। अगर जाँच एजेंसी आई बी के पक्ष में नहीं है तो दो समानांतर थ्योरियां साथ-साथ चलती हुई पायी गयी हैं। जो आई बी के लिए एक बहुत परेशानी का कारण बन जाती हैं। यह मुंबई ट्रेन विस्फोट मामले में, हैदराबाद की मक्का मस्जिद विस्फोट मामले में, अजमेर शरीफ़ की दरगाह विस्फोट मामले में, उत्तर प्रदेश के सीरियल ब्लास्ट के मामले में और संकट मोचन विस्फोट के मामले में हुआ है।

6) आरोप-पत्रों में झोल

एक बार जब संदिग्धों को आई बी द्वारा चुन लिया जाता है तो सबूत गढ़कर उनपर आरोप सिद्ध करना ज़रूरी हो जाता है। चूंकि विस्फोट के ज़्यादातर मामलों में जाँच झूठी थ्योरी पर आधारित होती है इसलिए ऐसे मामलों में भेजे गए आरोप-पत्र में कई कमियां होती हैं और उसमें जोड़-तोड़ और मुठभेड़ों के बावजूद बहुत-से झोल रह जाते हैं। लेकिन आई बी उनके बारे में चिंतित नहीं होती है क्योंकि उसका मुस्लिम-समुदाय को बेइज़्ज़त करने का मुख्य उद्देश्य पूरा हो चुका होता है और वह जानती है कि अभियुक्त मामले की सुनवाई होने तक जेल में कई साल तक रहेगा।

जाँच का यह तरीक़ा लगभग सभी बम विस्फोट मामलों में सामने आया है उनमें से कुछ का विश्लेषण समाचारपत्रों में प्रकाशित रिपोर्टों के आधार पर नीचे किया गया है।

i) 2006 का मुंबई ट्रेन बम विस्फोट मामला
(11 जुलाई 2006)

दो अलग थ्योरियों वाली दो समानांतर जांचों की कहानी जिसमें असल आतंकवादियों को छुआ तक नहीं गया।

क) विस्फोटों और संदिग्धों के बारे में प्रारंभिक रिपोर्ट

I) पहले ही दिन से मुस्लिम-संगठनों और व्यक्तियों पर आरोप मढ़ना

1) पहले ही दिन आई बी ने पुष्टि की कि सिमी के कार्यकर्ता विस्फोटों के लिए ज़िम्मेदार हैं (*आफ्टरनून*, मुंबई, 12 जुलाई 2006)।
2) पुलिस को लश्कर-ए-तैयबा और सिमी पर शक है (*मिड-डे*, मुंबई, 12 जुलाई 2006)।
3) शामिल हुए उग्रवादियों की राहिल, फ़ैयाज़ काग़ज़ी तथा ज़ैनुद्दीन के रूप में पहचान कर ली गई) *मिड-डे*, 12 जुलाई 2006)।
4) नेपाल पुलिस ने काठमांडू में चार पाकिस्तानियों को गिरफ़्तार किया (*रेडिफ डॉट कॉम*, 12 जुलाई 2006)।
5) पुलिस ने हैदराबाद से तीन सिमी कार्यकर्ताओं को उठाया (*एशियन एज*, मुंबई, 12 जुलाई 2006)।
6) ट्रेन विस्फोट के चार दिन बाद शहर के माहिम इलाक़े से कम से कम 250 लोगों को हिरासत में लिया गया (*द टाइम्ज़ ऑफ़ इंडिया*, मुंबई, 15 जुलाई 2006)

II) आई बी द्वारा जाँच अपने हाथ में ले लेना

आई बी ने जाँच का प्रभार संभाला। आई बी ने अत्यंत गोपनीयता बनाए रखी है। ए टी एस चीफ़ के. पी. रघुवंशी के अलावा कोई भी जाँच के बारे में नहीं जानता है (दैनिक *सकाल*, पुणे, 22 जुलाई 2006)।

III) अन्य रिपोर्टें

1) एक चश्मदीद गवाह और घायल लोगों से जानकारी मिलने के बाद संदिग्धों के रेखाचित्र तैयार किए गए (*रेडिफ डॉट कॉम*, 12 जुलाई

2006)।

2) सी पी आई (एम) पोलित ब्यूरो के सदस्य और पश्चिम बंगाल के सत्तारूढ़ वाम मोर्चे के अध्यक्ष बिमान बोस को संदेह है कि ट्रेन विस्फोट हिंदू कट्टरपंथियों द्वारा किये गए हैं (*रेडिफ डॉट कॉम*, 15 लाई 2006)।
3) फ़ोरेंसिक विशेषज्ञों ने मलबे में आर डी एक्स, अमोनियम नाइट्रेट और तरल ईंधन होने की रिपोर्ट दी (*एशियन एज*, मुंबई, 17 जुलाई 2006)।

ख) ए टी एस का मामले को सुलझाने का दावा

1) ए टी एस (आई बी पढ़ें) ने पहले संदेह पर 20 जुलाई को बिहार से कमाल अहमद को गिरफ़्तार किया था और एक एहतिशाम को मीरा रोड, मुंबई से 29 जुलाई को गिरफ़्तार किया। नार्को-टेस्ट के दौरान उन्होंने अपने कुछ सहयोगियों के नाम बताए जो शैतानी साज़िश में शामिल थे। उनके द्वारा दी गई जानकारी के आधार पर ए टी एस ने चार और संदिग्धों को गिरफ़्तार किया। वे थे मुहम्मद साजिद, मुहम्मद शफ़ी (दोनों मुंब्रा के निवासी), वजीहुद्दीन शेख़ (काशी-मीरा का निवासी) और मुहम्मद माजिद शेख़ (कोलकाता का निवासी)। इन लोगों की गिरफ़्तारी के साथ ए टी एस ने मामले के हल हो जाने का दावा किया। चारों पर पाकिस्तानी नागरिकों को रसद देने का आरोप था जिन्होंने ट्रेन में बम लगाए थे। उनमें से, मजीद शेख़ पर लश्कर के स्लीपर सेल का सदस्य होने का संदेह है (*द टाइम्ज़ ऑफ़ इंडिया*, पुणे, 30 सितम्बर, 2006)।
2) मुंबई पुलिस आयुक्त ए एन रॉय ने कहा "साज़िश में शामिल पाकिस्तानियों में से एक रेलगाड़ी के पूरी तरह से भरे डिब्बों से उतर नहीं सका और खार स्टेशन पर बम विस्फोट में मारा गया। उसकी बुरी तरह से विकृत लाश लावारिस बनी रही। पुलिस ने चेहरा ठीक किया और शरीर का डीएनए परीक्षण कराया गया। जाँचकर्ताओं को गिरफ़्तार व्यक्तियों में से एक के नार्को-टेस्ट से पता चला कि वह

लाहौर, पाकिस्तान के निवासी सलीम की लाश थी" (*द हिंदू*, मुंबई, 1 अक्तूबर 2006)।

3) नई दिल्ली में तैनात एक वरिष्ठ नौकरशाह ने कहा, "बिहार से पहले मुलज़िम कमाल अंसारी को हिरासत में लिए जाने के बाद ए टी एस ने सभी अभियुक्तों और दो पाकिस्तानी नागरिकों सलीम (सात विस्फोटों में से एक में मारा गया) और मुहम्मद अली (अगस्त, 2006 में एनटॉप हिल पर पुलिस के साथ एक मुठभेड़ में मारा गया) की गतिविधियों (आने-जाने) के बारे में बारीकी से जानकारियां जुटाईं"... "रॉय (मुंबई पुलिस आयुक्त) ने पहले ही घोषणा कर दी है कि मुंबई पुलिस के पास आई एस आई के शामिल होने के पर्याप्त सबूत हैं...केंद्र ने धमाके में आई एस आई के सीधे शामिल होने के महाराष्ट्र सरकार के दावे का समर्थन किया"..."हमारे सबूत इन (गिरफ़्तार अभियुक्तों) की गतिविधियों, उनके सेल फ़ोन बातचीत के रिकॉर्ड, पाकिस्तान में लश्कर के शिविरों में उनकी शिरकत के सबूत, हवाला के माध्यम से धन की प्राप्ति और अभियुक्तों में से एक के निवास पर से आर डी एक्स मिलने जैसे तथ्यों पर आधारित है"... "आला पुलिस अधिकारी महाराष्ट्र के सीरियल बम विस्फोटों में आई एस आई की भूमिका पर केन्द्रीय गृह सचिव को बुधवार, यानी, 4 अक्तूबर 2006 को एक रिपोर्ट पेश करेंगे" (*द टाइम्ज़ ऑफ़ इंडिया*, पुणे, 4 अक्तूबर 2006)।

4) इस आशय का साक्ष्य कि :

(क) आई एस आई ने बम विस्फोटों की साज़िश रची थी, (ख) 11 पाकिस्तानी नागरिकों ने विस्फोटों में सीधे भाग लिया और (ग) उन्हें पाकिस्तान में बहावलपुर शिविर में प्रशिक्षण दिया गया था;

मुंबई पुलिस आयुक्त ए. एन. रॉय और ए टी एस प्रमुख के. पी. रघुवंशी द्वारा गृह सचिव के समक्ष प्रस्तुत किया गया (*सकाल*, पुणे, 5 अक्तूबर 2006)।

5) सूत्रों के अनुसार, ए टी एस और आई बी अधिकारियों ने एक दर्जन से अधिक लोगों से कमाल के संबंधों की, बिहार के मधुबनी ज़िले में (जहाँ का वह निवासी है) जाँच की (*रेडिफ डॉट कॉम*, 11 अक्तूबर 2006)।

ग) ए टी एस द्वारा आरोप-पत्र दाख़िल किया जाना

बाद में ए टी एस द्वारा 13 गिरफ़्तार लोगों के ख़िलाफ़ अदालत में एक आरोप-पत्र प्रस्तुत किया गया जिसमें 15 लोगों को (10 पाकिस्तानियों सहित) फ़रार दिखाया गया था।

ए टी एस द्वारा दिए गए मुख्य सबूत इस प्रकार के हैं : 1) अभियुक्तों के इक़बालिया बयान, 2) उनकी सेल फ़ोन बातचीत का रिकॉर्ड, 3) कुछ अभियुक्तों का नार्को-टेस्ट परीक्षण, 4) मुठभेड़ में मारे गए कुछ पाकिस्तानियों का डीएनए परीक्षण, 5) अभियुक्तों में से एक के घर से ज़ब्त आर डी एक्स और 6) एक मारूति कार की ज़ब्ती जिसमें गोवंडी से बांद्रा तक बम ले जाए गए थे और जिसपर आर डी एक्स के निशान थे।

ए टी एस ने कुछ दूसरे सबूतों साथ दो "महत्त्वपूर्ण" गवाहों का हवाला दिया है। उनमें से एक पश्चिम रेलवे का दैनिक यात्री है। उसके अनुसार इस घटना के दिन उसका संदिग्धों में से एक के साथ झगड़ा हुआ था क्योंकि एक संदिग्ध द्वारा ले जाई जा रही किसी भारी वस्तु से उसे चोट लगी थी। समाचारपत्रों में उस संदिग्ध आदमी का वर्णन पढ़ने के बाद उसे उस व्यक्ति की याद आई जिससे वह लड़ा था, वह अपनी मर्ज़ी से आगे आया और संदिग्ध की पहचान की। दूसरा गवाह एक टैक्सी ड्राइवर है। घटना के दिन वह गोवंडी से तीन यात्रियों को चर्चगेट के लिए ले जा रहा था। उनके पास कुछ भारी बक्से थे जिन्हें उन्होंने आगे की सीट पर डाल दिया था। रास्ते में जब एक बार उसने अचानक ब्रेक लगाई तो उन वस्तुओं में से एक नीचे गिर गई। यात्री नाराज़ हो गए और उसपर चिल्लाने लगे। इस पर वह थोड़ा हैरान भी हुआ। लेकिन फिर समाचारपत्रों में संदिग्धों के स्केच देखने के बाद वह उन्हें पहचानने के लिए आगे आया।

घ) सबूत कहाँ तक विश्वसनीय है ?

1) एक व्यक्ति जिसका एक सहयात्री के साथ एक भीड़ भरी मेट्रो ट्रेन में झगड़ा हुआ हो और वह भी पीक ऑवर के दौरान (बहुत ज़्यादा व्यस्त अवस्था में), कई हफ़्ते बीत जाने के बाद अपने वर्णन के आधार पर और वह भी अपनी इच्छा से उस व्यक्ति को पहचान के लिए ख़ुद को कैसे पेश कर सकता है ?
2) यही बात टैक्सी ड्राइवर के मामले में है। वह उन सैकड़ों यात्रियों में से दो

यात्रियों के चेहरों को कैसे याद रख सकता है जिन्हें विस्फोट के बाद उसने ढोया हो ?

3) संदिग्धों के मोबाइल फ़ोन की बातचीत कब और कैसे रिकॉर्ड की गई ? अगर उनके फ़ोन विस्फोटों के पहले से आई बी या पुलिस की निगरानी में थे तो क्यों उन व्यक्तियों का पता नहीं लगाया गया और उन्हें पहले ही गिरफ़्तार नहीं किया गया ? यदि उन्हें विस्फोट के बाद निगरानी में रखा गया तो यह किस आधार पर किया गया ? क्या आवाज़ों की पहचान वैज्ञानिक ढंग से की गई थी ?
4) पुलिस द्वारा मकोका के तहत दर्ज इक़बालिया बयान कितने विश्वसनीय हो सकते हैं ख़ास तौर से इस बात के मद्देनज़र कि उच्चतम न्यायालय ने मकोका की कुछ धाराओं की वैधता के ही मुद्दे पर सुनवाई पर स्टे लगा दिया था ? (*द इंडियन एक्सप्रेस*, पुणे, 1 मार्च 2008)।
5) किसी व्यक्ति के ख़िलाफ़ कोई ठोस सबूत मौजूद न हो, तो क्या महज़ नार्को-टेस्ट के आधार पर ही उसे अभियुक्त बनाया जा सकता है ?
6) कैसे एक पाकिस्तानी नागरिक की डीएनए टेस्ट के आधार पर पहचान की जा सकती है ? क्या इस टेस्ट से उसके धर्म, राष्ट्रीयता या उस आतंकवादी गुट जिसका वह सदस्य है, पहचान संभव है ?
7) किसी के घर से मुंबई पुलिस द्वारा आर डी एक्स की बरामदगी का दावा कितना विश्वसनीय है ? यह मशहूर है कि मुंबई पुलिस जहां से चाहे आर डी एक्स की बरामदगी दिखा सकती है।

इस प्रकार इस मामले की जाँच में कई कमज़ोर कड़ियां थीं। सबूतों में हेरफेर तो इतनी साफ़ थी कि कोई समझदार आदमी जो औसत बुद्धि रखता हो वह भी ए टी एस द्वारा और वास्तव में आई बी द्वारा पेश की गयी थ्योरी को गले नहीं उतार सकता। यहाँ तक कि राष्ट्रीय सुरक्षा सलाहकार एम. के. नारायणन भी सबूत की क्वालिटी के बारे में संतुष्ट नहीं थे। उन्होंने कहा "पहेली के कुछ टुकड़े ग़ायब हैं और मुझे यह कहने में संकोच हो रहा है कि सबूत ठोस नहीं हैं।" (*द टाइम्ज़ ऑफ़ इंडिया*, पुणे, 23 अक्तूबर 2006)।

इस प्रकार जब पहेली के कई टुकड़े ग़ायब थे और जब आई एस आई के शामिल होने के बारे में कोई निर्णायक सबूत नहीं था तो उस समय के मुंबई

पुलिस आयुक्त ए एन रॉय को ऐसी धूमधाम के साथ मामले का पता लगा लेने की घोषणा नहीं करनी चाहिए थी जैसा कि उन्होंने किया।

वास्तव में, मुंबई के पुलिस आयुक्त की इस मामले में कोई *locus standi* (वैध स्थिति) नहीं थी क्योंकि विस्फोट उनके अधिकार क्षेत्र में नहीं हुए थे, न ही मामले की जाँच मुंबई पुलिस द्वारा की जा रही थी। मुंबई विस्फोट रेलवे पुलिस आयुक्त के अधिकार क्षेत्र में हुए थे, दूसरे ये कि जाँच ए टी एस द्वारा की गयी थी जो महाराष्ट्र के पुलिस महानिदेशक के मातहत था। इसलिए या तो रेलवे पुलिस आयुक्त या ए टी एस के प्रमुख या डीजीपी को प्रेस को बताना चाहिए था। लेकिन ऐसा लगता है कि मुंबई पुलिस आयुक्त ए एन रॉय को ऐसा करने के लिए किसी अज्ञात कारण से आई बी ने सीधे या सरकार के माध्यम से कहा था। वास्तव में एक अनुभवी पुलिस अधिकारी के रूप में उन्हें विनम्रता से इनकार कर देना चाहिए था लेकिन ज़ाहिर तौर पर उन्होंने ऐसा नहीं किया।

दुर्भाग्य से हमारे नेता, जैसा कि आज़ादी के बाद से ही होता रहा है, यह समझने में नाकाम रहे हैं कि ऐसे मामलों में आई बी का असली मक़सद सबूत के साथ छेड़ख़ानी करना और इसे एक व्यापक प्रचार देकर आई एस आई और पाकिस्तान को इतना ज़्यादा फंसाना नहीं था जितना कि भारतीय मुसलमानों की छवि ख़राब करना था ताकि आम जनता मुसलमानों के और ज़्यादा ख़िलाफ़ हो जाए और ब्राह्मणवादी शक्तियाँ और संघ परिवार अपनी शैतानी गतिविधियाँ बेरोक-टोक जारी रख सकें और उनकी राजनीतिक शाखा भाजपा राजनीतिक फ़सल काट सके।

मीडिया को आई एस आई के शामिल होने की अधपकी कहानी बताने और उसके समर्थन में ठोस सबूत नहीं पेश कर पाने की वजह से ए टी एस ने अंतरराष्ट्रीय स्तर पर सरकार को बहुत शर्मिन्दगी में डाला है।

ङ) आई बी की नयी "आई एम" थ्योरी

ए टी एस की विश्वसनीयता मुंबई पुलिस की क्राइम ब्रांच के इस ताज़ा दावे के साथ अपने बिल्कुल निचले स्तर पर पहुंच गयी कि उन्होंने "इंडियन मुजाहिदीन" (आई एम) के एक माड्यूल का भंडाफोड़ किया जो 2006 के मुंबई ट्रेन विस्फोटों के लिए ज़िम्मेदार था।

पुलिस की अपराध शाखा द्वारा गिरफ़्तार किये गये पांच में से तीन संदिग्ध

आतंकवादियों ने स्वीकार किया कि वे नौ लोगों के एक अलग मॉड्यूल का हिस्सा थे जिसने विस्फोट किया था। सादिक़ शैख़, कथित तौर पर इंडियन मुजाहिदीन का सह-संस्थापक जो 24 सितम्बर को मुंबई में गिरफ़्तार किया गया और आरिफ़ शैख़, जो 19 सितम्बर 2008 के बटाला हाउस (दिल्ली) मुठभेड़ के बाद पकड़े गए सादिक़ और सैफ़ के साथ गिरफ़्तार हुआ, ने उपर्युक्त बयान दिया था। सादिक़ और आरिफ़ ने कथित रूप से मुंबई पुलिस बयान दिया था जबकि सैफ़ ने दिल्ली पुलिस को बताया। उन्होंने पांच अन्य लोगों के नाम लिए थे जिनमें आतिफ़ अमीन और मुहम्मद साजिद जो दिल्ली में मुठभेड़ में मारे गए, ज़ीशान जो मुठभेड़ के बाद गिरफ़्तार हुआ और सैफ़ का भाई डॉ. शाहनवाज़ ख़ान व अबू राशिद जो दोनों ही फ़रार थे, का नाम शामिल था।

सूत्रों से पता चला कि पहले वाले 13 लोग या तो कोई "स्लीपिंग सेल" हो सकते हैं या पुलिस द्वारा दबाव में गिरफ़्तार किए गए हैं। लेकिन ए टी एस द्वारा पहले गिरफ़्तार किए गए लोग जिसपर उसने मुक़दमा चलाया और हाल ही में मुंबई पुलिस की अपराध शाखा द्वारा गिरफ़्तार किए गए तीन अभियुक्तों के इक़बालिया बयानों का अध्ययन करने के बाद माड्यूल के एक स्लीपिंग सेल होने या एक ही गुट का कोई हिस्सा होने की थ्योरी एकदम अस्वीकार्य है क्योंकि दोनों के बयानों में कुछ भी समानता नहीं है, जैसा कि निम्नलिखित तथ्यों से स्पष्ट है :

1) ए टी एस के मुताबिक़ फ़ैसल शैख़ और आसिफ़ ख़ान बशीर ख़ान मुख्य षड्यंत्रकारी थे जबकि पुलिस की अपराध शाखा मुंबई के अनुसार भारतीय मुजाहिदीन का सह-संस्थापक सादिक़ शैख़ प्रमुख संचालक था।
2) ए टी एस का कहना है कि बम के पुरजे चेंबूर में गोवंडी में चीता कैंप में मुहम्मद अली के घर पर जोड़े गए जबकि पुलिस की अपराध शाखा कहती हे कि वे सेवरी में एक फ़्लैट में जोड़े गए जो अबू राशिद ने किराए पर लिया था।
3) ए टी एस की थ्योरी के अनुसार आसिफ़ ख़ान बशीर ख़ान अमोनियम नाइट्रेट और डिटोनेटर लाए जबकि कमाल अंसारी बम तैयार करने के लिए पाकिस्तानी नागरिक एहसानउल्लाह द्वारा लाया गया आर डी एक्स लेकर गया था दूसरी तरफ़ अपराध शाखा के अनुसार रियाज़ भटकल *उर्फ़* रोशन ख़ान बम तैयार करने के लिए सेवरी के फ़्लैट में अमोनियम

नाइट्रेट लाया था और बमों में आर डी एक्स का प्रयोग नहीं किया गया था।

4) ए टी एस के अनुसार साजिद मर्गम अंसारी ने विस्फोटों के लिए टाइमर सर्किट और अन्य उपकरणों का इन्तिज़ाम किया जबकि पुलिस की अपराध शाखा का कहना है कि एक बिजली मिस्त्री आरिफ़ शैख़ ने चीता कैंप में अपने निवास पर सर्किट तैयार किया और सेवरी के फ़्लैट पर विस्फोट के दो दिन पहले उन्हें लाया था।
5) ए टी एस के आरोप-पत्र में यह कहा गया है कि बम गोवंडी में शैख़ मुहम्मद अली के घर में पाकिस्तान के ऑपेरेटिव द्वारा तैयार किए गए और आसिफ़ ख़ान बशीर ख़ान, साजिद अंसारी और एहतिशाम सिद्दीक़ी ने बम जोड़ने में मदद की जबकि पुलिस की अपराध शाखा के अनुसार बम सादिक़ शैख़, मुहम्मद सैफ़ और उसके भाई शाहनवाज़ ख़ान ने तैयार किया जिसमें ज़ीशान शैख़, आरिफ़ शैख़, मुहम्मद साजिद, अबू राशिद और आतिफ़ अमीन ने मदद की थी।
6) यहाँ तक कि वे व्यक्ति जो बम ले गए और ट्रेनों में लगाया वे भी पूरी तरह से अलग-अलग हैं।
7) इसके अलावा सैफ़ ने दिल्ली पुलिस को बताया, "हमें नहीं पता ये तेरह (13) लोग कौन हैं" (*पुणे मिरर* [द टाइम्ज़ ऑफ़ इंडिया], 3 अक्तूबर तथा *द टाइम्ज़ ऑफ़ इंडिया*, मुंबई, 15 अक्तूबर 2008)।

यह भी कहा गया कि मुंबई अपराध शाखा के सूत्रों ने कहा कि जब मुक़दमे के 13 अभियुक्तों और "इंडियन मुजाहिदीन" के बीच कोई सम्बन्ध स्थापित नहीं किया जा सका तो आई बी उलझन में थी। लेकिन वास्तव में इसमें आई बी के लिए उलझन की कोई वजह नहीं थी, क्योंकि दोनों जांचें उसी की स्क्रिप्ट के अनुसार की गयी थीं। आई एस आई और 13 अभियुक्तों को शामिल करने वाली पहली जाँच ए टी एस मुंबई के द्वारा की गई जब उसके चीफ़ उनके विश्वासपात्र के. पी. रघुवंशी थे और बाद वाली जाँच जिसमें "आई एम" मॉड्यूल को फंसाया गया वह मुंबई पुलिस की अपराध शाखा के द्वारा और भी ज़्यादा वफ़ादार अधिकारी राकेश मारिया के नेतृत्व में की गई थी। वास्तव में चौंकाने वाली बात तो यह है कि आई बी ने यह अच्छी तरह से जानते हुए भी कि नए ख़ुलासे 13 लोगों के

ख़िलाफ़ मकोका अदालत में चल रहे मुक़दमे को गंभीर रूप से नुक़सान पहुंचा सकते हैं, पाला क्यों बदल लिया। आई बी का व्यवहार बेहद संदिग्ध है। आई बी के रिकॉर्ड को देखते हुए लगता है कि इसने मुंबई पुलिस की अपराध शाखा को बाद वाले वर्ज़न को आगे बढ़ाने नहीं दिया होगा अगर वह सच था और इस आधार पर रोक दिया होगा कि "सरकार परेशानी में पड़ जाएगी क्योंकि आई बी ने पहले ही घोषणा कर दी है और पाकिस्तान को अवगत करा दिया है कि आई एस आई मामले में शामिल है" जैसा कि इसने समझौता एक्सप्रेस के मामले में किया था। उस मामले में आई बी के बताने पर भारत सरकार ने पाकिस्तान, अमेरिका और अन्य देशों को बताया कि आई एस आई मामले में शामिल थी। लेकिन बाद में जब ये मामला हेमंत करकरे के नेतृत्व मे ए टी एस द्वारा 2008 के मालेगांव बम विस्फोटों के दौरान वास्तव में जांचा गया जो कि सम्भवता आई बी के प्रभाव में काम नहीं कर रहे थे, जिन्होंने ब्राह्मणवादी बलों की शैतानी भूमिका उजागर की, तो आई बी आगे आई और सरकार को यह कहते हुए जाँच रोकने की सलाह दी कि अंतरराष्ट्रीय स्तर पर हमारी विश्वसनीयता नीचे चली जाएगी अगर हम नए नतीजों के साथ आगे बढ़ेंगे (*द टाइम्ज़ ऑफ़ इंडिया*, पुणे, 18 नवम्बर 2008)। हैरानी की बात है कि आई बी ने मुंबई ट्रेन विस्फोट मामले में ऐसा नहीं किया जब मुंबई पुलिस की अपराध शाखा द्वारा नयी थ्योरी लाई गयी थी, बल्कि आई बी नई थ्योरी का समर्थन करती दिख रही थी। यहाँ आई बी की भूमिका पर विशेष रूप से इस तथ्य को ध्यान में रखते शक हो जाता है कि जबकि ए टी एस द्वारा समझौता एक्सप्रेस के मामले में जाँच की सनद संदेह से परे थी, मुंबई ट्रेन विस्फोट मामले में नयी जानकारी गहरे रहस्य में डूबी है । इस मामले में तर्क और समीक्षा के साथ विश्लेषण की ज़रूरत है।

बाद में ख़ासकर अहमदाबाद विस्फोटों के बाद मुंबई पुलिस की अपराध शाखा और उसके प्रमुख राकेश मारिया किसी अज्ञात कारण से आई बी के पूर्ण नियंत्रण में और उसके आदेश के अनुसार जाँच करते पाए गए। इसलिए यह नहीं कहा जा सकता है कि आई बी को ताज़ा ख़ुलासे की ओर ले जाती प्रमुख घटनाओं के बारे में पता नहीं था। दूसरी तरफ़ इस शक के लिए एक कारण मौजूद है कि नयी थ्योरी भी उसी के दिमाग़ की ही उपज थी। अगर ऐसा है तो लाख टके का सवाल यह है कि ऐसा करने में आई बी की क्या मजबूरी थी जबकि इसे अच्छी तरह से पता था कि इससे अदालत में चल रहे मामले को ठीक

न कर पाने की हद तक नुक़सान हो सकता और इससे भी ज़्यादा महत्त्वपूर्ण बात ये थी कि इससे अंतरराष्ट्रीय स्तर पर सरकार की बहुत फ़ज़ीहत हो सकती है। क्या यह हो सकता है कि आई बी यह साबित करना चाहती थी कि आर डी एक्स मुंबई ट्रेन विस्फोटों में प्रयोग नहीं किया गया, क्योंकि उसे यह आशंका थी कि मालेगांव विस्फोट मामले में ए टी एस के इस इंकशाफ़ को देखते हुए कि लेफ़्टिनेंट कर्नल प्रसाद पुरोहित द्वारा चोरी आर डी एक्स 2003 के बाद से विभिन्न विस्फोटों में इस्तेमाल किया गया था, मुंबई बम विस्फोट मामले में आर डी एक्स थ्योरी से कुछ प्रभावशाली ब्राह्मणवादी नेता या ख़ुद आई बी फंस सकते हैं ? लेकिन आई बी और मुंबई पुलिस की अपराध शाखा के लिए "कोई आर डी एक्स नहीं-थ्योरी" को साबित करना बहुत मुश्किल है क्योंकि फ़ोरेंसिक विशेषज्ञ पहले ही मुंबई ट्रेन विस्फोट में आर डी एक्स की मौजूदगी की जानकारी दे चुके हैं (*एशियन एज*, मुंबई, 17 जुलाई 2006)। इसे केवल एक अभियुक्त (सादिक़ शैख़) के बयान के आधार पर ग़लत साबित नहीं किया जा सकता था। इन परिस्थितियों में यह देखना दिलचस्प है कि आई बी और मुंबई पुलिस की अपराध शाखा अपनी नई थ्योरी को साबित करने के लिए क्या क़दम उठाएंगे।

पक्षपातपूर्ण और रहस्यमय जाँच

दोनों ही जांचों के नतीजे बेहद संदिग्ध हैं क्योंकि दोनों ही मामलों में अभियुक्त के ख़िलाफ़ कोई ठोस सबूत नहीं है और पूरे मामले में मनगढ़ंत कहानी की बू आती है।

क) ए टी एस द्वारा पहली जाँच

1) जाँच पूरी तरह से आई बी जो कि एक प्रमुख ख़ुफ़िया एजेंसी है, की पूर्व निर्धारित सोची-समझी मुस्लिम-विरोधी नीति से शुरू हुई जिसमें आई बी ने पहले ही दिन घोषणा की कि विस्फोटों के लिए सिमी के कार्यकर्ता ज़िम्मेदार हैं (*मिड-डे*, मुंबई, 12 जुलाई, 2006) और स्थानीय पुलिस को लश्कर-ए-तैयबा और सिमी पर शक था (*मिड-डे*, मुंबई, 12 जुलाई 2006)।
2) किसी भी जाँच एजेंसी ने सीपीआई (एम) के पोलित ब्यूरो सदस्य और पश्चिम बंगाल के सत्तारूढ़ वाम मोर्चा के अध्यक्ष बिमान बोस के

संदेह पर ध्यान नहीं दिया कि विस्फोट हिंदू कट्टरपंथियों द्वारा किए गए थे (*रेडिफ डॉट कॉम*, 15 जुलाई 2006)।

3) कुछ महत्त्वपूर्ण बातों पर विचार नहीं किया गया था; जैसे: (i) विस्फोट गुजरात दंगों के ख़िलाफ़ बदले की कार्रवाई नहीं हो सकते थे, क्योंकि तब तक चार साल की मुद्दत बीत चुकी थी; (ii) अगर ऐसा मान भी लिया जाए तो विस्फोट हिंदू-बहुल इलाक़ों और गुजराती-बहुल इलाक़ों अर्थात चर्चगेट से दादर और भंयदर से विरार में या उनके क़रीब होना चाहिए थे; (iii) लेकिन इसकी जगह अधिकतर विस्फोट माहिम और मीरा रोड के बीच मुस्लिम-बहुल इलाक़ों में हुए थे।

4) यह तथ्य कि विस्फोटकों को दादर पर फटने के लिए सेट किया गया था जो आर एस एस और महाराष्ट्रीयन ब्राह्मणवादियों का गढ़ था और यह कि बम तेज चलने वाली ट्रेनों पर ही लगाए गए थे ताकि दो अन्य महाराष्ट्रीयन ब्राह्मण-बहुल इलाक़ों विले पार्ले और मलाड से बचा जा सके, पर भी विचार नहीं किया गया।

5) आर एस एस , विहिप और बजरंग दल के कार्यकर्ताओं से जो हाल ही में नानदेड़ में हुए विस्फोटों में शामिल थे, से पूछताछ नहीं की गई थी।

6) उन चार ग़ैर-मुस्लिम लड़कों के साथ कोई गहन पूछताछ नहीं की गई जिन्होंने घटना के कुछ ही दिनों बाद भयंदर के पास समुद्र में एक संदिग्ध बैग फेंका था।

7) अहमदनगर की एक महिला लेक्चरर द्वारा की गई शिकायत पर कोई गहन पूछताछ नहीं की गई जिसने केंद्रीय गृह-मंत्रालय को फ़ोन किया था और यह बताया था कि वह 7/11 के एक आतंकवादी को जानती थी कि उसका नाम गणेश खांडेराव था जो औरंगाबाद के आशानगर इलाक़े में रहता था। लेकिन चूंकि टेलीफ़ोन ऑपरेटर ने ग़लत नाम लिख लिया था इसलिए पुलिस उसका पता नहीं लगा सकी थी। उस महिला ने एक बार फिर औरंगाबाद पुलिस को फ़ोन किया और सही नाम बताया। उसने अपना विवरण देता एक पत्र भी भेजा, तो भी पुलिस ने उससे पूछताछ नहीं की। उन्होंने उसके भाई और पिता से पूछताछ की और इस नतीजे पर पहुंचे कि महिला ने खांडेराव को उससे शादी नहीं करने के लिए, जैसा कि उसने वादा किया था, एक

सबक़ सिखाने की ग़रज़ से शिकायत की थी, और मामले की जाँच बंद कर दी (*द टाइम्ज़ ऑफ़ इंडिया*, पुणे, 18 अगस्त 2006)।

इस मामले में अगर यह मान भी लिया जाए कि वह औरत प्रेम में निराश थी तो भी यह ज़रूरी नहीं था कि उसके द्वारा दी गई सूचना ग़लत थी। वह एक लेक्चरर थी और गृह-मंत्रालय और पुलिस को ग़लत जानकारी देने का मतलब जानती थी तथा दूसरे जब उसे पता चला कि पुलिस को एक ग़लत नाम मिला था तो उसने तुरंत सही नाम बताया और एक पत्र भी लिखा था। इसलिए पुलिस को इस मामले में गहन पूछताछ करनी चाहिए थी। उन्हें गणेश खांडेराव का पता लगाना चाहिए था, महिला से मिलकर उससे अच्छी तरह से गहन पूछताछ करनी चाहिए थी और महिला द्वारा पत्र में बताए गए सभी तथ्यों का पता लगाना चाहिए था। लेकिन लगता नहीं कि पुलिस ने ऐसा किया।

दूसरी तरफ़ मक्का मस्जिद (हैदराबाद) विस्फोट के सम्बन्ध में एक मुस्लिम व्यक्ति की दूसरी पत्नी द्वारा दी गई एक ऐसी ही शिकायत में पुलिस ने तुरंत उसके घर की तलाशी ली और देश में बनी एक राइफ़ल "बरामद" की। वह शस्त्र अधिनियम के तहत गिरफ़्तार कर लिया गया और इससे पहले कि पुलिस इस नतीजे पर पहुंचे कि उसे विस्फोटों से जोड़ने के लिए कोई सबूत नहीं है, उसे जेल में कई दिन काटने पड़े (*द टाइम्ज़ ऑफ़ इंडिया*, पुणे, 28 मई 2007)। यह पुलिस के पक्षपातपूर्ण रवैये का एक ज़ोरदार उदाहरण है।

8) जैसे ही शक की सूई ने धीरे-धीरे महाराष्ट्रीयन ब्राह्मणवादियों की तरफ़ इशारा करना शुरू किया संघ परिवार ने आई बी के माध्यम से मुंबई पुलिस के आयुक्त पर मामले का ख़ुलासा करने और आई एस आई के शामिल होने की घोषणा करने का दबाव बनाया बावजूद इसके कि इस थ्योरी के समर्थन में कोई ठोस सबूत नहीं था।

9) ए टी एस के आरोप-पत्र में हर एक अभियुक्त के ख़िलाफ़ व्यापक आरोप लगाए गए हैं : आतंकवाद की ट्रेनिंग के लिए यात्रा, साज़िश रचना; धन जमा करना, विस्फोटक सामग्री का जुगाड़ करना, बम बनाना, स्टेशनों पर बम ले जाना और उन्हें ट्रेनों में रखना। केवल

छोटी-सी एक समस्या यह है कि लगभग ये सभी आरोप अभियुक्तों के *इक़बालिया बयानों* पर आधारित हैं।

10) एक अभियुक्त जाँच प्रक्रिया को दहिसर में रेलवे ट्रेक के पास एक स्थान पर ले गया जहां विस्फोट के *तीन महीने* बाद एक बैग में कुछ फंसाने वाली वस्तुएं बरामद की गयीं।

11) अभियोजन पक्ष के कई गवाहों की पहचान का ख़ुलासा नहीं किया गया।

12) कैसे एक पाकिस्तानी नागरिक के विकृत शरीर के चेहरे को दोबारा बनाया जा सकता था और दूसरे आरोपी व्यक्तियों द्वारा पहचाना जा सकता था जैसा कि मुंबई पुलिस के आयुक्त द्वारा दावा किया गया, क्योंकि खोपड़ी मृतक की है यह तो तभी कहा जा सकता है जब खोपड़ी, सलामत पायी गयी हो और उसकी सामने से ली गयी तस्वीर उपलब्ध हो ?

13) यह ज्ञात नहीं है कि क्या अभियुक्त चश्मदीद गवाहों द्वारा पहचाने गए थे जिनके वर्णन के आधार पर स्केच तैयार किए गए और प्रकाशित किए गए।

ख) मुंबई पुलिस की अपराध शाखा द्वारा दूसरी जाँच

1) दूसरी थ्योरी की बुनियाद ही बहुत तर्कहीन और नाक़ाबिले-भरोसा है। यह यक़ीन करने वाली बात नहीं है कि एक मामले में गिरफ़्तार अभियुक्त *suo moto* (अपने आप) एक अन्य मामले में शामिल होने का ख़ुलासा करेंगे, वह भी विस्फोट के मामले में और पुलिस को सारी जानकारी उपलब्ध कराएंगे।

2) चूंकि ए टी एस द्वारा गिरफ़्तार किए गए 13 अभियुक्तों और पुलिस की अपराध शाखा द्वारा गिरफ़्तार किए गए तीन अभियुक्तों के इक़बालिया बयान के बीच शायद ही कोई समानता है तो यह थ्योरी कि उनमें से कोई एक दूसरे का "स्लीपर सेल" था या वे एक ही समूह का हिस्सा थे, स्वीकार करने लायक़ नहीं है।

3) विस्फोटों में आर डी एक्स के इस्तेमाल की थ्योरी को, जो पहली जाँच में फ़ोरेंसिक विशेषज्ञों द्वारा पुष्ट हो गयी था, केवल पुलिस की अपराध

शाखा द्वारा गिरफ़्तार किए गए अभियुक्तों में से *एक* के *इक़बालिया बयान* के आधार पर निरस्त नहीं किया जा सकता है।

4) जब पुलिस की अपराध शाखा ने अपने द्वारा अक्तूबर 2008 में गिरफ़्तार "आई एम" के पांच कथित आतंकवादियों और उनके सहयोगियों के ख़िलाफ़ 17 फ़रवरी 2009 को आरोप-पत्र दायर किया तो मामला और पेचीदा हो गया जो निम्न बिन्दुओं से स्पष्ट है :

   i. आरोप-पत्र उनके पहले के इस दावे पर ख़ामोश हैं कि वे 7/11 के मुंबई के उपनगरीय ट्रेन विस्फोटों के लिए ज़िम्मेदार मॉड्यूल की रीढ़ थे। जहां आई एम मॉड्यूल के ख़िलाफ़ आरोप-पत्र विस्फोटों से पहले भेजे गए आतंकी ईमेल तक सीमित है, ए टी एस का कहना है कि वह इन "आई एम" के लोगों की हिरासत की मांग नहीं कर सकती और 7/11 मामले में एक पूरक आरोप-पत्र दायर नहीं कर सकती, क्योंकि उसे "विस्फोट आई एम" का सम्बन्ध होने की कोई "आधिकारिक सूचना" प्राप्त नहीं हई है। (*द इंडियन एक्सप्रेस,* पुणे, 17 फ़रवरी 2009)।

   ii. आरोप-पत्र का दावा है कि "आई एम" "2005 के बाद से मुंबई में हुए बम विस्फोटों" में भी शामिल था। हालाँकि शेष आरोप-पत्र से यह स्पष्ट नहीं है कि इसका किसी भी ऐसे हमले में हाथ था। 2005 के बाद से मुंबई में में केवल दो हमले हुए अर्थात् जुलाई 2006 उपनगरीय ट्रेन बम विस्फोट और हाल ही में 26/11 हमला। ए टी एस इस पर क़ायम है कि ट्रेन विस्फोटों में "आई एम" की कोई भूमिका नहीं थी और 26/11 हमले की पड़ताल अभी जारी है *(टाइम्ज़ ऑफ़ इंडिया,* पुणे, 18 फ़रवरी 2009)।

   iii. आरोप-पत्र यह भी कहते हैं कि "आई एम" ने 2008 में दिल्ली में और अहमदाबाद में हुए विस्फोटों के कुछ मिनट पहले मुंबई में असुरक्षित वाई-फ़ाई स्थानों से धमकी भरे ईमेल भेजे थे। (*द टाइम्ज़ ऑफ़ इंडिया,* पुणे, 18 फ़रवरी 2009)।

5) मुंबई पुलिस की अपराध शाखा और ए टी एस की ओर से एक दूसरे पर ज़िम्मेदारी टालने के प्रयास से उनकी साख और ज़्यादा गिर गई है। यह अभी साफ़ नहीं है कि क्यों रिंग मास्टर यानी आई बी इन दोनों

जाँच एजेंसियों को अकसर कलबाज़ी खाने और फिर ख़ुद का मज़ाक़ बनाने देती है। इसके केवल दो कारण हो सकते हैं जैसे :

i) जैसा कि ऊपर चर्चा की गई है ए टी एस की जाँच में पहले साबित की गयी आर डी एक्स थ्योरी को अस्वीकार करने के लिए और ब्राह्मणवादी नेताओं को दोषमुक्त करने के लिए जिनकी तरफ़ मालेगांव विस्फोट मामले में हेमंत करकरे की अध्यक्षता में ए टी एस की जाँच में ख़ुलासे के बाद शक की सूई इशारा कर रही है कि लेफ़्टिनेंट कर्नल पुरोहित द्वारा चोरी किया गया आर डी एक्स 2003 के बाद हुए विस्फोटों में इस्तेमाल किया गया था; और,

ii) अपनी थ्योरी को और पक्का करने के लिए कि किसी ने केन हेवुड के कंप्यूटर को हैक करके "भारतीय मुजाहिदीन" के नाम से धमकी भरा ईमेल भेजा। लेकिन ब्राह्मणवादी नेताओं और एक अमेरिकी नागरिक को बचाने के अपने के प्रयास में आई बी भारत सरकार को अंतर्राष्ट्रीय मंच पर बहुत शर्मिन्दगी में डाल रहा है।

इस तरह पूरा मुद्दा बहुत ही जटिल है और इसमें किसी गहरी साज़िश की बू आती है जिसमें ब्राह्मणवादी शक्तियाँ और आई बी शामिल हैं। वास्तव में दोनों ही जांचें व्यावहारिक रूप से आई बी ने की हैं और अब दोनों ही ग़लत मालूम होती हैं। इन हालात में हमें यह पता लगाना चाहिए कि (1) किस चीज़ ने आई बी को मामले को 180 डिग्री पर घुमाने पर मजबूर कर दिया और (2) असली दोषी कौन हैं ? दूसरे सवाल का जवाब निश्चित रूप से मिल जाएगा अगर पहले सवाल का जवाब आई बी के अलावा किसी स्वतंत्र एजेंसी से गहन जाँच करा कर हासिल कर लिया जाए।

बाद की कुछ दिलचस्प घटनाएं

इसके बावजूद कि यह बता पाना मुश्किल है कि आई बी इस भूलभुलैया से बाहर निकलने का प्रयास कैसे करती है, फिर भी समाचारपत्रों में आई बाद की कुछ रिपोर्टों का अध्ययन दिलचस्प है :

1) मुख्यमंत्री और उप मुख्यमंत्री के दबाव के बाद तत्कालीन मुंबई पुलिस आयुक्त ए. एन. रॉय और ए टी एस के तत्कालीन डीआईजी सुबोध

जायसवाल ने अपने मातहतों को मुंबई ट्रेन विस्फोट मामले में नक़ली अभियुक्तों को गिरफ़्तार करने के निर्देश दिए। इसलिए कुछ अधिकारियों ने ख़ुद का ए टी एस से स्थानांतरण करा लिया और एक ईमानदार अधिकारी विनोद भट्ट. मानसिक दबाव बर्दाश्त नहीं कर सके और आत्महत्या कर ली (मराठी साप्ताहिक *शोधन*, मुंबई, 21-27 नवम्बर 2008, शिवसेना के मुखपत्र दैनिक *सामना* से उल्लेख करते हुए)।

2) 18 फ़रवरी 2009 को राज्य ए टी एस ने कहा कि वह "इंडियन मुजाहिदीन" के कथित सदस्य मुहम्मद सादिक़ इसरार अहमद शैख़ को 7/11 के सीरियल ब्लास्ट मामले में संगठन की किसी संभावित भूमिका की जाँच के लिए हिरासत में लेना चाहेगी (*द इंडियन एक्सप्रेस*, पुणे, 19 फ़रवरी 2009)।

3) "इंडियन मुजाहिदीन" के शीर्ष संचालक सादिक़ शैख़ का 11 जुलाई 2006 के मुंबई सीरियल ट्रेन धमाकों में अपनी कथित भूमिका के बारे में इक़बालिया बयान महाराष्ट्र ए टी एस के लिए एक बड़ी शर्मिन्दगी के रूप में सामने आया है। दो साल पहले ए टी एस ने 13 व्यक्तियों का आरोप-पत्र दाख़िल किया मगर सादिक़ और "आई एम" मॉड्यूल के अन्य सदस्यों के नाम साज़िश करने वालों के रूप में शामिल नहीं थे।

   27 फ़रवरी 2009 को एक समाचार चैनल द्वारा सादिक़ के इक़बालिया बयान के वीडियोटेप प्रसारित किए जाने के बाद, जिसमें कि उसने कहा कि उसने और उसके सहयोगियों ने प्रेशर कुकर ख़रीदे, उनमें बम रखे और उन्हें ट्रेनों में लगाया था, ए टी एस को इसे निरस्त करने में मशक़्क़त करनी पड़ी, यह कहते हुए कि सादिक़ जाँच को गुमराह करने की कोशिश कर रहा था (*द टाइम्ज़ ऑफ़ इंडिया*, पुणे, 28 फ़रवरी 2009)।

4) आतंकवाद-विरोधी दस्ता (ए टी एस) "इंडियन मुजाहिदीन" के सह-संस्थापक सादिक़ शैख़ को 11 जुलाई 2006 ट्रेन विस्फोट मामले में छोड़ना चाहता है, यह दिखाते हुए कि उन्हें "आई एम" के शामिल होने का कोई भरोसेमन्द सबूत नहीं मिला है। यह क़दम क्राइम ब्रांच को नाराज़ कर सकता है (*द टाइम्ज़ ऑफ़ इंडिया*, पुणे, 17 मार्च 2009)।

कहानी की सीख: दो झूठ से एक सच नहीं बन जाता।

ii) मालेगांव बम विस्फोट मामला
(8 सितम्बर 2006)

असली ब्राह्मणवादी आतंकवादियों को बचाने के लिए ए टी एस (आई बी पढ़ें) ने स्थानीय पुलिस की सही जाँच को किनारे कर दिया

आई बी की दख़ल अंदाज़ी और जाँच का ढंग अचानक बदल जाने के लिहाज़ से मालेगांव बम विस्फोट की जाँच और मुंबई ट्रेन बम विस्फोट की जाँच का मामला एक-सा है।

क) शुरुआत में स्थानीय पुलिस द्वारा सही जाँच

शुरू में स्थानीय पुलिस अर्थात नासिक जिला पुलिस सही दिशा में जाँच कर रही थी :

i) उन्होंने अपने विकल्पों को खुला रखा था और और इस लाइन पर जाँच कर रही थीं कि बजरंग दल या लश्कर का कोई समूह विस्फोटों में शामिल हो सकता है। उन्होंने पाया कि बजरंग दल ने परभनी की मुहम्मदिया मस्जिद विस्फोटों में और पूर्णा व जालना की मस्जिदों के विस्फोटों में एक ही तरीक़ा अपनाया था। पुलिस महानिदेशक पसरीचा ने इस पहलू के बारे में संवाददाताओं को बताया था (*द टाइम्ज़ ऑफ़ इंडिया*, मुंबई, 9 सितम्बर 2006)।

ii) विस्फोट के तीन दिन बाद पुलिस ने मामले में स्पष्ट दिशा मिलने का दावा किया क्योंकि जाँचकर्ता टीम ने उस दुकान की पहचान कर ली थी जहां से विस्फोटकों को ले जाने के लिए इस्तेमाल की जाने वाली साइकिल ख़रीदी गई थी (*आफ्टरनून*, मुंबई, 11 सितम्बर 2006)।

iii) नासिक रेंज के पुलिस महानिदेशक पी के जैन ने उन दो आदमियों के स्केच जारी किये थे जिन्होंने बम विस्फोट में इस्तेमाल की जाने वाली तीन में से दो साइकिलों को ख़रीदा था। उन्होंने यह भी कहा था कि दो या तीन

ठोस सुराग़ हैं जिनपर पुलिस काम कर रही है (*एशियन एज*, मुंबई, 10 सितम्बर 2006)।

iv) विस्फोटों के पहले और बाद लैंडलाइन व मोबाइल फ़ोनों पर आईं और उनसे की गयीं टेलीफ़ोन कौलों की जाँच की जा रही थी (दैनिक *पुधारी*, पुणे, 10 सितम्बर 2006)।

v) हिंदू संगठन अचानक बचाव की स्थिति में आ गए और विहिप के महासचिव प्रवीण तोगड़िया ने बम विस्फोटों में हिंदू संगठनों के शामिल होने को ख़ारिज कर दिया। उन्होंने कहा कि केवल इसलिए कि विस्फोट मस्जिदों में हुए हैं, यह समझना कि इसमें हिंदू संगठन शामिल हैं ग़लत है (*पुधारी*, पुणे, 12 सितम्बर 2006)।

vi) विस्फोटों के पांच दिन बाद पुलिस ने शहर के एक हिंदू-बहुल इलाक़े से 20 लोगों को गिरफ़्तार किया था (*द इंडियन एक्सप्रेस*, मुंबई, 13 सितम्बर 2006)।

इस तरह, यह नज़र आता है कि स्थानीय पुलिस मामले की जाँच पेशागत ढंग से और तार्किक आधार पर कर रही थी।

ख) ए टी एस की आड़ में आई बी की दख़ल अंदाज़ी

अख़बारों की रिपोर्टों को देखते हुए ऐसा लगता है कि के. पी. रघुवंशी के नेतृत्व में ए टी एस महाराष्ट्र, जो 2006 के मुंबई ट्रेन बम विस्फोट के बाद से आई बी की एक कठपुतली की तरह काम कर रही थी, ने धीरे-धीरे जाँच को अपने हाथ में ले लिया और उसके बाद से जाँच का अंदाज़ अचानक बदल गया :

i) मुंबई ए टी एस के एक अधिकारी ने कहा कि संदिग्ध आतंकवादी जैश-ए-मुहम्मद के थे, उनका *modus operandi* (काम करने का ढंग) मुंबई बम विस्फोटों से हालाँकि बहुत अलग था, मगर इस्तेमाल किए गए विस्फोटक बहुत मिलते-जुलते थे (*आफ्टरनून*, मुंबई, 10 सितम्बर 2006)।

ii) मालेगांव बम विस्फोट के दो दिन बाद मुंबई का आतंकवाद-निरोधक दस्ता मालेगांव और मुंबई ट्रेन विस्फोटों के बीच बहुत ज़्यादा समानताओं पर गड़बड़ा गया था (*स्टेट्समैन*, मुंबई, 14 सितम्बर 2006)।

iii) 30 अक्तूबर 2006 को ए टी एस ने एक संवाददाता सम्मेलन आयोजित किया जिसमें यह एलान किया कि उसने मामले का भंडाफोड़ कर दिया है और यह पाया है कि साज़िश के पीछे सिमी थी, उसने एक सिमी कार्यकर्ता नूरुल हुदा को मालेगांव विस्फोट की साज़िश में मिलीभगत के लिए गिरफ़्तार किया था। नूरल हुदा, शब्बीर अहमद अंसारी (बैटरीवाला) की बैटरी की दुकान में काम करता था जिसपर यह इलज़ाम लगाया गया था कि साज़िश के पीछे उसी का दिमाग़ है। शब्बीर अहमद कथित तौर पर (जैसा कि बताया गया) सऊदी अरब से होकर पाकिस्तान गया था और वहाँ उसने ट्रेनिंग ली थी, उसे पुलिस ने मुंबई विस्फोटों के तुरंत बाद गिरफ़्तार कर लिया गया था *(मालेगांव बम विस्फोट के समय शब्बीर मुंबई पुलिस की हिरासत में था)*। नूरुल हुदा के बारे में कहा जाता है कि उसने शब्बीर के आदेशों का पालन किया था; बम, शब्बीर के कारख़ाने में बनाए गए थे; विस्फोट की साज़िश आठ महीने पहले रची गई थी; आर डी एक्स भारत में एक और मॉड्यूल द्वारा स्मगल किया गया था (*महाराष्ट्र टाइम्ज़*, मुंबई, 31 अक्तूबर 2006 और *द टाइम्ज़ ऑफ़ इंडिया*, पुणे, 4 नवम्बर 2006)।

iv) इससे पहले यह मामला सी बी आई को ट्रांस्फर करने की एक कोशिश के वक़्त पुलिस महानिदेशक डॉ. पसरीचा ने एलान कर दिया था कि जाँच पूरी कर ली गई है। उन्होंने 30 अक्तूबर 2006 को ए टी एस द्वारा दिए गयी तफ़्सील को दोहराया और आगे कहा कि ए टी एस ने आठ लोगों को गिरफ़्तार कर लिया है जो कि सभी सिमी कार्यकर्ता हैं और आठ दूसरे लोगों की खोज में है; विस्फोट में दो पाकिस्तानी शामिल थे; उनमें से एक "मुज़म्मिल" था जो जुलाई में भारत आया था और जिसने आई ई डी (हाथ से बनाया गया देसी बम) तैयार करने में मदद की थी; गिरफ़्तार मुलज़िमों में से एक "मुहम्मद अली" ने शब्बीर को 7/11 के मुंबई बम विस्फोट के बाद कराची के पास एक आतंकवादी शिविर में ट्रेनिंग के लिए भेजा था; अली ने शब्बीर को 15 से 20 किलो आर डी एक्स सप्लाई किया था जिसमें से 1.5 किलोग्राम आर डी एक्स मालेगांव में इस्तेमाल किया गया था; योजना 8 मई को नूरुल हुदा की शादी के समय रची गयी थी; मक़सद हिंदुओं और मुसलमानों के बीच धार्मिक घृणा पैदा करना

था। हालाँकि पसरीचा ने कहा, "यह ज्ञात नहीं है कि पाकिस्तान का विस्फोट में हाथ है या नहीं" (*इंडियन एक्सप्रेस*, मुंबई, 28 नवम्बर 2006)।

v) सी बी आई को मामला सौंपने से घंटों पहले ए टी एस ने अदालत में आरोप-पत्र दाख़िल कर दिया था (*इंडियन एक्सप्रेस*, मुंबई, 21 दिसम्बर 2006)।

ग) सबूतों का रिकॉर्ड

i) शब्बीर बैटरीवाला के गोदाम में आर डी एक्स के निशान।

ii) एक आज़ाद गवाह, जिसकी पहचान का ख़ुलासा नहीं किया जा सका, सी आर पी सी की धारा 165 के तहत एक बयान।

iii) अभियुक्त के इक़बालिया बयान।

iv) ब्रेन मैपिंग, पॉलीग्राफी और कैमिकल एनालिसिस टैस्ट की रिपोर्टें।

v) दस्तावेज़ी सबूत जैसे टिकटें, जिनकी तफ़्सील नहीं दिखाई जा सकती (*द इंडियन एक्सप्रेस*, मुंबई 28 नवम्बर 2006)।

vi) मुलज़िमों में से एक (अबरार अहमद) का बयान जो वादामाफ़ गवाह बन गया था (*द टाइम्ज़ ऑफ़ इंडिया*, पुणे, 23 दिसम्बर 2006)।

घ) थ्योरी और सबूत की विश्वसनीयता

i) शब्बीर बैटरीवाला इस मंसूबे का "मास्टरमाइंड" कैसे हो सकता है जबकि वह मुंबई ट्रेन विस्फोट के समय से मुंबई पुलिस की हिरासत में था, यानी मालेगांव बम विस्फोटों से दो महीने पहले से ?

ii) आज़ाद गवाह की पहचान क्यों नहीं बताई गई ?

iii) एक वादामाफ़ गवाह का बयान कहाँ तक विश्वसनीय है जबकि वह एक महीने से पुलिस की अवैध हिरासत में था ?

iv) ब्रेन मैपिंग और पॉलीग्राफी टैस्ट में क्या ख़ुलासा किया गया ? क्या उसमें कोई काम की बात है ? नार्को-टेस्ट की रिपोर्ट को रिकॉर्ड में नहीं रखा गया ?

v) टिकटों की तफ़्सील क्यों नहीं ज़ाहिर की गयी ?

vi) क्या पुलिस के लिए ऐसे सबूत जैसे "आर डी एक्स के निशान" मिलना,

जहाँ से वे चाहे, बरामद करना या मुलज़िम से अपने थ्योरी के अनुसार "इक़बालिया बयान" हासिल करना मुमकिन नहीं है ? (इस बिंदु पर सुप्रीम कोर्ट ने इस मामले की सुनवाई रोक दी थी।)

ङ) वे सवाल जो अभी तक लाजवाब हैं

i) उन दो आदमियों के स्केच का क्या हुआ जिन्होंने विस्फोट में इस्तेमाल की गई साइकिलें ख़रीदी थी ?

ii) स्थानीय पुलिस द्वारा की गयी टेलीफ़ोन कौलों की जाँच का क्या नतीजा निकला ?

iii) क्या अप्रैल 2006 के नानदेड़ विस्फोट में शामिल मुलज़िमों से पूछताछ की गई थी ? अगर की गयी थी तो क्या पता चला ? (अब यह बात पक्की हो गयी है कि नानदेड़ विस्फोट में शामिल अभियुक्त ने ही परभनी, पूर्णा व जालना में भी विस्फोट किये थे जो पुलिस के अनुसार मालेगांव विस्फोटों के पैटर्न पर थे।) इसके अलावा, मुंबई के उर्दू दैनिक *इंक़लाब* के 11 सितम्बर 2006 के अंक में एक बहुत ही महत्त्वपूर्ण समाचार प्रकाशित हुआ था। उसमें कहा गया था : "एक आदमी जो मालेगांव बम धमाके में मारा गया था और नक़ली दाढ़ी लगाए हुए था उसकी लाश रहस्मय ढंग से ग़ायब हो गई। उसका शरीर बुरी तरह से विकृत था और निचला हिस्सा पूरी तरह से ग़ायब था। मालेगांव के इस्लामपुरा क्षेत्र के 37 साल के एक दर्ज़ी अक़ील अहमद का कहना है कि उसने ख़ुद उस आदमी की लाश को एम्बुलेंस-वैन में लादा था जब उसकी (नक़ली) दाढ़ी उखड़ गई थी....मालेगांव नगर निगम के मेडिकल ऑफ़िसर डॉ. वाव ने बताया कि वाडिया अस्पताल में 30 शवों का पोस्टमार्टम किया गया था और एक का पोस्टमार्टम धोलिया अस्पताल में किया गया था लेकिन उनमें से कोई भी बिना पैरों वाला नहीं था....यह रहस्योद्घाटन इन विस्फोटों को नानदेड़ में आर एस एस के एक सदस्य के घर में हुए विस्फोटों से जोड़ता है जहाँ से नक़ली दाढ़ियां बरामद हुई थीं।"

iv) उन 20 व्यक्तियों की पूछताछ में क्या मालूम हुआ था जिन्हें मालेगांव में एक हिंदू बहुल इलाक़े से गिरफ़्तार किया गया था ?

v) और सबसे महत्त्वपूर्ण बात, क्यों मुसलमान, मुसलमानों को मारने के लिए बम विस्फोट करेगा और वह भी एक महत्त्वपूर्ण त्यौहार के समय पर ?

च) नए रहस्योद्घाटन

मालेगांव के लोग सी बी आई से इन सवालों के संतोषजनक जवाब पाने की उम्मीद लिए ही हुए थे, कि 2008 के मालेगांव बम विस्फोट मामले की छान-बीन में अजीबो-ग़रीब ख़ुलासे ने इस संभावना की तरफ़ इशारा किया कि 2006 के मालेगांव बम विस्फोट भी उसी समूह की करतूत थे। मराठी दैनिक *सकाल,* पुणे, 10 नवम्बर 2008, ने जाँच अधिकारियों के हवाले से बताया : "54 युवकों में से कुछ, जिन्होंने 2001 में नागपुर में प्रशिक्षण शिविर में शरीक हुए थे, उनपर मालेगांव के दोनों बम धमाकों और नानदेड़ विस्फोट में शामिल होने का सन्देह है।"

iii) अहमदाबाद बम विस्फोट और सूरत के बिना फटे बम (26 जुलाई 2008)

नरेन्द्र मोदी को एक ब्राह्मणवादी पाठ
जाँच में पाए गए महत्त्वपूर्ण सबूत गंवा दिए गए
एक साथ अहमदाबाद, दिल्ली और मुंबई पुलिस द्वारा
मामले को सुलझा लिया जाना, आई बी का शानदार कारनामा
केन हेवुड को क्लीन चिट देने के लिए
मुस्लिम तकनीकी युवाओं को जाँच के नाम पर परेशान किया गया

26 जुलाई 2008 को, अहमदाबाद 17 विस्फोटों से दहल उठा, 50 लोगों की मृत्यु और 100 घायल।

क) प्रारंभिक रिपोर्टें

I) पहले ही दिन से मुस्लिम-संगठनों और/या व्यक्तियों पर आरोप मढ़ना

1) पुलिस को हत्याकांड में सिमी के "स्लीपर सेल" का हाथ नज़र आया (*द हिन्दू*, 27 जुलाई 2008)।
2) सिमी का एक तथाकथित सक्रिय कार्यकर्ता अब्दुल हलीम, जिसकी तलाश 2002 के गोधरा कांड के बाद के दंगों के संदर्भ में थी, उसे पुलिस द्वारा अहमदाबाद के दानी लिमडा क्षेत्र से गिरफ़्तार किया गया। वह दंगों के बाद से ही खुला घूम रहा था (*द टाइम्ज़ ऑफ़ इंडिया*, पुणे, 28 जुलाई 2008)।

II) जाँच में आई बी का दख़ल

1) आई बी के अधिकारी इस विचार के चारों तरफ़ ही घूमते रहे कि सिमी के स्थानीय कार्यकर्ताओं ने सीरियल ब्लास्ट किए हैं, और "इंडियन मुजाहिदीन" लश्कर-ए-तैयबा, जैश-ए-मुहम्मद या हुजी का मुखोटा है और यह ऑपरेशन भारत के बाहर से प्रायोजित किया गया था

(*द टेलीग्राफ़,* मुंबई, 28 जुलाई 2008)।

2) गुजरात पुलिस 2002 की साम्प्रदायिक हिंसा के बाद सूचना तंत्र के तबाह हो जाने से इंटेलिजेंस की भारी कमी से दोचार है, साम्प्रदायिक दंगों के बाद गुजरात में किए गए सारे ऑपरेशन पूरी तरह से केन्द्रीय जाँच एजेंसियों के इशारे पर थे (*द टाइम्ज़ ऑफ़ इंडिया,* मुंबई, जुलाई 2008)।

3) केन्द्रीय गृह-मंत्रालय ने आई बी को अहमदाबाद, जयपुर, हैदराबाद, लखनऊ और वाराणसी में हुए शृंखलाबद्ध विस्फोटों की कार्यप्रणाली पर ध्यान देने के लिये कहा गया (*डेक्कन हेरॉल्ड,* 27 जुलाई 2008)।

III) तथाकथित आतंकवादियों के ईमेल

1) इंडिया टीवी के कार्यालय में "इंडियन मुजाहिदीन" नामी एक गिरोह की ओर से एक मेल प्राप्त किया गया था, जो कि विस्फोट से पांच मिनट पहले का था और उन्होंने उसकी ज़िम्मेदारी ली थी, साथ ही सुरक्षा एजेंसियों को यह कहा गया था, कि वे हो सके, तो शृंखलाबद्ध विस्फोटों को रोककर दिखाएं। यही घटना 13 मई को जयपुर विस्फोट में, और 23 नवम्बर को उत्तर प्रदेश में पिछले वर्ष हुई थी (*संडे टाइम्ज़ ऑफ़ इंडिया,* पुणे और *पुढारी,* पुणे, दोनों 27 जुलाई 2008)।

2) उसी रात को देर से, एलईटी व हूजी ने इन विस्फोटों की ज़िम्मेदारी स्वीकार की (*पुढारी,* पुणे, 27 जुलाई 2008)।

3) एक निजी चैनल को ईमेल मिला, कि जल्द ही दिल्ली में विस्फोट होगा (*पुढारी,* पुणे, 28 जुलाई 2008)।

IV) महत्त्वपूर्ण सुराग़ : महाराष्ट्र से सम्बन्ध

1) रविवार 27 जुलाई 2008 को पुलिस ने नवीं मुंबई के एक फ़्लैट में छापा मारा और वहाँ से एक कंप्यूटर ज़ब्त किया, जिससे एक दिन पहले, टीवी चैनलों को ईमेल भेजे गए थे। इस फ़्लैट को उस आईपी पते से खोजा गया जिसे, "इंडियन मुजाहिदीन" के द्वारा भेजी गई मेल के दौरान इस्तेमाल किया गया था। यह ईमेल किसी अल अलबी गुजरात के खाते से भेजा गया था, जो बाद में अमेरिका के नागरिक

केन हेवुड का निकला, जिसने यह फ़्लैट किराये पर लिया था। वह बैंगलोर की किसी कंपनी, कैम्पबेल व्हाइट में काम कर रहा था। उसने आई टी का प्रशिक्षण भी ले रखा था। केन हेवुड ने दावा किया, कि किसी ने उसके कंप्यूटर को हैक करने के बाद यह ईमेल किया है। फ़ॉरेंसिक विशेषज्ञ को इसकी जाँच का ज़िम्मा सौंपा गया (*द टाइम्ज़ ऑफ़ इंडिया*, पुणे व *पुढारी*, पुणे, दोनों 28 जुलाई 2008)।

2) ऐसी सूचना मिली है कि अहमदाबाद विस्फोट के सुराग़ नवीं मुंबई में मिले हैं (*पुढारी*, पुणे, 28 जुलाई 2008)।

3) इतना ही नहीं, गुजरात पुलिस ने मुंबई में उनके प्रतिनिधियों को यह भी बताया कि दो "वैगन आर" कारें जिनमें विस्फोटक भरे हुए थे व जिनका पंजीकरण नवीं मुंबई का था, वे सूरत में गुमनाम मिली। मुंबई के एक ए टी एस अफ़सर ने इसकी पुष्टि की (*द टाइम्ज़ ऑफ़ इंडिया*, मुंबई, 29 जुलाई 2008)।

V) अन्य रिपोर्टें

1) ज़्यादातर बम, साइकलों के पीछे टिफ़िन में बांधकर रखे गए थे और नीले पोलीथीन में बंधे थे, जबकि अस्पतालों में रखे गए बम मोपड में रखे गए थे (*संडे टाइम्ज़ ऑफ़ इंडिया*, पुणे, 27 जुलाई 2008)।

बमों को टाइमर उपकरण व माईक्रोप्रोसेसर्स के साथ रखा गया था प्रारंभिक रिपोर्ट के अनुसार इनमें अमोनियम नाइट्रेट का इस्तेमाल किया गया था (*संडे टाइम्ज़ ऑफ़ इंडिया*, पुणे, 27 जुलाई 2008)।

3) जयपुर, अहमदाबाद और बैंगलोर के विस्फोटों की कार्यप्रणाली लगभग समान ही पाई गई (मराठी दैनिक *पुढारी*, पुणे, 28 जुलाई 2008)।

4) 27 जुलाई 2008 को, सूरत में दो गुमनाम वैगन आर कारों में दो जीवित बम मिले। दोनों ही सीएनजी से चलने वाली कारें थी। अहमदाबाद के सिविल अस्पताल में हुए विस्फोट में इस्तेमाल हुई कार भी सीएनजी से चलने वाली वैगन आर ही थी, और यह सचमुच सूरत व अहमदाबाद की घटनाओं में सम्बन्ध होने का महत्त्वपूर्ण सुराग़ हो सकता था (*द टाइम्ज़ ऑफ़ इंडिया*, पुणे, 28 जुलाई 2008 और *द टेलीग्राफ़*, मुंबई, 28 जुलाई 2008)।

ख) बाद की रिपोर्टें – सूरत के बम और आगे की कार्यवाही

1) 27 से 30 जुलाई 2008, सूरत में 23 जीवित बम मिले जिन्हें नाकारा किया गया (*द टाइम्ज़ ऑफ़ इंडिया,* पुणे, 31 जुलाई 2008)।
2) फ़ॉरेंन्सिक विशेषज्ञों ने बताया कि सूरत में इस्तेमाल हुए सभी बम शक्तिशाली थे और उनसे गंभीर नुक़सान हो सकता था (*द टाइम्ज़ ऑफ़ इंडिया,* पुणे, 31 जुलाई 2008)।
3) हूजी ने गुजरात के टीवी 9 चैनल को पत्र भेजकर अहमदाबाद विस्फोट की ज़िम्मेदारी स्वीकार की (*पुढारी,* पुणे, 31 जुलाई 2008)।
4) अहमदाबाद में जयपुर व हैदराबाद की पुलिस आई क्योंकि इन दोनों शहरों और अहमदाबाद में हुए विस्फोटों में बहत सारी समानताएं थी (*सकाल,* पुणे, 31 जुलाई 2008)।
5) सूरत में मिले हुए जीवित बमों के बारे में, स्थानीय पुलिस ने यह कहा, कि यह बम वास्तव में अहमदाबाद के शृंखलाबद्ध विस्फोटों से काफ़ी पहले रखे गए थे। एक नागरिक जिसने सबसे पहले यह बम देखे और पुलिस को सूचित किया, उसके अनुसार उसने सबसे पहले इन्हें शनिवार, 26 जुलाई 2008 को सुबह 11 बजे देखा। इसका अर्थ यह है कि सूरत के बम अहमदाबाद के शृंखलाबद्ध विस्फोटों से पहले ही लगा दिए गए थे (*एशियन एज,* 31 जुलाई 2008)।

ग) विभिन्न एजेंसियों की थ्योरियां – सभी केवल मुसलमानों के ही पीछे पड़े रहे

1) आई बी के एक वरिष्ठ अधिकारी ने कहा कि बैंगलोर और अहमदाबाद विस्फोट का मास्टरमाइंड रसूल ख़ान पारती और मुहम्मद सूफ़ीया हैं, जो इस समय पाकिस्तान में छिपे हैं (*पुढारी,* पुणे, 31 जुलाई 2008)।
2) ए टी एस मुंबई के अफ़सरों ने दावा किया कि अहमदाबाद के शृंखलाबद्ध विस्फोटों में संदिग्ध रूप से अंडरवर्ल्ड डॉन दाऊद इब्राहीम का हाथ है और सिमी इन विस्फोटों में कहीं से भी शामिल नहीं है। यह सन्देह जताया गया कि भारत के अंडरवर्ल्ड अपराधियों की मदद से, दाऊद द्वारा "इंडियन मुजाहिदीन" की स्थापना की गई जिसे आई एस आई से धन मिलता है। यह भी सन्देह है कि नवीं मुंबई से कार चुराने वाले एक गिरोह का सम्बन्ध भी दाऊद से ही है (*पुढारी,* पुणे, 31 जुलाई 2008)।

3) भारतीय इंटेलिजेंस एजेंसियों को, जिनमें रॉ भी शामिल है, यह शक है कि छोटा दाऊद और अहमदाबाद में पैदा हुआ रसूल ख़ान याकूब ख़ान पठान ही गुजरात और बैंगलोर के श्रृंखलाबद्ध विस्फोटों में शामिल हैं। छोटा दाऊद अपना काम पाकिस्तान के पेशावर से करता है और रसूल ख़ान पठान ने नए आतंकवादी संगठन "इंडियन मुजाहिदीन" की स्थापना की है। ये दोनों व्यक्ति, दाऊद इब्राहीम के सम्पर्क में हैं और उसके निर्देशों पर ही काम करते हैं (*एशियन एज,* मुंबई, 31 जुलाई 2008)।

4) पुलिस इस तथ्य की जाँच कर रही है कि जिन लोगों ने अहमदाबाद में विस्फोट किये, और सूरत में विस्फोटों का प्रयास किया, उन्हें स्थानीय मदद किस तरीक़े से मिली। एजेंसियों द्वारा बिना किसी कारण के धार्मिक मुसलमानों से पूछताछ की गई और इस बारे में यह तर्क दिया गया कि हो सकता है कि इन विस्फोटों के लिये स्थानीय मौलवियों द्वारा विस्फोटकर्ताओं को आने जाने और ठहरने जैसी सुविधा दी गई हो। कुछ सूत्रों ने बताया कि अहमदाबाद, भरूच व मंगरोल के कुछ मौलवी जो पश्चिम बंगाल के हैं को हिरासत में लिया गया है और उनसे पूछताछ की जा रही। (*डीएनए,* मुंबई, 1 अगस्त 2008)।

5) महाराष्ट्र ए टी एस को शक है कि गुजरात में, जनवरी माह में हुई सिमी की बैठक में ही अहमदाबाद के श्रृंखलाबद्ध विस्फोटों की योजना बनाई गई। मध्य प्रदेश से मार्च में गिरफ़्तार अब्दुल नाम के एक व्यक्ति ने ए टी एस को बताया, कि 15 सिमी कार्यकर्ताओं ने जिनमें उनका मुख्या सफ़दर नागोरी, उसका सहायक शिबली अब्दुल और गुजरात के दो ऊंचे स्तर के कार्यकर्ता, साजिद मंसूरी व आसिफ़ काग़ज़ी शामिल हैं, दो दिन के इस शिविर में भाग लिया था, जो कि बड़ौदा से 50 किमी दूर, हलौल के जंगलों में, 13-14 जनवरी को आयोजित किया गया था। बड़ौदा का मंसूरी व अहमदाबाद का काग़ज़ी, इन विस्फोटों के बाद से ग़ायब बताए जाते हैं (*डीएनए,* मुंबई, 4 अगस्त 2008)।

घ) अहम सुराग़ मिले

1) कार चोरी के मामले में पकड़े गए लोगों ने पूछताछ में बताया, कि जिन कारों का उपयोग इन विस्फोटों के लिये किया गया था, उन्हें तालासरी

टोल नाका (महाराष्ट्र का ठाणे ज़िला) से 9 जुलाई व 20 जुलाई को पास करवाया गया था। चूंकि यह टोल नाका सीसीटीवी कैमरे से लैस है, इसमें न केवल गाड़ी का रजिस्ट्रेशन नंबर लिया जाता है, साथ ही वाहन चालक का चित्र भी खींचा जाता है, तब ए टी एस मुंबई को लगा कि शायद यहाँ पर जाकर अहमदाबाद के आतंक का हल निकल पाएगा। लेकिन ए टी एस को मालूम हुआ, कि जिस डिस्क को तलासरी नाके से ज़ब्त किया गया था, वह ख़राब निकली व उसमें इन दो दिनों में वहाँ से निकले संदिग्ध लोगों के सम्बन्ध में कोई सूचना नहीं थी। अतिरिक्त कमिशनर ए टी एस, परमबीर सिंह ने कहा, "हम इस बात की जाँच कर रहे हैं कि क्या इसमें कोई ख़राबी है." उन्होंने आगे कहा, "या तो फुटेज मिटा दिये गए हैं या उसपर कुछ और रिकॉर्ड कर दिया गया है। यदि ये ग़लती से मिट गए हैं तो इसे ठीक किया जा सकता है लेकिन अगर इसे फिर से राईट किया गया होगा, तो वापिस पाना मुश्किल होगा।"

एक दूसरे वरिष्ठ आई पी एस अफ़सर, जो कि जाँच में शामिल थे, उनका कहना है कि हो सकता है कि सीसीटीवी के डाटा में रद्दोबदल किया गया हो।

बहरहाल, जिस थाना क्षेत्र में यह नाका लगता है, वहाँ के अधिकारियों का कहना है कि इस घटना के कुछ दिनों पहले ही हमें सूचना मिली थी कि सीसीटीवी सही तरीक़े से काम नहीं कर रहा है (*द टाइम्स़ ऑफ़ इंडिया,* पुणे और *पुणे मिरर* [द टाइम्ज़ ऑफ़ इंडिया], 1 अगस्त 2008)।

2) अहमदाबाद के विस्फोटों में इस्तेमाल हुए बमों के डिटोनेटर्स व सूरत में मिले बमों के डिटोनेटर्स की जाँच करने से यह पता चला कि है, कि यह विस्फोटक ए पी एक्सपलोज़िव्स प्रा लि नामक आन्ध्र प्रदेश की एक कंपनी के बने हुए थे। यह कंपनी डिटोनेटर्स व डिटोनेटिंग फ्यूज बनाती है (*द इंडियन एक्सप्रेस,* मुंबई, 31 जुलाई 2008)।

3) जाँचकर्ताओं का मानना है कि सूरत में मिले 27 बमों के डिटोनेटर्स का स्रोत राजस्थान स्थित राजस्थान एक्सपलोज़िव्स एंड केमिकल्स लिमिटेड (आरईसीएल) है जिसमें राज्य सरकार का भी हिस्सा है। आरईसीएल द्वारा पहले ही गुजरात पुलिस को ख़रीदारों की सूची दी जा चुकी है (*द टाइम्ज़ ऑफ़ इंडिया,* पुणे, 2 अगस्त 2008)।

4) एलजी अस्पताल व सिविल अस्पताल के पास हुए विस्फोटों में इस्तेमाल हुए एल पी जी सिलैंडर मेरठ, उत्तर प्रदेश में बनने का पता चला है, और उनके वितरक का पता कालूपुर अहमदाबाद है। इनका वितरण का जाल कोल्हापुर, अहमदाबाद तक था। सूत्रों के अनुसार, अहमदाबाद का अपराध विभाग इस बारे में छान-बीन कर रहा है (*द इंडियन एक्सप्रेस,* मुंबई, 4 अगस्त 2008)।

5) दीपिका पाण्डे नामक एक एकाउंटेंट को मुंबई अपराध शाखा के अधिकारियों द्वारा 31 जुलाई 2008 को गिरफ़्तार किया गया जिसपर बिना वजह समाचर चैनलों को और अधिक विस्फोट होने सम्बन्धी मेल भेजने का आरोप था (*एशियन एज,* मुंबई, 1 अगस्त 2008)।

6) गुजरात पुलिस द्वारा संदिग्धों के तीन स्केच बनावाए गए, जो कि चश्मदीद गवाहों के बयानों पर आधारित थे, जिन्होंने उन्हें शहर के अनेक भागों में बम रखते हुए देखा था। यह जानकारी संयुक्त पुलिस कमिशनर आशीष भाटिया ने दी (*रेडिफ़ डॉट कॉम,* 2 अगस्त 2008)।

7) गुजरात पुलिस ने तीन संदिग्धों के चार स्केच जारी किये हैं जिनकी नारोल, हाटकेशवर व रायपुर क्षेत्र में बम रखने के आरोप में तलाशा जा रहा है (*द स्टेट्समैन,* मुंबई, 7 अगस्त 2008)।

8) फ़ॉरेंसिक छान-बीन करने वालों ने यह नतीजा निकला है कि अहमदाबाद के सीरियल बम विस्फोटों में इस्तेमाल किए गए आई ई डी बम बम बनाने वाले वही थे, जो जयपुर, उत्तर प्रदेश की अदालती इमारतों, गोकुल चाट भण्डार, हैदराबाद और संकट मोचन मंदिर वाराणसी के विस्फोटों के ज़िम्मेदार थे (*द हिन्दू,* मुंबई, 7 अगस्त 2008)।

9) अहमदाबाद विस्फोट से कुछ मिनट पहले भेजे गए धमकी भरे ईमेल्स से कुछ और जानकारियां हासिल होने की उम्मीद में शहर की फ़ॉरेंसिक विज्ञान प्रयोगशाला ने एक अंतर्राष्ट्रीय संस्था प्योरडयू विश्वविद्यालय साबर फ़ॉरेंसिक प्रयायोगशाला से उसकी राय माँगी जैसा फ़ॉरेंसिक विज्ञान प्रयोगशाला (कलीना) के डॉयरेक्टर सुश्री रुक्मिणी कृष्णमूर्ति, ने यह बात बतायी (*द टाइम्ज़ ऑफ़ इंडिया,* मुंबई, 7 अगस्त 2008)।

गुजरात अपराध शाखा की एक टीम जिसका नेतृत्व एसीपी ऊषा राडा कर रही थीं, मुंबई में 6 अगस्त 2008 को पहुंची। सुश्री राडा ने कहा कि

टीम ख़ासकर ईमेल के मुद्दे पर ही अगले कुछ दिनों तक विशेष जाँच करेगी। उन्होंने कैनेथ हेवुड से भी पूछताछ की योजना बनाई थी। वे लोग दस कंप्यूटरों की भी जाँच करने वाले थे जिनमें से दो हेवुड से बरामद हुए थे और बाक़ी पड़ोस से (*द हिन्दू*, मुंबई, 7 अगस्त 2008)।

10) एक हीरो होण्डा मोटर साइकिल जिसका नंबर है GJ-AT-4404, जिसे गुजरात विस्फोटों में इस्तेमाल किए जाने का सन्देह है, उसे पी पी देसाई नामक एक व्यक्ति महड (ज़िला रत्नागिरि, महाराष्ट्र) में 28 अगस्त को, एक गैराज में लाया था। वह यह कह कर गया था कि दो दिनों में वापस आ जाएगा लेकिन वह फिर कभी वापस नहीं लौटा। जब मुंबई पुलिस को, गुजरात पुलिस से मोटर साइकिल के बारे में यह सूचना मिली तो मुंबई पुलिस की एक टीम ने महड जाकर 9 अक्तूबर 2008 को पूछताछ की। पुलिस ने वहाँ के अधिकृत गैराज मालिक से पूछा तो वह केवल इतना बता पाया कि वह व्यक्ति पास में ही किसी लॉज में रहता था। आगे की पूछताछ जारी है (दैनिक *लोकसत्ता*, मुंबई [वेबसाइट], 10 अक्तूबर 2008)।

च) आई बी के बनाए हुए एक मामले का गुजरात, महाराष्ट्र व दिल्ली पुलिस द्वारा संयुक्त रूप से भंडाफोड़ : उन हालात में कि जब सामान्य जनता को यह अपेक्षा थी कि जिस तरीक़े से महत्त्वपूर्ण सुराग़ हाथ लग रहे हैं, ऐसे में धीरे-धीरे इस घटनाक्रम का राज़ खुलता हुआ नज़र आएगा, पहले गुजरात पुलिस और उसके आगे महाराष्ट्र व दिल्ली पुलिस, ने अचानक और नाटकीय ढंग से मामले को हल कर लेने का दावा किया और इसमें पहले के सुराग़ों का कोई हवाला नहीं दिया गया। इस घटनाक्रम में पुलिस की कहानी कुछ इस प्रकार की थी :

1) 16 अगस्त 2008 को, गुजरात पुलिस ने सिमी के 11 आतंकवादियों को पकड़ने के साथ ही एक बड़ी सफलता का दावा किया। पुलिस के अनुसार इनमें से एक, मुफ़्ती अबुल बशर क़ासमी, जो कि उत्तर प्रदेश के आज़मगढ़ ज़िले का है, इसका मास्टरमाइंड था। उसने पूर्व सिमी नेता सफ़दार नागोरी से यह कार्यभार लिया था, जिसने जयपुर, हैदराबाद व बैंगलोर में इसी प्रकार के विस्फोट किये थे और जिसे आगे चलकर मार्च 2008 में इन्दौर से गिरफ़्तार किया गया था। एक साजिद मंसूरी, जिसे इन

सभी का कोऑर्डिनेटर कहा गया, उसे अहमदाबाद पुलिस द्वारा भरूच में गिरफ़्तार किया गया। उससे काफ़ी सारी जानकारी मिली थी। ऐसा कहा जाता है कि उसी ने चुराई हुई कारों को वापी से अहमदाबाद लाने में मदद की। इसके अलावा नौ आरोपी जैसे उस्मान अगरबत्तीवाला, आरिफ़, इमरान शैख़, युनूस मंसूरी, ज़ाहिद शैख़, ग़्यासुद्दीन, शम्सुद्दीन, करीमुद्दीन व इक़बाल को भी गुजरात पुलिस ने गिरफ़्तार किया। यह कहा जाता है कि युनूस मंसूरी ने बम बनाए थे। अन्य सभी को अलग-अलग प्रकार के काम सौंपे गए थे जैसे वारदात के लिए चुने हुए स्थानों का जायज़ा लेना, साइकिल प्राप्त करना, बम रखना व बाक़ी हाथ से किये जाने वाले काम। वे सभी सिमी के ही कार्यकर्ता थे लेकिन "इंडियन मुजाहिदीन" के नाम से काम कर रहे थे। यही समूह, सूरत में बम रखने के लिये आरोपी था।

उपर्युक्त जानकारी डीजीपी गुजरात, पीसी पाण्डे ने एक पत्रकारवार्ता में दी। उन्होंने केस को हल करने में दूसरों के साथ आई बी के सहयोग को स्वीकार किया।

बहरहाल, डीजीपी गुजरात ने मास्टरमाइंड के रूप में मुंबई के तौफ़ीक़ बिलाल *उर्फ़* अब्दुल सुभान का नाम नहीं लिया, जिसे दिल्ली व मुंबई से निकलने वाली ख़बरों में, अतिरिक्त कमिशनर, क्राइम ब्रांच गुजरात पुलिस के हवाले अहमदाबाद विस्फोट का मास्टरमाइंड बताया गया था। यह भी कहा गया था कि वह कंप्यूटर इंजीनयर था और उसे कंप्यूटर की नवीनतम तकनीक पर पकड़ प्राप्त थी, उसी पर सन्देह था कि उसने विस्फोटों से कुछ मिनट पहले ईमेल भेजने के लिए अमेरिकी नागरिक केन हेवुड का कंप्यूटर हैक किया होगा। लेकिन *टाइम्ज़ ऑफ़ इंडिया*, पुणे, 18 अगस्त 2008 में जब यह रिपोर्ट आई, तब ऐसा लगा कि अहमदाबाद पुलिस और अपराध शाखा मुंबई के बीच किसी तरह की एकरूपता नहीं है कि तौफ़ीक़ बिलाल व अब्दुल सुभान एक ही व्यक्ति है या दो अलग-अलग नाम हैं। अबुल बशर के तथाकथित "अपराध स्वीकार" ("इक़बालिया बयान") में भी उसका कोई ज़िक्र नहीं आया ।

इस तरह इस मामले में तीन तरह के बयान हैं कि पुलिस को अबुल बशर के गैंग के बारे में कैसे जानकारी मिली :

i. इंटेलिजेंस के लोगों ने ख़ास तरह की बातों पर निगाह रखते हुए

"मास्टरमाइंड" और उसके पूरे ग्रुप को उनके मोबाइल फ़ोन्स के माध्यम से ही पकड़ में ले लिया। पांच प्री पेड मोबाइल फ़ोन कार्ड, जिन्हें एक साथ ख़रीदा गया था और जिनपर केवल विभिन्न पीसीओ से फ़ोन किया जाता था, वे विस्फोट के दिन (26 जुलाई) को अचानक स्विच ऑफ़ हो गए। इससे पुलिस को अहम सुराग़ मिला। एक अख़बार में बताया गया कि खोजबीन में एक जगह से पुलिस को सिम काड्र्स हाथ लगे।

ii. कर्नाटक के दवनगिरी ज़िले में पुलिस की सामान्य चेकिंग को दौरान एक सिमी कार्यकर्ता, रियाज़ुद्दीन नासिर की गिरफ़्तारी हुई जिससे पूरे नेटवर्क का पता लगा।

iii. साजिद मंसूरी की गिरफ़्तारी के बाद, जो कि 7 साल से फ़रार था, पुलिस को सीरियल विस्फोटों के सम्बन्ध में जानकारी मिली (*सकाल*, पुणे, *द टाइम्ज़ ऑफ़ इंडिया*, पुणे, और *पुढारी*, पुणे, समस्त दिनांक 17 अगस्त 2008 व *द टाइम्ज़ ऑफ़ इंडिया*, पुणे, 18 अगस्त 2008)।

इनमें से किसी भी अख़बार में इन घटनाओं यानी सिम काड्र्स प्राप्त होना, रियाज़ुद्दीन नासिर की गिरफ़्तारी व साजिद मंसूरी की गिरफ़्तारी, की तारीख़ नहीं बताई गयी है। चुनांचे यह मालूम नहीं होता कि इनमें से कौन-सी घटना पहली है और तीनों में किस घटना केस हल करने में मदद मिली।

2) 17 अगस्त 2008 को महाराष्ट्र पुलिस ने दावा किया कि गुजरात पुलिस के अहमदाबाद विस्फोटों का मामला हल कर लिए जाने के दावे से पहले ही ए टी एस महाराष्ट्र ने आयाज़ शैख़ व नदीम शैख़ को गिरफ़्तार कर लिया था जबकि क्राइम ब्रांच ने बिलाल काग़ज़ी को आतंकी हमले में संदिग्ध भूमिका के लिए पकड़ लिया था। हालाँकि रिकॉड्र्स में, आयाज़ और नदीम को जाली नोटों के मामले में गिरफ़्तार दिखाया गया है जबकि काग़ज़ी को लूट के एक पुराने केस में दिखाया गया है। वे और दस दूसरे लोग, कथित रूप से सिमी के स्लीपर सेल का हिस्सा थे। कोई युनूस ख़ान नामक व्यक्ति उन्हें निर्देश देता था। वे सब अहमदाबाद विस्फोटों के बाद

भूमिगत हो गए थे (*द टाइम्ज़ ऑफ़ इंडिया*, पुणे, 18 अगस्त 2008)।

3) 19 सितम्बर 2008 को, दिल्ली पुलिस ने दो संदिग्धों को, बटला हाउस इंकाउंटर में मार डाला और एक को गिरफ़्तार किया जबकि वहाँ से दो भाग जाने में कामयाब हो गए। दिल्ली पुलिस स्पेशल सेल के इंस्पेक्टर मोहन चन्द शर्मा का इस इंकाउंटर में गोली लग जाने से निधन हो गया। दो मारे गए आतंकवादियों में से एक की पहचान अतीक़ के रूप में हुई, जिसे प्रमुख आरोपी अब्दुस सुभान क़ुरैशी *उर्फ़* तौक़ीर का दायां हाथ माना गया। जिस व्यक्ति को गिरफ़्तार किया गया, उसे सैफ़ नाम दिया गया। इस ऑपरेशन को अहमदाबाद पुलिस द्वारा पकड़े गए आरोपी मुफ़्ती अबुल बशर की निशानदेही पर किया गया।
दिल्ली पुलिस ने तीन और सन्दिग्ध लोगों को भी पकड़ा जिनमें शामिल थे ज़िया उररहमान, शाकिर निसार और मुहम्मद शाकिर, इन्हें 21 सितम्बर 2008 को जामिया नगर के आसपास से पकड़ा गया जहां 19 सितम्बर को इंकाउंटर हुआ था। गिरफ़्तार किये गए तीनों आदमी कथित रूप से "इंडियन मुजाहिदीन" से संबंधित थे और शहर में कम से कम बीस धमाके करने की योजना बना रहे थे। वे आतिफ़ के साथ कम से कम 4 साल से थे, जिसकी मौत इंकाउंटर में हो गई थी (*द टाइम्ज़ ऑफ़ इंडिया*, पुणे और *सकाल*, पुणे, दोनों 20 सितम्बर 2008)।

4) 24 सितम्बर 2008 को मुंबई पुलिस ने यह घोषणा की कि उसने पिछले कुछ दिनों में "इंडियन मुजाहिदीन" के पांच कार्यकर्ताओं को मुंबई और उसके आसपास से गिरफ़्तार किया है, इनका नाम था मुहम्मद सादिक़, अफ़ज़ल उस्मान, मुहम्मद आरिफ़ शैख़ और शैख़ मुहम्मद अनसार। यही पांच आरोपी, तथाकथित रूप से नवीं मुंबई से चार कारें चुराने के दोषी थे, जिनमें से दो का उपयोग जुलाई में अहमदाबाद विस्फोट में किया गया, और बाक़ी दो को सूरत से ज़ब्त किया गया था जिनमें विस्फोटक भरे थे। इन गिरफ़्तार पांच आरापियों में से एक मुहम्मद सादिक़ शैख़, आई एम के प्रमुख फ़ाउण्डरों में से एक था और वही दिल्ली माड्यूल के मुख्या आतिफ़ को कंट्रोल करता था (जिसे दिल्ली के बटला हाउस इंकाउंटर में

मार डाला गया था)। इन पांचों ने यह भी क़बूला कि उन्होंने ही मुंबई की ट्रेनों में जुलाई 2006 में बम रखे थे, इससे 2006 के सीरियल विस्फोटों में एक नया मोड़ आया।

पांचों गिरफ़्तार आरोपी उत्तर प्रदेश के आज़मगढ़ ज़िले से पकड़े गए हैं। सादिक़ इस समूह का निर्विरोध नेता है, वह एक इलेक्ट्रॉनिक कंपनी में सॉफ्टवेयर इंजीनियर था। लेकिन इस समूह का ई एक्सपर्ट था, सॉफ्टवेयर इंजीनियर अंसार, जो गिरफ़्तार किये गए पांच लोगों में शामिल था। लेकिन 26 सितम्बर को संयुक्त पुलिस कमिशनर (अपराध) मुंबई, राकेश मारिया ने कहा कि ईमेल भेजने का विचार किसी रोशन ख़ान *उर्फ़* रियाज़ भटकल का था, जो "इंडियन मुजाहिदीन" का आइडियालॉग (विचार धारक) है। पुलिस के अनुसार इस संगठन को हूजी और लश्कर-ए-तैयबा से सहयोग मिलता है। (*द टाइम्ज़ ऑफ़ इंडिया,* पुणे, 25 अगस्त 2008; *सकाल,* पुणे, 27 अगस्त 2008)।

5) 6 अक्तूबर 2008 को, मुंबई पुलिस ने दावा किया कि उनके द्वारा अहमदाबाद, हैदराबाद व सूरत में आतंक फैलाने व बम विस्फोट करने के आरोपियों के समूह को पकड़ लिया गया है। उन्होंने यह घोषणा की कि "इंडियन मुजाहिदीन" के 11 संदिग्ध आरोपी पुणे, मैंगलोर व मुंबई से गिरफ़्तार किये गए हैं, जिनमें से तीन लोग आतंक फैलाने वाले ईमेल भेजने में सीधे शामिल थे। यह सभी उच्च शिक्षा प्राप्त, कंप्यूटर के जानकार और अच्छे व शिक्षित घरों के हैं। इनमें से एक संदिग्ध मुहम्मद मन्सूर पीरभोय *उर्फ़* मन्नू, जो कि पुणे का रहने वाला है, याहू कम्पनी में प्रिंसिपल सॉफ्टवेयर इंजीनियर के बतौर काम करता है वह मुंबई के विभिन्न स्थानों से भेजे जाने वाले ईमेल सन्देश को अंतिम स्वरूप देने की ज़िम्मेदारी निभाता था। उसके अलावा दूसरे दो लोग हैं, मुबिन शेख़, एक आई टी कंपनी में वरिष्ठ तकनीकी सलाहकार, और आसिफ़ बशीर शेख़ *उर्फ़* मेहमूद, मैकेनिकल इंजीनियर था, दोनों ही पुणे के रहने वाले हैं।

मुंबई पुलिस के संयुक्त पुलिस कमिशनर, मारिया ने यह दावा किया कि "इंडियन मुजाहिदीन" के इन पांच सदस्यों को 23 सितम्बर को गिरफ़्तार किया गया व इनसे पूछताछ के नतीजे में ही उपर्युक्त 11

व्यक्तियों की गिरफ़्तारी हुई। इनसे पुलिस ने दो रिवॉल्वर, 45 गोलियां, बुलेट प्रूफ़ जैकेट, छः लेपटॉप, वाई फ़ाई रूटर और साढ़े ग्यारह लाख की नक़दी बरामद की (*द टाइम्ज़ ऑफ़ इंडिया*, पुणे और *सकाल*, पुणे, दोनों 7 अक्तूबर 2008)।

छ) अमेरिकी नागरिक केन हेवुड का अचानक देश छोड़ना

1) जब जाँच प्रगति पर थी, 18 अगस्त 2008 को अचानक कैनेथ हेवुड, दिल्ली एयरपोर्ट से सुबह की उड़ान से अमेरिका रवाना हो गया। ए टी एस प्रमुख हेमंत करकरे ने कहा कि उसे निर्देश दिये गए थे कि जब तक जाँच पूरी नहीं हो जाती है, देश नहीं छोड़े। हेवुड ने कहा था कि वह पूछताछ के लिये सोमवार को वापिस आएगा लेकिन वह उसी दिन, सुबह-सवेरे की उड़ान से देश छोड़कर चला गया। इससे लगता है कि दिल्ली हवाई अड्डे पर किसी प्रकार की ख़ामी थी जिसने उसके बारे में लुक आउट नोटिस का ध्यान नहीं रखा। मुंबई पुलिस ने दावा किया कि इंदिरा गांधी राष्ट्रीय हवाई अड्डा (आईजीआई) इमिग्रेशन ब्रांच को लुक आउट नोटिस भेजा गया था और विदेशी क्षेत्रीय पंजीकरण कार्यालय (एफआरआरओ) को भी इस बारे में ख़बरदार किया गया था। इससे यह विचार बनता है कि भारत सरकार ने उसे देश छोड़ देने का मौक़ा दिया। (*द टाइम्ज़ ऑफ़ इंडिया*, पुणे, और *सकाल*, पुणे, 19 अगस्त 2008)।
2) कैनेथ हेवुड को क्लीन चिट : चूंकि कैनेथ हेवुड के ब्रेन मैपिंग व पोलीग्राफ टेस्ट में कुछ भी आपत्तिजनक नहीं पाया गया था, इसलिये ए टी एस द्वारा उसे क्लीन चिट देने का फ़ैसला लिया गया व उसके ख़िलाफ़ लुक आउट नोटिस को रद्द किया गया (दैनिक *सकाल*, पुणे, 21 अगस्त 2008)।
3) इंटेलिजेंस एजेंसियों ने दावा किया कि कैम्पबैल व्हाइट का कर्मचारी केन हेवुड, वास्तव में संवादक (communicator) से ज़्यादा एक धार्मिक व्यक्ति था।
4) मीडिया में यह विचार था कि उसके देश से निकाले जाने के पीछे एक कारण यह था कि ए टी एस का इरादा उसका नार्को-एनालिसिस टेस्ट करवाने का था (*द टाइम्ज़ ऑफ़ इंडिया*, पुणे, 12 सितम्बर 2008)।

5) हेवुड अपने गृह नगर एरिजोना में पूरा एक महीना बिताकर मुंबई एयरपोर्ट पर 11 सितम्बर 2008 की रात में उतरा, उसके अनुसार, वह वहाँ पर ए टी एस द्वारा की गई पूछताछ के तनाव से उबरने का कोशिश कर रहा था *(द टाइम्ज़ ऑफ़ इंडिया,* पुणे, 12 सितम्बर 2008)।

ज) सिमी पर प्रतिबन्ध का मामला

6 अगस्त 2008 को सिमी को स्पेशल ट्रिब्यूनल से मिली हुई राहत को तुरन्त केन्द्र सरकार द्वारा कोर्ट में चुनौती दे दी गई थी जिसने ट्रिब्यूनल के फ़ैसले को स्थगित रखने का आदेश दिया। इस दौरान में गुजरात पुलिस अलग-अलग सरकारों वाले दूसरे कई राज्यों की पुलिस की मदद से और आई बी के साथ मिलकर अहमदाबाद पर आतंकी हमले में ऐसे चरमपंथी (फ़ण्डामेण्टलिस्ट) संगठनों की संलिप्तता को ज़ाहिर करने में व्यस्त दिखी। इस केस की जाँच ने "ठोस सबूत" दिए कि सिमी और उसका कट्टरपंथी स्वरूप "इंडियन मुजाहिदीन" पूरे देश में हुए विस्फोटों में शामिल था (*द टाइम्ज़ ऑफ़ इंडिया,* पुणे, 21 अगस्त 2008)।

झ) गंभीर झोल, कमियां, अनियमितताएं और सन्देह

यह बात आश्चर्यजनक है कि जाँच के दौरान मिले सुराग़ों पर काम किए बिना ही यह केस अचानक हल हो गया। एक आम आदमी की स्वाभाविक उत्सुकता को संतुष्ट करने के लिये, जाँच एजेंसियों को यह घोषित करना चाहिये कि इन सबूतों का क्या हुआ और साथ ही जाँच से सम्बंधित कुछ तार्किक शक व सन्देह को भी साफ़ करना चाहिए, जिनमें से कुछ निम्न हैं :

1) तलासरी टोल नाके का सीसीटीवी संबंधित सबूत बहुत महत्त्वपूर्ण था। लेकिन ए टी एस द्वारा ज़ब्त की गई हार्ड डिस्क ख़राब निकली। इस मामले की तह तक जाकर यह मालूम किया जाना चाहिये कि वह सचमुच ख़राब थी या फिर जान-बूझकर उसे ख़राब किया गया था। ए टी एस को निम्न बिन्दुओं पर जाँच करना चाहिये :

i) क्या सीसीटीवी 9 और 20 जुलाई को काम कर रहा था ?

ii) क्या उस दिन नाके को पार कर रहे अन्य वाहनों के चित्र लिये गए थे ?

iii) सीसीटीवी को कौन चला रहा था ? पुलिस या टोल नाके के

कर्मचारी ?

iv) ठाणे पुलिस को सीसीटीवी के ख़राब होने की जानकारी कब मिली ? क्या उन्होंने कोई शिकायत दर्ज की ? इसपर क्या कार्यवाही की गई ?

v) क्या टोल नाके से संबंधित ठेकेदार से लेकर निम्न श्रेणी के कर्मचारी तक, कोई भी किसी प्रकार के सामुदायिक संगठन से जुड़ा हुआ था ?

चूंकि अब इस बात को महीनों बीत गए हैं, यह जाँच अब तक पूरी हो जानी चाहिये। यदि पूरी हो चुकी है, तब उसका क्या नतीजा निकला है ?

2) कार चोरी में पकड़े गए कुछ लोगों ने पूछताछ में यह बताया था कि चुराई हुई कारें, जिनका इस्तेमाल विस्फोट के लिये किया गया था, 9 व 20 जुलाई को तलासरी नाका से गुज़री थीं। (*द टाइम्ज़ ऑफ़ इंडिया*, पुणे, 1 अगस्त 2008)। हिरासत में लिए गए ये लोग कौन थे ? उनका बाद में क्या हुआ, उन्होंने आतंकवादियों के बारे में और क्या जानकारी दी ?

3) पुलिस द्वारा सूरत में पाए गए बमों के डिटोनेटर्स को बनाने वाली कंपनी के रूप में आरईसीएल का नाम सामने आया। इस मामले में आगे और क्या पूछताछ की गई ? इसका नतीजा क्या निकला ?

4) इसी तरह, आंध्र प्रदेश की एपी एक्सप्लोज़िव्ज़ और उन डिटोनेटर्स के बीच सम्बन्ध के बारे में क्या पूछताछ की गयी।

5) अहमदाबाद की डिटेक्शन ऑफ़ क्राइम ब्रांच द्वारा विस्फोट में इस्तेमाल किये गए गैस सिलेंडरों के सम्बन्ध में जाँच की जा रही थी। इस जाँच का क्या नतीजा निकला ?

6) 31 जुलाई 2008 को मुंबई पुलिस की अपराध शाखा द्वारा एक दीपक पाण्डे को पकड़ा गया था और उसपर यह शक था कि उसने और अधिक विस्फोट होने सम्बन्धी ईमेल किसी समाचार चैनल को किया था। उसके सम्बन्ध और तार कहां-कहां से जुड़े हैं इस बारे में क्या जाँच की गई ?

7) गुजरात पुलिस द्वारा एक चश्मदीद के बयानों के आधार पर सन्दिग्ध व्यक्तियों के 3 स्केच बनवाए गए थे। यह सूचना *रेडिफ़ डॉट कॉम* पर 2 अगस्त 2008 को आई थी। इसके बाद *द स्टेट्समैन* (मुंबई) में 7 अगस्त 2008 को एक ख़बर आई जिसके अनुसार गुजरात पुलिस ने संदेहास्पद 3 व्यक्तियों के चार स्केच जारी किये हैं जिनपर बम रखने का

शक है। यह बात साफ़ नहीं हो पाई है कि यही ख़बर फिर से छापी गई या फिर गुजरात पुलिस द्वारा वे स्केच वापस ले लिए गए थे और उनके स्थान पर नए स्केच जारी किये गए थे। अगर दूसरी बात सही है, तब पुलिस को ऐसा करने के लिये किसने कहा? क्या पहले वाले व बाद में जारी किये गए स्केचों में कोई समानता थी या वे बिल्कुल अलग थे? या सन्दिग्ध लोगों के हुलिए के अनुसार बनाए गए बाद वाले स्केच आई बी व पुलिस के द्वारा पहले से ही तय थे।

8) ऐसा मालूम होता है कि आई बी, दिल्ली पुलिस, गुजरात पुलिस व महाराष्ट्र पुलिस द्वारा किसी भी तरीक़े से अंधेरे में तीर मारने का खेल खेला गया और अनेक थ्योरियों का इस्तेमाल करते हुए इस जाँच को आगे बढ़ाया गया और अंत में यह मुफ़्ती अबुल बशर की थ्योरी पर जाकर रुकी। जिसे गुजरात के डीजीपी, पीसी पाण्डे ने मीडिया के समक्ष रखा और यह दावा किया कि यह केस पूरी तरह से हल किया जा चुका है, परंतु इस केस को कैसे हल किया गया, यह अब भी एक रहस्य बना हुआ है। क्या कर्नाटक में रियाज़ुद्दीन नासिर की गिरफ़्तारी या फिर साजिद मंसूरी की भरूच से गिरफ़्तारी या मोबाइल फ़ोन या सिम कार्ड की किसी स्थान से बरामदगी, आख़िर यह केस कैसे हल किया गया? चूंकि पुलिस द्वारा इन घटनाओं की तारीख़ें नहीं दी गई हैं, इसलिये इनमें से कौन-सी घटना पहले हुई, यह बता पाना मुश्किल है। मोबाइल फ़ोन व सिम कार्ड की थ्योरी ही अविश्वसनीय है। पुलिस ने कहा कि "पांच प्री पेड सिम कार्ड, जिन्हें एक ही स्थान से ख़रीदा गया व जिनमें सिर्फ़ इनकमिंग की ही सुविधा थी और जिनपर विभिन्न पीसीओ से फ़ोन आया करते थे, वे विस्फोट के दिन स्विच ऑफ़ थे और ये काफ़ी बड़े सबूत हैं।" एक अख़बार में यह लिखा गया है कि कॉल्स पर सही नज़र रखने से पुलिस को यह जानकारी मिली है जबकि दूसरे अख़बार के अनुसार पुलिस को एक स्थान पर खोजबीन के दौरान सिम कार्ड मिले।

एक अनुभवी पुलिस अफ़सर होने के नाते, मैं यह समझ पाने में नाकाम हूं कि इनमें से क्या पहले हुआ। क्या कार्ड मिलने के बाद यह जानकारी मिली कि यह सभी एक ही स्थान से ख़रीदे गए थे व विस्फोट वाले दिन बंद थे, अथवा कोई और तरीक़ा था यह जानने का, अथवा

कार्ड एक ही स्थान से ख़रीदे जाने की सूचना पहले मिली और उस आधार पर कार्ड ज़ब्त किये गए। यदि कार्ड पहले ज़ब्त किये गए, तब सवाल यह उठता है कि उन्हें उस ख़ास जगह से ज़ब्त कैसे किया गया और पुलिस को यह सूचना कैसे मिल सकी ? यह बात भी समझ में नहीं आती है कि पुलिस ने इस प्रकार की असामान्य जानकारी पर किस तरीक़े से नज़र रखी, इस सारी जानकारी ने पुलिस को मास्टरमाइंड तक कैसे पहुंचाया, और ऐसी कौन-सी जानकारी पुलिस को सूत्रों से मिल सकी जो पूरी तरह परिस्थिति से मेल खाती थी।

जब तक इन सवालों के संतोषजनक उत्तर नहीं मिल जाते, पुलिस (यानी आई बी) की बातों पर यक़ीन करना मुश्किल है।

9) फ़ॉरेंसिक विज्ञान प्रयोगशाला (कलीना) द्वारा प्योडर विश्वविद्यालय सायबर फ़ॉरेंसिक प्रयोगशाला से धमकी भरे ईमेल के सम्बन्ध में सलाह ली गई, जो कि केन हेवुड के कंप्यूटर से भेजे गए थे। इसके अलावा गुजरात अपराध शाखा का एक दल मुंबई में ख़ासकर इस ईमेल के मुद्दे को हल करने के लिये आया था। इस सम्बन्ध में प्योडर विश्वविद्यालय द्वारा क्या सलाह दी गई ? और गुजरात अपराध शाखा पुलिस ने क्या निष्कर्ष निकाला ?

10) सबसे ज़्यादा हैरत तो इस बात का है कि अचानक केन हेवुड भारत छोड़कर चला जाता है और आई बी तथा मुंबई पुलिस तुरत-फुरत उसे क्लीन चिट भी दे देते हैं। इस सम्बन्ध में अनेक सवाल सामने आते हैं :

क) जब उसका इस केस में संदिग्ध होना पाया गया था, तब मुंबई पुलिस द्वारा उसे निगरानी में क्यों नहीं रखा गया ?

ख) क्या कोई भी ऐसा व्यक्ति, जिसपर लुक आउट नोटिस जारी किया गया हो, वह बिना भारतीय आव्रजन अधिकारियों (भारतीय परिप्रेक्ष्य में आई बी) की चौकस निगाहों का सामना किये हुए देश छोड़कर जा सकता है ?

ग) मुंबई पुलिस को उसके जाने के दो ही दिनों के भीतर उसे क्लीन चिट दे देने की क्या जल्दी थी, जबकि उसके विषय में जाँच पूरी भी नहीं हुई थी ? जब पुलिस भी इस नतीजे पर नहीं पहुंची थी कि उसके कंप्यूटर से भेजे गए ईमेल, कंप्यूटर को हैक करने के बाद भेजे गए या फिर

स्वयं उसने ही भेजे थे, जब उसके बारे में पूछताछ चल रही हो, ऐसे में उसका देश छोड़कर चले जाना क्या संदेहास्पद नहीं था? या फिर अन्तर्राष्ट्रीय सम्बंधों के बहाने आई बी की तरफ़ से ऐसा करने के लिए दबाव था।

घ) जब एक माह बाद वह वापिस लौटा, तब आई बी को यह घोषित करने की जल्दी क्यों थी, कि वह कोई आई टी विशेषज्ञ न होकर एक धार्मिक व्यक्ति था, जबकि वह स्वयं एक आई टी कंपनी में काम कर रहा था। क्या आई बी को यह सन्देह था कि यदि हेवुड की जाँच गंभीरता से की गई, तो उनकी योजना ख़तरे में पड़ सकती है ?

च) उसने एक माह तक अमेरिका में क्या किया? क्या वह आई बी के साथ संपर्क में रहा ? क्या उसने किसी विशेषज्ञ से यह प्रशिक्षण लिया था कि नार्को-टेस्ट होने पर उसका सामना कैसे किया जाए जिससे कोई सन्देह न हो सके ?

11) कंप्यूटर का ज्ञान रखने वाले मुस्लिम लड़कों को संदिग्ध बनाने में की गई जल्दबाज़ी – आई बी का अपराध-बोध/अपने जुर्म का अहसास

आई बी की बैचेनी और जल्दबाज़ी की यह थ्योरी हेवुड को छोड़ने के लिए एक उच्च कंप्यूटर विशेषज्ञ को आरोपी बना देने में, जाँच एजेंसियों, ख़ासकर मुंबई पुलिस की, उत्सुकता से साबित हो जाती है। लेकिन हैरानी वाली बात है कि प्राथमिक तौर पर हेवुड को क्लीन चिट देने में गुजरात पुलिस ने ज़रा भी दिलचस्पी नहीं दिखाई थी, जबकि मुंबई पुलिस की अपराध शाखा को, जो कि आई बी के इशारे पर काम कर रही थी, ऐसा करने की बहुत जल्दी थी। गुजरात के डीजीपी, जब इस केस के हल हो जाने के सम्बन्ध में बोल रहे थे, उस समय उन्होंने कंप्यूटर विशेषज्ञ व मास्टर हैकर के बतौर तौफ़ीक़ का नाम भी नहीं लिया जो कि मुख्य आरोपी के रूप में पेश किया गया, परंतु मुंबई पुलिस ने उसी दिन घोषणा कर दी थी कि उनके द्वारा पकड़ा गया एक व्यक्ति ही वह तौफ़ीक़ है जिसे गुजरात पुलिस द्वारा मास्टरमाइंड के रूप में खोजा जा रहा है परंतु सबूतों के अभाव में उसकी घोषणा नहीं की जा रही है। परंतु इसी के साथ उन्होंने इसी के आगे जोड़ा कि “तौफ़ीक़ आधुनिक तकनीक का जानकार था,

वह एक उच्च शिक्षित हैकर है और उसी ने संभवतः हेवुड के कंप्यूटर को हैक करने के बाद उसमें से ईमेल भेजे थे।"

ऐसा लगता है कि गुजरात पुलिस, अहमदाबाद व सूरत में हुए विस्फोटों से सम्बद्ध केस को हल करने के लिये काफ़ी ज़्यादा संवेदनशील और उतावली थी, क्योंकि उनकी सरकार ने यह दावा कर रखा था कि आतंक को वे अपनी सीमा में प्रवेश नहीं करने देंगे, साथ ही यह उनके मुख्यमंत्री नरेन्द्र मोदी के लिये भी सही नहीं था। परंतु दूसरी ओर आई बी यह नहीं चाहती थी कि यह केस इस तरीक़े से हल हो और सबके सामने सच आए, वे इसे अपने तरीक़े से ही समाप्त करना चाहते थे। गुजरात पुलिस व आई बी के बीच इस तरह के मतभेद के चलते प्रारंभ में ही संदेह उत्पन्न हो चुका था, यह समझ में आ रहा था कि किसी की दख़ल अन्दाज़ी हो रही है, गुजरात सरकार को आई बी की शब्दावलियों में बैठाया गया। यहाँ पर प्रभावित करने में राष्ट्रीय स्वयं सेवक संघ के वरिष्ठ नेता हो सकते हैं और यहाँ पर नरेन्द्र मोदी को इस विषय को मानने के लिये मजबूर करने वाले कारकों में "राष्ट्रीय हित" तथा "अंतर्राष्ट्रीय संबंधों" का हवाला दिया गया होगा। दरअसल इन शब्दों का अर्थ बड़ा व्यापक होता है व कोई भी राजनीतिज्ञ इन्हें समझने के फेर में नहीं पड़ता। इस बात को सीधे तौर पर कहा जाए, तो कुछ ऐसा था कि अनेक एजेंसियों व आई बी के मध्य यह क़रार था, कि वे आई बी के सिद्धान्त को मानें, केन हेवुड को क्लीन चिट दें, मुस्लिम लड़कों को शिकार बनाएं और सबूतों को अपने तरीक़े से सामने करते हुए यह सिद्ध करें कि इस तरीक़े से केन हेवुड के कंप्यूटर को हैक करने के बाद ईमेल इनके द्वारा भेजे गए थे। लेकिन इस सिद्धान्त के साथ ही, उन्हें कोई ऐसा कंप्यूटर विशेषज्ञ चाहिये था जो हैकिंग में पारंगत हो व किसी को भी मालूम किये बिना, दूसरों के कंप्यूटर को हैक कर, उससे ईमेल भेज सके और इसके साथ ही एजेंसी पर कोई प्रश्न भी न उठा सके। ऐसा मालूम होता है कि आई बी द्वारा इस महत्त्वपूर्ण काम को मुंबई पुलिस को सौंपा गया था, चूंकि वहाँ पर कुछ अफ़सर ऐसे थे जिन्हें प्रभावित करना बड़ा आसान था।

इस तरीक़े से, मुंबई पुलिस को यह कार्य मिला और उन्होंने अंधेरे में

तीर चलाकर इसे करना प्रारम्भ किया। उन्होंने पहले ही तौफ़ीक़ का नाम सामने लाया था जिसने केन हेवुड के कंप्यूटर को हैक किया व ईमेल भेजे, यह सब कुछ घोषित करने से पहले तौफ़ीक़ की कंप्यूटर सम्बन्धी योग्यता के बारे में भी जानने की सुध नहीं ली गई। अचानक उसका नाम हटाकर उसके स्थान पर मुंबई के मुहम्मद सादिक़ व अमर का नाम मुंबई पुलिस द्वारा लिया जाने लगा। इसके साथ ही अपराध शाखा के द्वारा किसी रियाज़ भटकल का नाम लिया गया, जो उनके अनुसार इमेल भेजने वाले मामले का मास्टरमाइंड था। लेकिन ऐसा प्रतीत होता है कि इनमें से कोई भी उतना स्तरीय कंप्यूटर विशेषज्ञ नहीं था, जो कंप्यूटर को हैक कर ईमेल भेज सकता था। इसी के चलते, मुंबई पुलिस द्वारा गहन जाँच करने के बाद पुणे के तीन कंप्यूटर इंजीनियरों को पकड़ा गया, जिनके नाम थे, मंसूर पीरभोय, मुबिन शैख़ और आसिफ़ बशीर शैख़। उन्हें गिरफ़्तार करते समय उनकी सारी चीज़ों यथा लेपटॉप, वाई फाई रूटर आदि को ज़ब्त कर लिया गया जिससे उन्हें अपने तरीक़े से यह दिखाने में सुविधा मिले, कि इस तरीक़े से केन हेवुड के कंप्यूटर में छेड़छाड़ करने की कोशिश की गई थी, जिससे हेवुड को जल्दी से जल्दी क्लीन चिट दी जा सके।

कुछ और भी बिन्दुओं का उत्तर नहीं मिला है यथा :

12) महड के निकट एक हीरो होण्डा मिली थी जिसके लिये यह सोचा गया था कि उसका गुजरात विस्फोटों से सम्बन्ध है। इसकी जाँच का क्या किया गया ?

13) क्या बटला हाउस में 19 सितम्बर 2008 को किया गया इंकाउंटर, जिसमें दो संदिग्धों को मार गिराया गया था व दो भाग सकने में कामयाब हो गए थे, क्या यह किसी कमी को ढाँकने का प्रयास नहीं है, जिसके द्वारा हाथ से लिखी हुई डायरियां, विस्फोटक, कंप्यूटर व मोबाइल आदि को वहाँ रखकर जनता को सच दिखाया जा सके।

14) यह सारी प्रक्रिया, जिसमें जाँच भी शामिल है, इसमें स्पेशल ट्रिब्यूनल द्वारा सिमी पर लगाए गए प्रतिबन्ध को लेकर कोई सम्बन्ध जोड़ने का प्रयास किया गया ?

ट) एक "रिजर्व आरोपी" को छः अलग-अलग नामों के साथ गिरफ़्तार करना

आई बी के नेतृत्व में मुंबई पुलिस, दिल्ली पुलिस व गुजरात पुलिस के संयुक्त प्रयास के बावजूद पुलिस संतुष्ट नहीं दिखी। और यह लगता रहा कि जाँच में कुछ कड़ियां गुम हैं, जैसा कि इस रिपोर्ट में देखा जा सकता है : "मध्य प्रदेश के ए टी एस द्वारा क़यामुद्दीन कपाड़िया को गिरफ़्तार किया गया है, जो कि 9 नवम्बर 2008 को हुए अहमदाबाद विस्फोट का प्रमुख आरोपी था। वह बटला हाउस इंकाउंटर में मारे गए आतंकवादियों के लगातार संपर्क में था। उसके छः से भी अधिक नाम है - क़यामुद्दीन कपाड़िया *उर्फ़* मूसा *उर्फ़* असफ़ाक़ *उर्फ़* अब्दुल क़ादिर *उर्फ़* रिज़वान। उसने दिल्ली व अहमदाबाद के विस्फोटों में शामिल आरोपियों को पहचाना। वह वडोदरा के तायवाडे का निवासी है। वह और उसका भाई वडोदरा में डीटीपी का व्यवसाय चलाते हैं। उसके पिता वहाँ पर इमाम है (*द टाइम्ज़ ऑफ़ इंडिया*, पुणे, 11 नवम्बर 2008)।

दरअसल इस व्यक्ति का नाम जाँच में कभी भी सामने नहीं आया। उसे सिर्फ़ इसलिये गिरफ़्तार कर लिया गया था कि किसी भी स्थान पर पुलिस की कड़ी कमज़ोर पड़ती दिखाई दे, तो उसे उसके छः नामों में से किसी एक के साथ भी पेश किया जा सके। इस अचानक हुई गिरफ़्तारी का और कोई भी कारण नहीं दिया जा सकता। उसके पिता इमाम थे और वह कंप्यूटर से संबन्धित कार्यों के द्वारा अपना काम करता था, पुलिस को पकड़ने के लिये इतना काफ़ी है।

ठ) मास्टरमाइंड तौक़ीर को भुला दिया गया

यह कोई पहली बार नहीं है कि पुलिस द्वारा अनेक नाम वाले अनेक अपराधियों की धड़पकड़ क़ी जाती है जिससे जनता, मीडिया आदि भ्रम का शिकार हो सके। लेकिन इस प्रकार की प्रक्रिया में उन्होंने प्रमुख बिन्दु से अपना ध्यान हटा लिया और वे स्वयं ही भ्रम का शिकार बनें।

जैसा कि पहले बताया जा चुका है, मुंबई की अपराध शाखा ने, संभवत: आई बी के कहने पर, और ब़ाद में गुजरात अपराध शाखा और दिल्ली पुलिस ने भी, यह एलान किया कि तौक़ीर *उर्फ़* अब्दुल सुभान *उर्फ़* तौफ़ीक़ बिलाल *उर्फ़* अब्दुल सुभान क़ुरैशी *उर्फ़* क़ासिम ही "बम बनाने का विशेषज्ञ", "मास्टर हैकर" व "मास्टरमाइंड" है जिसने अहमदाबाद व दूसरे स्थानों पर होने वाले बम

विस्फोटों के लिये काम किया है। मुंबई की अपराध शाखा द्वारा उसे सभी के सामने प्रस्तुत करने का उद्देश्य यह था कि यह सिद्ध किया जा सके कि उसी ने ईमेल किये हैं व इसके चलते केन हेवुड को क्लीन चिट दी जा सके। लेकिन बहुत ज़्यादा उत्सुकता के चलते वे यह देखना भूल गए कि वह इस काम के लिये उतनी योग्यता रखता भी है या नहीं, अर्थात, क्या वह इतना ज्ञान रखता है कि किसी अन्य के कंप्यूटर को हैक करने के बाद उससे मेल भेज सके। आगे चलकर जब यह तथ्य सामने आया कि जिस अपराध के लिये उसे आरोपी बनाकर पेश किया जा रहा है, उसमें उसे करने की योग्यता ही नहीं है, ऐसे में अपराध शाखा ने उसका नाम लेना छोड़ दिया (*द इंडियन एक्सप्रेस*, पुणे, 19 फ़रवरी 2009)। मुंबई की अपराध शाखा द्वारा तौक़ीर को मीडिया के दिमाग़ की उपज कहकर ख़ारिज कर दिया गया था और उसका नाम किसी चार्ज शीट में नहीं लिया गया। (*द टाइम्ज़ ऑफ़ इंडिया*, 7 अक्तूबर 2008; *द इंडियन एक्सप्रेस*, 19 फ़रवरी 2009)। इस बिन्दु को दिल्ली विस्फोटों से संबंधित टिप्पणी में और बारीकी से पेश किया गया है।

ड) तार्किक निष्कर्ष

उपर्युक्त जायज़े को अहमदाबाद विस्फोट और सूरत से जीवित बम बरामदगी और उनकी जाँच के सम्बन्ध में, विभिन्न अख़बारों में छपी के रिपोर्टों आधार पर लिखा गया है। यदि इन ख़बरों को कोई ध्यान से पढ़ेगा, तब आसानी से यह समझ में आ सकता है, कि सूरत में जीवित बमों का मिलना और अहमदाबाद में विस्फोट होना, यह आई बी, आर एस एस व किसी अमेरिकी एजेंसी (केन हेवुड जिसका एजेंट था) का मिला-जुला काम था, और इसे अंजाम देने के पीछे दो सशक्त कारण थे, पहला तो गुजरात को झटका देना चूंकि नरेन्द्र मोदी अपना क़द काफ़ी ऊंचा बढ़ा चुके थे और ब्राह्मणवादी आर एस एस नेतृत्व को चुनौती देने लगे थे। दूसरा कारण था सिमी को कटघरे में खड़ा करने के लिये मुस्लिम लड़कों की गिरफ़्तारी और सबूतों की बरामदगी दिखाना, जिससे ट्रिब्यूनल के आदेश को सुप्रीम कोर्ट में चुनौती दी जा सके। केन्द्री सरकार हमेशा की तरह, आई बी की इस साज़िश से बेख़बर रही और वही सब कुछ करती रही जो आई बी द्वारा उसे पढ़ाया जाता रहा।

iv) दिल्ली बम विस्फोट 2008
(13 सितम्बर 2008)

ख़ानापूर्ति के लिए बटला हाउस "मुठभेड़"
इंस्पेक्टर शर्मा की संदिग्ध मौत
आतंकवादियों के सिम कार्ड्स की औरंगाबाद (महाराष्ट्र) में निशानदेही
लेकिन आगे कोई कार्यवाही नहीं
केन हेवुड को बचाने के लिए मुस्लिम तकनीकियों को फ़र्ज़ी तौर से फंसाना

क) प्रारंभिक रेपोर्टें

i) पहले दिन से ही मुस्लिम-संगठनों/व्यक्तियों पर आरोप मढ़ना

1) प्रतिबंधित सिमी व लश्कर-ए-तैयबा का मिलाजुला स्वरूप "इंडियन मुजाहिदीन" ने मीडिया संगठनों को ठीक विस्फोट के समय ईमेल भेजकर विस्फोट की ज़िम्मेदारी का दावा किया (*संडे टाइम्ज़ ऑफ़ इंडिया*, पुणे, 14 सितम्बर 2008)।
2) गुजरात पुलिस के एक अधिकारी ने कहा कि सिमी का कार्यकर्ता क़यामुद्दीन, जिसे अहमदाबाद सीरियल विस्फोट के लिए खोजा जा रहा था, दिल्ली के हमलों के लिये भी ज़िम्मेदार हो सकता है जिसमें उसके साथ अब्दुल सुभान *उर्फ़* तौक़ीर भी शामिल है (*द टाइम्ज़ ऑफ़ इंडिया*, पुणे, 16 सितम्बर 2008, *सकाल*, पुणे, 16 सितम्बर 2008)।
3) सुभान, जो कि मुंबई में एक मल्टीनेशनल कंपनी में काम करता था, उसने नौकरी छोड़ी और तथाकथित रूप से सिमी के साथ जुड़ा गुजरात पुलिस के अनुसार, उसे बम बनाने के सम्बन्ध में भी काफ़ी जानकारी थी (*द टाइम्ज़ ऑफ़ इंडिया*, पुणे, 16 सितम्बर 2008; *सकाल*, पुणे, 16 सितम्बर 2008)।

ii) अन्य रिपोर्टें

1) पांच सीरियल धमाकों में, कम से कम 18 लोगों की मृत्यु व 70 के

घायल होने की आशंका है इन विस्फोटों से कनॉट प्लेस, करोल बाग़ का गफ़्फ़ार मार्केट और ग्रेटर कैलाश में एम ब्लॉक मार्केट बुरी तरह से प्रभावित हुए (*संडे टाइम्ज़ ऑफ़ इंडिया,* पुणे, 14 सितम्बर 2008)।

2) विस्फोटकों को कनॉट प्लेस व ग्रेटर कैलाश के क्षेत्र में कचरे की पेटियों में रखा गया था, जबकि ग्रेटर कैलाश में एक बम कचरा पेटी में व दूसरा साइकिल पर पाया गया (*संडे टाइम्ज़ ऑफ़ इंडिया,* पुणे, 14 सितम्बर 2008)।
3) इंडिया गेट व कनॉट प्लेस के नज़दीक रीगल सिनेमा के बाहर दो जीवित बम पाए गए (*संडे टाइम्ज़ ऑफ़ इंडिया,* पुणे, 14 सितम्बर 2008)।
4) बम में अमोनियम नाइट्रेट और टाइमर्स का इस्तेमाल किया गया था (*पुढारी,* पुणे, 14 सितम्बर 2008)।
5) आई बी एन 7 चैनल को मिला हुआ ईमेल मुंबई के चेम्बूर से भेजा गया था (*पुढारी,* पुणे, 14 सितम्बर 2008; *सकाल,* पुणे, 14 सितम्बर 2008)।

ख) दिल्ली पुलिस का दावा — महत्त्वपूर्ण सुराग़ मिले

1) दिल्ली पुलिस को इस विस्फोट के सम्बन्ध में महत्त्वपूर्ण सुराग़ मिले हैं और उनके द्वारा 20 संदिग्धों को हिरासत में लिया गया है (*पुढारी,* पुणे, 16 सितम्बर 2008)।
2) मुंबई में रहने वाले सिमी के एक कार्यकर्ता को इन धमाकों का "मास्टरमाइंड" क़रार दिया गया है और उत्तर प्रदेश के तीन व्यक्ति इस मामले में सन्दिग्ध हैं (*पुढारी,* पुणे, 16 सितम्बर 2008)।
3) दिल्ली पुलिस के प्रवक्ता के अनुसार, दिल्ली व अहमदाबाद के विस्फोटों में समानता है (*पुढारी,* पुणे, 16 सितम्बर 2008)।
4) मुंबई विस्फोट के मास्टरमाइंड तौक़ीर को लेकर तहक़ीक़ात की जा रही है। उसपर संदेह है कि उसने मुंबई हाई फाई सिस्टम में सेन्ध लगाकर, मीडिया कार्यालयों में, "इंडियन मुजाहिदीन" के नाम से ईमेल भेजे थे (*पुढारी, पुणे,* 16 सितम्बर 2008)।

5) तौक़ीर *उर्फ़* अब्दुस सुब्हान क़ुरैशी *उर्फ़* तौक़ीर बिलाल के मुंबई में होने की आशंका है और पुलिस द्वारा उसकी धरपकड़ क़े लिये तैयारी की गई है (*पुढारी*, पुणे, 16 सितम्बर 2008)।

6) उसने विद्या भवन्स मुंबई से स्नातक का पाठ्यक्रम किया और अंधेरी के एक संस्थान से कंप्यूटर का कोर्स भी पूरा किया। (*पुढारी*, पुणे, 16 सितम्बर 2008)।

ग) दिल्ली पुलिस का इंकाउंटर, जिसके बाद केस के बारे में पता लगाया गया

1) बटला हाउस में दिल्ली पुलिस द्वारा किये गए इंकाउंटर में, दो आरोपी आतंकवादी, आतिफ़ व साजिद मारे गए, दो आतंकवादी पकड़ से छूट गए जिनमें से एक, जिसका नाम सैफ़ था, उसे गिरफ़्तार कर लिया गया तथा सबसे महत्त्वपूर्ण तथ्य यह रहा कि दिल्ली पुलिस के इंकाउंटर विशेषज्ञ इंस्पेक्टर मोहन चन्द्र शर्मा इसमें शहीद हुए। यह सूचना ज्वाइंट कमिशनर ऑफ़ स्पेशल सेल दिल्ली पुलिस द्वारा दी गई (*द टाइम्ज़ ऑफ़ इंडिया*, पुणे; 20 सितम्बर 2008, *सकाल*, पुणे, 20 सितम्बर 2008)।

2) पुलिस के अनुसार, अहमदाबाद विस्फोट का प्रमुख आरोपी अब्दुल बशर, बार-बार किसी अतीक़ [आतिफ़] *उर्फ़* बशर का नाम ले रहा था कि वह और वह स्वयं (अब्दुल बशर) बटला हाउस के नज़दीक, अतीक़ (आतिफ़) के साथ रहे और उनके साथ दिल्ली विस्फोटों का मास्टरमाइंड तौक़ीर भी था। उसे गुरुवार (18 सितम्बर 2008) को इस स्थान की पहचान के लिये लाया गया। जब इस बात का विश्वास हो गया कि अतीक़ [आतिफ़] इस क्षेत्र में एक इमारत के तीसरे माले पर है, पुलिस ने दूसरे दिन सुबह कार्यवाही प्रारंभ कर दी (*सकाल*, पुणे, 20 सितम्बर 2008; *द टाइम्ज़ ऑफ़ इंडिया*, पुणे, 20 सितम्बर 2008)।

घ) इंकाउंटर बाद कुछ घंटों के अन्दर ही पुलिस इन आतंकवादियों के बारे में सारी जानकारी, उनके आतंकी संगठन और उनके बुरे इरादों, के बारे में सब कुछ बताने को तैयार थी।

1) दिल्ली पुलिस ने दावा किया कि पाकिस्तान का लश्कर-ए-तैयबा, प्रतिबंधित सिमी और "इंडियन मुजाहिदीन" के बीच सम्पर्क की अहम

कड़ी थी, जिनका भारत के विभिन्न क्षेत्रों में हुए विस्फोटों के पीछे, हाथ था।

2) अतीक़ (आतिफ़) *उर्फ़* बशीर ही "इंडियन मुजाहिदीन" का प्रमुख व्यक्ति था जिसने अल-क़ायदा और ओसामा बिन लादेन से प्रेरणा ली थी। ज्वाइंट कमिशनर ऑफ़ पुलिस (स्पेशल सेल) दिल्ली पुलिस करनाल सिंह का कथन।
3) पुलिस ने आतिफ़ का लेपटॉप ज़ब्त किया जिसमें अल-क़ायदा व ओसामा बिन लादेन से संबंधित जानकारी थी।
4) सिंह ने आगे कहा, कि शुक्रवार को जामिया नगर के शूटआउट के द्वारा सैफ़ की गिरफ़्तारी और रात के समय ज़ीशान की गिरफ़्तारी से, उत्तर प्रदेश की अदालतों में पिछले साल हुए सीरियल बम धमाकों का सुराग़ मिला है। सिंह ने कहा कि सैफ़ ने वाराणसी कोर्ट में सज्जाद के साथ बम रखा था जो कि स्वयं "इंडियन मुजाहिदीन" का प्रमुख बम बनाने वाला है।
5) सिंह ने कहा कि राष्ट्रीय राजधानी में विस्फोटों के लिये विस्फोटक सामग्री कर्नाटक से आई थी।
6) पुलिस द्वारा, संदिग्ध के रूप में ज़ीशान को तब गिरफ़्तार किया गया, जब वह एक टीवी चैनल के दफ़्तर में साक्षात्कार देने के लिये गया हुआ था।
7) पुलिस के खोजी दल को ऐसे 10 अन्य संदिग्धों की तलाश है जिन्होंने इन स्थानों पर बम रखे थे और जिनके नाम मुहम्मद सैफ़ द्वारा बताए गए।
8) अधिकारियों ने दावा किया कि सैफ़ ने अपनी भूमिका को स्वीकारा है कि उसने कनॉट प्लेस पर, रीगल सिनेमा के नज़दीक बम रखा था।
9) सैफ़ ने आगे यह भी बताया कि इन विस्फोटों का मास्टरमाइंड आतिफ़ था। ग्रेटर कैलाश की मार्केट में उसी ने बम रखे थे (*संडे टाइम्ज़ ऑफ़* इंडिया, पुणे, 21 सितम्बर 2008 उपर्युक्त 1 से 9 बिन्दुओं के लिये)।

च) आगे की छान-बीन

1) सैफ़ और ज़ीशान के साथ ही, तीन अन्य संदिग्ध, ज़िया उररहमान, शाकिर निसार और मुहम्मद शकील को भी रविवार (21 सितम्बर 2008) को जामिया नगर से गिरफ़्तार किया गया (*द टाइम्ज़ ऑफ़ इंडिया,* पुणे व *सकाल,* पुणे दोनों 22 सितम्बर 2008)।

2) इन तीनों ने यह राज़ खोला कि "इंडियन मुजाहिदीन" की योजना भारतीय राजधानी में आतंक फैलाने की थी और इसके लिये वे शहर के 20 विभिन्न स्थानों पर बम रखने वाले थे (*द टाइम्ज़ ऑफ़ इंडिया*, पुणे, 22 सितम्बर 2008)।

3) पुलिस ने बटला हाउस फ़्लैट की देखभाल करने वाले व्यक्ति, ज़िया के पिता, अब्दुल रहमान को भी गिरफ़्तार किया जिसपर कथित रूप से घर के मालिक से नक़ली हस्ताक्षर करने का आरोप था (*द टाइम्ज़ ऑफ़ इंडिया*, पुणे, 22 सितम्बर 2008)।

4) दिल्ली पुलिस ने लखनऊ के एक इंजीनियरिंग कॉलेज में दबिश देकर आतिफ़ व उसके साथी साक़िब के बैंक ऑफ़ इंडिया में खाते होने की पुष्टि की। पहले जो रिपोर्टें आई थीं उनमें कहा गया था कि शकीब के बैंक खाते में से तीन करोड़ क़े ट्रांज़ेक्शन हुए हैं, यह पूरी तरह बढ़ा-चढाकर कही गई बात थी, दरअसल खाते में कुल रुपये 1437 की रक़म थी व तीन या चार ट्रांज़ेक्शन जो कि 20,000 से ऊपर नहीं थे, उसमें दर्शाए गए थे (*द टाइम्ज़ ऑफ़ इंडिया*, पुणे, 24 सितम्बर 2008)।

5) दिल्ली बम विस्फोट के 13 आरोपियों में 9 ये थे, (i) अंतिम अमीन *उर्फ़* बशीर (22), (ii) मुहम्मद शकील (24), (iii) मुहम्मद सैफ़ (22), (iv) मुहम्मद साजिद *उर्फ़* पंकज (17), (v) ज़ीशान (24), (vi) साक़िब निसार (23), (vii) ज़िया उररहमान (22), (viii) आरिफ़ (21) और (ix) साजिद, जिनमें से आतिफ़ अहमदाबाद, वाराणसी, जयपुर व हैदराबाद के विस्फोटों में शामिल था, मुहम्मद शकील और मुहम्मद साजिद *उर्फ़* पंकज अहमदाबाद विस्फोट में और मुहम्मद सैफ़ अहमदाबाद और वाराणसी के साथ ही दिल्ली के विस्फोटों में शामिल थे (*द टाइम्ज़ ऑफ़ इंडिया*, पुणे, 24 सितम्बर 2008)।

6) कोलकाता पुलिस का दावा है कि मुहम्मद सादिक़ *उर्फ़* सदाक़त, जो पूरे देश में हुए हालिया विस्फोटों का आरोपियों में से है, उसका भी दिल्ली और अहमदाबाद के विस्फोटों में हाथ है (*द इंडियन एक्सप्रेस*, पुणे, 11 नवम्बर 2008)।

7) दिल्ली में बटला हाउस इंकाउंटर में मारे गए आतंकवादियों द्वारा इस्तेमाल किये गए सिम काड्र्स, औरंगाबाद के चिट्टे पिंपलगांव स्थित

गौरी इंटरप्राइजेस से ख़रीदे गए थे और इसमें फ़र्ज़ी प्रपत्रों का सहारा लिया गया था यह ए टी एस की जाँच में सामने आया। यह भी तथ्य सामने आए कि ऐसे ही 17 सिम कार्ड अप्रैल 2007 से उपयोग में लिये जा रहे हैं (मराठी दैनिक *लोकमत*, नागपुर, 8 दिसम्बर 2008)।

इसमें सबसे ज़्यादा आश्चर्यजनक बात जो है वह यह कि जब ये इंकाउंटर चल रहा था, उस समय इन आतंकवादियों में से एक ने औरंगाबाद के एक नम्बर पर, इन्हीं में से एक सिम की मदद से संपर्क किया था। यह तथ्य इन आतंकवादियों से प्राप्त मोबाइल फ़ोन से मिलने वाली कॉल डीटेल सामने आने पर ज्ञात हो सका। यह कार्ड चिट्टे पिंपलगांव के नवाज़ अज़ीज़ शैख़ के नाम से लिये गए। पुलिस ने इस क्षेत्र की पूरी छान-बीन की परंतु इस नाम का कोई भी व्यक्ति इस क्षेत्र में नहीं मिला।

ए टी एस की आगे की कार्यवाही में यह सामने आया कि गौरी इंटरप्राइजेस के मालिक मंगेश डोईफोडे ने स्वयं इन सिम काड्र्स को जाली दस्तावेज़ों के एवज में जारी किया औए आतंकवादियों को एक्टिवेट भी करने में सहायता की। पुलिस द्वारा उससे पूछताछ के लिये उसे हिरासत में ले लिया गया है। बावजूद इसके यह मालूम नहीं हो सका है कि इन सिम काड्र्स को किसने प्राप्त किया, इनका भुगतान किसने और कैसे किया और अभी वह किस के पास हैं। (*लोकमत*, नागपुर, 8 दिसम्बर 2008)।

छ) पार्ट (अधूरी) चर्जशीट फ़ाइल की गई

1) केवल करोल बाग़ के विस्फोटों पर आधारित एक चार्ज शीट "इंडियन मुजाहिदीन" के पांच संदिग्ध आतंकवादियों के ख़िलाफ़ फ़ाइल की गई ये हैं मुहम्मद सैफ़, ज़ीशान अहमद, साक़िब निसार, ज़िया उररहमान और मुहम्मद शकील।
2) चार्ज शीट के अनुसार, इन खोजों में यह तथ्य सामने आए कि करोल बाग़ के विस्फोट में 22 व्यक्ति शामिल थे। इनमें से दो को पुलिस ने जामिया नगर में मार गिराया और 13 अब भी बाक़ी हैं। इनमें से एक आरोपी, मुहम्मद मन्सूर पीरभोय, मुंबई पुलिस की हिरासत में है। पुलिस ने बताया कि दो अन्य आरोपी सादिक़ शैख़ और क़यामुद्दीन पर अलग से चार्ज

शीट फ़ाइल की जाएगी।

3) इस चार्ज शीट में, पुलिस ने यह स्वीकार किया कि यदि उन्हें टेलीफ़ोन पर की गई बातचीत के सम्बन्ध में जानकारी मिल जाती, तब इस आतंकवादी हमले को रोका जा सकता था। यह बातचीत (9811004309) मुहम्मद आतिफ़ अमीन की थी जो कि आई एम मोडयूल का प्रमुख था। आतिफ़ का नंबर दिल्ली पुलिस को पूर्वी दिल्ली के एक साइबर कैफ़े में छान-बीन के दौरान मिला जहां से 2007 में उत्तर प्रदेश की अदालतों में किये गए बम विस्फोटों सम्बन्धी ईमेल भेजे गए थे। पुलिस द्वारा उसका मोबाइल फ़ोन 2 से 19 सितम्बर के मध्य रोक दिया गया था, यानी दिल्ली के विस्फोटों से पहले व बाद में।
4) इस चार्ज शीट में, पुलिस ने उन फ़ोन नंबर्स की सूची दी है जिनका उपयोग आतंकवादियों द्वारा, विस्फोटों की घटना के स्थान से आतिफ़ से संपर्क करने के लिये किया था।
5) पुलिस का कथन है कि उन्होंने आतिफ़ का लेपटॉप ज़ब्त कर लिया है जिसमें से काफ़ी सारे जिहादी गाने व सामग्री प्राप्त हुई है। मोबाइल में से भी सामग्री निकाली गई है और फ़ोन का मेमोरी कार्ड भी निगरानी में रखा गया है। इस दौरान अहमदाबाद के विस्फोट से संबंधित वीडियो, विस्फोटक बनाने, वाहन व अन्य स्थानों के वीडियो भी सबूतों के तौर पर लिये गए हैं।
6) अन्य आरोपियों से पूछताछ में यह तथ्य भी सामने आया है कि आतिफ़, 2005 के बाद से, भारत के बाहर होन वाले कुछ विस्फोटों में भी शामिल रहा था।
7) चार्ज शीट के अनुसार, पाकिस्तान के अमीर राजा ने सिमी और लश्कर की मदद से "इंडियन मुजाहिदीन" का गठन किया था, जिसके चार विंग थे। इनमें से दो दक्षिण व उत्तर में आतंकी हमलों के लिए थे व एक वी आई पी लोगों पर हमला करने के लिए और एक मीडिया कोऑर्डिनेशन के लिए था। (*द टाइम्ज़ ऑफ़ इंडिया*, पुणे, 18 दिसम्बर 2008)।

ज) सबूतों के रिकॉर्ड

द टाइम्ज़ ऑफ़ इंडिया के पुणे एडिशन में (18 दिसम्बर 2008 को) छापी गयी

चार्ज शीट के एक भाग की नक़ल के अनुसार, ख़ास सबूतों के तौर पर निम्न चीज़ें पेश की गयीं :

1) मोबाइल फ़ोन नंबर 9811004309 से 2 से 19 सितम्बर 2008 तक हुई बातचीत का टेप जो पुलिस ने रिकॉर्ड की, यह फ़ोन आतिफ़ से सम्बंधित बताया गया।
2) कथित आतंकवादियों की विस्फोट स्थल पर मौजूदगी दिखाने के लिए उनके मोबाइल नम्बर।
3) आतिफ़ से ज़ब्त किया गया, लेपटॉप, मोबाइल फ़ोन, वीडियो क्लिपिंग और मोबाइल फ़ोन का मेमोरी कार्ड; और
4) गिरफ़्तार किये गए मुलज़िमों के इक़बालिया बयान।

झ) इन सबूतों की क़ानूनी हैसियत क्या है ?

1) मोबाइल फ़ोन पर होने वाली बातचीत को पकड़ लेना

इस चार्ज शीट का सबसे असाधारण पहलू यह है कि पुलिस ने अपने आप और बिना ज़रूरत यह स्वीकार किया कि दिल्ली में विस्फोट होने से पहले मोबाइल पर हुई बातचीत का मतलब समझ पाने में वह नाकाम रही। इससे उनकी अपराध भावना (जुर्म का अहसास) ज़ाहिर होती है। इसका अर्थ है कि या तो वे कुछ तथ्यों को छुपाना चाहते थे या कोई ऐसी बात सिद्ध करना चाहते हैं जिसका वजूद नहीं था। इस तरीक़े से देखा जाए तो ये तथ्य बनाए हुए और ग़लत लगते हैं। यदि इस मामले में मुक़दमा सही तरह से चले तो पुलिस के लिए निम्नलिखित बिन्दुओं को स्पष्ट करना मुश्किल होगा :

क) उत्तर प्रदेश कोर्ट्स के विस्फोटों से संबंधित ईमेल की जाँच पुलिस ने कब की ?

ख) पुलिस को आतिफ़ का मोबाइल फ़ोन नंबर कब मिला ?

ग) आतिफ़ का सिम कार्ड कहां से ख़रीदा गया व किसके नाम से ख़रीदा गया ?

घ) पुलिस ने इस नंबर को एक साल तक निगरानी में क्यों नहीं रखा ?

च) क्या इस इस नंबर के कॉल रिकॉर्ड मौजूद हैं ? यदि हां, तो क्या वह हर बातचीत के वक़्त और दूसरी तरफ़ से आने वाले फ़ोन नम्बरों से मिलता है ?

छ) कौन-सी गुप्तभाषा में यह बात होती थी? और उसे कब और किस तरीक़े से समझा गया?

2) अन्य गिरफ़्तार आरोपियों के मोबाइल नंबर

इन सबूतों को स्वीकार करने से पहले, कोर्ट को निम्न बिन्दुओं पर मुतमइन (संतुष्ट) होने की ज़रूरत है :

क) सिम कार्ड किसके नाम पर थे?

ख) उन्हें किसने ख़रीदा? और किससे?

ग) क्या इन तमाम नंबरों के कॉल रिकॉर्ड उपलब्ध हैं?

3) आतिफ़ का लेपटॉप, मोबाइल फ़ोन, मेमोरी कार्ड व वीड़ियो क्लिपिंग

क्या लेपटॉप, मोबाइल फ़ोन और मेमोरी कार्ड के डाटा में हेर-फेर करना और वीडियो क्लिपिंग तैयार करना सम्भव नहीं है? इन सभी सबूतों की विश्वसनीयता साबित करना बड़ा कठिन है, जब तक कि पुलिस तमाम तरह के शक से ऊपर उठ कर यह न साबित करे कि यह सारा सामान मौक़े पर उसी इलाक़े के किसी सम्मानित निवासी की मौजूदगी में ज़ब्त किया गया था। बटला हाउस शूटआउट के सम्बन्ध में गम्भीर विवाद को देखते हुए पुलिस के लिए यह साबित करना और भी क़ठिन है।

4) गिरफ़्तार मुलज़िमों के इक़बालिया बयान

चूंकि इनमें से ज़्यादातर बयान पुलिस अफ़सरों के द्वारा रिकॉर्ड किए गए हैं, इसलिए वे इंडियन एविडेंस एक्ट के अंतर्गत मान्य नहीं हैं। यद्यपि कुछ भयंकर क़ानूनों के तहत इन्हें स्वीकार्य बना लिया गया है लेकिन इन ग़ैर मामूली प्रावधानों को चुनौती देने वाली अनेक पेटिशन्स ऊंची अदालतों में विचाराधीन हैं। इसलिए, ऐसे इक़बालिया बयान इस स्थिति में अदालती जाँच के लायक़ नहीं हैं।

ट) जाँच व पूछताछ में घालमेल

इस जाँच में, जिसका नाम "बटला हाउस शूटआउट" है, काफ़ी सारे घालमेल हैं। इस शूटआउट में दो आतंकवादी, आतिफ़ व साजिद मारे गए, दो छूट गए, एक जिसका नाम सैफ़ था, उसे ज़िंदा पकड़ लिया गया, और सबसे महत्त्वपूर्ण, इस मुठभेड़ में दिल्ली पुलिस के इंकाउंटर विशेषज्ञ इंस्पेक्टर मोहन चंद शर्मा को ऐसी

परिस्थितियों में अपनी जान गंवानी पड़ी, जो अपने आप में ही रहस्य है। जहां सभी प्रमुख अख़बारों ने इसे बड़ी प्रमुखता से छापा, वहीं स्थानीय लोगों ने इसे नक़ली इंकाउंटर बताकर, न केवल इसकी निन्दा की और इसकी न्यायिक जाँच की मांग की। यद्यपि यहाँ पर यह कह पाना तो बड़ा मुश्किल है कि कौन-सी बात सही है लेकिन घटना की सच्चाई पर शक करने के कुछ ठोस आधार मौजूद हैं। किसी निश्चित नतीजे पर पहुंचने से पहले निम्न बिन्दुओं को ध्यान में रखने की ज़रूरत है :

1) क्या दिल्ली पुलिस की "स्पेशल सेल" को यह जानकारी थी कि आतंकवादी एल-18, बटला हाउस, जामिया नगर में रह रहे थे, या फिर वे महज़ पूछताछ के सिलसिले में वहाँ गए थे और आतंकवादियों ने उन्हें हैरत में डाला था और उनपर अचानक हमला कर दिया था ?

अख़बारों और पत्रिकाओं में छपी रिपोर्ट्स के अनुसार, यह लगता है कि पुलिस को यह जानकारी पहले से थी कि कई "आतंकवादी" एल-18, बटला हाउस में रह रहे हैं।

जैसा कि पुलिस ने दावा किया है, अगर वे एल-18 बटला हाउस में पूछताछ के लिये गई थी और वहाँ "आतंकवादी" को देख कर उसे आश्चर्य हुआ तो यह कैसे हुआ कि उसे पिछले दो सालों में हुए तमाम बम विस्फोटों का साफ़ ख़ुलासा करने में केवल कुछ घंटे ही लगे। उसी दिन आयोजित प्रेस कॉन्फ्रेन्स में, दिल्ली पुलिस कमिशनर, वाय एस डडवाल ने यह घोषित किया कि सभी हालिया बम विस्फोटों के लिये आतिफ़ प्रमुख मास्टरमाइंड था व साजिद बम बनाने वाला प्रमुख था। उसके और उनकी टीम द्वारा बनाए गए विस्फोटक उनके हस्ताक्षरों के साथ थे, दो डिटोनेटर्स, लकड़ी की फ्रेम, अमोनियम नायट्रेट और क्वार्ट्ज़ घड़ी जैसा कि डडवाल ने बताया (*हिन्दुस्तान टाइम्ज़*, दिल्ली, 20 सितम्बर 2008)। ऐसे में प्रश्न यह उठता है कि वह पुलिस, जिसने सुबह तक किसी इंकाउंटर का सोचा भी नहीं था, वही इतने आत्मविश्वास से यह कह रही है कि दिल्ली में हुए विस्फोटों मे जो बम इस्तेमाल किये गए थे, उनपर साजिद के हस्ताक्षर थे।

भरोसेमन्द सूत्रों के हवाले से प्रमुख अख़बारों में छपी रिपोर्ट्स में भी यह बताया गया कि पुलिस को यह पहले से मालूम था कि आतंकवादी एल-18, बटला हाउस में छिपे हैं।

क) 20 सितम्बर 2008 को मराठी दैनिक *सकाल*, पुणे ने रिपोर्ट प्रकाशित की, कि "उसे (अबुल बशर, अहमदाबाद विस्फोट का आरोपी) गुरुवार (18 सितम्बर) को इस स्थान पर, मौक़ा पहचानने के लिये लाया गया था। जब यह मालूम हुआ कि आतिफ़ यहाँ पर तीसरी मंज़िल पर रहता है, तब पुलिस ने दूसरे दिन सुबह ऑपरेशन शुरू दिया।

ख) *द टाइम्ज़ ऑफ़ इंडिया*, पुणे (20 सितम्बर 2008) ने भी रिपोर्ट प्रकाशित की, "एनएसजी कमांडों की मदद से पुलिस ने एल-18 को जामिया नगर जैसे व्यस्त इलाक़े में घेर कर रखा था और यह अबुल बशर, अहमदाबाद विस्फोट के आरोपी, की निशानदेही पर ही संभव हो सका जिसे राजधानी में गुरुवार को लाया गया था। यदि ऐसा था, तो स्पेशल सेल पुलिस को निश्चित रूप यह बात मालूम थी कि एक "टॉप कमाण्डर" और उसकी आतंकवादी टीम एल-18 में रह रही है, तब सवाल यह है कि वे आमतौर से अपनाए जाने वाले और बेहतर तरीक़ों का इस्तेमाल क्यों नहीं कर सके, जैसे सार्वजनिक घोषणा करते हुए आतंकवादियों को समर्पण के लिये कहना और स्थानीय पुलिस और इलाक़े के सम्मानित लोगों की मदद से उनसे आत्मसमर्पण कराना।

2) क्या आतंकवादियों को अपने जुर्म का अहसास था ?

अगर बहुत-से अख़बारों और पत्रिकाओं में छपी रिपोर्ट्स पर विश्वास किया जाए, तो इसका उत्तर होगा साफ़ तौर से "नहीं"। उदाहरण के लिये :

क) आतिफ़, जिसकी इस इंकाउंटर में मृत्यु हुई, उसने अगस्त में यह मकान किराये पर लेने से पूर्व व्यक्तिगत रूप से पुलिस स्टेशन पर संपर्क किया था, अपना व्यक्तिगत पहचान पत्र पेश करने के बाद पुलिस स्टेशन की सील को अपने साथी के साथ जाकर किरायेदारी के अनुबन्ध पर प्राप्त किया (मराठी साप्ताहिक *शोधन*, 14-20 नवम्बर 2008, *द मिल्ली गज़ेट*, 1-15 नवम्बर 2008)।

ख) आतिफ़ के पास उसका सही ड्राइविंग लाइसेंस मौजूद था जिसमें समस्त जानकारी सही रूप में थी (*द मिल्ली गज़ेट*, 1 -15 नवम्बर)।

ग) ज़ीशान भी आतिफ़ के साथ उसी फ़्लैट में रह रहा था और इंकाउंटर के समय वह काम पर गया हुआ था। जब उसे इस घटना के बारे में मालूम

हुआ, तो उसने अपने आप को छुपाया नहीं बल्कि स्वयं साक्षात्कार देने के लिये "आज तक" चैनल के दफ़्तर में गया। उसी स्थान से उसे पुलिस ने गिरफ़्तार कर लिया (मराठी साप्ताहिक *शोधन*, 14-20 नवम्बर 2008)।

घ) साक़िब, जिसे अहमदाबाद विस्फोट के केस में गिरफ़्तार किया गया, वह स्वयं दिल्ली में, इन विस्फोटों के समय, परीक्षा दे रहा था। (मराठी साप्ताहिक *शोधन*, 14-20 नवम्बर 2008)।

च) उन्होंने अपने नाम से ही सिम काड्र्स ख़रीद रखे थे जिससे सही सूचना दी जा सके (*द मिल्ली गज़ेट*, 1-15 नवम्बर 2008)।

छ) उन्होंने अपने स्कूलों व इन्स्टीट्यूट्स में अपने सही नाम से ही रजिस्ट्रेशन करवा रखा था (*द मिल्ली गज़ेट*, 1-15 नवम्बर 2008)।

ज) उन्होंने न ही अपना घर बार-बार बदला, न ही भागने का प्रयास किया (*द मिल्ली गज़ेट*, 1-15 नवम्बर 2008)।

इसके चलते इन सभी में किसी क़िस्म का अपराध-बोध नज़र नहीं आता।

3) क्या इंस्पेक्टर मोहन चन्द शर्मा द्वारा स्पेशल सेल या आई बी के अधिकारियों के साथ ग़लत व्यवहार किया गया?

हां! ऐसा ही था, यह सोचने के कई कारण हैं, क्योंकि ऐसा नहीं होता तो बिना किसी कारण के, एम सी शर्मा जैसे सम्मान प्राप्त अफ़सर को, दिल्ली पुलिस की स्पेशल सेल जैसे प्रतिष्ठित विभाग से पुलिस प्रशिक्षण महाविद्यालय झारोडा कलां क्यों भेजा जाता, जो कि सामान्यतः सज़ा के तौर पर की गई पोस्टिंग मानी जाती है (*पुणे मिरर* [द टाइम्ज़ ऑफ़ इंडिया], 22 सितम्बर 2008)।

यह आदेश इस घटना के कुछ दिनों पूर्व ही जारी हो चुका था और वे स्पेशल सेल से रिलीव भी हो चुके थे। लेकिन नई जगह पर ज्वाइन करने के बजाय वे छुट्टी पर चले गए थे। स्पेशल सेल से इस प्रकार बिना किसी समारोह के उनके बिदा होने का क्या कारण है? क्या उनसे कोई गंभीर चूक हुई थी या उनके पास कोई ऐसी जानकारी थी जो कि दिल्ली पुलिस या आई बी नहीं चाहती थी कि उन्हें वह जानकारी हो? संक्षेप में कहा जाए, तो वह अब आई बी और स्पेशल सेल के गुड बुक में नहीं थे। तब प्रश्न यह उठता है कि आख़िर किसलिए उन्हें इतनी जल्दबाज़ी में इस ऑपरेशन के लिये बुलाया गया, वह भी जब वे छुट्टी पर थे?

4) इंस्पेक्टर शर्मा बुलेट प्रूफ़ वेस्ट (वीपीवी) क्यों नहीं पहने हुए थे ?

इसके जो कारण पुलिस की तरफ़ से विभिन्न समय पर बताए गए वे विरोधाभासी हैं और समझ में आने वाले नहीं हैं। पहले स्पेशल सेल के अफ़सरों ने यह कहा कि ऑपरेशन के दौरान अफ़सरों ने वी पी पी इसलिये नहीं पहना था कि बटला हाउस जैसे भीड़-भाड़ वाले इलाक़े में काम की गोपनीयता को बनाया रखा जा सके (*तहलका,* 4 अक्तूबर 2008)। उन्होंने यह भी कहा कि वी पी पी के साथ किसी भीड़-भाड़ भरे इलाक़े में जाने से संदिग्ध चौकन्ना हो जाते और उन्हें भाग निकलने का मौक़ा मिल जाता (*द इंडियन एक्सप्रेस,* दिल्ली, 9 अक्तूबर 2008)। लेकिन जब उन्हें यह बताया गया कि साजिद के सिर पर लगातार गोलियां मारी गयी हैं, तो वे यह कहानी लेकर आए कि कि साजिद ने जब एक जवान पर गोली चलाई, तो वह फ़र्श पर लेटा हुआ था। उस जवान ने, जो कि इंस्पेक्टर शर्मा के बर ख़िलाफ़ (विपरीत) बुलेट प्रूफ़ वेस्ट पहना हुआ था, जवाब में ए के 47 से फ़ायरिंग की जिसका निशाना साजिद के सिर पर लगा (*द टाइम्ज़ ऑफ़ इंडिया,* दिल्ली, 8 अक्तूबर 2008)। तो सवाल यह है : जब अन्य जवान वी पी पी पहन सकते थे, तो इंस्पेक्टर शर्मा को सुरक्षा के नाम पर यह पहनने के लिये अनुमति क्यों नहीं दी गई। इसके साथ ही दिल्ली पुलिस के इस दावे की पोल भी खुल जाती है कि वे सभी "छोटे हथियारों से लैस थे" (*द हिन्दू,* दिल्ली, 10 अक्तूबर 2008)।

5) इंस्पेक्टर शर्मा को आगे से मारा गया या फिर पीछे से ? और क्या गोलियां शरीर से बाहर निकल गयीं या फिर अस्पताल में निकाली गयीं।

एल-18 बिल्डिंग से बाहर निकालते समय इंस्पेक्टर शर्मा का जो चित्र अख़बारों में प्रकाशित किया गया है, उसमें उनके आगे की ओर ख़ून का कोई निशान नहीं है, जबकि पुलिस का कहना है कि उन्हें आगे की ओर से मारा गया। "एक गोली उनके बाएं कंधे पर लगी और बायीं बांह में से निकल गई और दाएं पेट में लगी हुई गोली कूल्हे में से बाहर निकली" (*द हिन्दू,* दिल्ली, 10 अक्तूबर 2008)। इसके उत्तर में उनका कहना यह था कि रक्तस्राव गोलियों के बाहर निकलने के स्थान से हुआ था। लेकिन जहां तक गोलियों के होने का सवाल है, यहाँ अलग-अलग बयान हैं जो भ्रम पैदा करते हैं :

i) इंस्पेक्टर एम सी शर्मा का पोस्ट मार्टम करने वाले एम्स के एक वरिष्ठ डॉक्टर के अनुसार, "गोलियों के दाख़िल होने और निकलने के प्वाइन्ट तय कर पाना मुश्किल था क्योंकि इससे संबंधित सबूत को होली फ़ेमिली अस्पताल के डॉक्टरों द्वारा मिटा दिया गया था" (*तहलका*, 4 अक्तूबर 2008)।

ii) हिन्दी दैनिक अमर उजाला ने डॉ. राजेश चावला के हवाले से लिखा है, "गोलियां निकाल ली गई थीं" डॉ. चावला को विशेष रूप से अपोलो हॉस्पिटल से बुलवाया गया था। उन्होंने आगे इस अख़बार को बताया कि उन्हें इसलिये बुलाया गया था क्योंकि गोलियों के कारण फेफड़े व निचला भाग क्षतिग्रस्त हो जाने से और "गोलियां निकाल लेने के बाद अत्यधिक रक्तस्राव हुआ था। ऐसा लग रहा था कि शर्मा बच जाएंगे।"

iii) कुछ अन्य दैनिकों द्वारा दी गई पोस्ट मार्टम रिपोर्ट के अनुसार, शर्मा को दो गोलियां लगीं और दोनों गोलियां शरीर के बाहर निकल गयीं तथा कोई भी गोली शरीर से निकाली नहीं गई।

इस प्रकार की विरोधाभासी बयानबाज़ी के चलते इंस्पेक्टर शर्मा की मौत को लेकर अनेक सवाल खड़े होते हैं। अपोलो अस्पताल के डॉ. राजेश चावला का कथन और एम्स के वरिष्ठ डॉक्टरों का कथन ही इस सम्बन्ध में जाँच की आवश्यकता पर ज़ोर देता है।

6) दो आतंकवादी कैसे छूट गए ?

इंकाउंटर के समय जिस प्रकार से घेराबन्दी की गई थी, सुरक्षा गार्डों की तैनाती हुई थी और वह स्थान जिस प्रकार से भीड़ भरा है। उसे देखते हुए उस दौरान दो आतंकवादियों का वहाँ से भाग जाना, यह वाक़ई असंभव ही लगता है। इस प्रकार की स्थितियों में, जब तक पुलिस का साथ ना मिल जाए, कोई भी बचकर भाग नहीं सकता। क्या ऐसा नहीं लगता कि इन दोनों आतंकवादियों को कुछ विशेष काम सौंपा गया था और उसके पूरा हो जाने के बाद दोनों को भाग जाने का मौक़ा दिया गया ?

7) आतंकवादियों के बटला हाउस में होने की जानकारी किसने दी ?

i) पहले इस बारे में यह कहा गया कि ऑपरेशन मुफ़्ती अबुल बशर की

निशानदेही पर किया गया जो कि अहमदाबाद विस्फोटों के मामले में आरोपी था और उसे 16 अगस्त को गिरफ़्तार किया गया था, बाद में यह कहा गया कि यह सूचना समान नाम के एक व्यक्ति अर्थात अब्दुल बशर द्वारा दी गई जो कि अहमदाबाद में था व ग़रीब बस्तियों में काम किया करता था, उसे भी पुलिस द्वारा गिरफ़्तार किया गया था *द मिल्ली गज़ेट* (1-15 अक्तूबर 2008) द्वारा रिपोर्ट किया गया कि (गुजरात) पुलिस ने राष्ट्रीय स्तर पर यह दावा किया है कि आज़मगढ़ का अबुल बशर प्रत्येक हमले का प्रमुख आरोपी है जबकि दिल्ली पुलिस का यह दावा है कि उन्होंने अहमदाबाद के अबुल बशर नामक व्यक्ति से कभी मुलाक़ात ही नहीं की। यह विवाद इस बात पर प्रश्नचिह्न लगाता है कि वास्तविक अबुल बशर कौन है जबकि दिल्ली पुलिस ने किसी भी बशर के साथ कोई सम्बन्ध होने से इंकार किया है। गुजरात पुलिस व मुख्यमंत्री सम्बन्धी संदेह की पुष्टि यहाँ होती है।

ii) एक रिपोर्ट से मुंबई पुलिस व दिल्ली पुलिस के मध्य दुश्मनी होने की बात, इस अजीब से ऑपरेशन के कारण सामने आती है। यह ऑपरेशन तथाकथित रूप से मुंबई पुलिस द्वारा दी गई लैड पर आधारित था, जिसे उस स्थान पर पूरा ध्यान रखने के लिये कहा गया था। जबकि दिल्ली पुलिस, मुंबई पुलिस के जमा होकर इंकाउंटर के लिये निकलने से पूर्व ही उस स्थान पर इंकाउंटर कर दिया गया था। इस प्रकार के दिल्ली पुलिस के ध्यान आकर्षण करने वाले इंकाउंटर से नाराज़ मुंबई पुलिस द्वारा, दिल्ली पुलिस द्वारा जारी मास्टरमाइंड सूची के विरोध में अपनी एक अलग सूची जारी की गई (*मुस्लिम इंडिया,* नवम्बर 2008)। आश्चर्यजनक रूप से, दोनों ही सूचियों मे, आतिफ़ (अतीक़) को छोड़कर, सारे नाम अलग थे (*द टाइम्ज़ ऑफ़ इंडिया,* पुणे, 25 सितम्बर 2008 और *सकाल,* पुणे, 27 सितम्बर 2008) जिसे शामिल करनां मुंबई पुलिस के लिये ज़रूरी हो गया था।

8) औरंगाबाद सिम काड्र्स का रहस्य

इंकाउंटर में मारे गए आतंकवादियों के पास से जो सिम काड्र्स मिले, वे महाराष्ट्र के औरंगाबाद ज़िले से ख़रीदे गए थे। ए टी एस की जाँच में यह सामने आया कि

औरंगाबाद के नज़दीक चिट्टे पिंपलागांव में "गौरी इंटरप्राइजेज" नामक मोबाइल फ़ोन की दुकान का मालिक मंगेश डोईफोडे ने ये सिमकार्ड फ़र्ज़ी दस्तावेज़ों के आधार पर लिये थे। उसने किसी "नवाज़ अज़ीज़ शैख़" के नाम से ये सिमकार्ड ख़रीदे। जाँच में सामने आया कि इस नाम का कोई आदमी क्षेत्र में मौजूद नहीं था। सिम कार्ड की कॉल डीटेल निकालने पर यह बात भी सामने आई कि इनमें से एक सिम का इस्तेमाल इंकाउंटर के समय एक आतंकवादी ने किया था और वह औरंगाबाद में किसी के संपर्क में था। (मराठी दैनिक *लोकमत*, नागपुर, 8 दिसम्बर 2008)। इस सिलसिले में और अधिक जाँच करने पर यह संभव है कि कुछ चौंकाने वाले तथ्य हाथ लगें जिससे इस मामले की दिशा ही बदल जाए।

इन बिन्दुओं के मद्देनज़र, न केवल बटला हाउस इंकाउंटर और इंस्पेक्टर शर्मा की मौत की गहराई से जाँच की ज़रूरत है बल्कि दिल्ली बम धमाकों के पूरे मामले की सुप्रीम कोर्ट या हाईकोर्ट के किसी मौजूदा जज के नेतृत्व में, विशेषज्ञों की एक टीम के ज़रिए नए सिरे से जाँच होनी चाहिए।

9) महान् आश्चर्य — तौक़ीर, जो कि सर्वाधिक वांटेड अपराधियों की सूची में था व मास्टर हैकर था, उसका नाम लिया ही नहीं गया

तौक़ीर *उर्फ़* अब्दुल सुभान क़ुरैशी *उर्फ़* अल्ताफ़ सुभान *उर्फ़* तौफ़ीक़ बिलाल, जिसे जाँच एजेंसियों द्वारा जयपुर, अहमदाबाद, दिल्ली व बैंगलोर के विस्फोटों का मास्टरमाइंड माना गया था और जिसने अमेरिकी नागरिक केन हेवुड के कंप्यूटर को हैक करने के बाद इन विस्फोटों से पहले मीडिया को ईमेल लिखा था, उसका नाम मुंबई पुलिस द्वारा 17 फ़रवरी 2009 को फ़ाइल की गई चार्ज शीट में शामिल ही नहीं किया गया जिसके पीछे यह कारण दिया गया कि यह मीडिया द्वारा बनाया गया व्यक्तित्व है (*द इंडियन एक्सप्रेस*, पुणे, 19 फ़रवरी 2009)।

पुलिस का यह दावा कितना सही है? इस दावे का खोखलापन इन वरिष्ठ अधिकारियों की बातों से सामने आ जाता है :

1) उसका नाम सबसे पहले तौफ़ीक़ बिलाल और अब्दुल सुभान के रूप में सामने आया, अहमदाबाद पुलिस की अपराध शाखा और मुंबई पुलिस की अपराध शाखा द्वारा 16 अगस्त 2008 को उसे अहमदाबाद विस्फोटों का मास्टरमाइंड बनाकर पेश किया गया व उसी को इन विस्फोटों से पूर्व

मीडिया को भेजे गए ईमेल का लेखक भी माना गया (*द टाइम्ज़ ऑफ़ इंडिया*, मुंबई, 17 अगस्त 2009)।

2) अहमदाबाद अपराध शाखा व मुंबई अपराध शाखा में यह एकमत नहीं था कि तौफ़ीक़ बिलाल व अब्दुल सुभान एक ही व्यक्ति है। परंतु आगे चलकर वे इस बारे में सहमत हुए कि वह एक ही व्यक्ति था (*द टाइम्ज़ ऑफ़ इंडिया*, पुणे, 18 अगस्त 2008)।

3) 19 अगस्त 2008 को, *द टाइम्ज़ ऑफ़ इंडिया*, मुंबई में प्रकाशित पीटीआई रिपोर्ट के अनुसार "तौक़ीर" का नाम ए टी एस मुंबई द्वारा मास्टरमाइंड अथवा मास्टर हैकर के बतौर पहली बार लाया गया।

4) 13 सितम्बर 2008 की अर्थात उस दिन, जब दिल्ली में विस्फोट हुए, *द हिन्दू* द्वारा पुलिस स्रोत व जाँच के अंतर्गत उसका लम्बा-चौड़ा परिचय प्रकाशित किया गया।

5) दिल्ली प्रेस द्वारा इन विस्फोटों के बाद उसे "दिल्ली का ओसामा बिन लादेन" कहा जाने लगा।

6) दिल्ली विस्फोटों में, पुलिस द्वारा उसे मास्टरमाइंड के रूप में सामने लाया गया था (*द टाइम्ज़ ऑफ़ इंडिया*, पुणे व *पुढारी*, पुणे, दोनों ही 16 सितम्बर 2008)।

7) 17 सितम्बर 2009, *द टाइम्ज़ ऑफ़ इंडिया*, मुंबई, द्वारा परम बीर सिंह, अतिरिक्त कमिशनर ए टी एस मुंबई के हवाले से कहा गया कि सुभान सर्वाधिक वांछित अपराधियों की श्रेणी में है।

8) 19 सितम्बर 2008 को, बटला हाउस इंकाउंटर के बाद, आलोक कुमार, डी सी पी स्पेशल सेल, दिल्ली ने पत्रकारों से कहा कि, "तौक़ीर प्रमुख नेता है जिसने जयपुर, बैंगलोर, अहमदाबाद व दिल्ली समेत अनेक विस्फोटों में प्रमुख भूमिका निभाई है।"

9) 20 सितम्बर को दिल्ली प्रेस ने आई बी के सूत्रों के हवाले से रिपोर्ट दी कि तौक़ीर नेपाल के रास्ते से पाक अधिकृत कश्मीर पहुंच गया है।

10) 26 सितम्बर को, *द टाइम्ज़ ऑफ़ इंडिया*, मुंबई, में पीटीआई की रिपोर्ट डेटलाइन प्रकाशित हुई जिसके अनुसार हैदराबाद में आन्ध्र प्रदेश पुलिस तौक़ीर के ख़िलाफ़ केस हार गई है।

11) उसी दिन टीएनएन [द टाइम्ज़ ऑफ़ इंडिया न्यूज़ नेटवर्क] ने अहमदाबाद से रिपोर्ट की कि गुजरात पुलिस द्वारा अदालत को यह बताया गया कि अहमदाबाद विस्फोटों का प्रमुख मास्टरमाइंड तौक़ीर था।

इससे यह स्पष्ट होता है कि जैसे कि मुंबई पुलिस द्वारा दावा किया गया था कि तौक़ीर "मीडिया का बनाया हुआ पात्र" है, इसके स्थान पर वह पुलिस का ही बनाया हुआ पात्र है। दरअसल तथ्य यह है कि जब आई बी द्वारा मुंबई पुलिस की अपराध शाखा को इस बात के लिये दबाव डाला गया कि वे केन हेवुड, एक अमेरिकी नगारिक द्वारा भेजे गए ईमेल के स्थान पर किसी ऐसे मुस्लिम व्यक्ति का नाम बताए जो कि तकनीकी रूप से सक्षम हो, तब अब्दुल सुभान *उर्फ़* तौक़ीर बिलाल *उर्फ़* तौक़ीर का नाम सिर्फ़ इसलिये सामने आया क्योंकि वह डाटामेटिक्स जैसी विप्रो की सैलिंग आई टी एजेंसी कंपनी में काम करता है, बावजूद इसके, यह जाँच नहीं की गई कि वह कंप्यूटर हैक करने के बाद किसी को ईमेल भेज सकने में विशेषज्ञ है या नहीं। इसके आगे, जब उन्हें यह मालूम हुआ कि इस प्रकार के काम को करने के लिये कंप्यूटर की विशेषज्ञता की आवश्यकता होती है जबकि तौक़ीर को केवल कंप्यूटर का कम चलाऊ ज्ञान है, ऐसे में अंधेरे में तीर मारते हुए मन्सूर पीरभोय और पुणे के अन्य लोगों का नाम लिया जाने लगा, जो कि अहमदाबाद विस्फोटों में आरोपी के बतौर पेश किये गए। इसी कारण से, जब धमकीभरे ईमेल भेजने सम्बन्धी चार्ज शीट भेजी गई, तब मुंबई अपराध शाखा ने तौक़ीर का नाम हटा दिया और उसे मीडिया के दिमाग़ की उपज बताया।

पुलिस द्वारा अपनी इस नीति के कारण उन्हें लंबे समय तक विभिन्न स्पष्टीकरण देने होंगे।

v) समझौता एक्सप्रेस बम विस्फोट केस
(19 फ़रवरी 2007)

हरियाणा पुलिस ने जब इसे हल कर लिया था, उसी दौरान आई बी द्वारा बीच-बचाव किया गया

जब अंत में ए टी एस द्वारा हेमंत करकरे द्वारा पहचान लिया गया, तब आई बी ब्राह्मणवादी सरकार को बचाने के लिये बीच में कूद पड़ी जिससे आई बी व आई एस आई के पूर्व घोषित तथ्यों की रक्षा हो सके

क) भारत व पाकिस्तान के मध्य आरोपों का खेल

पानीपत (हरियाणा) के निकट, 19 फ़रवरी 2007 को हुए समझौता एक्सप्रेस बम धमाके में 68 लोगों की जान गई। भारत व पाकिस्तान दोनों ने ही इस हादसे के लिये एक दूसरे को दोषी ठहराना शुरू कर दिया। भारत सरकार ने बताया कि पाकिस्तान समर्थित आतंकवादियों द्वारा सरहद पार से यह काम किया गया। बहरहाल, प्रथम आतंकवाद प्रबन्धन संबंधित बैठक, जो कि 6 मार्च 2007 में संपन्न हुई, इसके अंतर्गत सिर्फ़ उस पाकिस्तानी संदिग्ध का छायाचित्र प्रदान किया जा सका जो इसमें शामिल था और यह तय किया गया कि उसे खोजा जाएगा। तथ्यात्मक रूप से, जाँच एजेंसियों ने अब तक किसी भी प्रमुख आरोपी को सामने नहीं लाया है और न ही किसी अंतिम निर्णय पर पहुंची हैं। परंतु भारत सरकार ने पाकिस्तान समर्थित आतंकवाद को लेकर आई बी व रॉ का साथ दिया है जो निरंतर भारत व भारत से बाहर मुस्लिम-विरोधी वातावरण को बना रहे हैं।

ख) हरियाणा पुलिस द्वारा इस केस को लगभग सुलझा लिया गया था

हरियाणा की एक विशेष जाँच टीम, जिसे ख़ास तौर पर इस जाँच के लिये मार्च के प्रथम सप्ताह, सन् 2007 में इन्दौर मध्य प्रदेश भेजा गया था, उनके पास सकारात्मक साक्ष्य मौजूद थे। उन्होंने निम्न महत्त्वपूर्ण जानकारी प्राप्त की :

१) इन्दौर के कोठारी मार्केट में स्थित वह दुकान जहां से बम विस्फोटों के

लिये सूटकेस ख़रीदे गए थे।

२) वह दर्ज़ी जिसने सूटकेस के लिये ऊपरी कवर सिले थे।

३) इन्दौर के नया बाज़ार स्थित वह दुकान जहां से बम बनाने के लिये प्रयुक्त होने वाले सामान की ख़रीदारी की गई थी।

४) इसी क्षेत्र की कुछ दुकानें जहां से प्लास्टिक की थैलियां, बोतलें व बैटरियां आदि ख़रीदी गई थीं।

हरियाणा पुलिस ने समस्त दुकानदारों से पूछताछ की, ख़ासकर दोनों दर्ज़ी, फ़ख़रुद्दीन व इक़बाल हुसैन, सूटकेस की दुकान के मालिक ज़ैनुद्दीन और उनके दो कर्मचारी हुज़ैफ़ा और पूरण ठाकुर से। पुलिस द्वारा रेलवे ट्रैक पर मिले सूटकेस के चित्र उन्हें दिखाए गए व उनसे पूछा गया कि क्या उन्होंने सूटकेस किसी संदिग्ध व्यक्ति को बेचा है, इसपर उन्हें काफ़ी महत्त्वपूर्ण जानकारियां मिलीं (*द स्टेट्समैन,* मुंबई, 11 मार्च; *द इंडियन एक्सप्रेस,* मुंबई, 13 व 19 मार्च; *द हिन्दू,* मुंबई, 14 मार्च और *मुंबई मिरर* [द टाइम्ज़ ऑफ़ इंडिया], 29 मार्च 2007)।

इससे यह मालूम होता है कि हरियाणा पुलिस ने इस केस को लगभग हल कर लिया था परंतु अचानक अख़बारों में इस केस से संबंधित रिपोर्टें आनी बंद हो गयीं व इससे संबंधित जाँच आदि को लेकर कोई प्रगति दिखाई नहीं पड़ी।

सात महीनों के बाद, राजस्थान पुलिस ने भी मध्य प्रदेश में खोजबीन की थी जिसमें वे अजमेर धमाके के बारे में जाँच करने आए थे (*द इंडियन एक्सप्रेस,* पुणे) और उनके द्वारा हरियाणा पुलिस को रिपोर्ट दी गई कि इस जाँच में मध्य प्रदेश पुलिस द्वारा साथ नहीं दिया गया जिसके परिणामस्वरूप उन्हें बैरंग लौटना पड़ा। ऐसी कौन-सी सूचनाएं थी जो हरियाणा पुलिस चाहती थी व मध्य प्रदेश पुलिस द्वारा नहीं दी जा रही थी, यह अब भी रहस्य बना हुआ है।

ग) एटीएस महाराष्ट्र ने, हेमंत करकरे के नेतृत्व में इस केस को हल कर लिया था

जब साध्वी प्रज्ञासिंह व ले. क. प्रसाद पुरोहित को मालेगांव बम विस्फोट के सिलसिले में गिरफ़्तार किया गया, तभी कुछ सूचनाएं बाहर आने लगी थीं। बैंगलोर में नवम्बर 9, 2008 को प्रसाद पुरोहत का नार्को-टेस्ट किया गया (*द टाइम्ज़ ऑफ़ इंडिया,* पुणे, 11 नवम्बर 2008) और 13 नवम्बर के बाद से,

उनका समझौता एक्स्प्रेस धमाकों में शामिल होने सम्बन्धी बयान मीडिया में आने शुरू हुए (*सकाल*, पुणे, 13 नवम्बर 2008 व 14 नवम्बर 2008; *संडे टाइम्ज़ ऑफ़* इंडिया, पुणे, 16 नवम्बर 2008; *सकाल*, पुणे, 16 नवम्बर 2008; *पुढारी*, 16 नवम्बर 2008; *द इंडियन एक्स्प्रेस*, पुणे, 14 नवम्बर 2008)। यह रिपोर्ट लेफ़्टिनेंट कर्नल पुरोहित की नार्को-टेस्ट के आधार पर बनाई गई। *पुणे मिरर* (19 नवम्बर 2008) ने यह भी लिखा कि "पुरोहित ने नार्को-टेस्ट के अधिकारियों को यह बताया कि "समझौता एक्सप्रेस के धमाके के लिये प्रवीण तोगड़िया ज़िम्मेदार हैं।"

महाराष्ट्र की अपराध नियंत्रण शाखा द्वारा लेफ़्टिनेंट कर्नल पुरोहित की पुलिस हिरासत अवधि बढ़ाने का निवेदन किया और उसमें नासिक कोर्ट को यह कहा गया कि उसने समझौता एक्सप्रेस में हुए बम धमाके के लिये प्रयुक्त आर डी एक्स की आपूर्ति की थी (*द टाइम्ज़ ऑफ़ इंडिया*, पुणे, 16 नवम्बर 2008, *सकाल*, पुणे, 16 नवम्बर 2008 व *पुढारी*, पुणे, 16 नवम्बर 2008)।

इन नई रिपोर्टों के आने के बाद हरियाणा पुलिस की आशाएं इन्दौर की जाँच के बाद बढ़ गई थीं जहां पर मार्च 2007 के बाद से कोई हलचल नहीं हुई है।

घ) आई बी द्वारा बीच में ही जाँच में अवरोध पैदा किया गया

जब इस केस को हल करने सम्बन्धी सनसनी व आशाएं पूर्ण होने को ही थी, तब ए टी एस ने अपना रुख़ ही बदल लिया। 17 नवम्बर 2008 को प्रेस को संबोधित करते समय ए टी एस प्रमुख हेमंत करकरे वाक़ई आई बी अथवा सरकार के दबाव में रहे और उन्होंने कहा कि ए टी एस के एडवोकेट अजय मिश्र ने यह नहीं कहा था कि लेफ़्टिनेंट कर्नल पुरोहित द्वारा चुराया गया आर डी एक्स समझौता एक्सप्रेस हादसे में इस्तेमाल हुआ। इस मामले में मिश्र के बयान को ग़लत तरीक़े से पेश किया गया है (*पुढारी*, पुणे व *द टाइम्ज़ ऑफ़ इंडिया*, पुणे, दोनों 18 नवम्बर 2008)। *द टाइम्ज़ ऑफ़ इंडिया* ने आगे कहा है कि "मिश्र द्वारा नासिक में लगाए गए इन सनसनीख़ेज़ आरोपों के तुरंत बाद, आई बी द्वारा, जो कि इस हलचल पर पूरी नज़र रखे हुए थी, केन्द्र पर मिश्र के कथन को लेकर दबाव डाला गया जब ट्रेन का धमाका हुआ, तब केन्द्र द्वारा पाकिस्तान के आई एस आई को इसके लिये दोषी माना गया और इसके लिये आधार माना गया ब्यूरो की जाँच को।

टाइम्ज़ ऑफ़ इंडिया ने आगे यह भी बताया कि एक वरिष्ठ ब्यूरो अफ़सर ने यह कहा कि, "शुक्रवार को ए टी एस द्वारा लगाए गए आरोपों के कारण अंतर्राष्ट्रीय स्तर पर केन्द्र की छवि को नुक़सान पहुंचने की आशंका थी और फ़ॉरेंसिक रिपोर्ट के अनुसार यह पाया गया है कि विस्फोट में आर डी एक्स का इस्तेमाल नहीं किया गया" (*द टाइम्ज़ ऑफ़ इंडिया,* पुणे, 18 नवम्बर 2008)। परंतु उसी दिन, रेलवे एसपी (अम्बाला), भारती अरोरा, जो कि विस्फोट क्षेत्र की प्रभारी थी, का कथन था कि विस्फोट में आर डी एक्स का इस्तेमाल हुआ और फ़ॉरेंसिक रिपोर्ट ने इसकी पुष्टि की (*सकाल,* पुणे, 18 नवम्बर 2008, *ट्रिब्यून इंडिया डॉट कॉम* और *जी न्यूज़ डॉट कॉम,* 17 नवम्बर 2008)।

इस पृष्ठभूमि को देखते हुए, अब कोई भी यह अंदाज़ा लगा सकता है कि किसने मध्य प्रदेश पुलिस को, हरियाणा पुलिस के साथ असहयोग करने के लिये बाध्य किया होगा जबकि यह केस, मार्च 2007 में ही पूर्ण रूप से हल होने की स्थिति में था।

च) आई बी का लक्ष्य है ब्राह्मणों को बचाना

तो अब यह स्पष्ट है कि आई बी यह नहीं चाहती थी कि ए टी एस, समझौता एक्सप्रेस बम धमाके के मामले में आगे बढ़े, वे अपने पहले के तथ्यों के साथ ही रहना चाहते थे। यह अकेला तथ्य ही काफ़ी है कि सरकार द्वारा आई बी पर शिकंजा कसा जाए और उन अधिकारियों पर कार्यवाही की जाए जिन्होंने सरकार को गुमराह किया है, मीडिया व पुलिस को भी ग़लत राह दिखाई है व बिना किसी साक्ष्य के इसमें आई एस आई का शामिल होना बताया गया। आई बी के इस प्रकार के वक्तव्यों से यह तथ्य साफ़ हो जाता है कि ब्राह्मण व मुस्लिम मुद्दों पर वे किस प्रकार की सोच रखते हैं। इसी के चलते, ब्राह्मण तत्त्वों का इस समझौता एक्सप्रेस केस में शामिल होना और इस बात का लगभग सिद्ध हो जाना, जिसे ए टी एस की जाँच में पाया गया था, आई बी की मुख्य चिंता यह नहीं थी कि वे सरकार व जनता को यह विश्वास दिलाना चाहते थे कि यदि आई एस आई के शामिल होने सम्बन्धी तथ्य को उजागर किया जाएगा, तब भारत की छवि अंतर्राष्ट्रीय स्तर पर प्रभावित होगी वरन् मुख्य चिंता यह थी कि संघ परिवार की प्रतिष्ठा को धक्का पहुंचेगा और पिछले कई दशकों से बनाया जा रहा मुस्लिम-विरोधी माहौल भी ख़राब होगा।

केन्द्रीय सरकार के साथ समस्या यह है कि पिछले लंबे समय से आई बी को जो शक्तियां दी जा चुकी हैं कि अब उसपर नियंत्रण कर पाना मुश्किल हो चला है। कोई भी मंत्री, प्रधानमंत्री, अधिकारी या कोई पुलिस संगठन भी उनके ख़िलाफ़ कुछ नहीं कर सकता। अब यदि आई बी यह नहीं चाहती कि ए टी एस द्वारा आगे की जाँच नहीं की जाए, तब ए टी एस द्वारा वही किया जाएगा जो आई बी द्वारा कहा जा रहा है, यह तब तक नहीं थम सकता जब तक कोई तीव्र जनप्रतिक्रिया उनके ख़िलाफ़ न हो।

vi) हैदराबाद मक्का मस्जिद विस्फोट (18 मई 2007)

वास्तविक जाँच को भटकाने के लिये अनेक मनगढ़न्त विचार
जिससे ब्राह्मण आतंकवादियों का बचाव किया जा सके
सिम कार्ड सम्बन्धी काफ़ी बड़ा सबूत पश्चिम बंगाल पुलिस को मिला
इसका आगे कोई उपयोग नहीं किया गया और मिलिट्री द्वारा आर डी एक्स-टीएनटी के
शामिल होने सम्बन्धी कोई कार्यवाही नहीं की गई

मक्का मस्जिद हैदराबाद में 18 मई 2007 को हुए धमाके में 9 लोगों की मृत्यु हुई व पुलिस द्वारा दो ज़िंदा बम बरामद किये गए जिन्हें बाद में निष्क्रिय किया गया।

क) जाँच को लेकर काल्पनिक बातें

यह केस किसी भी प्रकार की काल्पनिक जाँच का बड़ा अच्छा उदाहरण है जिसमें आई बी व उदाहरण के लिये स्थानीय पुलिस द्वारा, रेल सम्बन्धी जाँच करना छोड़कर, वातानुकूलित चेम्बरों में बैठकर चर्चा की गई, अनेक निरपराध युवाओं

को गिरफ़्तार किया गया जिसके चलते यह जाँच अपने सही लक्ष्य से भटक गई। चूंकि आई बी को यह मालूम था और जैसा कि बाद में यह तथ्य सामने आ गया कि मालेगांव विस्फोटों में ब्राह्मण आतंकवादी समूह शामिल था।

1) सिद्धान्त 1

विस्फोट 18 मई 2007 को हुआ। दूसरे दिन अर्थात 19 मई को, पुलिस को केस से संबंधित सारी जानकारी मिल चुकी थी। उच्च पुलिस अधिकारियों ने निम्न सूचनाएं दीं :

1. यह ब्लास्ट बंगलादेश की ओर से किया गया था व वहीं पर इसका मास्टरमाइंड मौजूद है। यह हूजी कार्यकर्ता मुहम्मद अब्दुल सोहैल *उर्फ़* बिलाल, समझौता एक्सप्रेस में विस्फोट के लिये दोषी है तथा उसकी तलाश हैदराबाद एस टी एफ मुख्यालय में हमला करने के सम्बन्ध में भी की जा रही है।
2. तीन स्थानीय युवाओं ने उसे इन विस्फोटों को अंजाम देने में मदद की थी।
3. मस्जिद में बम लगाने के बाद, बिलाल के मददगारों ने, जो कि मस्जिद में मौजूद थे, विस्फोट का एमएमएस बनाया व उसे बंगलादेश भेजा गया। अपने हाथ में रिमोट लेकर बिलाल ने उस विस्फोट का असर देखा।
4. उसने यह भी देखा कि जिस सींखचों वाले दरवाज़े के नज़दीक काफ़ी कम लोग खड़े हैं, वहाँ पर बोरे में दो बम और रखे हुए थे। इसी कारण उसने उनसे विस्फोट करना सही नहीं समझा।
5. इन बमों से लगे हुए सिम कार्ड और मोबाइल कोलकाता से ख़रीदे गए थे। कोलकाता में बिलाल के भाई की मोबाइल की दुकान है व संभवतः उसी ने ये सिम उपलब्ध करवाए होंगे।
6. इन बमों में उपयुक्त विस्फोटक अर्थात आर डी एक्स व टीएनटी, भारत में उपलब्ध नहीं थे व इन्हें बंगलादेश से आयात किया गया था (*द टाइम्ज़ ऑफ़ इंडिया*, पुणे, 20 मई 2007)।

इसलिये इन रिपोर्टों से यह समझ में आता है कि एक ही दिन में यह केस पूरी तरह से सुलझ चुका था और तीन स्थानीय युवाओं को भी पुलिस ने हिरासत में ले लिया था।

2) सिद्धान्त 2

उसी दिन एक दूसरे अख़बार ने एक नया ही विचार प्रस्तुत किया, वह था *सकाल*, पुणे। इनके अनुसार मास्टरमाइंड तो वही था अर्थात बिलाल, परंतु अन्य तथ्य बदल गए थे :

1. बिलाल जैश-ए-मुहम्मद से था न कि हुजी से।
2. दो बिना विस्फोट किये हुए बमों से संबंधित सिम बिलाल ने कोलकाता से ही ख़रीदे थे और यह उसे उसके भाई ने प्रदान नहीं किये थे, दोनों ही सिम हच कंपनी के थे।
3. बचे हुए दोनों बमों का विस्फोट इसलिये नहीं हो सका क्योंकि उन्हें सही सिग्नल नहीं मिल पाए, इसमें बिलाल ने उन्हें विस्फोट करना नहीं चाहा, न ही उसने एमएमएस रेकॉर्डिंग से यह देखा कि वहाँ कम लोग हैं और फिर उन्हें वैसा ही रखना चाहा।
4. यह विस्फोट मुंबई रेलवे विस्फोट व मालेगांव विस्फोटों के समान ही थे न कि एस टी एफ मुख्यालय या समझौता एक्सप्रेस के समान, जिसके लिये बिलाल को खोजा जा रहा था।

3) सिद्धान्त 3

पश्चिम बंगाल अपराध शाखा की कथा कुछ और ही कहती है :

1. उन्होंने हैदराबाद विस्फोट व मुंबई रेलवे विस्फोट के मध्य की कड़ी को सबके सामने लाया।
2. उन्होंने मुंबई हमलों के मास्टरमाइंड शैख़ समीर और हैदराबाद विस्फोटों के मास्टरमाइंड बिलाल के मध्य संपर्क की खोज की।
3. समीर द्वारा एक फलवाले के भेष में, मध्य कोलकाता में लश्कर-ए-तैयबा का काम किया जा रहा था। उसने बिलाल को एस टी एफ मुख्यालय पर हमले के बाद बंगलादेश भेज दिया।

4. मुख़बिरों और जासूसों के अनुसार समीर ने ही बिलाल को फ़र्ज़ी लाइसेंस पाने में मदद की होगी जिसके आधार पर मक्का मस्जिद में विस्फोटों के लिये वह सिम ख़रीद सके (सी आई डी के जासूसों द्वारा आसनसोल के उस पते पर छान-बीन की गई जो उस सिम पर लिखा गया था परंतु वहाँ से कुछ भी नहीं मिल पाया। सिम कार्ड व लाइसेंस दोनों ही किसी बाबूलाल यादव के नाम पर थे। परंतु उस स्थान पर किसी ने भी इस नाम के किसी व्यक्ति के विषय में अनभिज्ञता जताई। उसपर दिया गया चित्र उस क्षेत्र के किसी व्यक्ति से नहीं मिलता व उसे कोई भी पहचानने में असमर्थ था।
5. सी आई डी की सारी आशाएं समीर पर टिकी हुई हैं जो मुंबई पुलिस की हिरासत में है (*द टाइम्ज़ ऑफ़ इंडिया*, पुणे, 21 मई 2007)।

4) सिद्धान्त 4

राष्ट्रीय सुरक्षा गार्ड के बम विशेषज्ञों के अनुसार, हैदराबाद व मालेगांव बम विस्फोटों में निम्न कारणों से समानता है :

1. धारदार कीलों के लिये जिस प्रकार के धातु के टुकड़ों का उपयोग किया गया, वह बिल्कुल समान था।
2. सभी विस्फोटों में आर डी एक्स का इस्तेमाल प्रमुख विस्फोटक के तरीक़े से किया गया, मालेगांव में इसे अमोनियम नाइट्रेट के साथ मिलाया गया व हैदराबाद में टीएनटी के साथ।
3. मिलिट्री के हथियारों में साधारणतः आर डी एक्स व टीएनटी मिलाया जाता है (*द इंडियन एक्सप्रेस*, 22 मई 2007)।

5) सिद्धान्त 5

स्पेशल टास्क फोर्स (एस टी एफ) की कथा हैदराबाद को लेकर एकदम अलग है। यह जालना के शोएब जागीरदार के इर्द-गिर्द घूमती है। इस सम्बन्ध में अख़बारों के पत्रकारों ने निम्न रिपोर्टें दीं :

1. शोएब जागीरदार को जालना से बम विस्फोट के मामले में पकड़ा गया था, परंतु आधिकारिक तौर पर उसे चोरी के आरोप में हिरासत में लिया गया।

2. उसने यह स्वीकार किया कि वह 15 किलो विस्फोटक लाया था (लेकिन वह यह सब कुछ कहां से लाया व किसे दिया, यह उस अख़बार में नहीं लिखा है)।
3. आर डी एक्स का स्रोत भारत की सीमा से बाहर का था।
4. शोएब जागीरदार व शैख़ समीर, जो कि मुंबई पुलिस की हिरासत में था, के मध्य कोई सम्बन्ध को लेकर तथ्य बनाए गए।
5. समीर ने तथाकथित रूप से 4 पाकिस्तानी व्यक्तियों की तस्करी की थी और फ़रवरी 2007 में वह हैदराबाद में था। संभव है कि वह मक्का मस्जिद में काम आने वाले लोगों को अपने साथ ही लेकर आया हो (हैदराबाद पुलिस को मुंबई पुलिस की ओर उन अधिकारियों को नार्को एनालिसिस्ट की रिपोर्ट दी गई और अधिकारियों द्वारा उसकी जाँच की जा रही है)।
6. जैसे हूजी का बिलाल हैदराबाद हमले मे प्रमुख था और मालेगांव हमले में सिमी का हाथ था। पुलिस द्वारा हुजी व सिमी में संबंधों पर अधिक निरीक्षण किया जाएगा (*द टाइम्ज़ ऑफ़ इंडिया*, पुणे, 26 मई, 2007, *द इंडियन एक्सप्रेस*, पुणे, 30 मई 2007)।

6) सिद्धान्त 6

बिलाल तथा उसका छोटा भाई मजीद, दोनों ने नार्को जाँच में यह बताया है कि मक्का मस्जिद, लुंबिनी पार्क और गोकुल चाट हैदराबाद में विस्फोटक ले जाने में दाऊद इब्राहीम का हाथ है, उसका भाई बिलाल दाऊद से क़रीबी तौर पर जुड़ा हुआ है और उसे समस्त वित्तीय सहायता मिलने का आश्वासन प्राप्त था कि भारत में हैदराबाद के अलावा भी अन्य स्थानों पर विस्फोट करने के काम को अंजाम दिया जा सके (दैनिक *पुढारी*, पुणे, 23 दिसम्बर 2007)।

ख) जाँच का आकलन

यदि ऊपर दिये गए सभी तथ्यों को ध्यान से पढ़ा जाए तो यह बात आसानी से समझ में आती है कि यह सब कुछ काल्पनिक तथ्यों पर आधारित है जहां पर तीन बातें आपस में ही एक दूसरे के ख़िलाफ़ जा रही हैं और इन सिद्धान्तों में कोई प्रमुख आधार नज़र नहीं आता।

दूसरी ओर, इस जाँच में जो प्रमुख तत्तव सामने आए, उनका सही उपयोग नहीं किया गया यथा :

1) जिस फ़र्ज़ी लाइसेंस के बल पर विस्फोट हेतु सिम प्राप्त की गई थी, उसके बारे में पूछताछ व जाँच नहीं की गई (*द टाइम्ज़ ऑफ़ इंडिया,* पुणे, 21 मई 2007)। पुलिस ने यह कहकर पल्ला झाड़ लिया कि इस स्थान पर रहने वाला कोई भी व्यक्ति, लाइसेंस पर लगे हुए छायाचित्र को पहचान नहीं पाया। इसके स्थान पर उनके द्वारा मोबाइल फ़ोन कंपनी के कर्मचारियों से पूछताछ की जानी चाहिए थी कि बिना सही सत्यापन के वे इस प्रकार से सिम क्यों दे देते हैं। दूसरा और अधिक महत्त्वपूर्ण काम यह किया जा सकता था कि उस व्यक्ति का चित्र प्रमुख अख़बारों में दिया जाता। परंतु शायद किसी दबाव में आकर ही, इस महत्त्वपूर्ण सुराग़ को ऐसे ही छोड़ दिया गया।
2) एनएसजी बम विशेषज्ञों ने यह पाया है कि आर डी एक्स व टीएनटी का मिश्रण इस विस्फोट में इस्तेमाल किया गया था और आर डी एक्स व टीएनटी का मिश्रण सामान्यतः मिलिट्री के हथियारों में किया जाता है (*द इंडियन एक्सप्रेस,* पुणे, 22 मई 2007)। जाँच अधिकारियों ने न तो इस तथ्य पर ध्यान दिया और न ही इस ओर उच्च आर्मी अधिकारियों का ध्यान आकर्षित किया। या तो उन्होंने इस बात को गंभीरता से नहीं लिया अथवा किसी ने जान-बूझकर इस जाँच को रुकवाया।
3) हैदराबाद पुलिस द्वारा शैख़ समीर की नार्को जाँच का अध्ययन किया जा रहा था जिसे मुंबई पुलिस द्वारा मुंबई बम धमाकों के सिलसिले में पकड़ा गया था। इस रिपोर्ट के सम्बन्ध में आगे कुछ भी मालूम नहीं हो सका।

ग) मालेगांव धमाकों के केस में प्राप्त तथ्य

1) जुलाई 2008 में हुए मालेगांव बम विस्फोट के सिलसिले में हाल ही में हुई जाँच में यह ज्ञात हुआ है कि इस मामले के आरोपी लेफ़्टिनेंट कर्नल प्रसाद पुरोहित ने आर्मी डिपो से आर डी एक्स की चोरी की थी व उसे संघ परिवार से जुड़े आतंकवादियों को भेजा था जिससे वे समझौता एक्सप्रेस, अजमेर दरगाह, मक्का मस्जिद व अन्य स्थानों पर धमाके कर सके।

2) पूछताछ में लेफ़्टिनेंट कर्नल प्रसाद पुरोहित ने अजमेर शरीफ़ धमाके व मक्का मस्जिद (हैदराबाद) में हुए विस्फोट में अपना हाथ होने की बात स्वीकारी।
3) महंत दयानंद पाण्डे व मेजर (सेवानिवृत्त) रमेश उपाध्याय के मध्य हुई मालेगांव विस्फोट से संबंधित बातचीत में दयानंद पाण्डे ने उपाध्याय से कहा है कि "मक्का मस्जिद विस्फोट हमारे आदमी का काम है।"

इन तथ्यों से यह बात समने आती है कि मालेगांव केस के साथ ही नानदेड़, अजमेर, समझौता एक्सप्रेस और अनेक अन्य विस्फोटों की ज़िम्मेदारी अभिनव भारत समूह की है। बहरहाल, इस सभी मुद्दों को लेकर जाँच आगे नहीं बढ़ रही है जिनमें मालेगांव विस्फोट का मामला भी शामिल है, यह रहस्य तभी खुल सकता है जब हाईकोर्ट या सुप्रीम कोर्ट के किसी स्वतंत्र समूह द्वारा इसकी जाँच की जाएगी।

घ) निरपराध मुस्लिम लड़कों के नुक़सान की भरपाई कैसे की जा सकेगी ?

आशा की जा सकती है कि सत्य सामने आ सकेगा व तथाकथित "राष्ट्रवादियों" व "देशभक्तों" की वास्तविक स्थिति सभी के समक्ष स्पष्ट हो सकेगी। बहरहाल मक्का मस्जिद से संबंधित दर्दभरी पूछताछ के इतिहास को भुलाया नहीं जा सकता। पहले दिन से ही मुस्लिम-संगठनों यथा सिमी, हूजी व एलईटी को दोषी ठहराया जाने लगा तथा सैकड़ों की संख्या मे हैदराबाद के मुस्लिम युवाओं को पकड़कर जेल में बंद कर दिया गया व अमानवीय अत्याचारों के साथ उन्हें अपराध *क़बूलने* को कहा गया। परंतु आगे चलकर इसपर *हबीस कोरपस* पिटिशन (बन्दी प्रत्यक्षीकरण आवेदन) लगी जिसे अनेक मानव-अधिकार व नागरिक संगठनों ने दायर किया तथा एक लंबी बहस के बाद इस मामले को सी बी आई में स्थानाण्तरित किया गया, जहां पर पहचान व पूछताछ के बाद अधिकांश लोगों को छोड़ दिया गया। वे सभी जिनपर हैदराबाद पुलिस ने चार्ज शीट दायर की थी, उन्हें छोड़ दिया गया या कोर्ट द्वारा बरी कर दिया गया। *द संडे एक्सप्रेस*, पुणे (25 जनवरी 2009) के अनुसार "मक्का मस्जिद मामले को पहले हैदराबाद पुलिस द्वारा देखा जा रहा था परंतु इसे बाद में सी बी आई को सौंप दिया गया। पुलिस द्वारा 78 मुस्लिम युवाओं को हिरासत में लिया गया था, जबकि सी

बी आई द्वारा कुछ घंटों की पूछताछ के बाद पुलिस ने उनमें से अधिकांश युवकों को छोड़ दिया। 32 के ख़िलाफ़ चार्ज शीट दाख़िल की गई थी लेकिन अदालत ने साक्ष्यों के अभाव में उन्हें भी छोड़ दिया।"

उन लड़कों को न्याय मिला और उनके घर के लोगों ने राहत की सांस ली। लेकिन यह मामला यहीं समाप्त नहीं हो जाता। इंसाफ की मांग यह है कि जिन पुलिस अफ़सरों ने बेक़सूर लड़कों को महीनों तक नारकीय यातनाएं दीं और निचली अदालत ने भी बिना क़ानून, मानव-अधिकारों के विषय में विचार किये हुए उनकी पुलिस हिरासत अवधि को बढ़ाने के लिये साथ दिया। और कुछ अदृश्य ताक़तों द्वारा बताए रास्ते पर चलते हुए उन्होंने यह कार्य किया गया। इन अपराधियों को खोजकर इनके अपराध को सिद्ध करने के बाद उन्हें दंडित किया जान चाहिये। यही इस मामले का सर्वशुदध हल होगा।

vii) अजमेर शरीफ़ दरगाह विस्फोट
(11 अक्तूबर 2007)

वातानुकूलित चेम्बरों में बैठकर थ्योरियां गढ़ना जिनमें
मुसलमानों को दोषी ठहराना
गुजरात-राजस्थान-मध्य प्रदेश सम्पर्क पर ध्यान नहीं दिया गया
गुवाहाटी सम्बन्धी सिम कार्ड के सुराग़ को अनदेखा किया गया
अंत में मालेगांव मामले की जाँच में बिल्ली थैले से बाहर आई

क) बिल्कुल पहले ही दिन केन्द्र सरकार का काल्पनिक अंदाज़ा, सम्भवतः आई बी के इशारे पर

प्रथम दिन, अर्थात विस्फोट वाले दिन ही केंद्र सरकार ने यह घोषणा की :

1) इस हादसे में शक की सूई हैदराबाद व मालेगांव विस्फोट के आरोपियों पर ही है

2) इस मामले में लश्कर-ए-तैयबा पर पूरा शक था कि उसने जैश-ए-मुहम्मद

व हुजी के साथ मिलकर यह काम किया है।

3) उन्होंने मुसलमानों को उत्सव के माहौल में निशाना बनाया कि वे उन इस्लामी-तबक़ों से नफ़रत करते हैं जो, कट्टर सुन्नी नज़रिए का पालन नहीं करते।

4) यहाँ पर बम को टिफिन बॉक्स में रखा गया था और यह हैदराबाद के विस्फोटों के समान ही मालूम होता था। (*द टाइम्ज़ ऑफ़ इंडिया*, पुणे, 12 अक्तूबर 2007)।

मुस्लिम-आतंकवादियों द्वारा मुस्लिमों पर ही हमले के सवाल पर गृह सचिव के पास शातिराना स्पष्टीकरण था। उनका कहना था कि चूंकि लश्कर-ए-तैयबा हमेशा से ही सूफ़ी-संतों के ख़िलाफ़ है, इसलिए उन्होंने यह विस्फोट किये होंगे (*सकाल*, पुणे, 12 अक्तूबर 2007)।

केंद्र सरकार और उसके अधिकारियों के उपर्युक्त बयान हास्यास्पद हैं। निम्न कारणों पर ध्यान देने की ज़रूरत है :

1) जब जाँच एजेंसियां ही अभी इस नतीजे पर नहीं पहुंची थीं कि हैदराबाद व मालेगांव विस्फोटों के पीछे किसका हाथ है, साथ ही इन विस्फोटों की जाँच भी जारी है, ऐसे में केन्द्र कैसे इस प्रकार का ग़ैर ज़िम्मेदाराना बयान दे सकता है कि शक की सूई यह बताती है कि वे आतंकवादी ही इस काम में भी शामिल हैं।

2) सरकार किस तरीक़े से इस नतीजे पर पहुंची कि इस विस्फोट में एलईटी, जेईएम व हूजी का हाथ था? क्या उनके पास इसके कोई सबूत मौजूद थे?

3) क्या कोई बच्चा भी इस बात पर यक़ीन कर सकता है कि कोई मुसलमान ही मुसलमानों को, किसी छोटे से धार्मिक मतभेद की वजह से मारते हैं वह भी किसी त्योहार के दिन?

4) किस आधार पर गृह सचिव जैसे व्यक्ति यह बयान दे सकते हैं कि एलईटी हमेशा सूफ़ी-संतों के ख़िलाफ़ होते हैं?

देखा जाए, तो केन्द्र सरकार और उनके गृह सचिव का बयान किसी भी सबूत पर आधारित नहीं था। या तो उन्होंने महज़ कल्पना के आधार पर यह बयान दिया या

फिर ज़्यादा सम्भावना यह है कि उन्हें केन्द्रीय एजेंसियों द्वारा ऐसा करने के लिये उकसाया जिनका मुख्य एजेंडा देश में मुस्लिम-विरोधी माहौल बनाना है ताकि आर एस एस व भाजपा को उनके राजनीतिक लक्ष्यों की पूर्ति के लिये इसका लाभ मिल सके।

ख) बिना किसी सबूत के, दूसरे दिन का और ख़ास काल्पनिक बयान।

दूसरे दिन, बिना किसी गहन जाँच के, पुलिस, आई बी और गृह सचिव निम्न नतीजे पर पहुंचे :

1) बंगलादेश स्थित हूजी के शाहिद बिलाल ने जैश-ए-मुहम्मद के कुछ गुप्त कार्यकर्ताओं के साथ मिलकर इस हमले को अंजाम दिया।
2) बिलाल जो कि कराची में रहता है, और जो समझौता एक्सप्रेस विस्फोट के सिलसिले में भी वांटेड है, वह गुजरात निवासी रसूल ख़ान "पार्टी" का एक सहयोगी है और युवाओं को प्रशिक्षण के लिये बंगलादेश और खाड़ी देशों के रास्ते पाकिस्तान भेजा करता है।
3) हैदराबाद हमलों की तरह ही, मोबाइल फ़ोन व टीएनटी विस्फोटक का इस्तेमाल किया गया।

न तो पुलिस, न आई बी और न ही केन्द्रीय गृह सचिव ने यह स्पष्ट किया कि इस नतीजे के पक्ष में उनके पास क्या सबूत मौजूद हैं।

यह भी बताया गया कि इस स्थान पर पुलिस को एक जीवित बम, विस्फोटकों से भरा एक थैला, दो सिम कार्ड व एक मोबाइल फ़ोन के टुकड़े मिले (*द टाइम्ज़ ऑफ़ इंडिया*, पुणे और *सकाल*, पुणे दोनों 13 अक्तूबर 2007)।

ग) तीसरे दिन की अलग कहानी

अब पुलिस व आई बी को यह शक था कि अजमेर विस्फोट व हैदराबाद की मक्का मस्जिद में किये गए बम विस्फोट में परस्पर सम्बन्ध है और यह बम हैदराबाद में ही बनाया गया था। उनका यह विचार निम्न तथ्यों के आधार पर था :

क) विस्फोट स्थल के पास एक सिम कार्ड मिला जो संभवतः उस फ़ोन का था जिसका इस्तेमाल बम विस्फोट के लिये किया गया था और बिल्कुल ऐसा ही हैदराबाद के विस्फोट में किया गया था। दोनों ही स्थानों पर

नोकिया के फ़ोन का इस्तेमाल किया गया।

ख) दोनों ही बम विस्फोटों में टीएनटी व आर डी एक्स का मिला-जुला स्वरूप इस्तेमाल किया गया।

ग) विस्फोट का शिकार एक व्यक्ति जिसका नाम सैयद सलीम है, वह हैदराबाद का रहने वाला है और कुछ समय पहले ही अजमेर में आकर उसने दरगाह के नज़दीक घड़ियों व इत्र की दुकान खोली थी, पुलिस को उसपर शक है। इस शक के कारण निम्न हैं :

१. वह हैदराबाद का मूल निवासी था। वह छोटा-मोटा व्यवसाय करने के लिये अजमेर चला गया था लेकिन उसका परिवार अभी भी हैदराबाद में ही था।

२. उसके पास विस्फोट से कुछ दिनों पहले एक महिला आई थी जिसके पास एक थैला था। उस महिला ने अजमेर विस्फोट से दो दिन पहले ही शहर छोड़ दिया था। पुलिस को शक है कि उस थैले में विस्फोटक होंगे जो सलीम तक पहुंचाए गए।

३. उसकी जेब में वायर के कुछ टुकड़े पाए गए (*द टाइम्ज़ ऑफ़ इंडिया*, पुणे, 14 अक्तूबर 2007)।

इस प्रकार के तथ्यों से यही बात समझ में आती है कि बम विस्फोटों की जाँच में पूर्वाग्रह काम कर रहे हैं। यह एक सामान्य-सी बात है कि किसी शहर में छोटा-मोटा व्यवसाय करने वाले ज़्यादातर ग़रीब लोग अपने परिवार को वहाँ लाने का ख़र्चा नहीं उठा सकते, और लगभग सभी यात्री और तीर्थयात्री अपने साथ एक दो बैग रखते ही हैं, ऐसे ही उस महिला के पास भी हो सकता है। क्या यह अजीब नहीं लगता कि इस प्रकार के साक्ष्यों के आधार पर किसी का भी किसी अपराध में संलिप्त होना तय कर दिया जाए? किसी ने भी ब्राह्मणवादी तत्त्वों पर शक नहीं किया जबकि एक पवित्र मुस्लिम स्थल पर यह विस्फोट हुआ और वह भी उर्स के मौक़े पर और इसमें मारे गए लोग भी मुस्लिम ही थे।

घ) गुजरात-राजस्थान-मध्य प्रदेश का सम्बन्ध

1) पुलिस को 10 व 12 मई के कुछ अख़बार एक थैले में से मिले जिसमें एक जीवित बम था। उन अख़बारों का प्रकाशन अहमदाबाद व उदयपुर

से हुआ था व उनमें से एक हिन्दी था व दूसरा गुजराती।

2) विस्फोटकों को जिन अख़बारों में लपेटकर रखा गया था, वह उज्जैन व इन्दौर से छपने वाला एक सांध्य दैनिक था।

3) राजस्थान पुलिस मध्य प्रदेश में जाँच करने के लिये आई लेकिन मध्य प्रदेश पुलिस से उसने कोई सहायता नहीं मांगी। जबकि इन्दौर पुलिस के एक वरिष्ठ अधिकारी ने कहा कि राजस्थान पुलिस के पास कोई ख़ास सूचना नहीं थी, लेकिन वह एक सम्भावित एंगिल पर काम करने एम पी में आए थे।

4) समझौता एक्सप्रेस विस्फोट के बाद, हरियाणा पुलिस के एक दल ने इन्दौर में लम्बा समय बिताया जहां से संभवतः छः टाइमर बम ख़रीदे गए थे जिनका उपयोग इस बम विस्फोट में किया गया। इसमें से कुछ ख़ास सामने नहीं आया लेकिन महीनों बाद दोनों राज्यों की पुलिस ने एक दूसरे पर आरोप लगाए। एक ओर हरियाणा पुलिस ने आरोप लगाया कि स्थानीय पुलिस ने उनकी मदद नहीं की, दूसरी तरफ़ एम पी पुलिस इस बात पर जमी रही कि उसने हर सम्भव मदद की, लेकिन हरियाणा पुलिस एक ऐसे एंगिल पर काम करने पर तुली हुई थी, जो कि वहाँ मौजूद ही नहीं था (*द इंडियन एक्सप्रेस*, पुणे, 15 अक्तूबर 2007)।

इस समाचार से अनेक महत्त्वपूर्ण सवाल पैदा होते हैं :

(1) दो सांध्य अख़बारों के अलावा ऐसे कौन-से साक्ष्य थे जिनके बल पर राजस्थान पुलिस इन्दौर पहुंची ?

(2) उन्होंने स्थानीय पुलिस से मदद क्यों नहीं मांगी जबकि यह काम का सामान्य नियम है कि स्थानीय पुलिस की मदद ली जाती है।

(3) क्या उन्हें इन्दौर पुलिस पर विश्वास नहीं था ? यदि हां तो क्यों ?

(4) मध्य प्रदेश पुलिस, समझौता एक्सप्रेस के केस में हरियाणा पुलिस की मदद करने में पीछे क्यों रही ? उन्होंने यह क्यों नहीं चाहा कि हरियाणा पुलिस उन सुराग़ों पर आगे बढ़े, जो उसके पास थे।

(5) क्या मध्य प्रदेश पुलिस किसी वजह से यह नहीं चाहती कि यह केस हल हो सके या वह कुछ राजनीतिक लोगों अथवा आई बी के दबाव में थी ?

च) महत्वपूर्ण सुराग़ों को जान-बूझकर आगे नहीं बढ़ाया गया

प्रधानमंत्री की अफ़्रीक़ा यात्रा के समय जो शिष्टमंडल उनके साथ यात्रा कर रहा था, उन्होंने इस विचार के आधार पर कि अजमेर विस्फोट में जो जीवित बम मिला उसका सिम कार्ड हैदराबाद के विस्फोट में इस्तेमाल हुए सिम की ही शृंखला का था, अजमेर विस्फोट में बिलाल व हुजी का हाथ होने की बात दोहराते हुए उन्होंने जो एक बहुत ही महत्त्वपूर्ण तथ्य उजागर किया, जिसे मीडिया में महत्त्व नहीं दिया गया, वह यह कि यह सिम कार्ड, फ़र्ज़ी ड्राइविंग लाइसेंस की मदद से गौहाटी में ख़रीदा गया था जिसपर एक जाने-पहचाने आयुर्वेदिक चिकित्सक का फ़ोटो था (*द टाइम्ज़ ऑफ़ इंडिया,* पुणे, 15 अक्तूबर 2007)।

बिलाल व हूजी के अजमेर विस्फोट में शामिल होने का नतीजा केवल इसी अनुमान पर निकाल लेना कि हैदराबाद विस्फोट में भी उनका ही हाथ था, जबकि इंटेलिजेंस एजेंसियां दूसरे मामले में किसी नतीजे पर नहीं पहुंचीं, एक बिल्कुल ग़लत अवधारणा है। लेकिन किन्हीं अज्ञात कारणों से, जो उन्हें ही मालूम होंगे, जाँच करने वाली एजेंसियां और इंटेलिजेंस एजेंसियां इसी पहलू पर ज़ोर देती रहीं जबकि इतना महत्त्वपूर्ण सुराग़, कि यह सिम गौहाटी से, फ़र्ज़ी लाइसेंस के आधार पर व एक प्रसिद्ध आयुर्वेदिक चिकित्सक के फ़ोटो के साथ, लिए गए थे, इस सुराग़ पर आगे कोई कार्रवाई नहीं की गयी। निम्न बिंदुओं पर भरपूर ध्यान से जाँच की ज़रूरत है :

ड्राइविंग लाइसेंस किसके नाम पर लिया गया था? एक आयुर्वेदिक चिकित्सक का फ़ोटो उस लाइसेंस पर कैसे आया? क्या इन लोगों का किसी साम्प्रदायिक संगठन से कोई सम्बन्ध है? मोबाइल कंपनी द्वारा तथ्यों का सत्यापन किये बग़ैर सिम कार्ड जारी कैसे कर दिया गया? इसी प्रकार के अनेक सवाल हैं। लेकिन रहस्यपूर्ण बात यह है कि एक महत्त्वपूर्ण सुराग़ का फ़ालोअप क्यों नहीं किया गया।

इस महत्त्वपूर्ण सुराग़ के अलावा दो और महत्त्वपूर्ण सुराग़ भी थे जिन्हें शायद इतनी गम्भीरता से नहीं लिया गया, जितनी कि ज़रूरत थी :

1) पुलिस इस नतीजे पर पहुंची थी कि हैदराबाद की मक्का मस्जिद मामले की तरह इन विस्फोटों के लिए भी टी एन टी और आर डी एक्स का मिश्रण इस्तेमाल किया गया था। राष्ट्रीय सुरक्षा गार्ड के बम विशेषज्ञों ने हैदराबाद में इस्तेमाल हुए टीएनटी व आर डी एक्स मिश्रण को खोलते

वक़्त यह बताया था कि *इस प्रकार का मिश्रण आम तौर से आर्मी के हथियारों में इस्तेमाल किया जाता है।* इसलिए अजमेर विस्फोट की जाँच करने वाले अधिकारियों को यह मामला आर्मी के उच्च अधिकारियों तक ले जाना चाहिए था और जाँच में उनसे मदद लेनी चाहिए थी। लेकिन लगता है कि उन्होंने ऐसा नहीं किया। या तो उन्होंने इस पहलू को गंभीरता से नहीं लिया या फिर किसी ने उन्हें गहराई से जाँच करने से रोक दिया।

जुलाई 2008 के मालेगांव बम विस्फोट की जाँच के दौरान यह बात सामने आई थी कि इस मामले में एक आरोपी लेफ़्टिनेंट कर्नल प्रसाद पुरोहित ने आर्मी के गोदामों से आर डी एक्स चुराया और उसे संघ परिवार के आतंकवादियों को सप्लाई किया था। यदि एनएसजी द्वारा दिए गए महत्त्वपूर्ण सुराग़ को लेकर गंभीरता से जाँच की जाती, तो मुजरिमों का पता लगाया जा सकता था। यह आशा की जा सकती है कि कम से कम अब जाकर जाँच एजेंसियों द्वारा इस सुराग़ पर काम किया जाएगा और मामले को उसके तार्किक अंजाम तक पहुंचाया जाएगा।

2) राजस्थान पुलिस ने पाया था कि विस्फोटकों को इन्दौर व उज्ज़ैन से प्रकाशित होने वाले अख़बारों में लपेटकर रखा गया था और शायद इन्दौर से सम्बंधित कुछ और सुराग़ भी उनके हाथ लगे थे, जिन्हें खोजने के लिये राजस्थान पुलिस इन्दौर पहुंची थी। लेकिन सुनने में आया कि उन्होंने इन्दौर पुलिस से कोई सहयोग नहीं लिया, जैसा कि समझौता एक्सप्रेस के मामले में हुआ। तो या तो मध्य प्रदेश पुलिस इस केस को सुलझाना नहीं चाहती थी या उनपर इस मामले में कुछ राजनीतिक लोगों या आई बी की तरफ़ से दबाव डाला जा रहा था। अब, जुलाई 2008 में मालेगांव विस्फोटों में सामने आए ताज़ा मामलों के मद्देनज़र इन्दौर एंगिल को लेकर आगे जाँच की ज़रूरत है।

छ) और अंत में बिल्ली थैले से बाहर आ गई : यह वास्तव में "हिन्दू (पढ़िए ब्राह्मण) राष्ट्र" के आतंकवादियों का काम था।

सन् 2008 के मालेगांव बम विस्फोट की जाँच में निम्न तथ्य सामने आए :

1) अपने नार्को जाँच में, लेफ़्टिनेंट कर्नल प्रसाद पुरोहित ने यह स्वीकार किया कि उसने महन्त दयानंद पाण्डे के कहने पर अजमेर व मालेगांव के

बम विस्फोटों के लिये विस्फोटक सप्लाई किये थे (*सकाल*, पुणे और *पुढारी*, पुणे, दोनों 15 नवम्बर 2008)।

2) मालेगांव जाँच से जुड़े एक आई पी एस अधिकारी ने मालेगांव विस्फोट के आरोपी का हाथ अजमेर विस्फोटों में होने की पुष्टि की। (*द टाइम्ज़ ऑफ़ इंडिया*, पुणे, 12 नवम्बर 2008)।

3) अभिनव भारत की साध्वी प्रज्ञासिंह और अजय राहीरकर ने पुलिस बयान में कहा कि, पुरोहित उड़ीसा, कर्नाटक व अजमेर शरीफ़ दरगाह में हुए सन् 2007 के विस्फोटों का भी मास्टरमाइंड है। राहीरकर, जो कि पुरोहित का बचपन का मित्र है, ने बताया कि "जनवरी 2008 में मैं पुरोहित के साथ था जब वह एक फ़ोन कॉल मिलने पर तनाव में आ गया था। जब मैंने उससे कारण पूछा तब उसने बताया कि उसके लोगों ने अजमेर में बम विस्फोट किया है (*हिन्दुस्तान टाइम्ज़*, दिल्ली, 24 जनवरी 2009)।

इन सभी ख़ुलासों और संबंधित साक्ष्यों के बावजूद यह बात समझ से परे है कि क्यों अजमेर विस्फोट को एक बड़ी साज़िश का हिस्सा मानकर उसकी जाँच नहीं की गई और क्यों मालेगांव विस्फोट 2008 की चार्ज शीट में इसे साज़िश के हिस्से के रूप में शामिल नहीं किया गया।

निम्न अख़बारों की रिपोर्ट्स से यह मालूम होता है कि राजस्थान ए टी एस के पास इस जाँच के दौरान निम्न प्वाइंट थे और वे मामले की आगे जाँच कर रहे थे :

1) सन् 2007 में अजमेर शरीफ़ विस्फोट के कारण राजस्थान पुलिस द्वारा हिन्दू समूह, अभिनव भारत को शक के दायरे में लिया गया, जो कि अधिकारियों के अनुसार मालेगांव विस्फोट के केस में भी आरोपी है (*द टाइम्ज़ ऑफ़ इंडिया*, पुणे, 13 अप्रैल 2009)।

2) राजस्थान ए टी एस की जाँच में सामने आया कि हिन्दू संगठन अभिनव भारत, जो कि मालेगांव बम विस्फोट के लिए ज़िम्मेदार है, अजमेर दरगाह और मक्का मस्जिद विस्फोटों में भी शामिल था। मालेगांव विस्फोट के आरोपी लेफ़्टिनेंट कर्नल प्रसाद पुरोहित और अन्य मुलज़िमों की नार्को-एनालिसिस और ब्रेन मेपिंट टेस्ट की रिपोर्टों और उनके तमाम बयान लेने के लिए हाल ही में मुंबई का दौरा करके राजस्थान ए टी एस के

उच्च अधिकारियों ने कहा कि यही आरोपी अजमेर विस्फोटों में भी शामिल हैं (*लोकमत*, मुंबई, 14 अगस्त 2009)।

देखा जाए तो सन् 2008 में जब मालेगांव विस्फोट केस का ख़ुलासा हुआ, तभी अजमेर विस्फोट का केस भी हल हो चुका था, जैसा कि इन रिपोर्ट्स से सामने आता है। लेकिन ब्राह्मणवादी षडयंत्र का एक हिस्सा न होने का दिखावा करने के लिए इसकी जाँच एक अलग मामले के रूप में की जा रही है।

इस केस का जो भी नतीजा निकले, एक महत्त्वपूर्ण मुद्दा, जो लगता है कि समय के साथ भुला दिया गया है, वह है पीड़ितों का मानसिक, शारीरिक, वित्तीय, सामाजिक व मनोवैज्ञानिक कष्ट जिससे सैयद सलीम की पत्नी, बच्चे, माता-पिता और परिवार के दूसरे सदस्य गुज़रे, क्योंकि पुलिस और इंटेलिजेंस एजेंसियों ने उसपर धमाका करने का आरोप लगाया था। लगभग दो साल तक उन्होंने जो दुख और पीड़ा झेली, सरकार उसका बदला किस तरह चुकाएगी? क्या कुछ लाख रुपयों से यह क्षतिपूर्ति संभव है? यदि सरकार सलीम के जीवन और उसके सम्बंधियों के कष्ट की क्षति की पूर्ति करना चाहती है, तो उसे निश्चित रूप से केस की जाँच और मुक़दमा एक व्यापक ब्राह्मणवादी षडयंत्र के रूप में दर्ज करना होगा और सारे दोषियों को चाहे वे कितने ही ऊंचे और शक्तिशाली हों, क़ानून की अदालत में लाना होगा।

viii) उत्तर प्रदेश की अदालतों में शृंखलाबद्ध विस्फोटक (23 नवम्बर 2007)

एस टी एफ (उप्र) के माध्यम से आई बी की डेस्क जाँच

पुलिस की सख़्त कार्रवाई

चश्मदीद गवाह और स्केच एक तरफ़ डाल दिए गए

"इंडियन मुजाहिदीन" के शामिल होने की एक नयी समानान्तर थ्योरी

वाराणसी, फ़ैज़ाबाद व लखनऊ की अदालतों में छः धमाके हुए जिनमें 15 लोगों की मृत्यु हो गई और 80 लोग घायल हुए।

क) मुसलमानों को चिह्नित करते हुए पहले दिन की रिपोर्टें और अनुमान

1) पुलिस ने शक ज़ाहिर किया कि ये विस्फोट हुजी द्वारा किये गए व उनका उद्देशय था वकीलों द्वारा जैश के आतंकवादियों पर किये गए हमले का बदला लेना जो कि इन दोनों आतंकी गुट देवबंद से जुड़े हुए थे (*पुढारी*, कोल्हापुर व *लोकमत*, कोल्हापुर, दोनों 24 नवम्बर 2007)।
2) पुलिस सूत्रों ने बताया कि "इंडियन मुजाहिदीन" ने ज़िम्मेदारी स्वीकार की है (*पुढारी*, कोल्हापुर, 24 नवम्बर 2007)।
3) केन्द्रीय गृह-मंत्रालय द्वारा कहा गया कि विस्फोट में अमोनियम नाइट्रेट और टाइमर का इस्तेमाल किया गया व यह पूर्वनियोजित था (*पुढारी*, कोल्हापुर, 24 नवम्बर 2007)।

ख) दूसरे दिन की रिपोर्टें : भावी कहानी और उद्देश्यों के लिए आई बी की पूर्वकल्पना और स्थानीय पुलिस की प्रोफ़ेशनल जाँच

1) इंटेलिजेंस एजेंसियों को शक है कि हुजी के कार्यकर्ता गुरु ने इसकी योजना बनाई होगी, जिसे एलईटी व जैश के स्लीपर सेल्स ने अल-क़ायदा-फ़िल हिन्द (भारत की अल-क़ायदा) के नाम से अंजाम दिया, जैसा कि गुरु की ईमेल आईडी से, धमाके होने से कुछ पहले, इस बारे में एक चेतावनी समाचार एजेंसियों को भेजी गयी थी (*द टाइम्ज़ ऑफ़ इंडिया*, पुणे, 25 नवम्बर 2007)।
2) इंटेलिजेंस एजेंसियों के अनुसार, गुरु का नाम सबसे पहले हुजी के भारतीय प्रमुख बाबू भाई के इंट्रोगेशन में सामने आया, जिसे उत्तर प्रदेश पुलिस के एस टी एफ ने पिछले वर्ष जून में हिरासत में लिया था। बाबू भाई ने उस समय बताया था कि उसने गुरु को 20 किग्रा आर डी एक्स अगस्त-सितम्बर 2005 में दिया था (*द टाइम्ज़ ऑफ़ इंडिया*, पुणे, 25 नवम्बर 2007)।
3) जाँच एजेंसियों ने हालाँकि जैश व हूजी के इसमें शामिल होने की पुष्टि नहीं की है। (*सकाल*, पुणे, 25 नवम्बर 2007)।

1) पुलिस ने साइकिल की उस दुकान का पता लगा लिया है जहां से आरोपियों ने विस्फोट के लिये प्रयुक्त साइकिलें किराए पर ली थीं।

साइकिल की दुकान के मालिक को हिरासत में ले लिया गया है। पुलिस के अनुसार इससे कुछ सूचनाएं मिल सकती हैं (*सकाल*, पुणे, 25 नवम्बर 2007)।

2) पुलिस ने चार संदिग्धों का स्केच जारी किया है (*सकाल*, पुणे और *पुढारी*, पुणे, दोनों 25 नवम्बर 2007)।

6) जिस सायबर कैफ़े में से ईमेल किया गया था, उसके मालिक को गिरफ़्तार किया गया है (*पुढारी*, पुणे, 25 नवम्बर 2007)।

7) संदेह के आधार पर 100 अन्य लोगों को हिरासत में लिया गया है (*पुढारी*, पुणे, 25 नवम्बर 2007)।

ग) तीसरे दिन की रिपोर्टें, आई बी द्वारा इंतिज़ार का नुस्ख़ा

1) संदिग्धों के स्केच जारी किये जाने के बाद भी किसी प्रकार की कोई प्रगति नहीं हुई।

2) शनिवार 24 नवम्बर 2007 को सुबह आज़मगढ़ में दुर्गा मंदिर पार्क के नज़दीक से एक गुमनाम कार की बरमदगी हुई जिसका कोई हल नहीं निकला।

3) जाँचकर्ता केन्द्रीय इंटेलिजेंस एजेंसियों या एस टी एफ की ओर किसी सुराग़ की प्रतीक्षा करते रहे (*द टाइम्ज़ ऑफ़ इंडिया*, पुणे, 26 नवम्बर 2007)।

घ) एक महीने के बाद, जाँचकर्ताओं की प्रतीक्षा समाप्त हुई और केन्द्रीय इंटेलिजेंस एजेंसियां अपनी रिपोर्ट के साथ सामने आई

1) एक केन्द्रीय इंटेलिजेंस एजेंसी से मिले इशारे पर, उत्तर प्रदेश पुलिस के एस टी एफ ने शनिवार सुबह अर्थात 22 दिसम्बर 2007 को दो संदिग्ध आतंकवादियों (मुहम्मद तारिक़ व ख़ालिद मुजाहिद) को बाराबंकी रेलवे स्टेशन के पास से, विस्फोटों में संलिप्तता के आरोप में पकड़ा।

2) एक और हुजी आतंकवादी, सज्ञाद को जम्मू व कश्मीर पुलिस द्वारा आई बी के संकेत पर ही पकड़ा गया। सज्ञाद पर संदेह है कि उसने इस विस्फोट के लिए विस्फोटक मुहैया कराया था।

3) तीन मोबाइल फ़ोन, सिम कार्ड व हुजी का साहित्य भी इन तीनों

आतंकवादियों के पास से ज़ब्त किया गया।

4) पुलिस के अनुसार, तारिक़ व ख़ालिद को तब पकड़ा गया जब वे 1.25 किलो आर डी एक्स, छः डिटोनेटर्स और अमोनियम नाइट्रेट के रॉड, बम बनाने के लिए देने जा रहे थे। दोनों आतंकवादियों ने अपने साथी से बमों की डिलीवरी हासिल करने की योजना बनाई थी, जो एक ट्रेन से शनिवार (22 दिसम्बर 2007) की सुबह बाराबंकी रेलवे स्टेशन पर आने वाला था।

5) पुलिस के अनुसार, लखनऊ अदालत में विस्फोट को ख़ालिद ने अंजाम दिया था, तारिक़ ने फ़ैज़ाबाद के धमाकों के लिये काम किया था जबकि मुख़्तार *उर्फ़* राजू ने जो कि बंगलादेशी था, उसका हाथ वाराणसी विस्फोटों में था।

6) अतिरिक्त डीजीपी (लॉ एंड ऑर्डर) उत्तर प्रदेश ने कहा, तारिक़ व ख़ालिद गोरखपुर विस्फोट में भी शामिल थे जो कि 22 मई को हुआ और पिछले वर्ष हुए संकट मोचन मंदिर के विस्फोट में भी इनका हाथ था (*द टाइम्ज़ ऑफ़ इंडिया*, पुणे, 23 दिसम्बर 2007)।

च) आई बी के दबाव में पुलिस की सख़्त कार्रवाई

1) कोलकाता के एक इलेक्ट्रिशियन आफ़ताब आलम अन्सारी को उत्तर प्रदेश एस टी एफ ने 27 दिसम्बर 2007 को इसलिये गिरफ़्तार किया क्योंकि उसका नाम मुख़्तार था और इसी नाम का एक व्यक्ति, तारिक़ व ख़ालिद के अनुसार विस्फोटों का मास्टरमाइंड था। हालाँकि अदालत द्वारा उसे बरी कर दिया गया व पुलिस को लताड़ लगाई गई (*द मिल्ली गज़ेट*, 1-15 फ़रवरी 2008)।

2) पाकिस्तान का अब्दुल रहमान, जो कि उत्तर प्रदेश में पिछले वर्ष हुए विस्फोटों में शामिल एलईटी का आतंकवादी था, उसे एक अन्य के साथ जम्मू-कश्मीर के पुलवामा ज़िले में पुलिस द्वारा इंकाउंटर के दौरान, शुक्रवार 15 फ़रवरी 2008 को मार गिराया गया (*द टाइम्ज़ ऑफ़ इंडिया*, पुणे, 16 फ़रवरी 2008)।

3) जिस तरीक़े से ख़ालिद व तारिक़ को पकड़ा गया, उससे यह शक होता है कि यह पूर्वनियोजित घटनाक्रम था और इन निर्दोषों को इसका निशाना

बनाया गया। ख़ालिद को 16 दिसम्बर को मुहल्ला सरदारगंज (मर्याहू, ज़िला जौनपुर) से पकड़ा गया जब वह एक दुकान पर चाट खा रहा था। एस टी एफ द्वारा उसे ज़बरदस्ती टाटा सूमो में बैठाया गया और साथ ले जाया गया। उस भीड़ भरे बाज़ार में उस समय उसके पास कोई हथियार मौजूद नहीं था। सैकड़ों लोगों ने इसे देखा और स्थानीय प्रेस को सूचित किया। तारिक़ की गिरफ़्तारी 12 दिसम्बर को हुई, जब वह एक तबलीग़ी इज्तिमा (धर्मप्रचार के एक सम्मेलन) में आज़मगढ़ में शेरवान की ओर मोटरसाइकिल से जा रहा था। स्थानीय अख़बारों ने इसपर तुरंत रिपोर्ट प्रकाशित की। परंतु इसमें हथियारों सम्बन्धी कोई बात नहीं कही गई।

इन दोनों के परिवारजनों द्वारा ज़िला मजिस्ट्रेट समेत उच्च अधिकारियों के पास शिकायत दर्ज कराई गयी, लेकिन इस सम्बन्ध में पुलिस ने कोई जानकारी नहीं दी (*द मिल्ली गज़ेट*, 1-15 मार्च 2008)। आगे चलकर इन्हें बाराबंकी में, 22 दिसम्बर 2007 को गिरफ़्तार किया जाना दिखाया गया (*टाइम्ज़ ऑफ़ इंडिया*, 23 दिसम्बर 2007)।

छ) जाँच से संबंधित कुछ तार्किक सवाल

1) जिस ईमेल को "इंडियन मुजाहिदीन" के नाम से भेजा जाने का प्रचार किया गया था, और गुरु के ईमेल आईडी से भेजा गया था, उसके विषय में हुई जाँच में क्या सामने आया? आख़िर वह ईमेल वास्तव में किसने भेजा था?
2) साक्ष्यों द्वारा दी गई जानकारी के आधार पर जो अपराधियों के स्केच बनाए गए थे, उनका क्या किया गया? क्या वे गिरफ़्तार मुलज़िमों से मिलते हैं? क्या मुलज़िमों को चश्मदीद गवाहों द्वारा पहचाना गया?
3) क्या साइकिल के दुकानदार ने कोई सूचना दी? जब तक दुकानदार किसी व्यक्ति को व्यक्तिगत रूप से नहीं जानता है, साइकिल किराये पर नहीं दी जाती है, यदि व्यक्ति अनजान है, तब किसी की पहचान दी जाती है। इस तरीक़े से देखा जाए तो उस व्यक्ति की पहचान के लिये यह एक सही मौक़ा था। इस सम्बन्ध में क्या किया गया?
4) आज़मगढ़ में दुर्गा मंदिर पार्क के निकट मिली कार के विषय में आगे क्या किया गया?

5) तारिक़ व ख़ालिद के इस केस में शामिल होने सम्बन्धी ऐसे क्या पुख़्ता प्रमाण आई बी के पास हैं ? उनकी गिरफ़्तारी भी अभी तक रहस्य बनी हुई है। पुलिस के अनुसार उनकी गिरफ़्तारी 22 दिसम्बर 2007 को सुबह बाराबंकी रेलवे स्टेशन पर की गई जब वे बम बनाने के लिये विस्फोटक देने जा रहे थे। इसके साथ ही वे यह भी कहते हैं कि वे उन लोगों से बम लेने जा रहे थे जो बाराबंकी रेलवे स्टेशन पर आने वाले थे। इनमें से किसे सही माना जाए ?

इसके साथ ही, पुलिस का कहना है कि इनकी गिरफ़्तारी 22 दिसम्बर को हुई जबकि परिवारजनों व अनेक साक्ष्यों के अनुसार, ख़ालिद की गिरफ़्तारी 16 दिसम्बर को व तारिक़ की 12 दिसम्बर को की गई। उनकी गिरफ़्तारी से संबंधित तथ्य व उनके परिवारजनों की प्रतिक्रिया, स्थानीय अख़बारों में छपी है और इससे पुलिस के कथन को झूठा साबित किया जा सकता है। यदि ऐसा है, तब सेल फ़ोन का मिलना, सिम कार्ड, हूजी साहित्य आदि को भी संदेह के घेरे में लिया जा सकता है व यह कहा जा सकता है कि यह सब कुछ एक सोची-समझी साज़िश के तहत किया गया। इसके साथ ही अतिरिक्त डीजीपी (लॉ एंड ऑर्डर) उत्तर प्रदेश ने उनकी गिरफ़्तारी के बाद यह भी कहा कि इनकी संलिप्तता संकट मोचन मंदिर के विस्फोट में भी है और यह पूरी तरह से असत्य मालूम होता है क्योंकि उस केस की चार्ज शीट में इनका नाम ही नहीं है।

इस तथ्य को, उनकी गिरफ़्तारी के दूसरे ही दिन, 23 दिसम्बर 2007 को प्रकाशित अख़बार की ख़बरों ने भी बल दिया, इसमें प्रत्येक आरोपी की भूमिका, 2001 से 2002 के मध्य से उनकी गतिविधियां, पूर्व में किये गए विस्फोटों में उनका शामिल होना आदि को प्रकाशित किया गया। कोई भी इस बात पर विश्वास नहीं करेगा कि इनकी गिरफ़्तारी के कुछ ही घंटों के बाद पुलिस को यह सारी जानकारी मिल गई।

6) यही बात सज्ज़ाद के साथ हुई जिसे जम्मू व कश्मीर पुलिस द्वारा 22 दिसम्बर 2007 को ही गिरफ़्तार किया गया था और यह आई बी के इशारे पर हुआ था। आई बी के पास इस व्यक्ति के सम्बन्ध में क्या जानकारी है ?

7) पाकिस्तान का अब्दुल रहमान, जिसे एलईटी का प्रमुख आतंकवादी माना

गया, उसे 15 फ़रवरी 2008 को जम्मू-कश्मीर के फुलवामा ज़िले में इंकाउंटर में मार डाला गया, इसे उत्तर प्रदेश विस्फोटों में संलिप्त होने का दोषी माना गया था। क्या इन सभी के, किसी भी तरीक़े से इस केस में शामिल होने सम्बन्धी कोई साक्ष्य मिल सके ? या फिर इन्हें सिर्फ़ इसलिये मार दिया गया कि कुछ डायरियां, मोबाइल फ़ोन, साहित्य व विस्फोटक आदि दिखाकर आई बी के दावे की पुष्टि की जा सके ?

संक्षेप में, इस घटना की जाँच सिर्फ़ एक दिखावा था। यह और कुछ नहीं, आई बी द्वारा लिखे गए नाटक का उत्तर प्रदेश एस टी एफ द्वारा किया गया मंचन था जिसमें उनपर आई बी का पूरा दबाव था, इसके पीछे आई बी की मंशा सिर्फ़ इतनी थी कि किसी भी तरीक़े से अस्तित्व में रहने वाले या न रहने वाले मुस्लिम संगठन को दोषी ठहराया जाए, जिससे भारतीय आम मुस्लिम दबाव में रह सकें और आम हिन्दुओं में उनके ख़िलाफ़ भावना पैदा हो और मुसलमानों से लड़ते रहें ताकि ब्राह्मणवादी शक्तियों समाज को पंगु बनाने का अपना एजेंडा बिना रुकावट जारी रख सकें।

ज) "आई एम" के शामिल होने की नई थ्योरी

इस काम के पीछे उत्तर प्रदेश एस टी एफ व आई बी का चाहे जो भी उद्देश्य रहा हो, लेकिन जब वे हूजी के तीन आतंकवादियों की गिरफ़्तारी और एलईटी के दो कथित आतंकवादियों के इंकाउंटर में मारे जाने के बाद यह कह रहे थे कि यह केस पूरी तरह से हल हो चुका है, तो इसके साथ ही दिल्ली पुलिस ने सितम्बर 2008 के दिल्ली धमाकों के विषय में यह पाया कि आतिफ़ अमीन के नेतृत्व में "इंडियन मुजाहिदीन" का एक माड्यूल ही उत्तर प्रदेश अदालतों में हुए श्रृंखलाबद्ध विस्फोटों के लिये ज़िम्मेदार है। जैसा कि *द टाइम्ज़ ऑफ़ इंडिया,* पुणे (21 सितम्बर 2008) में प्रकाशित हुआ। संयुक्त पुलिस कमिशनर (स्पेशल सेल) दिल्ली पुलिस, करनाल सिंह ने दावा किया कि शुक्रवार (19 सितम्बर 2008) को बटला हाउस के इंकाउंटर के दौरान सैफ़ की गिरफ़्तारी और बाद में केन्द्रीय दिल्ली से ज़ीशान की गिरफ़्तारी से पिछले साल उत्तर प्रदेश अदालतों में हुए श्रृंखलाबद्ध विस्फोटों सम्बन्धी केस पूरी तरीक़े से हल हो चुका है। उन्होंने कहा कि सैफ़ ने वाराणसी में बम विस्फोट किया था जिसमें उसके साथ एक

साजिद नामक व्यक्ति शामिल था, लेकिन 17 दिसम्बर 2008 को फ़ाइल की गई इस सम्बन्धी चार्ज शीट में दिल्ली पुलिस द्वारा कहा गया, "5 आरोपियों से पूछताछ में यह बात सामने आई कि आतिफ़ (जो कि 19 सितम्बर 2008 को बटला हाउसके इंकाउंटर में मारा गया और जो दिल्ली बम विस्फोटों के मास्टरमाइंड के रूप में संदिग्ध था) कई अन्य विस्फोटों में भी शामिल था जो कि 2005 के बाद से देश के विभिन्न भागों में हुए, इनमें संकट मोचन मंदिर, उत्तर प्रदेश की अदालतें, जयपुर व अहमदाबाद शामिल हैं (*द टाइम्ज़ ऑफ़ इंडिया,* पुणे, 20 सितम्बर 2008)।

इस बात पर विश्वास करना मुश्किल है कि दिल्ली पुलिस की स्पेशल सेल, जो कि आई बी के चहेतों की सूची में आती है, उन्होंने अपने आक़ाओं की मर्ज़ी जाने बिना इस प्रकार का बयान दिया। लेकिन यहाँ सवाल यह है कि अचानक यह बात हूजी से "इंडियन मुजाहिदीन" पर कैसे पहुंच गयी और आई बी व जाँच एजेंसियां इन दोनों के बीच निपटारा कैसे करेंगी ?

यह नयी थ्योरी संभवतः देश की विदेश नीति में परिवर्तन का परिणाम हो सकता है (चूंकि हूजी बंगलादेश में स्थित है, जहां अब एक मित्र सरकार है) या किसी विदेशी शक्ति का परिणाम होगा, या आई बी द्वारा यह सिद्ध करने का प्रयास किया जा रहा होगा कि ऐसे तमाम मामले जिनमें कोई ईमेल विस्फोटों से कुछ मिनटों पूर्व भेजा गया, जिसमें अमेरिकी नागरिक केन हेवुड का ईमेल भी शामिल है, यह "इंडियन मुजाहिदीन" के किसी कंप्यूटर विशेषज्ञ का ही काम है। ऐसा प्रतीत होता है कि आई बी पर केन हेवुड को क्लीन चिट देने के लिये काफ़ी दबाव था, जिसके चलते जाँच और पूछताछ की कहानी अजीब मोड़ लेती हुई यह सिद्ध करने में जुटी थी कि यह मेल किसी और ने भेजे हैं। इसके बारे में सच्चाई तभी सामने आ सकेगी जब ऐसे तमाम मामलों को लेकर किसी निष्पक्ष एजेंसी द्वारा जाँच की जाएगी जो आई बी से रिमोट के रूप में भी न जुड़ी हो।

ix) जयपुर धमाके
(13 मई 2008)

किसी संदिग्ध "मीना" को खोजा नहीं जा सका
संदिग्धों के सात स्केच रहस्यमय तरीक़े से वापस ले लिए गए
और नए जारी किए गए
जिनके माध्यम से आई बी ने अपनी थ्योरी आगे बढ़ाई

आतंकवादियों ने जयपुर में 9 श्रृंखलाबद्ध विस्फोट किये, जो कि भीड़भरे बाज़ारों में और हनुमान मंदिर के नज़दीक किये गए, जिनमें 68 की मृत्यु हुई व 200 घायल हो गए।

क) प्रारंभिक रिपोर्टें

1) पहले ही दिन से मुस्लिम संगठन अथवा व्यक्ति पर दोषारोपण

1) केन्द्रीय गृह-मंत्रालय के सूत्रों ने बंगलादेश स्थित हूजी को इन विस्फोटों के लिये दोषी माना।
2) सूत्रों के अनुसार, विस्फोटों में यह सामने आया कि हूजी द्वारा राजस्थान में इनकी योजना बनाई गई और उन्हीं के लोगों द्वारा इससे पहले अनेक बड़े विस्फोट किये गए, जिनमें सीआरपीएफ शिविर रामपुर व उत्तर प्रदेश के तीन नगरों में श्रृंखलाबद्ध विस्फोट शामिल है।
3) हूजी, जो कि अजमेर विस्फोट के लिये भी संदिग्ध है, उन्होंने टीएनटी के मिश्रण का उपयोग इन विस्फोटों के लिये किया।
4) मालेगांव विस्फोट (2006) के समान ही इस विस्फोट में साइकिल का उपयोग किया गया था। परंतु सी बी आई की रिपोर्ट के अनुसार जो मालेगांव (2006) मामले की जा कर रही थी, मालेगांव व अजमेर के विस्फोटों में किसी प्रकार की समानता नहीं है।

5) हूजी पर मुंबई ट्रेन विस्फोटों (2006) के मामले में भी संदेह किया गया था।
6) नई साइकिल का उपयोग करना एल टी टी ई की कार्यप्रणाली के क़रीब था, जिससे यह समझ में आता है कि आतंकवादी पाकिस्तान, बंगलादेश और नेपाल से सम्बद्ध है (*द टाइम्ज़ ऑफ़ इंडिया*, पुणे, *सकाल*, पुणे व *पुढारी*, पुणे, सभी 14 मई 2008, *द टाइम्ज़ ऑफ़ इंडिया*, पुणे, *सकाल*, पुणे, *पुढारी*, पुणे व *एशियन एज*, मुंबई, सभी 15 मई 2008)।

2) जाँच में आई बी का बिन बुलाए दख़ल

1) विश्वस्त सूत्रों के अनुसार इसमें किसी विदेशी हाथ की आशंका है (*सकाल*, पुणे, 14 मई 2008)।
2) सूत्रों के अनुसार आर डी एक्स को, पश्चिम बंगाल की अनारक्षित सीमा से लाया गया होगा (*द टाइम्ज़ ऑफ़ इंडिया*, पुणे, 15 मई 2008)।

3) अन्य रिपोर्टें

1) सूत्रों द्वारा आर डी एक्स के उपयोग सम्बन्धी तथ्य को ही ख़ारिज कर दिया गया। इसमें कम शक्ति के विस्फोटक की उपस्थिति होने सम्बन्धी बातें कही गयीं। जबकि राजस्थान डीजीपी ने कहा कि आर डी एक्स का इस्तेमाल हुआ था।
2) पुलिस के अनुसार, हनुमान मंदिर के नज़दीक एक विस्फोटक को निष्क्रिय किया गया।
3) इस घटना में टाइमर व रिमोट कंट्रोल का उपयोग किया गया।
4) विस्फोट स्थल के नज़दीक घड़ी का टाइमर बरामद किया गया।
5) गृह-मंत्रालय के सूत्रों के अनुसार, इन विस्फोटों का उद्देश्य तिहरा था : विश्व में आतंकवाद फैलाना, भारत की धार्मिक सहिष्णुता को नुक़सान पहुंचाना और राजस्थान के पर्यटन उद्योग में सेन्ध लगाकर वहाँ की अर्थव्यवस्था को झटका देना।
6) बुधवार की रात को (अर्थात दूसरी रात), अनेक न्यूज़ चैनलों को

ईमेल प्राप्त हुए जिन्हें "इंडियन मुजाहिदीन" की ओर से भेजा गया था व जिनमें इन धमाकों की ज़िम्मेदारी ली गई थी। इसके साथ ही एक वीडियो क्लिप भी भेजी गई थी जिसमें धमाके की तैयारी करते दिखाया गया था।

7) यह ईमेल गाज़ियाबाद (उत्तर प्रदेश) के एक सायबर कैफ़े में से भेजा गया था व इसमें गुरु अलहिंदी के ईमेल खाते का प्रयोग किया गया था। इस सायबर कैफ़े के मालिक शमवीर *उर्फ़* मधुकर मिश्रा को गिरफ़्तार किया गया।

8) पुलिस का कहना है कि जो साइकिल वीडियो क्लिप में दिखाई गई है, संभावना है कि वह विस्फोट में प्रयोग की हुई नहीं हो, वीडियो को जाँच में भटकाव के लिये भेजा गया हो सकता है (*द टाइम्ज़ ऑफ़ इंडिया,* पुणे, *सकाल,* पुणे व *पुढारी,* पुणे, सभी 14 मई 2008, *द टाइम्ज़ ऑफ़ इंडिया,* पुणे व *सकाल,* पुणे, दोनों 15 मई 2008, *द टाइम्ज़ ऑफ़ इंडिया,* पुणे, *सकाल,* पुणे व *पुढारी,* पुणे, सभी 16 मई 2008)।

ख) जाँच में ग़लतियां और मनमानी

1) साइकिल की दुकान के मालिक द्वारा किये गए वर्णन के अनुसार चार संदिग्धों के स्केच जारी किये गए थे। इसके आधार पर तीन लोग, अजमेर के डेरी मालिक, पुष्कर का एक अधिकारी और उदयपुर के एक होटल व रेस्त्रां के कर्मचारी को गिरफ़्तार किया गया, जिसके पीछे यह तथ्य था कि वे मौक़े पर मौजूद संदिग्धों से मेल खाते थे। पुलिस द्वारा इनके दावों की जाँच की जा रही है। आगे चलकर तीन अन्य स्केच जारी किये गए।

2) इस घटना के दो दिनों के बाद, रेलवे पुलिस को एक गुमनाम कार संदिग्ध स्थिति में मिली। यह कार किसी अफ़ज़ल ख़ान की थी। इस मामले में पुलिस की जाँच किसी निष्कर्ष पर नहीं पहुंच पाई है।

3) राष्ट्रीय सुरक्षा गार्ड (एनएसजी) और राजस्थान फ़ॉरेंसिक प्रयोगशाला द्वारा यह बताया जा चुका है कि जयपुर के विस्फोट में आर डी एक्स का उपयोग नहीं किया गया था।

4) आई बी की निशानदेही पर दिल्ली पुलिस द्वारा हूजी के एक संदिग्ध आतंकवादी को बुधवार (21 मई 2008) को 3.1 क़िग्रा आर डी एक्स के साथ गिरफ़्तार किया गया।
5) सैकड़ों की संख्या में बंगलादेशी, सिमी के के कार्यकर्ता और अन्य संदिग्धों को राजस्थान, महाराष्ट्र व अन्य स्थानों से पकड़ा गया और इनमें सबसे महत्त्वपूर्ण था इमरान क़ाज़ी, जिसे 21 मई 2008 को मुंबई गोवा रोड पर मनगांव से हिरासत में लिया गया।
6) जयपुर पुलिस ने सात ऐसे स्केच वापिस ले लिए जिनके आधार पर किसी भी संदिग्ध को पकड़ा नहीं जा सका था। इसके आगे उन्होंने त्रिआयामी (Three Dimensional) कंप्यूटर स्केच बनाने का फ़ैसला किया।
7) पुलिस ने यह दावा किया कि दो संदिग्धों की दिल्ली व महाराष्ट्र से गिरफ़्तारी के साथ ही वे इस घटना को लगभग हल कर चुके हैं।
8) बहरहाल एस आई टी का फ़ैसला जिसके तहत उन्होंने पहले के सात स्केच वापिस लेते हुए चार नए स्केच जारी किए, और एनएसजी विशेषज्ञों द्वारा इस बात को ख़ारिज करना कि विस्फोट में आर डी एक्स का इस्तेमाल हुआ था, इन दोनों बातों ने सरकार को विचित्र स्थिति में ला खड़ा किया, और मामला की जाँच सी बी आई को सौंपने की सम्भावना बढ़ गयी।
9) जब केन्द्रीय एजेंसियों की आतंकवाद निरोधक विंग मूक बनी रही, राजस्थान पुलिस ने 8000 मोबाइल फ़ोन कॉलों की स्कैनिंग करनी शुरू कर दी जिन्हें विस्फोटों से पहले संवाद के लिये उपयोग में लाया गया था कि कहीं इनमें से कोई कॉल बम्बारों की तो नहीं थी। (*द टाइम्ज़ ऑफ़ इंडिया*, पुणे, 17 मई 2008; *द टाइम्ज़ ऑफ़ इंडिया*, मुंबई, 16 मई 2008; *द टाइम्ज़ ऑफ़ इंडिया*, पुणे, 18 मई 2008; *सकाल*, पुणे और *द टाइम्ज़ ऑफ़ इंडिया*, मुंबई, दोनों 21 मई 2008; *एशियन एज*, 20 मई 2008; *हिन्दू*, मुंबई, 22 मई 2008; *पायोनियर* मुंबई, 21 मई 2008; *द टाइम्ज़ ऑफ़ इंडिया*, पुणे, 23 मई 2008; *पुढारी*, पुणे, 19 मई 2008; *पुढारी*, पुणे, 23 मई 2008; *सकाल*, पुणे, 22 मई 2008; *द इंडियन एक्सप्रेस*, मंबई, 14 जून 2008)।

ग) सुराग़ : कुछ सत्यापित, कुछ असत्यापित

1) इस मामले में बंगलादेश के हूजी पर संदेह करने के पीछे प्रमुख कारण यह है कि उस साइकिल की दुकान से, जहां से आतंकवादियों द्वारा विस्फोट हेतु साइकिलें ख़रीदी गयी थीं, मालूम हुआ कि, *एक व्यक्ति ने अपने बाल के बीच में से मांग निकाल रखी थी और वह बंगाली लहजे में बातचीत कर रहा था।* जाँच अधिकारियों के अनुसार, उनके पास अपने दावे के लिए यही एक आधार है।
2) विस्फोट स्थल से एक हवाई टिकट मिला है जिसे मुज़फ़्फ़रपुर के एक सायबर कैफ़े से निकाला गया था। आगे यह निष्कर्ष निकाला गया कि शमीम इस्लाम नामक व्यक्ति ने मुज़फ़्फ़रपुर में अपने निवास के दौरान पटना से कोलकाता के लिये यह टिकट लिया था। पुलिस शमीम इस्लाम की खोज में थी।
3) एक रिक्शा खींचनेवाला, जिसे विजय नाम से पहचाना गया, वह इस विस्फोट में घायल हो गया। उससे पुलिस ने बाद में पूछताछ की। विजय ने उन्हें बताया कि उसे मीना नामक एक महिला द्वारा किराये पर लिया गया था जो कि स्वयं उस विस्फोट स्थल से नज़दीक ही रहती थी। उसने एक नई साइकिल को हवा महल क्षेत्र तक ले जाने के लिये किराये पर लिया था जो कि हमले का एक क्षेत्र था और उसके लिये उसने एक लाख रुपये तक देने का प्रस्ताव किया था। उसे यह कहते हुए आजतक चैनल पर दिखाया गया जब पुलिस उसे भगाकर ले जा रही थी। प्रारंभिक रिपोर्ट के अनुसार पुलिस ने उस महिला को खोजने के लिये ज़ोरदार अभियान चलाया, लेकिन इसके बाद विजय या मीना से संबंधित कोई बात सामने नहीं आई।
4) इस बात की भी जाँच की गई कि ईमेल में लिये गए शब्द "गुरु" का अफ़ज़ल गुरु से कोई सम्बन्ध है।
5) इस जाँच से जुड़े अधिकारियों ने यह चीज़ साफ़ कर दी कि वे जाँच के काम को तभी आगे बढ़ा सकते हैं जब उन्हें केन्द्रीय एजेंसियों से सूचनाएं मिलेंगी क्योंकि आतंकवादी राष्ट्रीय व अंतर्राष्ट्रीय स्तर के हैं (*द मिल्ली गज़ेट*, 1-15 जून 2008)।

घ) सूचनाएं (तैयार स्क्रिप्ट) आई बी से मिलते ही जाँच आगे बढ़ी और पूरी हो गई

1) एक "प्राइम सस्पेक्ट" शहाबाज हुसैन को हिरासत में लेकर पुलिस रिमांड पर भेजा गया। वह उत्तर प्रदेश के भदोई ज़िले का निवासी था। पुलिस के अनुसार वह पांच राज्यों में विस्फोटों की योजना का एक मास्टरमाइंड था, जिनमें गुजरात भी शामिल है। उसका अहमदाबाद विस्फोट मामले में आज़मगढ़ (उप्र) के अबुल बशर और साजिद मंसूरी (गुजरात) से सम्बन्ध था। उसे उत्तर प्रदेश ए टी एस व राजस्थान ए टी एस के संयुक्त अभियान में पकड़ा गया (*द टाइम्ज़ ऑफ़ इंडिया*, पुणे, 27 अगस्त 2008)।

2) राजस्थान एस आई टी द्वारा 22 सितम्बर 2008 को यह दावा किया गया कि उन्होंने जयपुर विस्फोट सम्बन्धी सभी तथ्यों को हल कर लिया है। उनकी कथा कुछ इस प्रकार है :

   १. दस आतंकवादी, जिनमें से आठ की पहचान की गई, 13 मई को तीन समूहों में जयपुर पहुंचे। उनके पास एक बैग में तैयार बम थे और साइकिल ख़रीदने व सफ़र के ख़र्चों के लिये साढ़े चार हज़ार रुपये थे।

   २. वे विस्फोट के स्थानों का जायज़ा लेने के लिए 11 मई को भी जयपुर आए थे।

   ३. इन विस्फोटों को अमल में लाने वाले व योजना बनाने वाले थे आतिफ़, साजिद, (दोनों ही दिल्ली बटला हाउस इंकाउंटर में मारे गए), सैफ़ (दिल्ली पुलिस की हिरासत में), शादाब (दिल्ली इंकाउंटर में छूट गया), ख़ालिद, आरिफ़, साजिद भाई, सलमान व दो अन्य आतंकवादी जिनकी पहचान नहीं हो सकी। यह माना जाता है कि शादाब उन दो आतंकवादियों को जानता है। उनका नाम शादाब की गिरफ़्तारी के बाद ही मालूम हो सकता है।

   ४. वे आपस में तीन समूहों में बंट गए। आरिफ़, सलमान व एक अनजान आतंकवादी ने मिलकर एक ग्रुप बनाया। उनका मुखिया आतिफ़ था। शादाब ने दूसरे समूह का नेतृत्व किया जिसमें ख़ालिद और एक अन्य आतंकवादी शामिल था। साजिद भाई, सैफ़ और साजिद तीसरे समूह में थे।

५. बम रखने के बाद, वे अलग हो गए और जयपुर रेलवे स्टेशन पर अलग-अलग पहुंचे और वहाँ से शताब्दी एक्सप्रेस से दिल्ली चले गए।

६. आतिफ़, जो कि इस काम का मुखिया था, वह जयपुर में 9 मई को क़यामुद्दीन से मिलने के लिये आया था, जो कि योजना बनाने वालों व काम करने वालों के बीच एक कड़ी था।

७. आतिफ़ ही कुछ योजना बनाने वालों को जान सकता है जिनमें शामिल हैं तौक़ीर *उर्फ़* सुभान, साजिद मंसूरी, शहाबाज हुसैन और कुछ अन्य (*द टाइम्ज़ ऑफ़ इंडिया,* पुणे, 23 सितम्बर 2008)।

च) जाँच को लेकर शंकाएं और ग़लतियां

1) "इंडियन मुजाहिदीन" के नाम से भेजे गए ईमेल को लेकर कोई खोजबीन गहराई से नहीं की गयी।

2) यह अभी भी ज्ञात नहीं हैं कि विजय व मीना को लेकर क्या खोजबीन की गई, जिनकी भूमिका विस्फोटों में अत्यंत संदिग्ध थी, और यदि पूरी जाँच की गयी तो उसका परिणाम क्या है ?

3) यह बात समझ से परे है कि जब पुलिस के पास जाँच शुरू करने के लिये सारे सुराग़ मौजूद थे, ऐसे में जाँच को तत्काल प्रारंभ करने के स्थान पर आई बी की ओर से सूचनाओं के आने का इंतिज़ार क्यों किया गया ? क्या पुलिस को यह निर्देश है कि विस्फोटों के मामलों में, उन्हें अपराध संहिता के प्रावधानों के अनुसार, तब तक जाँच शुरू नहीं करनी चाहिए, जब तक उन्हें केन्द्रीय ख़ुफ़िया एजेंसियों से किसी प्रकार की हरी झंडी नहीं मिल जाती।

4) यह बात भी जानकारी में नहीं है कि आई बी के इशारे पर दिल्ली पुलिस द्वारा जिस हूजी आतंकवादी की गिरफ़्तारी 21 मई 2008 को की गई, उसका आगे क्या हुआ। ऐसा प्रतीत होता है कि आई बी आर डी एक्स के हूजी आतंकवादी द्वारा बंगलादेश की असुरक्षित सीमा से अंदर लाने के तथ्य की जाँच कर रही थी (*द टाइम्ज़ ऑफ़ इंडिया,* पुणे, 15 मई 2008) और इसी बात को आगे बढ़ाते हुए उन्होंने एक "हूजी आतंकवादी" को 21 मई 2008 को 3.1 किलो आर डी एक्स के साथ

गिरफ़्तार कर लिया। (*द टाइम्ज़ ऑफ़ इंडिया,* पुणे, 23 मई 2008)। लेकिन लगभग उसी समय एनएसजी के फ़ॉरेंसिक विशेषज्ञ ने यह घोषणा की कि जयपुर विस्फोट में आर डी एक्स का इस्तेमाल नहीं हुआ था। (*सकाल,* पुणे, 21 मई 2008)। जब उन्हें विशेषज्ञों की रिपोर्ट के विषय में मालूम हुआ, तब तक वे हूजी आतंकवादी को आर डी एक्स के साथ गिरफ़्तार कर चुके थे। इस तथ्य के कारण उन्हें काफ़ी शर्मिन्दा होना पड़ा और इसी से बचने के लिये उन्होंने इसे छोड़कर जल्दी से एक दूसरी थ्योरी पर काम करना शुरू कर दिया।

5) स्थानीय पुलिस द्वारा संदिग्धों के स्केच अचानक वापिस ले लेना भी अनेक प्रश्नों को जन्म देता है। जैसे :

   i. ऐसी क्या बात थी कि बड़ी ही सुरक्षा व तत्परता से संदिग्धों के सात स्केच, साइकिल की दुकान के मालिक की निशानदेही पर बनवाए गए और दो ही दिनों में उन्हें वापिस ले लिया गया ?

   ii. इस प्रकार से स्केच वापिस ले लेने का कारण जैसा कि *द टाइम्ज़ ऑफ़ इंडिया,* मुंबई (16 मई 2008) में दिया गया है, साइकिल की दुकान के मालिक द्वारा दी गई जानकारी के अनुरूप नहीं बने थे। लेकिन यदि ऐसा है, तब बिना किसी जाँच के, दो दिन पूर्व वे स्केच जारी कैसे किये गए ? या फिर पुलिस चाहती थी कि वे स्केच किसी ख़ास आदमी से मेल खाए ?

   iii. क्या यह बात थी कि लगभग उसी समय अहमदाबाद पुलिस द्वारा 10 संदिग्ध आतंकवादियों को पकड़ा गया था और यह दावा किया था कि उन्होंने अहमदाबाद विस्फोट केस के साथ ही जयपुर सहित अन्य शहरों में हुए विस्फोटों का मामला लगभग हल कर लिया है, और इसी के चलते वे स्केच वापिस ले लिये गए और कम्प्यूटर पर थ्री डॉयमेंशनल स्केच बनाने का फ़ैसला लिया गया ? संक्षेप में, क्या आई बी यह चाहती थी कि स्थानीय पुलिस वे स्केच वापिस ले ले और उन लोगों से मिलते-जुलते स्केच बना ले जिन्हें वे पहले ही अहमदाबाद में फ़िक्स कर चुके हैं।

   iv. यह त्रिआयामी स्केच कब बनाए गए और उन्हें कब जारी किया गया ? क्या पहले व बाद के स्केच में कोई समानता थी या फिर ये

सब एक दूसरे से भिन्न थे ?

v. यह स्केच उन लोगों से कितना मिलते-जुलते थे जिन्हें अहमदाबाद पुलिस ने राजस्थान ए टी एस को सौंपा था।

vi. क्या गिरफ़्तार किये गए व्यक्ति को साइकिल की दुकान के मालिक ने पहचाना ? यदि हां तो क्या उन्होंने सभी को पहचाना या किसी एक को ? या फिर ऐसा हुआ कि जो लोग साइकिल की दुकान पर गए थे, वे उनमें से कुछ थे जो विस्फोट में मारे गए या दिल्ली पुलिस ने आई बी और अहमदाबाद पुलिस से सांठ-गांठ करके भगोड़े क़रार दिया था ?

6) यह बात भी समझ से परे है कि ए टी एस राजस्थान द्वारा 23 सितम्बर 2008 को यह कहा गया कि इस केस को हल कर लिया गया है, जबकि अहमदाबाद पुलिस द्वारा एक माह से भी ज़्यादा, पहले 16 अगस्त 2008 को, दावा किया गया था उन्होंने आतंकवादियों के एक गैंग को पकड़ा है जो अहमदाबाद विस्फोट के साथ ही कई अन्य विस्फोट, जिनमें जयपुर विस्फोट भी शामिल है, के लिए ज़िम्मेदार है। क्या यह आई बी द्वारा दिये गए निर्देश नहीं थे जिनके चलते उन्हें इंतिज़ार करने को कहा गया जिससे कहानी की छूटी हुई कड़ियों को जोड़ लिया जाए अर्थात्, दिल्ली में हुए इंकाउंटर तक, जो कि 19 सितम्बर को किया गया जिसमें दो लोगों को मार गिराया गया और दो भाग गए व एक को गिरफ़्तार किया गया ?

और सबसे महत्त्वपूर्ण बात यह कि ए टी एस के पास आरोपियों के ख़िलाफ़ कौन-से साक्ष्य हैं, सिवाय बनाए हुए सबूतों के जैसे : आरोपियों के इक़बालिया बयान, उनके मोबाइल फ़ोन के रिकॉर्ड, उनके द्वारा लिखी गई डायरियां, साथ ही हथियारों की बरामदगी, इंकाउंटर में मारे गए लोगों से संबंधित वस्तुएं व डायरियां आदि ?

4

नानदेड़ बम धमाका
(5 अप्रैल 2006)

जिसका राज़ संयोग से फ़ाश हो गया

अप्रैल 2006 का नानदेड़ बम धमाका एक ऐसी साज़िश का परिणाम था जिसका भांडा ख़ुद ही फूट गया और जिसमें लिप्त ब्राह्मणवादी संगठनों से जुड़े आतंकवादी रंगे हाथों पकड़े गए। यह वास्तव में सौभाग्य से खुल जाने वाला केस था कि उसमें आई बी के लिए किसी तरह के हस्तक्षेप या मामले को कोई दूसरा रंग देने की कोई गुंजाइश ही नहीं थी।

5 अप्रैल 2006 की आधी रात को नानदेड़ में पी. डबल्यू. डी. के एक रिटायर्ड एक्ज़ेक्यूटिव इंजीनियर, लक्ष्मण गुंडाया राजकोंडवार के घर में ज़बरदस्त धमाका हुआ, जिसमें दो व्यक्ति मौक़े पर ही मारे गए और उनके चार साथी घायल हुए। मरने वालों में एक लक्ष्मण राजकोंडवार का बेटा नरेश राजकोंडवार तथा दूसरा बजरंग दल का कार्यकर्ता हिमांशू पांसे था। जबकि मारूती कैशव वाघ, योगेश देश पाण्डे (*उर्फ़* विदुल्कर) गुरुराज टूपटीवार और राहुल पाण्डे नाम के चार व्यक्ति घायल हुए थे। यद्यपि पुलिस के वरिष्ठ अधिकारियों ने घटना-स्थल का मुआयना किया, लेकिन एफ आई आर दर्ज करने की ज़िम्मेदारी लोकल थाने के असिस्टेंट पुलिस इंस्पेक्टर (ए पी आई) पद के एक जुनियर अधिकारी के द्वारा एक घायल आदमी के बयान पर लिखी गयी। एफ आई आर में कहा गया कि नरेश राजकोंडवार, जो उस धमाके में मारा गया, अपने घर में पटाखों का ग़ैर क़ानूनी व्यापार करता था। धमाके का कारण यह बताया गया कि मरने वाले दोनों व्यक्ति राजकोंनडवार और वाघ पटाखों के स्टॉक के बिल्कुल पास धूम्रपान कर रहे थे। इस बयान से लगता यही था यह बस एक दुर्घटना है।

मगर इस कहानी को हक़ीक़त का रंग देने के लिए एक मूर्खता यह की गई कि पटाखों की एक बड़ी खेप, जिसकी क़ीमत 120,000 रुपये थी, मौक़ा वारदात के निकट रखी हुई दिखाई गयी। लेकिन यह कहानी गढ़ने वालों ने अपनी बुद्धि से इतना भी काम नहीं लिया कि जब यह सादा सा प्रश्न पूछा जाएगा कि पटाखों में इतने भयंकर धमाकों के बावजूद जिसमें दो व्यक्ति हताहत और चार घायल हुए, घटना-स्थल के इतने निकट पटाखों का इतना बड़ा ज़ख़ीरा सुरक्षित कैसे रह गया और उसपर उस शक्तिशाली धमाके का प्रभाव क्यों नहीं पड़ा तो उसका क्या उत्तर दिया जाएगा? पटाखों की यही कहानी ज़िला मजिस्ट्रेट और एस पी पुलिस ने भी मीडिया के सामने दोहरानी शुरू कर दी। मगर इस कहानी में इतने सारे छिद्र मौजूद थे कि सामान्य लोग पहले ही दिन से उसकी सच्चाई पर शक करने लगे।

यह विश्वास करना बड़ा ही कठिन है कि ऐसे संवेदनशील मामले में एफ आई आर दर्ज करने का महत्त्वपूर्ण काम, जिसमें वारदात पर लागू होने वाली क़ानूनी धाराओं का तय करना भी शामिल होता है, ए पी आई पद के एक जुनियर अधिकारी की समझ-बूझ पर छोड़ दिया गया, हालाँकि नानदेड़ ज़िला मुख्यालय है और डी एम के अलावा, एस. पी. रेंज के डी आई जी पुलिस के मुख्यालय भी यहीं हैं। इसके अलावा आई बी के एक अधिकारी का दफ़्तर भी शहर में मौजूद है। हर व्यक्ति यह अनुमान कर सकता है कि बम धमाका जैसे संवेदनशील मामले में, जिसमें दो व्यक्ति हताहत और चार घायल हुए, क़ुदरती तौर से क्या-क्या कार्रवाई हुई होगी। सबसे पहले ज़िला प्रशासन ने मुंबई में अपने उच्च अधिकारियों को इस घटना की सूचना दी होगी जिसमें मामला के संक्षिप्त तथ्य, घायल व्यक्तियों के बयान और उन संदिग्ध व्यक्तियों और संगठनों का हवाला शामिल होगा जिनका सम्बन्ध इस मामले में हो। स्थानीय आई बी अफ़सर ने भी अविलम्ब मुंबई और दिल्ली में अपने उच्च अधिकारियों को रिपोर्ट दी होगी और तुरंत ही ब्राह्मणवादी लीडरों ने आई बी में *अपने* लोगों से सम्पर्क किया होगा और सरकार के किसी परिणाम पर पहुंचने से पहले आई बी ने राज्य प्रशासन में अपने लोगों को सचेत कर दिया होगा कि इसमें कुछ *अत्यंत संवेदनशील* मामले शामिल हैं और जल्दबाज़ी में किसी नतीजे पर पहुंचना बहुत ख़तरनाक हो सकता है। इस तरह यह समझा दिया होगा कि एफ आई आर सिर्फ़ घायलों के बयान के आधार पर दर्ज कर ली जाए और पुलिस अधिक छान-बीन में न पड़े।

इसी तरह स्थानीय मीडिया भी अपने काम में लग गया होगा। इस प्रकार के मामलों में स्थानीय मीडिया की कार्यप्रणाली लगभग पूर्व निश्चित होती है जिसका अनुमान पहले ही किया जा सकता है। किसी साम्प्रदायिक हिंसा या धमाका में ब्राह्मणवादी तत्त्वों से सम्बन्ध रखने वाले पत्रकार, जो सामान्यत: हर जगह संख्या में अधिक होने के कारण स्थानीय प्रेस पर छाए रहते हैं, पुलिस अफ़सरों को घेर लेते हैं और ऐसे सवाल पूछते हैं जो परोक्ष रूप से यह इशारा करते हैं कि अगर पुलिस प्रेस रिपोर्टिंग में मीडिया का समर्थन व सहयोग चाहती है तो उसको क्या लाइन अपनानी चाहिए और यदि वह कोई अन्य लाइन अपनाती है तो चाहे वही लाइन सही क्यों न हो, उसपर परोक्ष रूप में यह स्पष्ट कर दिया जाता है कि प्रेस में रिपोर्टिंग किस तरह की होगी ? चूंकि स्थानीय पुलिस अधिकारी जानते हैं कि उनके सीनियर अफ़सर, सरकार और जनता मीडिया में प्रकाशित ख़बरों के आधार पर अपनी राय बनाते हैं, चुनांचे यह अफ़सर उन ब्राह्मणवादी विचारधारा वाले पत्रकारों को नाराज़ न करने में ही अपना हित समझते हैं और यदि वे ऐसा नहीं करते तो सीनियर संघी पत्रकार उच्च अधिकारियों, मंत्रियों यहाँ तक कि मुख्यमंत्री और गृहमंत्री तथा दूसरे सीनियर लीडरों से सम्पर्क स्थापित करने और उनके दिमाग़ में यह बात बिठाने में लग जाते हैं कि सरकार को क्या क़दम उठाना चाहिए। देश भर में स्थानीय मीडिया का रवैया स्थानीय प्रशासन के मामले में इतना एक समान है कि नानदेड़ धमाका मामले में उसमें कोई फ़र्क़ नहीं हो सकता। विभिन्न स्तरों पर ब्राह्मणवादी के लगातार संगठित प्रयासों के नतीजे में वे अपने इरादे में और पटाखों की मनगढ़ंत कहानी के आधार पर एफ आई आर दर्ज करा लेने में सफल हो गए होंगे।

बहरहाल यह ब्राह्मणवादी तत्त्वों के लिए एक अस्थायी सफलता सिद्ध हुई। धमाकों की तीव्रता, मौक़े पर बरामद सामान और उस धमाके में हताहतों व घायलों की पृष्ठभूमि के कारण एक मामूली आदमी को भी यह समझ लेने में देर नहीं लगी कि यह मामला पटाखों में आग की दुर्घटना का नहीं बल्कि बम धमाके हैं। अत: विवश होकर नानदेड़ रेंज के आई जी पुलिस को सच्चाई को स्वीकार करना पड़ा और रिकॉर्ड को सही करते हुए उन्होंने मीडिया को बताया कि पोस्ट मार्टम में मृतकों के शरीर में बम के टुकड़े निकले हैं और धमाका जिस घर में हुआ उसमें से एक कारगर पाइप बम भी मिला और यह कि पटाखों की कहानी धमाके में घायल लोगों ने पुलिस को गुमराह करने के लिए गढ़ी है।

और आगे तफ़तीश से पता चला कि मृतक और घायल होने वाले लोग आर एस एस और बजरंग दल के सक्रिय कार्यकर्ता थे। वे विभिन्न प्रकार के बम बनाने और उनके धमाके करने का गहन प्रशिक्षण पाए हुए थे और अपनी कार्रवाइयों को मुस्लिम-संगठनों की हरकत प्रदर्शित करके मस्जिदों को निशाना बनाते थे। लक्ष्मण राजकोंडवार, जिसके मकान में धमाका हुआ आर एस एस का एक जाना-माना कर्मठ कार्यकर्ता था। इसके अतिरिक्त पुलिस को आरोपियों के घरों से जो डायरियां, अनेक महत्त्वपूर्ण काग़ज़, मुसलमानों के धर्म-स्थलों के नक़्शे और टेलीफ़ोन नम्बर आदि मिले, वे उनके विरुद्ध सबूत बन गए। इन सबूतों के आधार पर 16 व्यक्तियों को गिरफ़्तार किया गया और उन्हें पुलिस हिरासत में लिया गया। लेकिन हैरत की बात यह है कि उन सबको एक एक करके ज़मानत पर रिहा कर दिया गया। जो दूसरे आरोपी गिरफ़्तार नहीं हुए थे, उनको भी आसानी से पेशगी ज़मानत मिल गई।

एक महीने तक स्थानीय पुलिस अपनी क्षमता के अनुसार मामले की तफ़तीश करती रही। एफ आई आर चूंकि पटाखों में आग लग जाने से धमाके की कहानी के आधार पर दर्ज की गई थी, इसलिए जनता में और ख़ासकर अल्पसंख्यकों की निगाह में पुलिस का विश्वास और भी कम हो गया। दूसरे यह कि सबूतों के आधार पर तफ़तीश का दायरा बढ़ता हुआ नज़र आया तो मामले की जाँच स्थानीय पुलिस से महाराष्ट्र पुलिस के आतंकवाद-विरोधी दस्ते (ए टी एस) के हवाले कर दी गयी। उस समय ए टी एस के प्रमुख एडीशनल डी जी पुलिस के. पी. रघुवंशी थे, जो आई बी के अंदरूनी ग्रुप और ब्राह्मणवादी तत्त्वों के एक भरोसे के अफ़सर हैं। इसलिए उन तत्त्वों ने इस पहलू से राहत महसूस की कि रघुवंशी एक ऐसे अफ़सर हैं जो तफ़तीश के ज़ाब्ते की कार्रवाई पूरी कर देंगे और मामले को जहां चाहेंगे रोक देंगे।

चूंकि मौक़ा वारदात पर मिली हुई चीज़ों, मुलज़िमों और अनेक संदिग्ध लोगों के घरों की तलाशियों के दौरान जो डायरियां, अन्य दस्तावेज़, मुस्लिम इबादतगाहों के नक़्शे, बनावटी दाढ़ियां, मुसलमानों के विशेष तरह के वस्त्र जैसे गोल टोपियां और शेरवानियां, विशेष प्रकार के रूमाल आदि और बहुत-से टेलीफ़ोन नम्बर, अनेक मोबाइल फ़ोन और दूसरी बहुत-सी चीज़ें, बरामद हुई थीं, वे मुलज़िमों के बीच सांठ-गांठ और साज़िश के ऐसे सबूत थे जिनकी ए टी एस न तो उपेक्षा कर सकती थी और न ही रद्‌द कर सकती थी। अत: उनको सबूत के

तौर पर क़ुबूल करना पड़ा। इसके अतिरिक्त ए टी एस को उन मुलज़िमों के नारको-टेस्ट कराने पड़े जो धमाके में बच गए थे। स्थानीय पुलिस ने अपनी तफ़तीश के दौरान जिन प्रमुख गवाहों के बयान दर्ज किए थे, उनके बयान भी दोबारा लेने पड़े। नतीजा के तौर पर ए टी एस के पास थोड़ी-सी अवधि में बजरंग दल और संघ परिवार के उस पूरे आतंकी नेटवर्क के ख़िलाफ़ स्पष्ट सबूतों के ढेर लग गए। ये सबूत संघ परिवार के व्यापक आतंकवादी नेट वर्क को बेनक़ाब करने के लिए काफ़ी थे। लेकिन 24 अगस्त 2006 को ए टी एस ने जो पहली चार्ज शीट अदालत में दाख़िल की उससे ज़ाहिर हुआ कि जाँच को नानदेड़ धमाका और परभनी, पूरणा और जालना के 2003 व 2004 के बम धमाकों तक सीमित रखा गया, जिनका सुराग़ नानदेड़ तफ़तीश के दौरान संयोग से लग गया था। लेकिन जाँच-पड़ताल में आर एस एस, विश्व हिन्दू परिषद और बजरंग दल आदि के देशव्यापी आतंकी नेटवर्क को बेनक़ाब करने की कोई कोशिश नहीं की गई। इससे उन लोगों को कोई आश्चर्य नहीं हुआ जो संघ परिवार और आई बी के बीच के सम्पर्कों व सम्बंधों और आई बी के प्रति ए टी एस प्रमुख रघुवंशी की जी हुज़ूरी को जानते हैं।

24 अगस्त 2006 को पहली चार्ज शीट सात आरोपियों के ख़िलाफ़ दाख़िल की गई, जिनके नाम हैं राहुल पाण्डे, लक्ष्मण राजकोंडवार, संजय चौधरी, रामदास मुलंगे, डॉक्टर उमेश देशपाण्डे, हिमांशू पांसे और नरेश राजकोंडवार थे। इनमें से अंतिम दो धमाके में मारे जा चुके थे। एफ आई आर में इन मुलज़िमों पर निम्न धाराएं लगाई गयीं : ताज़ीरात हिन्द की धारा 304 (ग़ैर इरादी क़त्ल), 286 (संगीन लापरवाई का आचरण), 338 (सख़्त चोट पहुंचाना), 201 (सबूतों को नष्ट करना), 202 (आपराधिक गतिविधि की सूचना को छुपाना), 203 (पुलिस को ग़लत सूचना देना), 212 (अपराधी को पनाह देना), 120-बी (मुजरिमाना साज़िश), 34 (अपराध के लिए सामूहिक इरादा) और 109 (अपराध में शामिल करने के लिए बहकाना) के अलावा विस्फोटक पदार्थ अधिनियम 1908 की धारा 3 (ऐसा धमाका करना जिससे जान, जिस्म या जायदाद को क्षति पहुंचे या पहुंच सके), 4 (धमाका करने वाला कोई ऐसा पदार्थ या वस्तु बनाना या रखना जिससे यदि धमाका हो तो उससे जान और माल को क्षति पहुंच सकती हो), 5 (संदिग्ध स्थिति में विस्फोटक पदार्थ बनाना), 6 (अपराध में सहयोग) और आर्म्स एक्ट 1959 की धारा 3, 25 और 35 (अवैध रूप से हथियार रखना) और अवैध

गतिविधियां (रोक-थाम) एक्ट 1967 (2004 में संशोधित) की धाराएं 18 (आतंकी कार्रवाई का प्रयास करना या उसके लिए उकसाना), 23 (आतंकी गतिविधि में सहायता करने के इरादे से अवैध रूप से बम आदि रखना)।

और अधिक तफ़तीश के बाद ए टी एस ने 11 नवम्बर 2006 को एक पूरक अभियोग-पत्र दाख़िल किया जिसमें 4 और मुलज़िमों, मारूति वाघ, योगेश विदुलकर, गुरु राज जैराम टुट्टेवार और मिलिंद एकटाटे के नाम शामिल हैं। लेकिन उस आरोप-पत्र से भी यह ज़ाहिर नहीं होता कि ए टी एस मामले की तह तक पहुंचने का इरादा रखती है।

जाँच में सामने आए तथ्य

अदालत में ए टी एस द्वारा दाख़िल किए गए दोनों आरोप-पत्रों (Chargesheets) और सबूत के तौर पर उनके साथ लगाए गए दस्तावेज़ों से ऐसा लगता है कि तफ़तीश में निम्नलिखित तथ्यों का पता चला है :

1. नानदेड़ बम साज़िश में पकड़े गए अपराधी पास के ज़िलों में उससे पहले होने वाले तीन दूसरे धमाकों के लिए भी ज़िम्मेदार थे। ये धमाके थे : मुहम्मदिया मस्जिद, परभनी (नवम्बर 2003), क़ादिरया मस्जिद, जालना (अगस्त 2004) और मेराजुलउलूम मदरसा व मस्जिद पूरणा, ज़िला परभनी (अगस्त 2004)।
2. जो बम 5-6 अप्रैल 2006 को नानदेड़ में आर एस एस के स्वयंसेवक नरेश राजकोंडवार के घर पर फटा और जिसका शिकार ख़ुद अपराधी बन गए, वास्तव में उनका असली निशाना औरंगाबाद की एक मस्जिद थी। हिमांशू पांसे और मारूती वाघ मई 2004 में ही औरंगाबाद की उस मस्जिद और उसके आसपास के इलाक़े का क़रीब से निरीक्षण कर चुके थे।
3. मुलज़िमों के घरों और उनके दूसरे ठिकानों से पुलिस छापों और तलाशियों के दौरान जो सबूत मिले उनसे यह स्पष्ट होता है कि हिमांशू पांसे, नरेश राजकोंडवार, मारूती वाघ, योगेश विदुलकर (देश पाण्डे), गुरु राज टुट्टेवार, राहुल पाण्डे, संजय चौधरी, राम दास मुलांगे और लक्ष्मी राजकोंडवार, आर एस एस, वी एच पी और बजरंग दल के कट्टरवादी कार्यकर्ता और स्वयंसेवक थे/हैं।

4. इन संगठनों ने उनके दिमाग़ों में यह बात बिठा दी थी कि "चरमपंथी मुस्लिम संगठन" रात-दिन निर्दोष हिन्दुओं पर हमले कर रहे हैं और इसी लिए हिमांशू पांसे और राहुल पाण्डे ने नौजवानों को जागृत करने और उन्हें "हिन्दू धर्म" की अपनी ही हिंसक धारणा की ओर आकर्षित करने के लिए एक जिमनाज़ियम शुरू किया। इसके अलावा हिमांशू पांसे और मारूती वाघ ने बजरंग नगर नानदेड़ में संघ की शाखा स्थापित की।

5. उन्होंने अनेक संगोष्ठियां व सेमिनार आदि आयोजित करके अपने भाषणों से और वीडियो आदि की मदद से मुस्लिम-विरोधी माहौल पैदा किया और इस असत्य का प्रचार किया जैसे मुसलमानों ने हिन्दुओं के साथ "अत्याचार" किए हों। उन्होंने अपनी इन गतिविधियों के माध्यम से *हिन्दुओं* को उकसाया कि वे हिन्दू धर्म के लिए "कुछ तो" करें। इस उद्देश्य की प्राप्ति के लिए वे हिन्दू त्योहार इस प्रकार धूम-धाम के साथ मनाने का प्रयोजन करते जिससे लोगों में धार्मिक उन्माद उत्तेजित हो।

6. "बदला" लेने के अपने मक़सद को प्रभावकारी ढंग से पूरा करने के लिए वाघ, पांसे, चौधरी और विदुरकर 2003 में पुणे के पास क़िला सिंहगढ़ के निकट एक रिज़ोर्ट "आकांक्षा" गए जहां उन्होंने "मिथुन चक्रवर्ती" नाम के एक व्यक्ति से पाइप बम सहित तीन प्रकार के बम बनाने का प्रशिक्षण प्राप्त किया। उन्हें यह दिखाने के बाद कि उन बमों का धमाका कैसे किया जाता है मिथुन चक्रवर्ती ने पांसे को धमाकों में काम आने वाला कुछ सामान भी दिया। उस कैम्प से वापसी के कुछ ही दिनों बाद उन्होंने परभनी की मुहम्मदिया मस्जिद में बम धमाके किए। विश्व हिन्दू परिषद और बजरंग दल ने भी हिमांशू पांसे को दो साल तक गोला बारूद बनाने और चलाने का गोवा में प्रशिक्षण दिलाया था।

8. इन प्रशिक्षण शिविरों के अलावा आर एस एस और बजरंग दल ने ऐसे ही कम से कम तीन और शिविरों का आयोजन किया। यह सुराग़ पुणे के नागरिक पूर्व मरचेंट नेवी कैप्टन सनतकुमार भाटे के बयान से मिलता है जो उसने 20 अप्रैल और 18 मई 2006 को क़लमबंद कराया था। भाटे ने अपने बयान में निम्न तथ्यों का रहस्य खोला :

क) मार्च या अप्रैल 2000 में उसे पुणे के सरस्वती मंदिर स्कूल के पिछवाड़े स्थित बजरंग दल के कार्यालय से एक फ़ोन मिला। यह फ़ोन

दल के अखिल भारतीय शारीरिक शिक्षा विभाग के प्रमुख मिलिंद पराड़े ने किया था जिसमें उसने यह आग्रह किया था कि वह बजरंग दल के कार्यकर्ताओं को, जो एक प्रशिक्षण शिविर के लिए पुणे आ रहे हैं छोटी जिलाटिन छड़ों के बम बनाने और उनका उपयोग करने का प्रशिक्षण दें। भाटे ने स्वीकार किया कि उन्होंने इस प्रस्ताव को स्वीकार करके कैम्प में भाग लिया था और बजरंग दल के कार्यकर्ताओं को बम बनाने व उनका धमाका करने का प्रशिक्षण दिया था। भाटे ने यह भी बताया कि उस कैम्प में राज्य स्तर के 40-50 सक्रिय कार्यकर्ताओं ने भाग लिया था। हिमांशू पांसे उनका ग्रुप लीडर था।

ख) मिलिंद परांड़े ने उसके बाद भाटे से आग्रह किया कि वह भोंसाला मिलिट्री स्कूल नागपुर में भी आयोजित होने वाले राष्टीय स्तर के कैम्प में भाग लें और कार्यकर्ताओं को बम बनाने और उनके धमाके करने का प्रशिक्षण दें। उस कैम्प के लिए परांड़े और उसके तीन शिष्य अपने साथ 300 जिलाटिन स्टिक्स साथ लाए थे। यह 40 दिवसीय कैम्प आर एस एस और बजरंग दल ने आयोजित किया था जिसमें देश भर से आर एस एस, बजरंग दल और वी एच पी आदि के 115 सक्रिय कार्यकर्ताओं ने हिस्सा लिया। भाटे ने बताया कि उसने उस कैम्प में भाग लिया था और जिलाटिन बम बनाने तथा उनका धमाका करने का प्रशिक्षण दिया था। लेकिन उसका कहना था वह कैम्प के वातावरण से "निराश" था क्योंकि कैम्प को चलाने वाले कार्यकर्ताओं को "गुमराह" कर रहे थे। इसके अलावा उसने बताया कि उस कैम्प में दो पूर्व सैनिक अधिकारी और आई बी का एक पूर्व सीनियर अफ़सर भी प्रशिक्षण देने के लिए मौजूद थे।

ग) भाटे को ज़िला कोल्हापुर के गढ़ी नगलाज में बजरंग दल के एक कैम्प में भी भाग लेने का निमंत्रण मिला था। उस कैम्प का प्रबंधक शंकर वैद्य था।

9) पांसे के घर की तलाशी में भेस बदलने का सामान भी बरामद हुआ, जैसे नक़ली दाढ़ियां और मूंछें, मुसलमानों की विशेष वेष-भूषा शेरवानी

आदि। यह सामान प्रत्यक्षत: वारदात के वक़्त भेस बदलने और मुसलमानों जैसा रूप धारण करने के लिए इस्तेमाल होना था।

10) हिमांशू पांसे के घर से बरामद उपर्युक्त चीज़ों से और गवाह अतुल विनोद कामटीकर के मोबाइल 9822297494 पर बातचीत के रिकॉर्ड से यह पता चला कि वाघ "कोई काम" अंजाम देने के लिए 15 अप्रैल 2006 को औरंगाबाद जाने वाला है और उसके लिए सचिन सुरेश क़दम की 'धूत मोटर्ज़' पर एक मोटर साइकिल तैयार रखी गई है।

11) वाघ के घर से तलाशी के दौरान बरामद रामदास रजनीशी और उसकी जेबी डायरी में मिले नक़्शे से पता चलता है कि हिमांशू पांसे ने मारूती वाघ, श्रीकर सोनावाले और तीन दूसरे लोगों के साथ मई 2004 में औरंगाबाद की मस्जिद का व्यापक निरीक्षण किया था।

12) इन शैतानी गतिविधियों में नानदेड़ में नियुक्त बी एस एन एल के एक कर्मचारी गोविंद नागाचार्य पुराणिक ने भी महत्त्वपूर्ण भूमिका अदा की थी। वह आर एस एस से सम्बंधित था और सन 2000 से ही आर एस एस के प्रशिक्षण शिविरों में भाग लेता रहा था। उसने नानदेड़ की वारदात से पहले और बाद में न केवल यह कि मुलज़िमों की आर्थिक सहायता की थी बल्कि उनके लिए आने, जाने, ठहरने आदि के बंदोबस्त में भी मदद की। फिर भी उसे बहुत ही आसानी से पेशगी ज़मानत मिल गयी।

13) नानदेड़ का एक निवासी सरेकर सिवसाम्भा सोनावाले मुलज़िमों का एक क़रीबी दोस्त था। यह बात उसको मालूम थी कि हिमांशू और मारूती वाघ ने नवम्बर 2003 में परभनी की एक मस्जिद में बम धमाका किया था। लेकिन उसने इस अपराध की सूचना पुलिस तक नहीं पहुंचाई। अगर वह पुलिस को यह सूचना पहुंचा देता तो इस आतंकी गैंग को पकड़ा जा सकता था और इस तरह वे धमाके जो बाद में दूसरे स्थानों पर हुए, रोके जा सकते थे।

14) एक मुलज़िम संजय चौधरी ने अपने नारको-टेस्ट में बयान दिया था कि नवम्बर 2003 के परभनी धमाके से पहले हिमांशू पांसे ने संजय चौधरी से कहा था कि वह पुणे जाए और वहाँ "एक महत्त्वपूर्ण व्यक्ति" उसे मिलेगा। उसके कहने के अनुसार संजय पुणे गया। उसके वहाँ पहुंचने पर वह "महत्त्वपूर्ण व्यक्ति" उसे स्टेशन पर मिला और वहाँ से उसे अपनी

गाड़ी में बिठा कर ख़ुद ड्राइव करता हुआ 'क्षत्रीय लॉज' ले गया जहां संजय ने अपने असली नाम से एण्ट्री करायी और हिमांशू के निर्देश के अनुसार वहाँ दो तीन दिन रूका रहा। उसका सारा ख़र्च हिमांशू ने ही अदा किया।

15) संजय ने यह भी बताया है कि हिमांशू अक्सर मुंबई में बजरंग दल के प्रमुख नेता बाला जी पुखारे और आर एस एस के नेताओं को फ़ोन करता था और यह कि हिमांशू को अपनी इन गतिविधियों के लिए मुंबई और पुणे में बजरंग दल और आर एस एस द्वारा आवश्यक धन मिलता था।

16) संजय ने पुलिस को यह भी बताया कि मार्च 2006 में संकट मोचन मंदिर, वाराणासी के धमाका के बाद हिमांशू ने औरंगाबाद की मस्जिद में धमाका करने की साज़िश रची थी। हिमांशू ने कहा था वह एक वरिष्ठ नेता के फ़ोन की प्रतीक्षा कर रहा है। उसके आदेश के बाद ही वह इस योजना पर अमल दरामद करेगा। हिमांशू के पास मोबाइल का एक अलग सिम कार्ड था, जिसका उपयोग वह इस प्रकार के संदेशों व आदेशों को प्राप्त करने के लिए किया करता था।

17) संजय को अपनी गिरफ़्तारी के बाद नानदेड़ के बजरंग दल नेता बालाजी पखारे का फ़ोन मिला था। जिसमें पखारे ने संजय से कहा कि वह परेशान न हो। उसको शीघ्र ही ज़मानत पर छुड़ा लिया जाएगा।

18) एक दूसरे आरोपी राहुल पाण्डे ने अपने नार्को-टेस्ट के दौरान पुलिस को बताया कि वराड़ का नागरिक योगेश, वाराणासी का मुकेश और नानदेड़ के गोविंद पुराणिक हिमांशू की "योजनाओं" को पूरा करने में सहायता करते थे।

19) राहुल ने यह रहस्य भी खोला था कि विश्व हिन्दू परिषद नेता प्रवीण तोगड़िया उनके नगर में एक सभा को सम्बोधित करने आया था और हिमांशू पांसे ने ही तोगड़िया के दौरे के सारे प्रबंध किए थे।

20) उसने यह भी बताया था कि हिमांशू योगी के साथ जगह देखने के लिए दिसम्बर में गोवा भी गया था।

इससे पहले कि के. पी. रघुवंशी और उनकी टीम परिस्थिति को समझ पाती, उनके सामने आर एस एस, विश्व हिन्दू परिषद और बजरंग दल जैसे हिन्दू

संगठनों के दहशतगर्द कार्यकर्ताओं के ख़िलाफ़ बड़े ही पुख़्ता सबूतों और महत्त्वपूर्ण सुराग़ों का एक ढेर मौजूद था, लेकिन उन्होंने ज़ाहिर है कि किसी कारण से न तो उन शहादतों का सही तौर पर इस्तेमाल किया और न उन सुराग़ों को उनके तर्क-संगत परिणाम तक पहुंचाने के लिए तफ़तीश को जारी रखा, जैसा कि निम्नलिखित तथ्यों से ज़ाहिर होता है :

1. भोंसाला मिलिट्री स्कूल नागपुर के पिछले रिकॉर्ड की कोई जाँच नहीं की गई जहां सन 2001 में आर एस एस और बजरंग दल का राष्ट्रीय स्तर का आतंकी प्रशिक्षण शिविर आयोजित किया गया था। न उन 115 कार्यकर्ताओं के बारे में विस्तृत जानकारी प्राप्त की गई जिन्होंने उस कैम्प में भाग लिया था। यह कॉलेज अब भी उसी तरह चल रहा है।
2. पुणे के आकांक्षा रिज़ोर्ट के मालिकों और प्रबंधकों के बारे में कोई जाँच नहीं की गई जहां सन 2003 में एक आतंकवादी प्रशिक्षण कैम्प का आयोजन किया गया था। दूसरे आतंकी संगठनों के साथ उसके सम्बंधों और प्रशिक्षण देने और पाने वालों के बारे में भी कोई तफ़तीश नहीं की गई।
3. मिथुन चक्रवर्ती की शिनाख़्त नहीं बताई गई जिसने न सिर्फ़ यह कि आकांक्षा रिज़ोर्ट में मुलज़िमों को बम बनाने और चलाने का प्रशिक्षण दिया बल्कि उन्हें विस्फोटक सामग्री भी उपलब्ध कराई थी। जिस तरह से उसकी शिनाख़्त छिपाने की कोशिश हो रही है उससे अनुमान किया जा सकता है कि वह कोई बहुत ही महत्त्वपूर्ण व्यक्ति है।
4. बजरंग दल के अखिल भारतीय शारीरिक शिक्षा विंग के प्रमुख मिलिंद परांड़े को इस केस में मुलज़िम नहीं बनाया गया हालाँकि उसी ने सन 2000 में अब तक विदित सबसे पहला आतंकी प्रशिक्षण कैम्प पुणे में लगाया था। परांड़े ने सन् 2001 में भोंसाला मिलिट्री स्कूल नागपुर कैम्प में भाग लिया था और अपने साथ जिलाटिन की 300 छड़ियां भी लाया था।
5. मिलिंद परांड़े के उन तीन चेलों के बारे में कोई जाँच-पड़ताल नहीं की गई जिन्होंने उसके साथ नागपुर कैम्प में भाग लिया था। इसी प्रकार उन 40-50 कार्यकर्ताओं के बारे में भी कोई छान-बीन नहीं की गई जिन्होंने

साल 2000 में पुणे के निकट आकांक्षा रिज़ोर्ट में परांड़े के लगाए हुए दहशतगर्दी कैम्प में भाग लिया था।

6. उन दोनों पूर्व सैनिकों की शिनाख़्त का भी कोई गंभीर प्रयास नहीं किया गया जिन्होंने बजरंग दल के कार्यकर्ताओं को प्रशिक्षण देने के लिए नागपुर कैम्प में भाग लिया था। (बाद में हेमंत करकरे के नेतृत्व में ए टी एस ने उन्हें मालेगांव मामले में गिरफ़्तार किया)। अगर उन दोनों को रघुवंशी के नेतृत्व वाले आतंक विरोधी दस्ते ने नानदेड़ मामले में ही गिरफ़्तार कर लिया होता तो अनेक धमाकों को रोका जा सकता था।
7. उस पूर्व सीनियर आई बी अफ़सर की भी शिनाख़्त नहीं की गई जिसने नागपुर के कैम्प में भाग लिया था। दूसरी तरफ़ उसकी शिनाख़्त छिपाने के वैसे ही ज़ोरदार प्रयास किए गए जैसे "मिथुन चक्रवर्ती" के नाम को छिपाने के किए गए थे। ऐसा लगता है आई बी की अनुमति के बिना ए टी एस उसे छू तक नहीं सकती और यह अनुमति आई बी हरगिज़ दे नहीं सकती।
8. गढ़हिनगलॉज ज़िला कोल्हापुर में आयोजित आतंकी प्रशिक्षण शिविरों के बारे में कोई जाँच नहीं की गई। किसने उसका आयोजन किया? किसने उसके लिए धन दिया? प्रशिक्षण देने वालों और भाग लेने वालों के नाम क्या थे? उन्हें किस प्रकार का प्रशिक्षण दिया गया? और कितनी अवधि तक? आदि।
9. शंकर वैद्य की पिछली गतिविधियों की कोई जाँच नहीं की गई, जो गढ़हिनगलॉज में आतंकी प्रशिक्षण शिविर का प्रमुख था।
10. कहा जाता है कि इस सारी साज़िश के सरग़ना हिमांशू पांसे ने गोवा में दो साल तक बम बनाने व धमाका करने का गहन प्रशिक्षण प्राप्त किया था। लेकिन ऐसा लगता है इस बारे में विस्तृत जाँच नहीं की गई कि यह ट्रेनिंग किस जगह पर दी गई, उसकी व्यवस्था किसने की थी, प्रशिक्षण देने वाले कौन लोग थे और अन्य किन-किन लोगों ने उसके साथ प्रशिक्षण प्राप्त किया? आदि।
11. गवाह अतुल कामटीकर के मोबाइल नम्बर 9822297494 के काल रिकार्ड्स की कोई जाँच नहीं की गई जिसे आरोपियों ने इस्तेमाल किया

था। इस जाँच से उन लोगों के नामों का पता चलता जिनसे मुलज़िम ने धमाके से पहले और उसके तुरंत बाद सम्पर्क साधा था।

12. अतुल विनोद कामटीकर को, जो लगता है कि मुलज़िमों की आपराधिक गतिविधियों को जानता था, केस में मुलज़िम नहीं बनाया गया।

13. गोविंद नागाचार्य पुराणिक को, जिसने सन् 2000 से आर एस एस के आतंकी कैम्पों में भाग लेते रहने की बात को स्वीकार किया था और जिसने मुलज़िमों को आपराधिक गतिविधयों के लिए धन उपलब्ध कराया था तथा अन्य प्रकार से उनकी मदद की थी, यूं ही छोड़ दिया गया।

14. श्रीकर शिवसांभा सोनावाले को भी मुलज़िम नहीं बनाया गया जो उन लोगों में शामिल था जो औरंगाबाद में बम धमाका के लिए चिह्नित मस्जिद का निरीक्षण करने के लिए साज़िश के सरग़ना हिमांशू पांसे के साथ गए थे और जो नवम्बर सन 2003 में परभनी की मस्जिद के धमाके के अपराधियों को जानता था।

15. लगता है कि पुणे के "महत्त्वपूर्ण व्यक्ति" के बारे में भी कोई जाँच नहीं की गई जिसने एक आरोपी संजय चौधरी से रेलवे स्टेशन पर मुलाक़ात की थी और उसे अपनी गाड़ी में साथ लेकर गया था। क्षत्रीय लॉज के बारे में भी कोई जाँच नहीं की गई, जहां मुलज़िम संजय को परभनी धमाका से पहले ठहराया गया था।

16. ग्रुप लीडर हिमांशू पांसे, नानदेड़ के बजरंग दल लीडर बाला जी पखारे से निर्देश हासिल किया करता था। पखारे ने संजय चौधरी से, जब वह पुलिस की हिरासत में था, फ़ोन पर बात भी की थी, लेकिन बाला जी पखारे को मुलज़िम नहीं बनाया गया।

17. यह बात भी मालूम नहीं कि वराड़ के "योगेश" और वाराणसी के "मुकेश" जैसे लोगों के बारे में क्या जाँच की गई जिन्होंने एक मुलज़िम राहुल पाण्डे के अनुसार हिमांशू पांसे की आपराधिक योजनाओं को कार्य रूप देने में उसकी मदद की थी।

18. विश्व हिन्दू परिषद के लीडर प्रवीण तोगड़िया के विरूद्ध हिन्दुओं को भड़काने और हिंसक गतिविधियों पर उकसाने का संगीन आपराधिक मामला प्रकाश में आया था। लेकिन यह पता नहीं चलता कि इस बारे में

तोगड़िया से पूछताछ की गई या कम से कम उनके भड़काने वाले भाषणों की सी डीज़ को ज़ब्त करने के लिए कोई क़दम उठाया गया हो।

19. "योगी" की शिनाख़्त करने के लिए कोई कोशिश नहीं की गई जिसके साथ हिमांशू पांसे सैर-सपाटे के लिए गोवा गया था। इस हक़ीक़त को ध्यान में रखते हुए कि हिमांशू पांसे ने दो साल तक गोवा में बम बनाने और धमाके करने का प्रशिक्षण प्राप्त किया था, योगी के बारे में विस्तृत जानकारी हासिल करना अत्यंत महत्त्वपूर्ण बन गया है।
20. नरेश राजकोंडवार के मोबाइल फ़ोन से की जाने वाली और उसपर मिलने वाली कॉलों के बारे में, लगता है कोई जाँच नहीं की गई।
21. और सबसे महत्त्वपूर्ण बात यह कि यह भी पता नहीं चलता कि क्या वह विशेष सिम कार्ड ज़ब्त करने की कोई कोशिश की गई, जिसपर हिमांशू पांसे धमाके जैसी संगीन वारदातों के बारे में अपने बड़े लीडरों से आदेश और संदेश प्राप्त किया करता था। अगर वह सिम कार्ड ज़ब्त किया गया तो क्या उसपर आने और उससे की जाने वाली कॉल्स की विस्तृत जानकारी प्राप्त की गई और क्या उसपर बार-बार की गई और वसूल की गई कॉलों के सिलसिले में कुछ और जाँच की गई। (भोंसाला मिलिट्री स्कूल, आकांक्षा रिज़ोर्ट, मिथुन चक्रवर्ती और आतंकवादी कैम्पों में भाग वाले एक सीनियर पूर्व आई बी अफ़सर के बारे में और जानकारी, मुंबई पर हमले के बाद मालेगांव धमाका की तफ़तीश से सम्बंधित अध्याय 8 में दी गई है।)

ऊपर बयान हुई संगीन और खुली कोताहियों के अलावा, रघुवंशी के नेतृत्व में ए टी एस ने उससे भी ज़्यादा संगीन ग़लती उस वक़्त की जब उसने महाराष्ट्र के एडीशनल चीफ़ सेक्रेट्री (आंतरिक मामले) को पत्र लिखकर उन 21 मुलज़िमान में से जिनको ए टी एस ने गिरफ़्तार किया था, केवल सात पर मुक़दमा चलाने की अनुमति चाही हालाँकि उससे केवल तीन हफ़्ते पहले यानी 29 जुलाई 2006 को उसने कलक्टर नानदेड़ को तमाम 21 गिरफ़्तार मुलज़िमों पर मुक़दमा चलाने के विषय में पत्र लिखा था। बाद में उनमें से 11 को फ़ौजदारी क़ानून की धारा 169 के तहत यह कह कर छोड़ दिया गया कि उनके ख़िलाफ़ काफ़ी सबूत नहीं हैं। यह बात वास्तव में हैरान करने वाली है क्योंकि केवल तीन हफ़्ते पहले ही ए टी एस

ने कलक्टर को एक रिपोर्ट भेजी थी और यह अनुमति चाही थी कि उन सबके ख़िलाफ़ आर्म्स एक्ट और विस्फोटक पदार्थ एक्ट के तहत चार्ज शीट दाख़िल की जाए और यह दावा किया था कि उनके ख़िलाफ़ काफ़ी सबूत मौजूद हैं। ऐसे मामले में ए टी एस का इस प्रकार एकदम पलटी खाना राजीनितक दबाव के कारण नहीं हो सकता जैसा कि आम तौर पर लोग समझते हैं, क्योंकि रिहा किए गए सभी मुलज़िमों का सम्बन्ध भारतीय जनता पार्टी के जन्मदाता संघ परिवार से था, जो कि उस समय राज्य तथा केन्द्र दोनों जगह सत्ताधारी गठबंधन की मुख्य विपक्षी पार्टी थी। एक यही नतीजा निकाला जा सकता है कि सभी मुलज़िम कट्टर ब्राह्मणवादी थे और इसी लिए ब्राह्मणवादी के प्रभुत्व वाली आई बी ने उन्हें छोड़ देने के लिए रघुवंशी पर दबाव डाला।

सी बी आई जाँच में भी ग़लतियां

रघुवंशी का यह आचरण ऊंट की पीठ पर आख़िरी तिनके की कहावत साबित हुआ। चूंकि पुलिस और ए टी एस के पक्षपातपूर्ण रवैये के ख़िलाफ़ धर्मनिरपेक्ष ताक़तों और मुस्लिम-संगठनों की तरफ़ से ज़बरदस्त विरोध-प्रदर्शन हो रहा था। अत: सरकार के पास इस मामले को सी बी आई के हवाले करने के अलावा कोई दूसरा रास्ता नहीं था। यह बात ब्राह्मणवादियों और आई बी के लिए बहुत ही चिंता का विषय थी, क्योंकि उन्हें अंदेशा था कि सी बी आई, जिसपर ज़ाति या धर्म के आधार पर पक्षपात का सन्देह नहीं किया जाता, इस मामले की गहराई से जाँच करके पूरी साज़िश को बेनक़ाब कर सकती है। लेकिन आई बी इतनी आसानी से हार मानने वाला संगठन नहीं है। उधर सी बी आई वैसे तो किसी वैचारिक घुसपैठ से प्रभावित नहीं है, लेकिन ब्राह्मणवादी मानसिकता वाले कुछ अफ़सरों की व्यक्तिगत घुसपैठ की सम्भावनाएं निश्चित रूप से हैं। चुनांचे बाद की परिस्थितियों और घटनाओं से यह लगता है कि आई बी ने प्रधानमंत्री कार्यालय में अपने प्रभाव से और बार-बार दोहराई जाने वाली गुमराह करने वाली शब्दावलियों (Terms) से जैसे "ख़ुफ़िया कार्रवाई", "आतंकवाद-विरोधी कार्रवाई" और "अंतरराष्ट्रीय सम्बन्ध" आदि का उपयोग करके इस मामले की जाँच के लिए अपनी पसंद की सी बी आई टीम का चयन कराने में सफलता प्राप्त कर ली। आई बी के प्रभाव से सी बी आई की टीम का यह चयन ख़ुद आई बी की आशाओं से अधिक सफल साबित हुआ, क्योंकि सी बी आई की इस टीम ने

जो काम किया वह आई बी की आशाओं से भी ज़्यादा था जिससे आई बी और ब्राह्मणवादियों सहित हर एक चकित रह गया। उसने निम्नलिखित बातों को नज़रअंदाज़ करके मामले को बड़ी हद तक हलका कर दिया :

1. सी बी आई ने सारे मामले की जाँच-पड़ताल एक देशव्यापी आतंकी साज़िश के रूप में नहीं की जिसमें संघ परिवार का समर्थन प्राप्त बजरंग दल कार्यकर्ताओं का घृणित नेटवर्क शामिल था। उसने नानदेड़, परभनी, जालना और पुरणा के बम धमाकों को आपस में नहीं जोड़ा, हालाँकि यह पहले ही खुल चुका था कि ये धमाके ब्राह्मणवादी विचारधारा वाले आतंकियों के एक ही गिरोह के किए हुए हैं। इसके बजाय उसने नानदेड़ मामले को एक अलग मामले के तौर पर देखा और आरोप-पत्र दाख़िल करते समय आई पी सी की धारा 120 बी (साज़िश) और ग़ैर क़ानूनी गतिविधियां (रोक-थाम) एक्ट की धाराओं को भी हटा दिया, जो उससे पहले ए टी एस ने लगाई थीं।
2. सी बी आई ने इस मामले के मुलज़िमों के और आर एस एस, बजरंग दल, विश्व हिन्दू परिषद के बीच सम्बंधों का उल्लेख भी जान-बूझ कर छोड़ दिया।
3. लक्षमण राजकोंडवार का नाम, जिसके घर में नानदेड़ का धमाका हुआ था और जहां से बहुत-से संदिग्ध दस्तावेज़ और अन्य सामान बरामद हुआ था, मुलज़िमों की सूची से हटा दिया गया, हालाँकि ए टी एस की पहले आरोप-पत्र में उसे मुलज़िम बनाया गया था।
4. भोंसाला मिलिट्री स्कूल या आकांक्षा रिज़ोर्ट या उन दूसरी जगहों के बारे में जहां बजरंग दल व आर एस एस ने अपने कैडरों को आतंकी प्रशिक्षण देने के लिए शिविर आयोजित किए थे, कोई जाँच नहीं की गई।
5. इस बात की भी कोई जाँच नहीं की गई कि क्या इस प्रकार के शिविर साज़िश के विस्तृत हिस्से के तौर पर देश के अन्य स्थानों पर भी लगाए गए थे ?
6. ए टी एस की तरह सी बी आई ने भी जान-बूझ कर "मिथुन चक्रवर्ती", सेना के पूर्व अफ़सरों और आई बी के उस पूर्व अफ़सर के बारे में कोई जाँच-पड़ताल नहीं की जिन्होंने बजरंग दल के कैडरों को हथियार चलाने, बम आदि बनाने और धमाके करने का प्रशिक्षण दिया था।
7. यहाँ तक कि सी बी आई ने राकेश धवाड़े को भी गिरफ़्तार नहीं किया, जिसने आकांक्षा रिज़ोर्ट में आयोजित आतंकी कैम्प के लिए सुविधाएं उपलब्ध कराई थीं। उसको बाद में हेमंत करकरे के नेतृत्व में ए टी एस ने मालेगांव बम

धमाकों के मामले में सन् 2008 में गिरफ़्तार किया। सी बी आई ने सम्भवत: उसको इस डर से गिरफ़्तार नहीं किया था कि वह "मिथुन चक्रवर्ती" के बारे में भांडा-फोड़ देगा। इसके अलावा यह कि ए टी एस के गिरफ़्तार कर लेने के बाद जब उसने जालना पुलिस को बताया कि पुणे के दो प्रोफ़ेसरों डॉक्टर शरद कुंटे और देव ने भी आतंकी प्रशिक्षण कैम्प में भाग लिया था, लेकिन इस सुराग़ के बावजूद सी बी आई ने उन दोनों के बारे में और कोई तफ़तीश नहीं की। इस विषय में कृष्णा कुमार www.indiatoday.in (3 जनवरी 2009) में लिखते हैं : "नानदेड़ धमाके की जाँच-पड़ताल में सी बी आई की उपेक्षा और ढीलापन हर एक नई घटना से बेनक़ाब हो रहा है। मालेगांव में धमाके के आरोपी राकेश धवाड़े द्वारा हाल ही में राज़ खोलने के बावजूद सी बी आई ने पुणे में कैमिस्ट्री के दो प्रोफ़ेसरों के बारे में तफ़तीश नहीं की। धवाड़े ने जालना पुलिस को बताया था कि पुणे कॉलेज के दो प्रोफ़ेसर (कुंटे और देव) ने किस तरह संदिग्ध हिन्दुत्वावादी आतंकियों को बम बनाने का प्रशिक्षण दिया था। लेकिन सी बी आई इस मामला में कोई क़दम उठाने से बचती रही।"

कोई भी व्यक्ति बहरहाल यह बात समझ जाएगा कि सी बी आई की तरफ़ से यह उपेक्षा या ढीलापन किसी राजनीतिक दबाव का नतीजा नहीं है। क्योंकि राज्य और केन्द्र दोनों सरकारों का नेतृत्व उस समय कांग्रेस कर रही थी और क्योंकि यह सारे आरोपी मुख्य विपक्षी दल, भाजपा की मां आर एस एस के परिवार से सम्बन्ध रखते हैं इसलिए कांग्रेस द्वारा मुलज़िमों का पक्ष लेने में कोई राजनीतिक हित निहित नहीं हो सकता था। इससे केवल एक ही परिणाम यह निकाला जा सकता है कि सी बी आई टीम ने, जिसका चयन आई बी की पसंद पर किया गया था, आई बी और उसके ब्राह्मणवादी आक़ाओं के निर्देशों पर काम किया।

बहरहाल एक अफ़सर ऐसा भी था जो आई बी की आँखों के इशारे पर नहीं चला और उसकी चालों में नहीं आया। वह था ए टी एस का प्रमुख हेमंत करकरे जो जनवरी 2008 में के. पी. रघुवंशी की जगह इस पद पर नियुक्त हुआ था और जो मालेगांव बम धमाके की तफ़तीश करता रहा था। करकरे को संदेह था कि नानदेड़ धमाका मामला 2006 की जाँच-पड़ताल में बहुत-सी ख़ामियाँ हैं। उन्होंने देखा कि सी बी ई ने बहुत-से सुराग़ों को गंभीरता से नहीं लिया। जैसे अनेक

अपराधियों के इक़बालिया बयान, इनके घरों से बरामद विशेष प्रकार की गोल टोपियों, शेरवानियों और क्रत्रिम दाढ़ियों आदि की बरामदगी और नरेश राजकोंडवार और हिमांशू पांसे के मोबाइल फ़ोनों से की गई कॉलों की जाँच-पड़ताल वग़ैरा। चुनांचे उन्होंने 25 नवम्बर 2008 को अपनी एक टीम सी बी आई मुख्यालय दिल्ली भेजी ताकि नानदेड़ के बम धमाका मामले के बारे में एकत्र रिकॉर्ड की छान-बीन की जाए। वह "मिथुन चक्रवर्ती" और आई बी के उस पूर्व सीनियर अफ़सर का सुराग़ लगाने पर भी जमे हुए थे जिन्होंने आतंकी टोले को प्रशिक्षण देने के लिए आतंकी शिविरों में भाग लिया था। लेकिन इससे पहले कि वह अपना काम पूरा कर पाता दुर्भाग्य से उसे 26/11 के मुंबई दहशतगर्द हमले के दौरान क़त्ल कर दिया गया।

5

मालेगांव बम धमाका केस : 2008

(मुंबई पर हमले से पहले की जाँच)

मामले की ईमानदारी के साथ पहली यथार्थ जाँच

हेमंत करकरे ने राह दिखाई

29 सितम्बर 2008 को मालेगांव के भीड़-भाड़ वाले इलाक़े भीकू चौक में एक बम धमाका हुआ जिसमें छ: व्यक्ति मारे गए और 100 से अधिक घायल हो गए। लेकिन जैसा कि आम तौर से होता है, धमाके का धुआँ छंटने और उसकी गूंज थमने से पहले ही उंगलियां "सीमी", "इंडियन मुजाहिदीन" और दूसरी तथाकथित "मुस्लिम" आतंकवादी संगठनों की ओर उठने लगीं। मालेगांव के मुसलमान सहम गए, क्योंकि उन्हें डर था कि पुलिस तुरंत हरकत में आ जाएगी और किसी सबूत के बिना मुसलमान लड़कों को उठाना शुरू कर देगी जैसा कि उसने इससे पहले 2006 के मालेगांव धमाके के बाद किया था और जैसा कि वह पिछले कुछ वर्षों के दौरान देश में कहीं पर भी होने वाले धमाकों के मामलों में करती रही है। इसलिए जब महाराष्ट्र के उप मुख्यमंत्री व गृहमंत्री आर आर पाटिल और कुछ दूसरे नेता धमाके के बाद नगर का दौरा करने आए तो औरतों और बच्चों सहित मालेगांव के हज़ारों लोग सड़कों पर निकल आए और तैश में आकर नताओं पर टूट पड़े, उनपर सवालों की बोछार कर दी और पुलिस व सरकार के ख़िलाफ़ नारेबाज़ी की।

लेकिन न तो धमाके की साज़िश रचने वालों ने, न उनके कर्ता-धर्ताओं ने और न ही मालेगांव के विरोध-प्रदर्शन करने वाले मुसलमानों ने परिस्थिति में एक

अत्यंत महत्त्वपूर्ण बदलाव नोट किया। वे नहीं जानते थे कि इस बार, पिछले धमाके के मामले के विपरीत तफ़तीश आई बी में मौजूद ब्राह्मणवादियों के हुक्म पर और उनके बनाए हुए रेडीमेड सबूतों के आधार पर नहीं हो रही है और कोई चीज़ छिपाई या दबायी नहीं जाएगी, क्योंकि इस बार जाँच दल (महाराष्ट्र ए टी एस) एक ईमानदार, ख़ुदा से डरने वाले, और अपने काम में पूरी तरह निपुण अधिकारी के नेतृत्व में जिसका नाम हेमंत करकरे है, जो न आई बी की कठपुतली है और न बन सकता है, न किसी अधिकारी की आँखों के इशारों पर चल सकता है, न किसी धमकी से डरने वाला है और न साम्प्रदायिक या अन्य किसी परिस्थिति से प्रभावित होने वाला है।

एक कुशल पुलिस अधिकारी की हैसियत से करकरे जानते थे कि सनसनी फैला देने वाले ऐसे आपराधिक मामले की तफ़तीश का कार्य मकड़ी का जाला बुनने जैसा है, जिसमें मकड़ी यानी तफ़तीश अधिकारी अच्छी तरह काते हुए बारीक-बारीक सूत के टुकड़ों – अपराध के सबूतों व सुराग़ों – पर आधारित अभियोग-पत्र का जाला तैयार करता है। उसमें फंसा हुआ अपराधी मकड़ी के जाले में उलझे हुए कीड़े की तरह जितना हाथ-पैर मारता है उतना ही उसमें फंसता चला जाता है। चूंकि वह अपने काम को अच्छी तरह समझते थे इसलिए उन्होंने आत्मविश्वास और दृढ़ता के साथ अपनी योजना तैयार की।

इधर-उधर के शोर-शराबे और अटकलों से विचलित या प्रभावित हुए बिना करकरे ने अपना जाँच-कार्य एक निपुण जाँच अधिकारी की तरह उस बिन्दु से शुरू किया जहां से शुरू किया जाना चाहिए था। अर्थात उस स्थान से जहां धमाका हुआ था, जिसके बारे में वे जानते थे कि अपराध-स्थल ही वह जगह है जो मकड़ी के जाल के केन्द्र के समान होता है, जहां से अपराधियों के प्रथम सूत्र मिलते हैं। यह धमाका एक देसी बम से किया गया था जिसको एक पुरानी एल एम एल फ्रीडम मोटर साइकिल पर रखा गया था। उसका रजिस्ट्रेशन नम्बर एम. एच.15-4572 था। लेकिन साज़िश को अंजाम देने वाले इतने मूर्ख नहीं थे कि गाड़ी की असली नम्बर प्लेट और उसके असली पुर्जों को ज्यों का त्यों रहने देते। अत: उन्होंने तफ़तीश करने वालों को गुमराह करने के लिए उसके कुछ पुर्ज़ों को दूसरी गाड़ियों के पुर्जों से बदल दिया। उसकी नम्बर प्लेट बदल दी, यहाँ तक कि उसके चेसेस और इंजिन के नम्बरों को भी बदल दिया। लेकिन डीलर के रिकॉर्ड और फ़ोरेंसिक एक्सपर्ट की मदद से मिले हुए सुराग़ों के आधार पर पुलिस एक

"साध्वी" प्रज्ञा सिंह चंद्र प्रताप सिंह ठाकुर (38 वर्षीय) तक पहुंच गयी। प्रज्ञा ठाकुर मूल रूप से मध्य प्रदेश की रहने वाली है लेकिन उस समय सूरत (गुजरात) में रहती थी। जाँच से पता चला कि वह विश्व हिन्दू परिषद के महिला संगठन "दुर्गा वाहिनी" की राष्ट्रीय प्रशासनिक सचिव है और दस साल पहले तक भारतीय जनता पार्टी के विद्यार्थी संगठन ए बी वी पी की एक सक्रिय कार्यकर्ता रही है। जिस मोटर साइकिल पर बम रख कर यह धमाका किया गया वह उसी की थी। लेकिन दावा यह किया गया कि वह उसे मनोज शर्मा *उर्फ़* जोशी नाम के एक व्यक्ति को बेच चुकी थी। आगे जाँच से पता चला कि जोशी आर एस एस का सदस्य था और महू (मध्य प्रदेश) में फ़रवरी 2003 के एक दोहरे क़त्ल केस में संदिग्ध अपराधी था। वह ज़मानत पर छूट कर जेल से बाहर आया तो उसके प्रतिद्वन्द्वियों ने गोली मार कर उसकी हत्या कर दी। मुंबई से प्रकाशित *द टाइम्ज़ ऑफ़ इंडिया,* दिनांक 29 अक्तूबर 2008 की रिपोर्ट के अनुसार उसके साध्वी के साथ बहुत "घनिष्ट" सम्बन्ध थे।

साध्वी प्रज्ञा सिंह ठाकुर से आरम्भिक पूछताछ से मिली सूचनाओं के आधार पर पुलिस उसके दो क़रीबी सहयोगियों श्याम लाल साहू और शिव नारायण कालांग तक पहुंची। ये दोनों मध्य प्रदेश के रहने वाले हैं। उनमें से श्याम लाल साहू बी जे पी का सदस्य था। उन दोनों ने साज़िश को अंजाम देने में साध्वी की मदद की थी। अत: ए टी एस ने 23 अक्तूबर 2008 को उन तीनों को गिरफ़्तार कर लिया और पुलिस हिरासत में ले लिया गया। उनसे सघन पूछताछ से तथा तफ़तीश में मिले अन्य सूत्रों से जो जानकारियां प्राप्त हुईं उनकी बारीकी से छान-बीन की गई। इस प्रकार हेमंत करकरे के नेतृत्व में ए टी एस ने जाँच को उसके तार्किक अंजाम तक पहुंचा दिया और धीरे-धीरे पूरी साज़िश की परतें अपने आप खुलती चली गयीं।

तफ़तीश के दौरान अख़बारों में प्रकाशित समाचारों पर सरसरी विचार करने से दिखता है कि हेमंत करकरे ने इस जाँच-कार्य को कितने पेशागत ढंग से, व्यवस्थित तरीक़े से और निष्पक्षता से अंजाम दिया। यह बिल्कुल ईमानदाराना, और पारदर्शी जाँच थी। उसमें कोई भटकाव, बचाव या तोड़-मोड़ या जल्दी-जल्दी लाइन बदलने जैसी कोई बात नहीं थी। सबूतों के सच्चे और वास्तविक अंशों पर आधारित तफ़तीश बिना किसी रुकावट के आगे बढ़ रही थी। एक रहस्य सामने आता तो वह दूसरे की ओर मार्गदर्शन करता और दूसरा

तीसरे की तरफ़ इशारा करता जा रहा था। आख़िरकार एक भयंकर राष्ट्रद्रोही आतंकी साज़िश का पर्दा फ़ाश हो गया।

इस तफ़तीश की तफ़सील कहानियों के रूप में अनेक समाचारपत्रों और पत्रिकाओं में प्रकाशित हो चुकी हैं। मैं यहाँ कुछ प्रमुख अख़बारों में इस विषय में प्रकाशित रिपोर्टों के सार उनके तर्क-संगत क्रम में प्रस्तुत कर रहा हूं, ताकि पाठकगण उस रोमांच और थ्रिल का अनुभव कर सकेंगे जो जाँच की प्रगति के दौरान प्रकाश में आने वाले वृत्तान्तों को पढ़ कर होती रही हैं :

1) पुलिस ने कुछ सूचनाओं के आधार पर पुणे से एक पूर्व सैनिक अफ़सर मेजर रमेश उपाध्याय को हिरासत में लिया है। एक समय में वह आर एस एस के पूर्व सैनिकों के प्रकोष्ठ की मुंबई शाखा का अध्यक्ष था। उसपर आतंकियों को धमाके करने के लिए आर डी एक्स उपलब्ध कराने का संदेह है (*पुणे मिरर*, 28 नवम्बर 2008)।

2) महाराष्ट्र के एक व्यक्ति समीर कुलकर्णी को भोपाल से गिरफ़्तार किया गया है। बताया जाता है कि उसने ही बम बनाने के लिए कैमिकल उपलबध कराए थे (*द टाइम्ज़ ऑफ़ इंडिया*, पुणे, 29 अक्तूबर 2008)।

3) नासिक में स्थित भौंसाला मिलिट्री स्कूल के पूर्व कमाण्डर मेजर रिटायर्ड प्रभाकर कुलकर्णी से पुलिस ने पूछताछ की है। उनपर आरोप है कि मालेगांव धमाके के अपराधियों को आर डी एक्स से बम बनाने और उसका धमाका करने का प्रशिक्षण उनकी ही देख-रेख में उनके स्कूल परिसर में 2001 में दिया गया था (*द टाइम्ज़ ऑफ़ इंडिया*, पुणे, 1 नवम्बर 2008)।

4) सेना से सेवा-निवृत्त कर्नल शैलेश से, जो भोंसाला मिलिट्री स्कूल नासिक के एडमिनिस्ट्रेटर हैं, मालेगांव धमाके से 15 दिन पहले धमाके के मुलज़िमों की एक बैठक में भाग लेने के बारे में पूछताछ की गई (*द टाइम्ज़ ऑफ़ इंडिया*, पुणे, 2 नवम्बर 2008)।

5) ए टी एस ने पुणे से अजय राहिरकर और राकेश धवाड़े को गिरफ़्तार किया है। संदेह है कि राहिरकर उस गिरोह को धन उपलब्ध कराता था जिसने मालेगांव में धमाका किया था, जबकि आर्म्स विशेषज्ञ राकेश धवाड़े पर

हथियार उपलब्ध कराने का आरोप है (*द टाइम्ज़ ऑफ़ इंडिया,* पुणे, 4 नवम्बर 2008)।

6) एक व्यक्ति चिंतामणि महात्रे को हथियार जमा करने के आरोप में डोम्बीवाली से गिरफ़्तार किया गया है (*द टाइम्ज़ ऑफ़ इंडिया,* पुणे, 4 नवम्बर 2008)।

7) ए टी एस ने बताया कि आर्म्स एक्सपर्ट राकेश धवाड़े का परभनी और नानदेड़ के धमाकों में हाथ था (*सकाल,* पुणे, 11 नवम्बर 2008)। (बाद में धवाड़े को परभनी और जालना के धमाकों के मामलों में तो गिरफ़्तार किया गया लेकिन नानदेड़ मामला में गिरफ़्तार नहीं हुआ)।

8) साध्वी प्रज्ञा सिंह ठाकुर का ब्रेन मेपिंग टेस्ट किया गया, जिससे ज़ाहिर होता है कि वह सच बोल रही है। इससे पहले उसका नार्को-एनालिसिस टेस्ट हुआ था (*संडे टाइम्ज़ ऑफ़ इंडिया,* पुणे, 2 नवम्बर 2008)।

9) एक उच्च सैनिक अधिकारी ले. कर्नल प्रसाद पुरोहित को मालेगांव बम धमाका की आतंकी साज़िश रचने के आरोप में 4 नवम्बर 2008 को पुलिस ने अपनी हिरासत में ले लिया है। वह ए टी एस की निगाह में उन एम एम एस संदेशों के चलते आया था जो उसने अपने मोबाइल फ़ोन से अभिनव भारत के अपने सहयोगी रिटायर्ड मेजर उमेश अपाध्याय को भेजे थे (*द टाइम्ज़ ऑफ़ इंडिया,* पुणे, 7 नवम्बर 2008)।

10) पुरोहित दक्षिणपंथी हिन्दू संगठन अभिनव भारत के संस्थापकों में से एक है। उसने स्वीकार कर लिया है कि वही साज़िश का असल दिमाग़ (मास्टरमाइंड) है और धमाकों के लिए आर डी एक्स उसी ने उपलब्ध कराया था। ए टी एस को शक है कि उसने नौजवानों को विस्फोटक (बम आदि) इस्तेमाल करने का प्रशिक्षण भी दिया है (*द टाइम्ज़ ऑफ़ इंडिया,* पुणे, 7 नवम्बर 2008)।

11) ए टी एस को विश्वास था कि पुरोहित के भोंसाला मिलिट्री स्कूल नासिक के कमानडेंट कर्नल (सेवा-निवृत्त) एस एस रायकर के साथ सम्बन्ध हैं। पुलिस को शक है कि रायकर ने ही हथियार हासिल करने में अभिनव भारत की सहायता की थी (*प्यूपिल्स डेमोक्रेसी,* 25 फ़रवरी 2009)।

12) शुरू में विश्व हिन्दू परिषद के लीडर प्रवीण तोगड़िया ले. कर्नल पुरोहित की गतिविधियों से संतुष्ट नहीं थे क्योंकि उनको डर था कि पुरोहित का संगठन (अभिनव भारत) हिन्दू संगठनों में दरार पैदा कर देगा। उन्होंने अप्रैल 2008 में मुंबई के एक होटल में पुरोहित से मुलाक़ात की और अभिनव भारत के विचार से रोकने का प्रयास किया लेकिन पुरोहित अभिनव भारत को तोड़ने पर सहमत नहीं हुआ (*द टाइम्ज़ ऑफ़ इंडिया*, पुणे, 9 नवम्बर 2008)।

13) ले. कर्नल पुरोहित का लेपटॉप पंजमढ़ी (मध्य प्रदेश) में उसके घर से गुम है। समझा जाता है कि उसमें साज़िश के बारे में बहुत-सी महत्त्वपूर्ण जानकारियों के अलावा उन 58 व्यक्तियों के नाम भी सुरक्षित हो सकते हैं जिन्होंने 2003 में पुणे के कैम्प में बम बनाने और धमाके करने का प्रशिक्षण प्राप्त किया था (*सकाल*, पुणे, 8 और 9 नवम्बर और *द टाइम्ज़ ऑफ़ इंडिया*, पुणे, 9 नवम्बर 2008)।

14) ले. कर्नल पुरोहित का नार्को-एनालिसिस टेस्ट 9 नवम्बर 2008 को फ़ॉरेंसिक साइंस लेबोरेट्री बंगलौर में किया गया (*द टाइम्ज़ ऑफ़ इंडिया*, पुणे, 11 नवम्बर 2008)।

15) मुंबई के मातुंगा थाना पुलिस ने उत्तर प्रदेश के निवासी जिस व्यक्ति सुधाकर चतुर्वेदी को फ़ैक्ट्री के बने हुए एक रिवाल्वर और भारतीय सेना के नक़ली पहिचान-पत्र के साथ गिरफ़्तार किया था उसके बारे में पता चला कि वह अभिनव भारत का राष्ट्रीय संयोजक है। उसने नार्को-टेस्ट में मालेगांव धमाके में अपना हाथ होना स्वीकार कर लिया है (*द टाइम्ज़ ऑफ़ इंडिया*, पुणे, 12 नवम्बर 2008) ।

16) भोंसाला मिलिट्री स्कूल, नासिक के कमांडेंट कर्नल (सेवा-निवृत्त) एस एस रायकर ने तफ़तीश के दौरान पुलिस को बताया कि धमाके से दो हफ़्ते पहले 15 सितम्बर को अभिनव भारत की एक मीटिंग स्कूल परिसर में आयोजित हुई थी (*द टाइम्ज़ ऑफ़ इंडिया*, पुणे, 11 नवम्बर 2008)।

17) ले. कर्नल पुरोहित के गुमशुदा लेपटॉप का सुराग़ आख़िरकार मिल गया। ए टी एस अधिकारियों को विश्वास है कि उसमें मालेगांव बम धमाका साज़िश के बारे में महत्त्वपूर्ण जानकारियां सुरक्षित हैं। पुणे के ट्रेनिंग कैम्प में

भाग लेने वालों की सूची और अभिनव भारत के सदस्यों की जानकारी भी उसमें हो सकती है (*पुधारी,* पुणे, 14 नवम्बर 2008)।

18) एक आई पी एस अधिकारी ने बताया कि तफ़तीश के दौरान कुछ जानकारियां ऐसी मिली हैं जिनसे मालूम होता है कि मालेगांव बम धमाके के मुलज़िमों ने ही नानदेड़, दरगाह अजमेर शरीफ़ और समझौता एक्सप्रेस धमाके किए थे (*द टाइम्ज़ ऑफ़ इंडिया,* पुणे, 12 नवम्बर 2008)।

19) जानकारी मिली है कि नार्को-एनालिसिस टेस्ट के दौरान ले. कर्नल पुरोहित ने यह सनसनीखेज़ रहस्य खोला है कि उसने महन्त दयानन्द पाण्डे के कहने पर अजमेर और मालेगांव में धमाकों के लिए विस्फोटक सामग्री उपलब्ध कराई थी (दैनिक *सकाल,* पुणे, और *पुधारी,* पुणे, 15 नवम्बर 2008)।

20) शक है कि समझौता एक्सप्रेस धमाके में भी ले. कर्नल पुरोहित की मुख्य भूमिका है। संभावना है कि हरियाणा पुलिस पुरोहित और साध्वी प्रज्ञा सिंह से पूछताछ करने के लिए पुणे आएगी। हरियाणा पुलिस अपनी तफ़तीश इंदौर से शुरू कर सकती है जहां वह सुराग़ों का पीछा करते हुए पहले पहुंची थी लेकिन तफ़तीश वहीं रूक गई थी। समझा जाता है कि समझौता एक्सप्रेस में धमाकों के लिए जिन बमों का इस्तेमाल किया गया वे इंदौर में ही बनाए गए थे (*सकाल,* पुणे, 13 व 14 नवम्बर 2008 और *इंडियन एक्सप्रेस,* पुणे, 14 नवम्बर 2008)।

21) पुणे नार्को-टेस्ट के दौरान पुरोहित ने अधिकारियों को बताया कि "समझौता एक्सप्रेस धमाकों के लिए प्रवीण तोगड़िया ज़िम्मेदार हैं। उन्होंने मुझसे कहा था कि डॉक्टर देव से मालूम करो कि धमाके के बाद कितना आर डी एक्स बच गया है" (*पुणे मिरर,* 9 नवम्बर 2008)।

22) ए टी एस ने शारदा पीठ जम्मू के महन्त स्वामी दयानन्द पाण्डे को मालेगांव धमाका साज़िश केस में उसकी भूमिका के लिए कानपुर से गिरफ़्तार कर लिया (*सकाल,* पुणे, 13 नवम्बर 2008)।

23) 21 अप्रैल 2008 को भोपाल में ले. कर्नल पुरोहित, स्वामी दयानन्द पाण्डे और साध्वी प्रज्ञा सिंह ठाकुर ने एक मीटिंग की जिसमें दयानन्द पाण्डे ने ले. कर्नल पुरोहित से धमाकों के लिए आर डी एक्स उपलब्ध करने के लिए

कहा था। फ़रीदाबाद और पुणे में भी मीटिंगें हुई थीं (*पुधारी,* पुणे, 16 नवम्बर 2008)।

24) ए टी एस के चीफ़ हेमंत करकरे ने बताया कि महन्त पाण्डे ने दूसरे मुलज़िमों के साथ भोंसाला मिलिट्री स्कूल, दवलाडी कैम्प नासिक, इंदौर और जम्मू व कश्मीर की मीटिंगों में भाग लिया था और यह कि वह एक बड़ी साज़िश का हिस्सा है (*पुणे मिरर,* 15 नवम्बर 2008)।

25) तफ़तीश अधिकारियों को शक है पाण्डे का ले. कर्नल पुरोहित के साथ सम्पर्क उस समय से है जब पुरोहित की नियुक्ति जम्मू व कश्मीर में 24 राष्ट्रीय राइफल्स में थी और इसलिए इस बात की सम्भावना है कि मालेगांव धमाका में इस्तेमाल किया गया आर डी एक्स कश्मीर से लाया गया हो (*पुणे,* मिरर, 15 नवम्बर 2008)।

26) सरकारी वकील ने नासिक की अदालत को बताया कि समझौता एक्सप्रेस धमाके में इस्तेमाल किया गया आर डी एक्स ले. कर्नल पुरोहित ने सप्लाई किया था और यह कि उसने आर डी एक्स देवलाडी कैम्प नासिक में नियुक्ति के दौरान हासिल किया था (*सकाल,* पुणे, 16 नवम्बर 2008 और *द टाइम्ज़ ऑफ़ इंडिया,* पुणे, 16 नवम्बर 2008)।

27) ए टी एस दबाव में आकर अपने इस दावे से पीछे हट गई है कि समझौता एक्सप्रेस धमाके में बमों में आर डी एक्स इस्तेमाल किया गया था। क्योंकि आई बी ने केन्द्रीय सरकार को अदालत में सरकारी वकील अजय मिसर के बयान से अवगत कराया है और सरकार को याद दिलाया है कि आई बी की "जाँच" के आधार पर सरकार पहले ही समझौता एक्सप्रेस आतंकी हमले के लिए पाकिस्तान की ख़ुफ़िया एजेंसी आई एस आई को दोषी ठहरा चुकी है। इसके अलावा आई बी के एक वरिष्ठ अधिकारी ने कहा है कि "बम धमाके की जगह की फ़ॉरेंसिक जाँच और दो बग़ैर फटे बमों की जाँच से सिद्ध हो गया है कि उन धमाकों में आर डी एक्स इस्तेमाल नहीं किया गया, लेकिन ए टी एस इसके विपरीत आरोप लगा रहा है" (*द टाइम्ज़ ऑफ़ इंडिया,* पुणे, 18 नवम्बर 2008)।

28) लेकिन उसी दिन एस पी (रेलवे) भारती अरोरा ने, जिनके अधिकार क्षेत्र में

वह इलाक़ा आता है जिसमें समझौता एक्सप्रेस धमाका हुआ था, स्पष्ट कर दिया कि : "फ़ॉरेंसिक साइंस लेबोरेट्री ने यह पुष्टि की है कि धमाका में आर डी एक्स इस्तेमाल हुआ था" (*सकाल*, पुणे, 15 नवम्बर 2008)।

29) सी बी आई डॉयरेक्टर ने कहा है कि मालेगांव के धमाके और दो साल पहले नानदेड़ में हुए धमाके के बीच सम्बन्ध के प्रमाण मिले हैं (*इंडियन एक्सप्रेस*, पुणे, 14 नवम्बर 2008)।

30) समझौता एक्सप्रेस, मक्का मस्जिद हैदराबाद और दरगाह अजमेर शरीफ़ धमाकों में इस्तेमाल किए गए बमों में एक ही प्रकार के टाइमरों का उपयोग किया गया है, जो सूटकेस लॉक में लगाया गया था (*इंडियन एक्सप्रेस*, 18 नवम्बर 2008)।

31) पुरोहित ने यह भी बताया कि डांग्स के स्वामी असीम आनन्द ने उसको सूचना दी थी कि 11 अक्तूबर 2007 को दरगाह अजमेर शरीफ़ के बम धमाके में आर एस एस के कार्यकर्ता सुनील जोशी का हाथ था। यह वही जोशी है जिसने, कहा जाता है कि, साध्वी प्रज्ञा सिंह ठाकुर की वह मोटर साइकिल ख़रीदी थी जिसका उपयोग मालेगांव बम धमाके लिए किया गया (*इंडियन ऑफ़ इंडिया*, पुणे, 24 नवम्बर 2008)।

32) पुरोहित ने दावा किया है कि उसने 5 अक्तूबर 2008 को साध्वी प्रज्ञा सिंह ठाकुर से यह बताने के लिए मुलाक़ात की थी कि उड़ीसा में "हमारे लोगों" ने [ईसाइयों के] क़त्ल की वारदातें की हैं और दो चर्च जला डाले हैं और मालेगांव में धमाका भी कर डाला (*द टाइम्ज़ ऑफ़ इंडिया*, पुणे, 21 नवम्बर 2008)।

33) मालेगांव बम धमाके के आरोपियों पर 'मकोका' (महाराष्ट्र संगठित अपराध नियंत्रण क़ानून) लागू (*द टाइम्ज़ ऑफ़ इंडिया*, पुणे, 21 नवम्बर 2008)।

34) मकोका अदालत नासिक ने मालेगांव धमाका के मुलज़िमों को पुलिस की हिरासत में देने से इंकार कर दिया (*इंडियन एक्सप्रेस*, पुणे, 25 नवम्बर 2008)।

35) पुलिस ने बताया कि राकेश धवाड़े और एक दूसरे मुलज़िम ने मालेगांव धमाके के लिए 10 लाख रुपये जमा किए। पुलिस इस सूचना के बारे में भी

विस्तृत जानकारियां जमा कर रही है कि मुलज़िमों को हवाले के माध्यम से भी बीस लाख रुपये वसूल हुए (*द टाइम्ज़ ऑफ़ इंडिया,* पुणे, 14 नवम्बर 2008)।

36) पुरोहित ने सी बी आई के अफ़सरों को बताया कि उसने धवाडे को (मालेगांव धमाका से) दो माह पहले 3 लाख 20 हज़ार रुपये चार हथियार ख़रीदने के लिए दिए थे (*इंडियन एक्सप्रेस,* पुणे, 24 नवम्बर 2008)।

37) इस बात का रहस्य भी खुला है कि अजय राहिरकर ने कर्नल पुरोहित को एक बड़ी रक़म दी थी। उसने नासिक के एक बिलडर को भी ढाई लाख रुपये दिए थे। शक है कि हवाला के माध्यम से बड़ी रक़म का लेन-देन हुआ जिसमें पुरोहित ने मुख्य भूमिका अदा की थी (*पुधारी,* पुणे, 16 नवम्बर 2008)।

38) ए टी एस ने धमाकों के लिए इस्तेमाल की गई धन-राशि के मूल स्रोत जानने के लिए गुजरात में कई बैंक खातों की जाँच-पड़ताल की है। ए टी एस को यक़ीन था कि धमाकों के लिए गुजरात से धन मुहैया किया गया था (*पुणे मिरर,* 18 नवम्बर 2008)।

39) ए टी एस का विचार है कि पुरोहित ने ज़रूरी बंदोबस्त के लिए पाण्डे के सम्पर्क में रहने वाले हाई प्रोफ़ाइल लोगों को इस्तेमाल किया था (*पुणे मिरर,* 18 नवम्बर 2008)।

40) पुणे के अनेक उन उद्योगपतियों और व्यापारियों की संदिग्ध भूमिका की ए टी एस जाँच कर रही है जिन्होंने आतंकी हिन्दू संगठन अभिनव भारत को चंदा दिया था। ए टी एस के अधिकारियों ने बताया कि पुणे का एक नागरिक श्याम आपटे चंदा जमा करने के लिए उन उद्योगपतियों से सम्पर्क किया करता था (*हिन्दुस्तान टाइम्ज़,* मुंबई, 26 नवम्बर 2008)।

41) पुणे के दो इतिहासकारों पर ए टी एस निगाह रखे हुए थी (*द टाइम्ज़ ऑफ़ इंडिया,* मुंबई, 8 नवम्बर 2008)। समझा जाता है उनमें से एक का नाम निनाद बेदीकर है (*पुधारी,* शोलापुर, 27 फ़रवरी 2009)।

42) नानदेड़ धमाके के बाद 2006 में पुणे, के रहने वाले सनत कुमार भाटे ने पुलिस को जो बयान दिया है उसकी रोशनी में इस सम्भावना पर ध्यान

केन्द्रित हो गया है कि आई बी के कुछ पूर्व अधिकारियों के विघटनकारी हिन्दुत्वादी संगठनों से सम्बन्ध हो सकते हैं ।

43) मालूम हुआ है कि साध्वी प्रज्ञा सिंह के असीम आनन्द स्वामी के साथ जो शिबरी धाम आश्रम का महन्त और डांग्स (गुजरात) के विश्व हिन्दू परिषद का लीडर रहा है, गहरे सम्बन्ध थे। प्रज्ञा सिंह और कर्नल पुरोहित असीम आनन्द से बराबर टेलीफ़ोन पर बात किया करते थे। कहा जाता है कि मालेगांव धमाका के फ़ौरन बाद असीम आनन्द ने प्रज्ञा सिंह से बात की थी। इस तरह की बातचीत के लिए स्वामी असीम आनन्द अपने ड्राइवर सुनील दहाडे का सिम कार्ड इस्तेमाल किया करते थे। पुलिस ने आश्रम से दहाड़े सहित दो व्यक्तियों को गिरफ़्तार कर लिया है लेकिन उसके बाद से स्वामी फ़रार हो गए हैं (*सकाल*, पुणे, 8 और 9 नवम्बर 2008; *पुधारी*, पुणे, 10 और 11 नवम्बर 2008)।

44) ए टी एस के सूत्रों के अनुसार गुजरात विश्व हिन्दू परिषद के उन तीन लीडरों की भूमिका की जाँच-पड़ताल की जा रही है जिनके गहरे सम्बन्ध अभिनव भारत के एक संस्थापक सदस्य समीर कुलकर्णी के साथ थे। कुलकर्णी मालेगांव बम धमाका केस में गिरफ़्तार मुलज़िम है (*द टाइम्ज़ ऑफ़ इंडिया*, पुणे, 9 नवम्बर 2008)।

45) संदेह है कि गोरखपुर (यू पी) से भारतीय जनता पार्टी के सांसद (लोकसभा) योगी आदित्यनाथ और बी जे पी के विधायक दास अग्रवाल भी धमाकों की साज़िश में शामिल हो सकते हैं (*सकाल*, पुणे, 13 नवम्बर 2008)।

46) कर्नल पुरोहित ने (नानदेड़ बम धमाके की फिर से जाँच के दौरान पूछताछ में) सी बी आई को बताया कि विश्व हिन्दू परिषद के जनरल सेक्रेटरी प्रवीण तोगड़िया अभिनव भारत की स्थापना और उसके लिए धन उपलब्ध कराने में शरीक रहे हैं।

▪ पुरोहित ने पहली बार फ़रवरी 2006 में नासिक में विश्व हिन्दू परिषद की स्थानीय शाखा के अध्यक्ष विनायक के घर पर तोगड़िया से भेंट की थी। उसी साल दिसम्बर में उसने तोगड़िया से मुंबई में मुलाक़ात की और उन्हें मुंबई धमाके की साज़िश से अवगत कराया।

▪ मार्च-अप्रैल 2007 में तोगड़िया ने पुरोहित को ट्रस्ट की आर्थिक सहायता

करने वालों की सूची दी।

▪ अगस्त-सितम्बर 2007 में तोगड़िया ने उसे 2 लाख रुपये दिये थे जो बाद में अभिनव भारत के समीर कुलकर्णी को पहुंचा दिए गए (*इंडियन एक्सप्रेस*, पुणे, 24 नवम्बर 2008)।

47) पुरोहित ने सी बी आई को यह भी बताया कि धवाड़े ने आर एस एस के उस कार्यकर्ता को बम धमाकों का प्रशिक्षण देने का दावा किया था जो नानदेड़ के धमाके में मारा गया (*इंडियन एक्सप्रेस*, पुणे, 24 नवम्बर 2008)।

48) ए टी एस ने अदालत को सूचित किया कि दो हाई प्रोफ़ाइल वाले ग़ैर-राजनीतिक व्यक्ति भी (मालेगांव धमाके) की साज़िश से प्रत्यक्ष या अप्रत्यक्ष रूप से जुड़े हैं। उनका एक कट्टरपंथी हिन्दू संगठन से सम्बन्ध है (*सकाल*, पुणे, 11 नवम्बर 2008, *द टाइम्ज़ ऑफ़ इंडिया*, पुणे, 12 नवम्बर 2008)।

49) मालूम हुआ है कि दिल्ली के एक अंतर्राष्ट्रीय ख्याति प्राप्त डॉक्टर ने 26 जनवरी को फ़रीदाबाद में दयानन्द पाण्डे से मुलाक़ात की थी जहां मालेगांव धमाके की साज़िश तैयार की गई (*संडे टाइम्ज़ आफ़ इंडिया*, पुणे, 23 नवम्बर 2008)।

50) सम्भावना है कि अगले चंद दिनों में ए टी एस पुणे के तीन और व्यक्तियों श्रीमती हिमानी सावरकर, कर्नल (रिटायर्ड) जयन्त चिटाले और बी जे पी के पूर्व नगर पार्षद मिलिंद एक्बोटे से पूछताछ करेगी। इसके अलावा एक बड़े सैनिक अधिकारी और एक प्रमुख इतिहासविद् से भी पूछताछ करने पर विचार किया जा रहा है (*संडे हिन्दुस्तान टाइम्ज़*, मुंबई, 23 नवम्बर 2008)।

51) ए टी एस उन 54 व्यक्तियों पर विशेष ध्यान केन्द्रित किए हुए है जिन्होंने 2001 में भोंसाला मिलिट्री स्कूल नागपुर में आयोजित आतंकी प्रशिक्षण शिविर में भाग लिया था। ए टी एस को संदेह है कि उनमें से कुछ लोग मालेगांव के दो धमाकों और नानदेड़ के धमाके में शामिल थे (*सकाल*, पुणे, 10 नवम्बर 2008)।

52) ए टी एस को शक है कि बजरंग दल के जिन कार्यकर्ताओं ने नागपुर में प्रशिक्षण प्राप्त किया था उन्होंने 2003 में सिंहगढ़ (पुणे) में आयोजित दूसरे

प्रशिक्षण कैम्प में भी भाग लिया। दोनों जगह प्रशिक्षण देने वाले लोग वही थे। शक है कि ले. कर्नल पुरोहित सिंहगढ़ कैम्प में मौजूद थे और राकेश धवाड़े ने कैम्प के आयोजन में मुख्य भूमिका अदा की (*इंडियन एक्सप्रेस*, पुणे, 13 नवम्बर 2008)। नानदेड़ धमाका तफ़तीश से पता चला है कि बजरंग दल ने बम बनाने और धमाके करने के लिए तीन प्रशिक्षण कैम्प लगाए थे। उनमें पहला साल 2000 में पुणे में, दूसरा 2001 में नागपुर में और तीसरा 2003 में पुणे के क़रीब सिंहगढ़ में लगाया गया था।

53) सी बी आई ने 2006 के नानदेड़ धमाका मामला की दोबारा जाँच का फ़ैसला किया है क्योंकि मालेगांव धमाके की जाँच से पता चलता है कि सी बी आई दल ने पहली तफ़तीश में बहुत-से महत्त्वपूर्ण सुराग़ों पर ध्यान ही नहीं दिया (ए एन आई 14 दिसम्बर 2008)।

54) ए टी एस टीम ने 2006 के नानदेड़ धमाके के रिकॉर्ड की छान-बीन के लिए 25 नवम्बर 2008 को दिल्ली में सी बी आई मुख्यालय का दौरा किया क्योंकि उसे मालूम हुआ है कि प्रज्ञा सिंह ठाकुर का इस धमाके में भी रोल था (*सकाल*, पुणे, 26 नवम्बर 2008)।

55) ए टी एस ने ले. कर्नल पुरोहित की पृष्ठभूमि और एक सैनिक इंटेलिजेंस अफ़सर की हैसियत से उसकी नियुक्ति के दौरान उसके सम्पर्कों के बारे में जानकारी प्राप्त करने के लिए सैनिक मुख्यालय का भी दौरा किया है (*सकाल*, पुणे, 26 नवम्बर 2008)।

56) जाँचकर्ताओं को संदेह है कि मालेगांव धमाके के मुलज़िमों की पहुंच सेना के विस्फोटक पदार्थ डिपो, खाडकी (पुणे) तक हो सकती है और यह कि ले. कर्नल पुरोहित अपने उच्च अधिकारियों की प्रसन्नता हासिल करने के लिए वहाँ से चोरी-छिपे निकाले गए विस्फोटक पदार्थों को सीमापार के संदिग्ध आतंकवादियों के क़ब्ज़े से ज़ब्त किया हुआ दिखा रहे थे (*हिन्दुस्तान टाइम्ज़*, मुंबई, 27 नवम्बर 2008)।

57) 26 नवम्बर 2008 को पुलिस ने महन्त दयानन्द पाण्डे के लेपटॉप की बरामदगी की सूचना मकोका अदालत को दी और बताया कि उसमें ऐसी अनेक बैठकों के विवरण वीडियो और ऑडियो रिकॉर्डिंग के रूप में मौजूद

हैं जो महन्त ने साध्वी प्रज्ञा सिंह ठाकुर, ले. कर्नल पुरोहित और दूसरे लोगों के साथ की थीं। सरकारी वकील ने अदालत को बताया कि इन रिकॉर्डिंग्स में दयानन्द पाण्डे, पुरोहित और प्रज्ञा ठाकुर आर डी एक्स और कैमिकल बमों तथा उनके विस्फोट के तरीक़ों के बारे में बातचीत करते हुए दिखाई देते हैं (*महा मुंबई* [महाराष्ट्र टाइम्ज़], मुंबई, 27 नवम्बर 2008)।

जब यह तफ़तीश बहुत रोमांचक और निर्णायक मोड़ ले रही थी, मैं बहुत ही उत्सुकता के साथ समाचारपत्र पढ़ता था। तफ़तीश के विषय में उपर्युक्त ख़बरों में जब कभी मैं जाँच के किसी सनसनीख़ेज़ और चिंताजनक हिस्से को पढ़ता, जैसे कि नीचे दिये गए हैं, तो मेरी रीढ़ में पैर से नीचे तक एक ठंडी लहर सी दौड़ जाती थी। वे ख़बरें इस प्रकार हैं :

i. विश्व हिन्दू परिषद के लीडर प्रवीण तोगड़िया से सम्बन्ध (क्रम संख्या 11, 21 और 46)।

ii. पुरोहित के नार्को-एनालिसिस टेस्ट में रोमांचकारी रहस्योद्घाटन (क्रम सं. 14,19 और 21)।

iii. महन्त दयानन्द पाण्डे की गिरफ़्तारी (क्रम सं. 22)।

iv. पुरोहित और दयानन्द प्राण्डे के लेपटॉप की बरामदगी जिनमें विस्फोटक पदार्थों के बारे में चर्चा है (क्रम सं. 17 और 57)।

v. नानदेड़, मालेगांव 2006, अजमेर दरगाह और समझौता एक्सप्रेस धमाकों में भी मुलज़िमों का हाथ होने सम्बंधी शक (क्रम सं. 18, 19, 20, 21, 26 और 30)।

vi. मालेगांव आरोपियों के ख़िलाफ़ मकोका अधिनियम लागू (क्रम सं. 33)।

vii. आई बी के पूर्व अधिकारियों के कट्टरपंथी हिन्दू संगठनों के साथ सम्बन्ध और आतंकी गतिविधियों के लिए आयोजित प्रशिक्षण शिविरों में उनका भाग लेना (क्रम सं. 42)।

viii. आतंकी अपराधियों के साथ विश्व हिन्दू परिषद और दूसरे हिन्दू संगठनों के नेताओं के सम्बन्ध (क्रम सं. 43, 44, 45, 46 48 और 49)।

ix. अपराध में पुणे के दो इतिहासकारों के लिप्त होने का संदेह (क्रम सं. 41 और 50)।

x. कट्टर ब्राह्मणवादी श्रीमती हिमानी सावरकर, कर्नल (रिटायर्ड) चिटाले और बी जे पी के पूर्व नगर पार्षद मिलिंद एकबोटे से जल्दी ही पूछताछ (क्रम सं. 50)।

xi. नानदेड़ धमाका मामला में ए टी एस टीम का सी बी आई मुख्यालय दिल्ली जाना और सी बी आई का मामले की दोबारा तफ़तीश का फ़ैसला (क्रम सं. 54 और 55)।

xii. आतंकवादी संगठनों को मिलने वाले धन के सूत्रों की जाँच (क्रम सं. 35 से 40)।

इन समाचारों को पढ़ते हुए मैंने महसूस किया कि हेमंत करकरे पूरी निष्ठा और ईमानदारी के साथ तथ्यों के आधार पर तफ़तीश करने के जोश में अनजाने ही एक ख़तरनाक क्षेत्र में घुस रहे हैं जहां बहादुर से बहादुर अफ़सर और ताक़तवर से ताक़तवर राजनीतिज्ञ भी क़दम रखने से डरता है। मैं यह सोच कर ही कांप जाता था कि आइन्दा क्या घटना सामने आने वाली है और फिर दूसरे दिन के समाचारपत्रों का इंतिज़ार करने लगता। इसी दौरान मुंबई पर आतंकी हमला होता है जिसके परिणामस्वरूप सारी तफ़तीश में विघ्न पड़ गया।

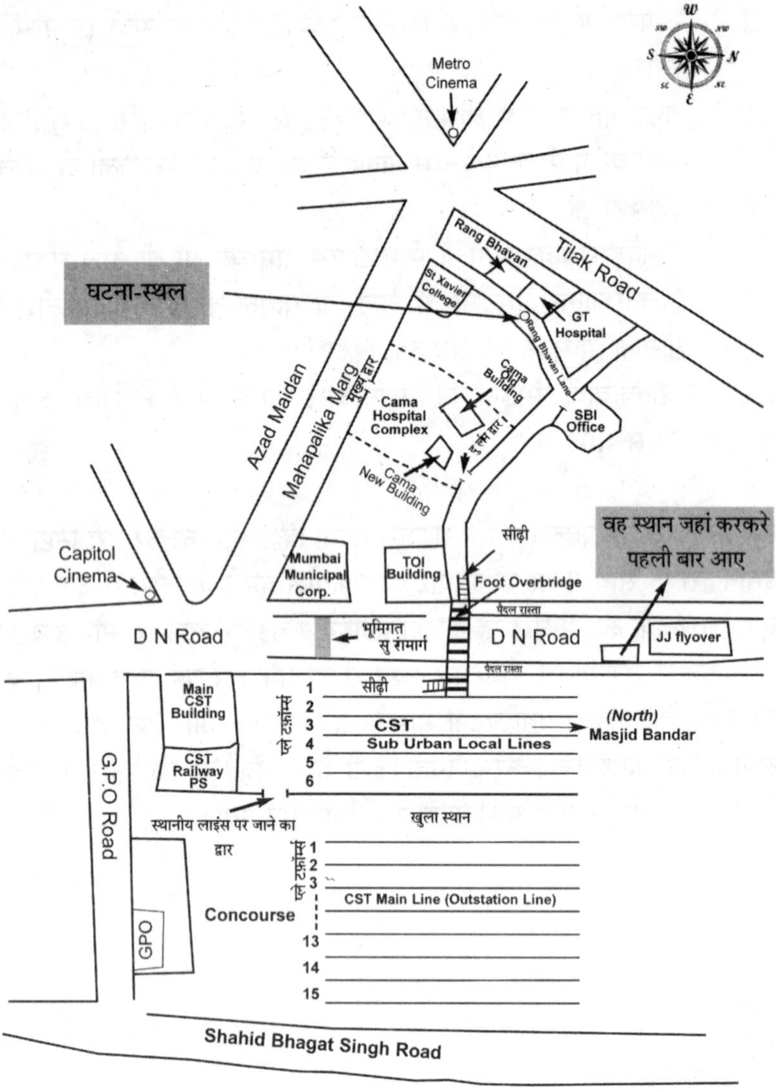

नक़्शा : उस स्थान का चित्र जहां पर प्रमुख आतंकवादी हमला हुआ और हेमंत करकरे की हत्या हुई।

6

करकरे के हत्यारे कौन ?

मुंबई पर आतंकी हमला एक वास्तविकता है

लेकिन सी एस टी-कामा-रंगभवन लेन प्रकरण पर रहस्य का पर्दा पड़ा हुआ है

इस बात को लेकर अनगिनत थ्योरियां हैं कि 26 नवम्बर को हुए मुंबई हमले की योजना किसने बनायी और उसे अमली जामा पहनाया। मैं इस चर्चा में नहीं पड़ना चाहता कि इस हमले को अकेले लश्क-ए-तैयबा ने अंजाम दिया है या लश्क-ए-तैयबा-आई एस आई गठजोड़ ने या लश्कर-ए-तैयबा ने अपराध सरग़ना दाऊद इब्राहीम की मदद से इसे अंजाम दिया या फिर क्या यह तालिबान और/या अल-क़ायदा का किया-धरा है या फिर यह ज़ियोनिस्ट-मोसाद ऑप्रेशन था या ज़ियोनिस्ट-ब्राह्मणवादी ऑप्रेशन या बेरूत और लेबनान जैसा सी आई ए-मोसाद ऑप्रेशन था या क्या यह पाकिस्तान के कट्टरपंथी संगठनों की मदद से अकेले सी आई ए का किया-धरा है या क्या यह ज़ियोनिस्ट-डब्ल्यूएएसपी (व्हाइट-एंग्लो-सैक्सन-प्रोटेस्टैंट ताक़त, जो कि वास्तव में अमेरिका में शासन करती है) की साज़िश है, या फिर यह तालिबान या अमेरिका द्वारा या इस्राईल के कॉरपोरेशनों से महज़ पैसा लेकर किया गया ऑप्रेशन था, या इसी प्रकार का कुछ और।

इसकी योजना जिसने भी बनायी हो और जिसने भी इसे अंजाम दिया हो यह तथ्य अपनी जगह पर क़ायम है कि मुंबई हमले का ताज-ओबेरॉय ट्राइडेंट वाला मामला एक सच्चाई है और आतंकवादियों के पाकिस्तान के साथ सम्बन्ध थे। हमले के इस हिस्से को लेकर किसी को भी किसी प्रकार का संदेह नहीं हो सकता। लेकिन, यही बात हमले के सी एस टी-कामा हॉस्पिटल-रंगभवन लेन प्रकरण के बारे में नहीं कही जा सकती क्योंकि इस पर रहस्य का मोटा पर्दा पड़ा

हुआ है। मैं मुख्य रूप से अख़बारी रिपोर्टों के आधार पर हमले के केवल उस भाग का विश्लेषण करूंगा। यह बात अपनी जगह दुरुस्त है कि सभी अख़बारी रिपोर्टों को सौ फ़ीसदी सच नहीं कहा जा सकता। लेकिन इसके साथ ही उन्हें पूरी तरह से ग़लत बताकर ख़ारिज भी नहीं किया जा सकता। इस प्रकार की रिपोर्टें, ख़ासकर जाने-माने अख़बारों एवं पत्रिकाओं में प्रकाशित रिपोर्टों की तह में जाया जाये और सहज बोध और ठोस तर्क की कसौटी पर कसा जाये तो वे निश्चित रूप से हमें कुछ अनुमानों की ओर ले जाएंगी जिन्हें कि बेकार की बकवास बताकर सिरे से नकारा नहीं जा सकेगा। नीचे हमले के सी एस टी-कामा हॉस्पिटल हिस्से के सम्बन्ध में कुछ नयी रिपोर्टों और उनका तार्किक विश्लेषण पेश किया जा रहा है।

भाग-1

आई बी और नौसेना ख़ुफ़िया निदेशालय के ब्राह्मणवादी तत्वों ने अमेरिका और रॉ द्वारा दी गयी धमाकेदार ख़ुफ़िया जानकारी को जान-बूझकर रोक दिया

मुंबई पर आतंकी हमले के सम्बन्ध में इंटेलिजेंस की गंभीर ख़ामियों से जुड़ीं वे रिपोर्टें जो निम्नलिखित अख़बारों में प्रकाशित हुईं, उन्हें को सावधानी से पढ़ने पर साफ़ तौर से इस बात का संकेत मिलता है कि आई बी ने जान-बूझकर एक बहुत ही स्पष्ट और गर्मागरम ख़ुफ़िया सूचना को रोक दिया और उसे मुंबई पुलिस एवं पश्चिमी नौसेना कमांड के पास नहीं जाने दिया, जिनका इससे सम्बन्ध था, हालाँकि यही आई बी आमतौर पर अस्पष्ट एवं अनिश्चित जानकारी को भी संबंधित अधिकारियों को पहुंचा देती है। और इसके अलावा आतंकवादियों के संदिग्ध मोबाइल फ़ोन नंबरों की निगरानी भी जान-बूझ कर नहीं की, या अगर की भी तो एक तय समय तक उस जानकारी पर कार्रवाई नहीं की।

वे अख़बार ये हैं :

1) *द टाइम्ज़ ऑफ़ इंडिया*, पुणे — 1 दिसम्बर 2008
2) *द इंडियन एक्सप्रेस*, पुणे — 3 दिसम्बर 2008

3) *द टाइम्ज़ ऑफ़ इंडिया,* पुणे — 3 दिसम्बर 2008
4) *मराठी दैनिक सकाल,* पुणे — 3 दिसम्बर 2008
5) *हिंदुस्तान टाइम्ज़,* मुंबई — 11 दिसम्बर 2008
6) *द इंडियन एक्सप्रेस,* मुंबई — 15 दिसम्बर 2008
7) *हिंदुस्तान टाइम्ज़,* मुंबई — 24 दिसम्बर 2008
8) *द इंडियन एक्सप्रेस,* मुंबई — 26 दिसम्बर 2008
9) *हिंदुस्तान टाइम्ज़,* मुंबई — 10 जनवरी 2009

इन अख़बारों में प्रकाशित ख़बरों के महत्त्वपूर्ण बिंदुओं को संलग्नक "अ" में दिया गया है।

ए) अख़बारों में प्रकाशित रिपोर्टों का समीक्षात्मक सार

1) 18 नवम्बर 2008 को अमेरिका ने रॉ को चेताया कि लश्कर-ए-तैयबा का जहाज़ भारतीय समुद्री सीमा में घुसपैठ करने की कोशिश कर रहा है। उसने जहाज़ के अक्षांश एवं देशांतर नियामकों जैसी तफ़सील भी मुहैया करायी। नियामक 30-34 थे जिन्होंने जहाज़ को कराची के दक्षिण में में 20 से 30 समुद्री मील पर रखा हुआ था, जो कि वायु प्रतिरक्षा पूछताछ क्षेत्र के अंदर आता था (*द इंडियन एक्सप्रेस,* मुंबई, 15 और 26 दिसम्बर 2008)।
2) रॉ ने 19 नवम्बर को यह जानकारी आई बी को दे दी कि वह संबंधित एजेंसियों तक इस बात को पहुंचा दे (*द इंडियन एक्सप्रेस,* 26 दिसम्बर 2008)।
3) आई बी के संयुक्त निदेशक प्रभाकर आलोक ने इस जानकारी को नौसेना मुख्यालय (नौसेना ख़ुफ़िया सूचना के प्रमुख निदेशक के ज़रिये) और तटरक्षक के पास 20 नवम्बर को भेज दिया *लेकिन, हैरत की बात है कि मुंबई पुलिस या महाराष्ट्र सरकार को नहीं भेजा जिनसे कि इसका सर्वाधिक सम्बन्ध था* (*द इंडियन एक्सप्रेस,* मुंबई, 15 और 26 दिसम्बर 2008)।
4) नौसेना ख़ुफ़िया सूचना के प्रमुख निदेशक ने नौसेना की बेहद अहम शाखा अर्थात पश्चिमी नौसेना कमांड तक कभी यह जानकारी पहुंचायी

ही नहीं, जिसके तहत मुंबई आती है और जिसके लिए यह वास्तव में बनी है (*द इंडियन एक्सप्रेस,* मुंबई, 15 और 26 दिसम्बर 2008)।

5) ऐसा भी नहीं जान पड़ता कि नेवल इंटेलिजेंस के प्रमुख निदेशक ने इस अत्यन्त महत्त्वपूर्ण जानकारी से नैवी के चीफ़ को अवगत भी नहीं कराया जैसा कि इस बात से ज़ाहिर है कि मुंबई की घटना पर प्रतिक्रिया व्यक्त करते हुए उन्होंने (नैवी के चीफ़ ने) केवल क्रमश: 12 और 18 नवम्बर को आई बी और रॉ द्वारा दी गयी जानकारियों का ही ज़िक्र किया और कहा कि वे ऐसी जानकारियां नहीं थीं कि कोई कार्रवाई की जाती। उन्होंने आगे स्पष्ट किया कि "भारत पर आतंकवादी हमला करने वाले हैं इसे कार्रवाई योग्य नहीं कहा जा सकता।" ज़ाहिर है कि वह अपने प्रमुख निदेशक, नौसेना ख़ुफ़िया सेवा द्वारा 20 नवम्बर को प्राप्त एकदम से विशिष्ट और कार्रवाई योग्य सूचनाओं से अवगत नहीं थे (*द इंडियन एक्सप्रेस,* पुणे और *सकाल,* पुणे, दोनों ही 3 दिसम्बर 2008 के)।

6) लेकिन कोस्ट गार्ड ने 21 नवम्बर को लश्कर-ए-तैयबा के संदिग्ध जहाज़ की खोज शुरू की पर अमेरिकी इंटेलिजेंस द्वारा मुहैया कराये गये नियामकों पर जहाज़ का पता नहीं लगा पाया। लिहाज़ा, कोस्ट गार्ड के अधिकारियों ने आई बी के संयुक्त निदेशक प्रभाकार आलोक से संपर्क किया और उनसे और अधिक ख़ुफ़िया जानकारी मुहैया कराने का अनुरोध किया। आलोक ने जानकारी देने का वादा किया लेकिन कभी दी नहीं (*हिंदुस्तान टाइम्ज़,* 11 दिसम्बर 2008; *द इंडियन एक्सप्रेस,* मुंबई 15 और 26 दिसम्बर 2008)।

7) इसके अलावा, उच्च पदस्थ सूत्र ने (बहुत ज़्यादा संभावना रॉ की है, कैबिनेट सचिवालय के ज़रिये) "गुप्त" नोट के ज़रिये आई बी को लश्कर द्वारा प्रयोग में लाये जा रहे 35 मोबाइल फ़ोन नंबरों की एक सूची प्रदान की थी और उनपर चौकसी रखने का अनुरोध किया था। आई बी ने यह नोट 21 नवम्बर को अर्थात *हमले से पांच दिन पहले* प्राप्त किया था। लेकिन, हैरत की बात है कि आई बी ने इन नंबरों की चौकसी नहीं की। इस चूक का बहुत अधिक मायने इसलिए है कि "गुप्त" नोट में शामिल 35 नंबरों में से कम से कम तीन वे मोबाइल

नंबर थे जिनका प्रयोग आतंकवादी पाकिस्तान में अपने आक़ाओं से संपर्क में रहने के लिए करते थे। (*हिंदुस्तान टाइम्ज़*, 10 जनवरी 2009)।

8) आतंकवादियों के मुंबई में अपने निशानों पर हमला कर लेने और आतंकवादी-निरोधी दस्ते के प्रमुख हेमंत करकरे एवं दो अन्य अधिकारियों को गोली मार दिये जाने के बाद ही आई बी हरकत में आयी। फ़ोन कोलकाता को किये गये थे जहां से कि 35 में से 32 सिम कार्ड ख़रीदे बताये जाते हैं। मुंबई पुलिस को आगाह कर दिया गया और बातचीत को रिकॉर्ड करने की प्रक्रिया शुरू हो गयी (*हिंदुस्तान टाइम्ज़*, 10 जनवरी 2009)।

बी) लाख टके का सवाल

1) आई बी ने ख़ुफ़िया सूचना के एकदम से विशिष्ट और कार्रवाई योग्य महत्त्वपूर्ण हिस्से को मुंबई पुलिस और महाराष्ट्र सरकार तक क्यों नहीं पहुंचाया, जिनसे कि इसका सबसे ज़्यादा ताल्लुक़ था? यह बात ख़ासकर इस तथ्य के मद्देनज़र बहुत अहमियत रखती है कि उसने उन्हें मार्च 2007 और नवम्बर 2008 के बीच कम विशिष्ट जानकारी पर पांच बार आगाह किया।

2) नौसेना ख़ुफ़िया सेवा के प्रमुख निदेशक ने आई बी की बहुत ही महत्त्वपूर्ण सूचना को पश्चिमी कमांड और नौसेना के चोटी के अधिकारियों तक नहीं बढ़ाया जिससे कि यह संबंधित थी? (*द इंडियन एक्सप्रेस*, पुणे और *सकाल*, पुणे, दोनों ही 3 दिसम्बर 2008)। क्या नौसेना ख़ुफ़िया सेवा के प्रमुख निदेशक ने स्वयं या उनसे नीचे के किसी व्यक्ति ने जान-बूझकर इसे रोका? या उन्होंने यह काम किसी और के इशारे पर किया?

3) यहाँ तक कि अपुष्ट सूचना या मामूली शक के आधार पर भी अनेक टेलीफ़ोनों को चौकसी पर रखने के लिए जाने जाने वाली आई बी ने 35 मोबाइल फ़ोनों की चौकसी क्यों नहीं की, जिनके नंबर उस हमले से कम से कम पांच दिन पहले ज़िम्मेदार सूत्रों से प्राप्त हुए थे? उसने तब तक इंतिज़ार क्यों किया जब तक कि आतंकवादी अपने निशानों पर

पहुंचे और ए टी एस प्रमुख करकरे एवं कुछ अन्य अधिकारियों को मार डाला ? (*हिंदुस्तान टाइम्ज़*, मुंबई, 10 जनवरी 2009)। या, बात ऐसी थी कि उसने इन नंबरों की चौकसी तो की थी लेकिन प्राप्त जानकारी का इस्तेमाल किसी संदिग्ध उद्देश्य के लिए किया था ?

4) यह कैसे हुआ था कि आमतौर पर मुंबई पर बहुत क़रीब से निगरानी रखने वाले आई बी ने इस बात को नोटिस नहीं किया था कि मुंबई पुलिस ने हमले से 40दिन पहले से संवेदनशील तटीय सेक्टर से तटीय गश्त वापस हटा ली थी? (*हिंदुस्तान टाइम्ज़*, मुंबई, 24 दिसम्बर 2008)। और अगर उसने नोटिस किया था तो उसने इस बात पर ज़ोर क्यों नहीं दिया कि तटीय गश्त को न केवल शुरू किया जाए बल्कि अब से उसे और सघन बनाया जाये, जबकि उसके पास समुद्र के रास्ते संभावित आतंकी हमले की बहुत ही स्पष्ट ख़ुफ़िया सूचना थी ?

सी) तार्किक निष्कर्ष

ज़ाहिर तौर पर बेहद गंभीर घपले के लिए ज़िम्मेदार मुख्य दोषी हैं :

i) आई बी के संयुक्त निदेशक (प्रभाकर आलोक) जिन्होंने जान-बूझकर पूरी तरह से स्पष्ट एवं कार्रवाई योग्य जानकारी को मुंबई पुलिस तक नहीं पहुंचाया, जिससे कि इसका सर्वाधिक सम्बन्ध था,

ii) नौसेना ख़ुफ़िया सेवा के प्रमुख निदेशक, या उनका कोई मातहत जिसने कि सूचना को रोका और उसे पश्चिमी कमांड तथा वरिष्ठ नौसेना अधिकारियों तक नहीं पहुंचाया, और

iii) आई बी का एक वरिष्ठ अधिकारी जिसने कि सी एस टी-कामा अस्पताल-रंगभवन लेन नरसंहार के हो जाने तक रॉ द्वारा दिये गये 35 मोबाइल फ़ोन नंबरों को चौकसी पर नहीं लगाया।

मामले की गहरी एवं निष्पक्ष जाँच निश्चित रूप से यह स्थापित करेगी कि उनका ब्राह्मणवादी कट्टरपंथियों के साथ सम्बन्ध था जो कि देश में "हिन्दू (पढ़ें ब्राह्मणवादी) राष्ट्र" स्थापित करने की योजना बना रहे थे। उनकी ओर से हुई कमी निश्चित रूप से लापरवाही या ग़लती नहीं थी बल्कि संविधान के दुश्मनों और "हिन्दू-राष्ट्र" की साज़िश रचने वालों को उबारने के उद्देश्य से की गई

सोची-समझी कार्रवाई थी जिनका कि ए टी एस प्रमुख हेमंत करकरे ने भंडाफोड़ किया था और जो बेनक़ाब होने के क़रीब थे।

इस बात की जाँच करने के लिए कि आई बी और रॉ को कौन-सी ख़ुफ़िया जानकारी मिली थी और उसने कौन-सी राज्य सरकार के पास भेजी थी, महाराष्ट्र सरकार द्वारा गठित दो सदस्यीय प्रधान पैनल को उनके द्वारा जानकारी दिये जाने से इन्कार से भी उपर्युक्त तर्क की पुष्टि हो जाती है।

द इंडियन एक्सप्रेस (31 मई 2009) में प्रकाशित रिपोर्ट के अनुसार रॉ के पूर्व अधिकारी और पैनल के दूसरे सदस्य श्री वी .बालचंद्रन के बारे में बताया जाता है कि उन्होंने पैनल रिपोर्ट की *प्रामाणिकता* के बारे में अपने पूर्व साथी चेन्नई-स्थित सुरक्षा विशेषज्ञ बी .रमन द्वारा उठाये गये संदेहों को स्पष्ट करने के लिए उन्हें एक ईमेल भेजा था। *इंडियन एक्सप्रेस* की रिपोर्ट बताती है कि इस ईमेल में श्री बालचंद्रन ने लिखा था *"ख़ुफ़िया सूचना के मामले में भी हमें राज्य पुलिस के पास उपलब्ध रिपोर्टों पर ही निर्भर रहना था क्योंकि आई बी और रॉ ने कोई ख़ुफ़िया रिपोर्ट हम तक नहीं पहुंचने दी, जो कि उनके पास हो सकता है कि रही हो (या न रही हो), या राज्य पुलिस को पहुंचाई हो।"*

रॉ ने अपने हिस्से का काम तो कर दिया था लेकिन यह आई बी के ब्राह्मणवादी ही थे जिन्होंने प्रधानमंत्री कार्यालय में अपने रसूख़ का इस्तेमाल करके इस जानकारी को पैनल तक नहीं पहुंचाने के लिए उसे राज़ी करा लिया।

भाग-2
सी एस टी पर लगे 16 सीसीटीवी कैमरों के साथ छेड़छाड़ हुई थी

ए) *डीएनए*, मुंबई 28 नवम्बर 2008 :
स्टेशन पर लगाये गये सुरक्षा कैमरों ने दो आतंकवादियों की तस्वीरें क़ैद की थीं जिनकी कि बाद में चलकर पहचान आज़म अमीर कसाब और अबू डेरा इस्माईल ख़ान के रूप में की गयी।

बी) *द टाइम्ज़ ऑफ़ इंडिया*, पुणे, 28 नवम्बर 2008 :
7 नवम्बर के ट्रेन विस्फोटों के बाद लगाये गये सीसीटीवी कैमरों ने समूची

गोलीबारी की तस्वीर उतारी थी। रेलवे और अन्य अधिकारियों के पास अब अपनी जाँच के लिए घटना की स्पष्ट फुटेज है।

सी) *द इंडियन एक्सप्रेस*, पुणे, 12 दिसम्बर 2008 :

1) यह बात अब उभरकर आयी है कि अगर धरोहर रेलवे स्टेशन के मेनलाइन के भीतर विभिन्न स्थानों पर लगाये गये 16 सीसीटीवी कैमरे कार्यवाही को रिकॉर्ड करने में विफल नहीं हुए होते तो छत्रपति शिवाजी टर्मिनस (सी एस टी) पर हुए हमले की तस्वीरें ढंग से खींची जा सकती थीं जिससे कि जाँच की कड़ियां क़ायदे से जुड़ जातीं। उस समय जबकि 26 नवम्बर की रात को सी एस टी पर दो आतंकवादियों ने अंधाधुंध गोलीबारी शुरू की, स्टेशन पर 56 लोगों को मार डाला, कैमरे बेकार साबित हुए।
2) इस हिस्से (लंबी दूरी की गाड़ियों के प्लेटफ़ार्म) के 16 कैमरे उस समय रिकॉर्डिंग नहीं कर रहे थे जबकि स्टेशन पर अन्यत्र लगे कैमरे क़ायदे से काम कर रहे थे। इससे यह शक पैदा होता है कि यह तकनीकी ख़राबी नहीं थी।
3) स्टेशन में 38 सीसीटीवी कैमरे लगे हुए थे जिसमें से 16 मेनलाइन (लंबी दूरी की गाड़ियों के प्लेटफ़ार्म) और 22 उपनगरीय लाइन पर थे।

डी) *इंडियन एक्सप्रेस*, मुंबई, 28 दिसम्बर 2008 :

1) जहां मेनलाइन सेक्शन के 16 कैमरे आतंकी हमले को रिकॉर्ड करने में विफल रहे वहीं उपनगरीय सेक्शन के प्रवेश द्वारों से आने वाले यात्रियों पर नज़र रखने के लिए लगाये गये दो कैमरों का रूख़ इसके बजाय भीड़भाड़ वाले हाल की तरफ़ था।
2) एक पुलिस अधिकारी ने बताया, “इन कैमरों को दो गेटों पर दरवाज़े के फ्रेम वाले मेटल डिटेक्टरों से होकर आने-जाने वाले लोगों पर चौकसी रखने के लिए लगाया गया था। वे भी मेनलाइन और उपनगरीय सेक्शन के बीच के गलियारे के कुछ हिस्सों को रिकॉर्ड कर सकते थे। लेकिन, उन्हें इस प्रकार से मोड़ दिया गया था कि वे उपनगरीय हिस्से के बाहर की गतिविधियों को रिकॉर्ड नहीं कर सकते थे... ”

निष्कर्ष

शुरुआती रिपोर्टें, अर्थात घटना के पहले दो दिनों के दौरान प्रकाशित रिपोर्टें बताती हैं कि सी एस टी पर लगाये गये सीसीटीवी कैमरों ने *पूरी गोलीबारी को कैमरे में क़ैद किया था और आतंकवादियों की तस्वीरें* और घटना की सूपष्ट फुटेज रेलवे एवं अन्य अधिकारियों के पास उपलब्ध थीं। लेकिन घटना के लगभग 15 दिनों बाद इस तरह की रिपोर्टें दी जाने लगीं कि सी एस टी के मेनलाइन वाले हिस्से अर्थात उस हिस्से जहां पर गोलीबारी हुई थी, में लगे कैमरे घटना वाले दिन काम नहीं कर रहे थे और इस तरह से वे घटना को रिकॉर्ड नहीं कर पाये थे।

यह परस्पर विरोधी रिपोर्टें हमें दो अलग-अलग अनुमानों की ओर ले जाती हैं। या तो योजना बनाने वालों के दिमाग़ में योजना तैयार करते समय यह बात नहीं आयी कि उस जगह पर सीसीटीवी कैमरे लगे हुए हैं जहां पर क़हर बरपाने वाले लोग आतंकवादियों के भेष में क़हर बरपाने और फिर फूट लेने एवं किसी और को "आतंकवादियों" के रूप में पेश कर देने की योजना बना रहे थे। लेकिन जब उन्होंने इस बात को महसूस किया कि समूची घटना को रिकॉर्ड कर लिया गया है और उसकी स्पष्ट तस्वीरें रेलवे एवं अन्य अधिकारियों के पास उपलब्ध हैं तो आई बी ने अवश्य ही संबंधित अधिकारियों के पास से उन्हें अपने अक्सर दिये जाने वाले इस तर्क को पेश करते हुए अपने क़ब्ज़े में ले लिया होगा कि यह "टॉप सीक्रेट ऑप्रेशन" का हिस्सा है और यह न केवल देश की "आंतरिक सुरक्षा" बल्कि "अंतरराष्ट्रीय सम्बंधों" से भी जुड़ा हुआ है। आई बी ने संबंधित अधिकारियों को बहुत सख़्ती से इसे बिल्कुल गोपनीय रखने और यह घोषित करने को कहा होगा कि 16 कैमरे काम नहीं कर रहे थे।

दूसरा अनुमान यह हो सकता है कि स्वयं प्लानिंग के हिस्से के तौर पर स्टेशन की मुख्य लाइन सेक्शन, जहाँ गोलीबारी होनी थी, को कवर कर रहे सीसीटीवी कैमरों और उपनगरीय सेक्शन के एण्ट्री गेट, जहां से क़हर बरपाने वालों को आना और जाना था, पर लगे सीसीटीपी कैमरों के साथ छेड़ख़ानी की गयी थी या उन्हें ख़राब कर दिया गया था। दोनों ही सूरत में योजना बनाने वालों और साज़िशकर्ताओं की नापाक और बुरी मंशा छिपी हुई थी। वे नहीं चाहते थे कि गोलीबारी और क़हर बरपाने वालों की वास्तविक तस्वीरें सार्वजनिक हों।

यह कोई इकलौती घटना नहीं थी क्योंकि इस तरह की बदमाशियाँ पहले भी होती रहीं हैं जबकि ब्राह्मणवादी और आई बी के शामिल होने का सन्देह था। ग़ौरतलब है कि अहमदाबाद बम विस्फ़ोट और सूरत में बमों के नहीं फटने के मामले में भी, जहाँ पर आई बी की भूमिका सन्धिग्ध थी, तालसारी तोल नाका के सीसीटीवी कैमरों को ख़राब पाया गया। इन मामलों में इस्तेमाल हुए चोरी के वाहन तालसारी तोल *नाका* से होकर गुज़रे थे।

भाग-3
सी एस टी के "आतंकवादियों" ने उन सिम कार्डों का प्रयोग किया था जिनके तार सतारा से जुड़े हुए थे।

ए) *महाराष्ट्र टाइम्ज़* (ऑन लाइन न्यूज़), 15 दिसम्बर 2008 :

1) इस रिपोर्ट ने काफ़ी धमाका कर दिया है कि सतारा ज़िले के व्यक्ति से सम्बन्धित सिम कार्ड का प्रयोग मुंबई आतंकी हमले में हुआ था। इस सिलसिले में ए टी एस वाई तालुक़ा के कुम्हारवाड़ी गाँव के एक व्यक्ति को मुंबई ले गई और उससे पूछताछ की। इसके अलावा सिम कार्ड के मामले से सतारा की एक महिला भी जुड़ी हुई है।
2) 26 नवम्बर को सी एस टी पर रेलवे पुलिस के साथ हुई दो आतंकवादियों की भिडन्त के दौरान उनमें से एक का मोबाइल फ़ोन नीचे गिर गया था। जब पुलिस ने उसे अपने क़ब्ज़े में लेकर आगे की जाँच की तो यह पता चला कि *आतंकवादियों ने इस मोबाइल फ़ोन के ज़रिए सम्पर्क स्थापित किए* थे और यह कि इसका सिम कार्ड सतारा ज़िले के रहने वाले व्यक्ति का था। मुंबई की ए टी एस टीम ने अशोक गोरे नाम के आदमी को वाई तालुक़ा के कुम्हारवाड़ी से बन्दी बना लिया और उसे मुंबई लेकर गयी। सिम कार्ड उसी के नाम का था। पूछताछ के दौरान उसने पुलिस को बताया कि रत्नागिरि में उसका फ़ोन खो गया था लेकिन उसने शिकायत नहीं दर्ज करायी थी। हालाँकि सत्यापन के बाद पुलिस ने उसे छोड़ दिया था लेकिन उसपर निगरानी रखी जा रही है क्योंकि सिम कार्ड की गुत्थी अभी भी सुलझी नहीं है।

3) सी एस टी पर पाया गया बीएसएनएल का एक और सिम कार्ड सतारा की एक महिला का है। उसने पूछताछ के दौरान बताया कि उसका बेटा सिम कार्ड का प्रयोग कर रहा था। ए टी एस ने उसके बेटे से भी पूछताछ की। यह भी स्पष्ट नहीं कि बीएसएनएल के सिम कार्ड का प्रयोग आतंकवादी द्वारा किया गया था।

बी) *पुढेरी*, पुणे, 19 दिसम्बर 2008 :

1) इस बात की भरोसेमन्द जानकारी मिली है कि ए टी एस के आई. जी. दिलीप श्री राव ने सतारा में (आतंकवादियों के पास से पाए गए दो सिम कार्डों के सम्बन्ध में) एक प्रभावशाली व्यक्ति से पूछताछ की।
2) इस ख़बर ने कि मुंबई हमले के आतंकवादियों के पास से पाए गए मोबाइल फ़ोनों में सतारा ज़िले (महाराष्ट्र) के दो लोगों के सिम कार्ड लगे हुए थे, ज़िले में सनसनी फैला दी है। बताया जाता है कि ए टी एस ने वाई तालुक़ा के एक युवक और सतारा की एक महिला से पूछताछ की, जिनके नाम पर सिम कार्ड थे।
3) पता चला है कि ए टी एस के अधिकारियों ने सतारा क़स्बे और ज़िले में कुछ अन्य लोगों से पूछताछ की। इस बात की भी जानकारी मिली है कि *ए टी एस ने सतारा क़स्बे के एक जाने-माने व्यक्ति से पूछताछ की है।*

सी) *द टाइम्ज़ ऑफ़ इंडिया*, पुणे, 10 दिसम्बर 2008 :

अजमल कसाब और इस्माईल ख़ान को सी एस टी अभियान के दौरान लश्कर नेताओं को फ़ोन करने का समय नहीं मिला था, जो कि पाकिस्तान से अभियान की निगरानी कर रहे थे (जबकि सी एस टी पर पुलिस के साथ भिड़न्त करने वाले आतंकवादियों ने उन मोबाइल फ़ोनों के ज़रिए सम्पर्क किया था जिनके सम्बन्ध सतारा से थे, जैसा कि ऊपर उद्धृत *महाराष्ट्र टाइम्ज़* (ऑन लाइन न्यूज़) से ज़ाहिर है)।

तार्किक निष्कर्ष

सी एस टी पर क़हर बरपा करने वाले दो आतंकवादी अजमल कसाब और इस्माईल ख़ान नहीं थे बल्कि सतारा से हासिल किए गए सिम कार्डों को रखने वाले कोई और लोग थे जिनके कि सम्भवतः महाराष्ट्र से सम्बन्ध थे। आरोप-पत्र

में इन दोनों मोबाइल फ़ोनों को पुलिस द्वारा ज़ब्त किए गए मोबाइल फ़ोनों की सूची में नहीं दर्शाया गया है। इसका स्पष्ट कारण यह है कि मुंबई अपराध शाखा और आई बी को यह भय था कि उनके द्वारा मनगढ़न्त कहानी बनाए जाने और समूचे राष्ट्र के गुमराह करने के तथ्य पर से उस वक़्त पर्दा उठ जाएगा जब इन दोनों मोबाइल फ़ोनों की बरामदगी को दर्ज करके उसकी पूरी जाँच करायी जाएगी।

भाग-4

उन 284 फ़ोनों में से कसाब और ईस्माइल ख़ान के पास एक भी फ़ोन नहीं आया जिनपर वाइस ओवर इंटरनेट प्रोटोकॉल टेक्नोलॉजी (वी ओ आई पी) का प्रयोग करके आतंकवादियों ने पाकिस्तान के अपने आक़ाओं की कॉल रिसीव की थीं।

ए) *द संडे टाइम्ज़ ऑफ़ इंडिया*, पुणे, 12 जनवरी 2009 (अपराध शाखा, मुंबई और आई बी सूत्रों का हवाला देते हुए) :

i) "58 घण्टों तक चली घेरेबन्दी के दौरान बन्दूक़धारियों के पास कुल 284 फ़ोन आये। इनमें से 41 फ़ोन ताज के बन्दूक़धारियों और पाकिस्तान में उनके आक़ाओं के बीच थे।"

ii) "ओबेराय और ट्राईडेंट होटलों के आतंकवादियों के पास 62 फ़ोन आये। जबकि नरीमन हाउस के बन्दूक़धारियों के पास 181 फ़ोन आये।"

बी) *आरोप-पत्र*

इसके अलावा अदालत में अपराध शाखा द्वारा दायर किए गए आरोप-पत्र में इन कॉल विवरणों का भी उल्लेख किया गया है।

निष्कर्ष

सी एस टी पर कथित तौर पर क़हर बरपाने वाले तथा करकरे व अन्य को मारने

वाले अजमल कसाब और इस्माईल ख़ान के पास एक भी फ़ोन नहीं आया। इस प्रकार इस सन्देह की पुष्टि होती है कि ये दोनों आतंकवादियों के उस जत्थे के नहीं थे जो कि कफ परेड पर पाकिस्तान से ट्रॉलर से उतरा था।

भाग-5

आतंकवादी धारा-प्रवाह मराठी बोल रहे थे

ए) *महाराष्ट्र टाइम्ज़*, मुंबई, 28 नवम्बर 2008 :

1) अस्पताल में दाख़िल होने वाले आतंकवादियों ने वहाँ काम कर रहे दो वॉचमैनों को मार डाला और फिर पास में बिना वर्दी के खड़े तीसरे कर्मचारी की ओर मुड़े और फर्राटेदार मराठी में उससे पूछा, "क्या तुम यहाँ पर काम करते हो ?" कर्मचारी आतंकवादियों के पैरों पर गिर पड़ा और बोला "मैं यहाँ पर काम नहीं करता, दिल का दौरा पड़ने के कारण मेरी बीवी यहाँ पर भर्ती है।" उन्होंने फिर धमकाते हुए पूछा, "तुम सच बोल रहे हो न ?" उस व्यक्ति ने जवाब दिया, "मैं सच कह रहा हूँ, अम्मा की क़सम।" फिर उन्होंने उसे बख़्श दिया।
2) कर्मचारी ने यह जानकारी कामा अस्पताल एवं स्वास्थ्य विभाग के अधिकारियों को दी।
3) बताया जाता है कि इन आतंकवादियों ने अतिरिक्त पुलिस आयुक्त अशोक काम्टे, ए टी एस प्रमुख हेमन्त करकरे और विजय सालस्कर की गोली मारकर हत्या की थी।

बी) *द टाइम्ज़ ऑफ़ इंडिया*, मुंबई, 29 नवम्बर 2008 :

1) बुधवार की रात को एक आतंकवादी ने कामा अस्पताल के एक स्टाफ़ कर्मचारी से मराठी में प्रश्न किया, "*तुम यहाँ पर क्या कर रहे हो ?*" उस कर्मचारी ने मराठी में कहा, "मैं अस्पताल में भर्ती एक रिश्तेदार को देखने आया था"। इस झूठ ने उसकी जान बचा दी जबकि बन्दूक़ उसकी खोपड़ी पर लगी हुई थी।

2) आतंकवादियों के मराठी बोलने को लेकर एक सवाल का जवाब देते हुए सरकार के प्रवक्ता भूषण गगरानी (वरिष्ठ आएएस अधिकारी) ने कहा, "आतंकवादी से बात कर चुके स्टाफ़र ने घटना की पुष्टि की और हमें बताया कि उसने बुधवार की रात को आतंकवादियों में से एक के साथ मराठी में बातचीत की।"

3) उन्होंने आगे बताया कि सरकार ने पुलिस को इस बारे में सूचित कर दिया है और "पुलिस मामले की जाँच कर रही है"।

सी) *हिन्दुस्तान टाइम्ज़*, 5 दिसम्बर 2008 :

1) चन्द्रकान्त टिखे एक इत्तिफ़ाक़ी हीरो था। क़रीब पचास वर्ष का यह तुन्दियल कामा और आलब्लेस अस्पताल में जनरेटर ऑपरेटर के रूप में काम करता है। गोलियों की आवाज़ सुनने के समय टिखे स्टाफ़ के दूसरे सदस्यों और रोगियों के रिश्तेदारों के साथ अस्पताल की बिल्डिंग के सामने था।

2) जब आवाज़ क़रीब से आने लगी तो टिखे और दूसरे लोग अस्पताल की बिल्डिंग की ओर भागे। दर्जन भर से ज़्यादा लोग बचने के लिए छत की तरफ़ दौड़े। टिखे भी उनके पीछे भागा। लेकिन जब वह छत पर पहुँचा तो उसने ख़ुद को कसाब और ख़ान के सामने पाया।

3) उसकी तरफ़ अपनी बन्दूक़ों को तानते हुए आतंकवादियों ने उससे पूछा कि वह वहाँ पर क्या कर रहा है। "मैंने उन्हें बताया कि मैं अस्पताल का कर्मचारी हूँ और रात की पाली में हूँ और यह सुनिश्चित करना मेरी ड्यूटी है कि सभी दरवाज़ों पर ताला लगा हो।"

4) कसाब और ख़ान ने फिर यह जानना चाहा कि टिखे हिन्दू है या मुसलमान ? टिखे ने बताया, "मैंने जवाब दिया कि *साब मैं हिन्दू हूँ* ।" तब आतंकवादियों ने उसे आदेश दिया कि उन्हें बिल्डिंग से बाहर ले चले। टिखे नीचे जाने वाले ज़ीने की तरफ़ चलने लगा, वे दोनों उसके पीछे काफ़ी फ़ासले से चले।

5) आधे ज़ीने पहुंच के पर टिखे पुलिस कर्मियों की टुकड़ी के पास भागा जिसका नेतृत्व सदानन्द दते कर रहे थे... जवाबी गोली-बारी में ग्रेनेट के विस्फोट से टिखे घायल हो गया।

6) आतंकवादी अस्पताल से बच निकले और गिरगाँव चौपाटी की ओर भागे, जहाँ पर पुलिस के साथ मुठभेड़ में ख़ान मारा गया और कसाब पकड़ लिया गया।

निष्कर्ष

सी एस टी-कामा अस्पताल में क़हर बरपाने वाले तथाकथित आतंकवादी विदेशी नहीं बल्कि मराठी भाषी लोग थे और वे हिन्दू-विरोधी नहीं थे।

भाग-6

सी एस टी पर मारे गये 46 लोगों में से 22 मुसलमान थे

ए) *द टाइम्ज़ ऑफ़ इंडिया*, मुंबई, 28 नवम्बर 2009 :

पाकिस्तान के फ़रीदाबाद के अनपढ़ दिहाड़ी मज़दूर अकमल (अजमल) ने पुलिस को बताया कि *फ़ीदायीन* मिशन में शामिल होने के लिए उसका और उसके साथ के *जिहादियों* का ब्रेनवाश किया गया और उन्हें लगभग स्पष्ट आदेश दिया गया कि मुसलमानों को चोट पहुँचाने से बचने की कोशिश करते हुए यथासम्भव ज़्यादा से ज़्यादा लोगों को मारें।

बी) *द टाइम्ज़ ऑफ़ इंडिया*, 29 नवम्बर 2008 :

1) मुंबई पुलिस द्वारा पकड़े गये एकमात्र *जिहादी* अजमल कसाब के सनसनीख़ेज़ रहस्योद्‌घाटन को प्रकाशित करते हुए *द टाइम्ज़ ऑफ़ इंडिया* ने रिपोर्ट लगाई कि "उन्हें आंख मूंदकर मारने को ख़ासकर गोरे विदेशी सैलानियों को, और मुस्लिमों को बचाने का आदेश दिया गया था।"
2) इसी अंक में, *द टाइम्ज़ ऑफ़ इंडिया* ने ख़बर दी है कि अब्बास अंसारी, उसकी बीवी और उसके परिवार के चार अन्य लोगों को सी एस टी पर गोली मार दी गयी, जबकि वे ईद के लिए घर जा रहे थे।

सी) मराठी दैनिक *लोकसत्ता*, पुणे, 8 दिसम्बर 2008 :

1) मुंबई के सी एस टी स्टेशन पर मारे जाने वालों में से 40 प्रतिशत

मुसलमान थे।

डी) *द टाइम्ज़ ऑफ़ इंडिया,* पुणे 3 दिसम्बर 2008 :
"गत बुधवार टर्मिनल स्टेशन पर आतंक मचाने वाले दो बन्दूक़धारियों ने अपनी अंधाधुंध गोलीबारी से 22 बेबस मुस्लिमों को मौत के घाट उतार दिया। आतंकवादियों ने यात्रियों एवं रेलवे पुलिस बल के जवानों समेत कुल 58 लोगों को मौत के घाट उतारा।"

बाद में, यह बात साफ़ हुई कि सी एस टी की घटना में 58 नहीं 52 लोग मारे गये थे और यह कि उनमें से छह या तो पुलिसवाले थे या अन्य कर्मचारी, इस प्रकार सी एस टी की घटना में मारे जाने वाले नागरिकों की संख्या 46 ठहरती है, जिसमें से 22 (48 प्रतिशत) मुसलमान थे। इनमें से अधिकतर को देखकर पहचाना जा सकता था कि वे मुसलमान हैं क्योंकि वे दाढ़ी रखे हुए थे या मुसलमानी टोपी लगाये हुए थे और औरतें "बुर्का" पहने हुई थीं।

निष्कर्ष
सी एस टी के दोनों आतंकवादी वे *जिहादी* नहीं हो सकते जिन्हें कि मुस्लिमों को बख़्शते हुए बाक़ी लोगों को मारने का आदेश दिया गया था।

भाग-7
करकरे को फंदे में फंसाया गया

एन डी टी वी इंडिया, आई बी एन 7 और आजतक टीवी चैनलों ने 7 दिसम्बर को पुलिस वायरलेस बातचीत के केवल एक हिस्से को प्रसारित किया जो कि मुख्य रूप से कँट्रोल रूम, पुलिस आयुक्त, संयुक्त पुलिस आयुक्त (अपराध) और डीसीपी ज़ोन 1 के मध्य 26 नवम्बर 2008 को मुंबई आतंकी हमले के शुरुआती घंटों में हुई थी। यह बातचीत रात पौने ग्यारह से सवा बारह बजे के बीच के किसी समय की जान पड़ती है अर्थात अतिरिक्त पुलिस आयुक्त सेंट्रल रीजन (सदानंद सहाय) के कामा अस्पताल में घायल होने से लेकर गिरगांव

चौपाटी पर "मुठभेड़" की सूचना प्राप्त होने से पहले की, जहां तक कि हमले का सी एस टी-कामा अस्पताल-रंगभवन लेन हिस्से का सम्बन्ध है। (हमले के केवल उस हिस्से से सम्बन्ध रखने वाली बातचीत का रिकॉर्ड इस किताब के अन्त में संलग्नक-ब में दिया गया है।)

वायरलेस पर वरिष्ठ अधिकारियों की बातचीत से यह जान पड़ता है कि समूचे ऑपरेशन को निर्देशित करने वाले पुलिस आयुक्त और संयुक्त पुलिस आयुक्त (अपराध) हेमंत करकरे के मूवमेण्ट से बाख़बर नहीं थे। ऐसा लगता है कि संयुक्त पुलिस आयुक्त केवल यह जानते थे कि वह सी एस टी पर हैं पर उन्हें उनकी बाद के मूवमेण्ट की जानकारी नहीं थी। इस सम्बन्ध में निम्निलिखित घटना क्रम गंभीर चिन्तन की अपेक्षा करता है :

(क) हेमंत करकरे के वायरलेस ऑपरेटर नितिन मथाने ने 26/11 मामले की सुनवाई कर रही विशेष अदालत को बताया कि वह उनके (करकरे के) दादर आवास से रात दस बजे के क़रीब करकरे और उनकी पांच सदस्यीय एस्कार्ट टीम के साथ निकला। सी एस टी पर हज हाउस के पास निर्धारित जगह पहुंचने पर करकरे ने वरिष्ठ अधिकारियों वसंत कोरेगांवकर, संजय मोहिते और के. पी. रघुवंशी से मुलाक़ात की जिन्होंने उन्हें सूचित किया कि आतंकवादियों ने सी एस टी पर गोलीबारी की है और अब वे पैदल ओवरब्रिज से बाहर गये हैं। (लेकिन जैसा कि भाग 9 (सी) में चर्चा हो गयी है, दोनों कभी भी पैदल ओवरब्रिज से बाहर गये ही नहीं)। मथाने ने आगे बताया कि करकरे ने फ़ौरन ही अपना बुलेट-प्रूफ़ जैकेट और हेलमेट पहन लिया था और कामा अस्पताल के पिछवाड़े वाले गेट की ओर बढ़े थे (जो कि उस लेन में था जिस तरफ़ पैदल ओवरब्रिज जाता है)। कामटे और सालास्कर टीम में शामिल थे जबकि गोलीबारी चलती रही (कामा अस्पताल में) (*द इंडियन एक्सप्रेस*, पुणे, 16 जुलाई 2009)।

उपर्युक्त घटना कुछ सवाल खड़े करती है :

1) वे अधिकारी कौन थे जिन्होंने हज हाउस के निकट मिलने का फ़ैसला किया ?
2) के. पी. रघुवंशी ने करकरे को यह क्यों बताया कि दो आतंकवादी पैदल

ओवरब्रिज पार कर गये हैं जबकि बात ऐसी नहीं थी? और सबसे महत्त्वपूर्ण है कि वे स्वयं वहाँ क्यों नहीं गए?

(ख) जब करकरे, कामटे, मोहिते और सालास्कर एहतियात के साथ एक दूसरे को कवर करते हुए उस लेन (यानी द टाइम्ज़ ऑफ़ इंडिया लेन) से गुज़र रहे थे तो कामा हॉस्पिटल की निकटवर्ती बिल्डिंग की सातवीं मंज़िल पर दो दस्ती बमों के धमाके हुए। मोहिते उस ओर दौड़े। आतंकवादियों की फ़ाइरिंग में कामा हॉस्पिटल के पास एक व्यक्ति मर गया था। जब करकरे, मोहिते और सालास्कर ने कामा हॉस्पिटल के सामने से देखा कि फ़ाइरिंग स्पेशल ब्रांच (एस बी) के ऑफ़िस की ओर से भी शुरू हो गई है तो वो आगे बढ़ गए। उसी समय पायधोनी के ए सी पी की क्वालिस (गाड़ी) उनके पीछे से आई (*लोकमत*, मुंबई, 28 नवम्बर 2008)।

श्रीमती कामटे की किताब "टू द लास्ट बुलेट" से अब यह बात साफ़ हो गई है कि आतंकवादियों ने अशोक कामटे की कार की तरफ़ एस बी ऑफ़िस की ओर से फ़ाइरिंग की थी (वे कार में नहीं थे) जो डॉग स्कवायर ऑफ़िस के पास पार्क की गई थी। इस फ़ाइरिंग का समय किसी भी दैनिक समाचारपत्र में रिकॉर्ड नहीं किया गया है। तथापि श्रीमती कामटे ने इसका समय लगभग रात के 12 बजकर 6 मिनट ठहराया है। यानी यह फ़ाइरिंग रंग भवन लेन में क्वालिस के ऊपर फ़ाइरिंग के तुरन्त बाद हुई थी। यह *संभावित* समय शायद जारग (कार के ड्राइवर या ऑपरेटर) की तरफ़ से कंट्रोल रूम को उसके शुरुआती सदमे से उबरने के बाद दी गई सूचना पर आधारित है। लेकिन दैनिक *लोकमत* की उपर्युक्त रिपोर्ट से स्पष्ट है कि यह फ़ाइरिंग रंग भवन लेन की फ़ाइरिंग के कुछ मिनट पहले हुई थी। यह सच्चाई तार्किक रूप से भी सही साबित होती है)।

(ग) कंट्रोल रूम ने पीटर डी बी मार्ग (यानी सीनियर इंस्पेक्टर डी बी मार्ग पुलिस स्टेशन) को 12 बजकर एक मिनट पर फ़ोन करके मेट्रो सिनेमा आने के लिए कहा, क्योंकि सूचना यह थी कि तीन संदिग्ध आतंकवादी लाल रंग की कार में मेट्रो सिनेमा के पीछे मौजूद हैं (*टू द लास्ट बुलेट*, पृ. 47)।

(घ) दो स्थानीय निवासियों ने रंग भवन लेन में दुखद घटना की सूचना में अपने मोबाइल के द्वारा कंट्रोल रूम को क्रमशः 12 बजकर 5 मिनट और 12 बजकर 5 मिनट 53 सेकेंड पर दी (*टू द लास्ट बुलेट*, पृ. 56)। इस तथ्य

से इस घटना का समय लगभग 12 बजकर दो और चार मिनट के बीच निर्धारित हो जाता है।

उपर्युक्त घटनाओं के विवरण से यह स्पष्ट हो जाता है कि करकरे के टाइम्ज़ ऑफ़ इंडिया बिल्डिंग की साइड वाली लेन के अन्दर बढ़ने के बाद और कामा हॉस्पिटल के पिछले गेट के क़रीब दो अफ़सरों कामटे और सालास्कर से मिल जाने के बाद एस बी ऑफ़िस से फ़ायर करके उन्हें धोखा देकर इस तरफ़ बढ़ने को मजबूर किया गया और जैसे ही वे एस बी ऑफ़िस के पास रंग भवन लेन के तिराहे पर पहुंचे तो साज़िश करने वालों ने कंट्रोल रूम के ज़रिए उन्हें यह सन्देश प्रसारित करने का काम किया कि संदिग्ध आतंकवादी मेट्रो सिनेमा के पास एक लाल रंग की कार में आ गए हैं। उन्हें यक़ीन था कि करकरे, कामटे और सालास्कर जैसे कर्तव्यनिष्ठ अफ़सर इस तरह का महत्त्वपूर्ण सन्देश प्राप्त होने के बाद निश्चित रूप से घटना-स्थल की ओर बढ़ेंगे, जो कि उनसे बहुत क़रीब था और इसके लिए सबसे छोटा रास्ता रंग भवन लेन पकड़ेंगे। इस तरह हेमंत करकरे और दूसरे अफ़सर अत्यन्त सुनियोजित ढंग से एक जगह से दूसरी जगह ले जाए जाते रहे और अन्त में रंग भवन लेन पहुंचा दिए गए, जहां उनपर आतंकवादियों ने धोखे से आक्रमण कर दिया। ये आतंकवादी 10-15 मिनट से वहां उन अफ़सरों का इन्तिज़ार कर रहे थे, जैसा कि श्रीमती कामटे ने अपनी किताब में लिखा है।

उपर्युक्त विवरणों से ज़ाहिर होता है कि कोई व्यक्ति इन तीनों अफ़सरों की गतिविधियों पर पूरी सावधानी के साथ नज़र रखे हुए था और ज़रूरी कार्रवाइयां कर रहा था। इस संबंध में निम्लिखित बिन्दुओं पर विस्तार से इंक्वारी की ज़रूरत है :

i. वह व्यक्ति कौन था जिसने कंट्रोल रूम को लाल रंग की कार के बारे में पहले-पहल सेंट जॉर्ज हॉस्पिटल के पास और फिर मेट्रो सिनेमा के पास होने की सूचना दी ?

ii. वह सीनियर ऑफ़िसर कौन थे, जो उस समय एस बी 2 ऑफ़िस में और कामा हॉस्पिटल के पिछले दरवाज़े के पास बिल्डिंग में मौजूद थे, जिसकी श्रीमती कामटे ने निशानदेही की है ? वह किसके निर्देश पर

आए थे? उन्हें क्या काम सौंपा गया था? क्या कंट्रोल रूम उनकी मौजूदगी की जगह से बाख़बर था?

iii. क्या हेमंत करकरे को उनके मोबाइल फ़ोन पर किसी व्यक्ति से निर्देश प्राप्त हो रहे थे? अगर हां, तो किससे?

भाग-8

अजमल कसाब को भारतीय एजेंसियों द्वारा 2006 के पहले काठमांडू (नेपाल) में गिरफ़्तार किया गया था

ए) *द टाइम्ज़ ऑफ़ इंडिया*, पुणे, 16 दिसम्बर 2008 :

1) सीएम फ़ारूक़ी नामक वकील ने दावा किया है कि मुंबई हमले का जीवित बचा अभियुक्त अजमल कसाब नेपाली फ़ोर्सेज़ की मदद से भारतीय एजेंसियों द्वारा 2006 में काठमांडू में गिरफ़्तार किया गया था, रावलपिंडी से *द न्यूज़* में रिपोर्ट की गयी ख़बर।

2) रिपोर्ट में कहा गया है, "सीएम फ़ारूक़ी नामक वकील" ने कहा कि नेपाली फ़ोर्सेज़ ने 2006 से पहले अजमल कसाब समेत कमोबेश 200 लोगों को गिरफ़्तार किया और इस सम्बन्ध में उसका आवेदन नेपाली सुप्रीम कोर्ट में पेंडिंग पड़ा हुआ है जिसमें कि नेपाली बलों और भारतीय उच्चायोग को पार्टी बनाया गया है।

3) वकील ने कहा कि उसने पाकिस्तान और भारत की सरकारों को पत्र लिखा और इस मसले पर नेपाल में प्रेस कान्फ्रेंस भी की थी।

4) *द न्यूज़* की रिपोर्ट में आगे कहा गया है, "नेपाल से गिरफ़्तार किये गये लोग व्यवसाय के लिए क़ानूनी वीजा पर वहाँ गये हुए थे लेकिन भारतीय एजेंसियों की यह आदत सी हो गयी है कि वे नेपाल से पाकिस्तानियों को गिरफ़्तार कर लेती हैं और इसके बाद उन्हें पाकिस्तान को बदनाम करने के लिए मुंबई जैसी घटनाओं में फंसा देती हैं।"

बी) *लोकमत*, कोल्हापुर, 17 दिसम्बर 2008 :

इस मुद्दे पर एक समाचार एजेंसी से बात करते हुए नेपाल के गृह-मंत्रालय के

प्रवक्ता ने कहा कि उनके पास इस प्रकार के किसी व्यक्ति की गिरफ़्तारी और उसे भारतीय एजेंसियों को सौंपे जाने की कोई सूचना नहीं है।

सी) *सकाल*, पुणे, 21 दिसम्बर 2008 :

1) नेपाली विदेश मंत्रालय ने यह स्पष्ट किया कि नेपाल में अजमल कसाब की गिरफ़्तारी की ख़बर ग़लत है और यह ख़बर नेपाल की छवि को ख़राब करने के लिए पाकिस्तानी मीडिया द्वारा किया गया प्रयास है।
2) मंत्रालय के बयान में आगे कहा गया कि कसाब की रिहाई के लिए पाकिस्तानी वकील द्वारा पेश किया गया आवेदन ख़ारिज कर दिया गया।
3) आवेदन को क़ानूनी औपचारिकताएं ठीक से पूरी नहीं करने के कारण ख़ारिज किया गया।

रिपोर्टों का विश्लेषण

नेपाल के गृह-मंत्रालय ने दो टूक शब्दों में अजमल कसाब की गिरफ़्तारी की रिपोर्ट से पूरी तरह इन्कार नहीं किया। उसने बस यह कहा कि उसे इस बारे में कोई जानकारी नहीं है लेकिन नेपाल के विदेश मंत्रालय का बयान ख़ुद ही परस्पर विरोधी है, भ्रम पैदा करने वाला है। एक तरफ़ तो यह कसाब की गिरफ़्तारी की रिपोर्ट से इन्कार करता है लेकिन दूसरी तरफ़ यह कहता है कि कसाब की रिहाई का आवेदन ख़ारिज कर दिया गया और वह भी तकनीकी आधार पर, जिसका अर्थ यह निकला कि ख़ारिज करने का काम औचित्य (Merit) के आधार पर नहीं किया गया।

निष्कर्ष

यह शक करने का कारण मौजूद है कि अजमल कसाब को नेपाली फ़ोर्सेज़ द्वारा गिरफ़्तार किया गया और भारतीय ख़ुफ़िया एजेंसियों को सौंप दिया गया। तत्कालीन नेपाल नरेश और भारत की ब्राह्मणवादी शक्तियों के बीच के सौहार्द्रपूर्ण सम्बंधों को देखते हुए यह एकदम संभव जान पड़ता है। अलग से कहने की आवश्यकता नहीं कि ब्राह्मणवादी ताक़तें भारतीय संविधान को नष्ट करके तथाकथित "हिंदू-राष्ट्र" की स्थापना करना चाहती हैं जैसा कि हेमंत करकरे के नेतृत्व में ए टी एस द्वारा की गयी जाँच से सामने आया। यह थ्योरी कि

नेपाली फ़ोर्सेज़ ने कसाब को गिरफ़्तार किया और उसे ब्राह्मणवादियों के दबदबे वाली भारतीय ख़ुफ़िया एजेंसी के हवाले कर दिया, काफ़ी तार्किक जान पड़ता है।

इस थ्योरी को कि अजमल कसाब आतंकवादियों के उस जत्थे में नहीं था जो कि बधवार पार्क में उतरा था आगे इस तथ्य से भी बल मिलता है कि इलाक़े की एक निवासी (अनिता राजेंद्र उड्डइया) ने छह लोगों को एअर-बोट से उतरते हुए देखा था और बाद में उसने जेजे अस्पताल में उन छहों की लाशें पहचान ली थीं (*पुणे मिरर* [द टाइम्ज़ ऑफ़ इंडिया], 14 जनवरी 2009)।

अनिता उड्डइया का ज़िक्र सरकारी गवाह के रूप में तो किया नहीं गया, लेकिन दूसरी ओर उसपर जाँचकर्ताओं को कथित रूप से गुमराह करने के लिए आई पी सी की धारा 182 के तहत मुक़दमा क़ायम कर दिया गया । इसकी वजह संभवत: यह जान पड़ती है कि उसने सच्चाई का साथ नहीं छोड़ा और अजमल कसाब की पहचान उस जत्थे के एक व्यक्ति के रूप में करने से इन्कार कर दिया जो कि कफ परेड के बधवार पार्क पर बोट से उतरा था।

भाग-9
अजमल कसाब की बहु-प्रचारित तस्वीर

अजमल कसाब की पहली तस्वीर, दावे के अनुसार *मुंबई मिरर* के छायाकार सेबास्टियन डि'सोज़ा द्वारा सी एस टी के उपनगरीय हिस्से में खींची गयी और यह *मुंबई मिरर* के (27 नवम्बर 2008) के अंक में प्रकाशित हुई है अर्थात घटना के ठीक अगले दिन। और इसके बाद कमोबेश सभी अख़बारों में यह छपने लगी और सभी टीवी चैनल इसे दिखाने लगे। सेबास्टियन डि'सोज़ा के दावे को अगर सच माना जाये तो उसको पूरी तरह स्वीकार करने से पहले निम्नलिखित सवालों का जवाब जानना ज़रूरी होगा :

1) यह कैसे हो गया कि वही तस्वीर, उसी एंगिल से ली गयी और उसी बेकग्राउण्ड में, मराठी दैनिक *पुढेरी*, पुणे में (28 नवम्बर 2008) प्रकाशित हुई तो सीसीटीवी की फुटेज का हवाला दिया गया था ? इसके अलावा, इस तस्वीर की प्रामाणिकता पर तकनीकी आधारों पर कुछ विशेषज्ञों ने

गहराई से शक ज़ाहिर किया है। *राष्ट्रीय सहारा* ने 5 जनवरी 2009 के अपने विशेष अंक में कहा है कि तस्वीर फ़र्ज़ी मालूम पड़ती है क्योंकि सी एस टी जैसे ट्रेन स्टेशन के लिए एंगिल बहुत तंग (छोटा) है, जो कि बड़े एंगिल से होना चाहिए था और ज़्यादा ऊंची जगह से शूट किया गया होता।

2) 28 नवम्बर 2008 के अपने अंक में *डीएनए*, मुंबई ने रिपोर्ट दी : "स्टेशन पर लगाये गये सुरक्षा कैमरों ने दो आतंकवादियों की तस्वीरें उतारीं जिनकी बाद में चलकर पहचान आजम अमीर कासब और अबू डेरा इस्माइल ख़ान के रूप में की गयी।" क्या यह सही है ? अगर हां तो फुटेज कहां हैं ?

3) सी एस टी पर नरसंहार के चश्मदीद शशिकुमार सिंह जो कि सी एस टी पर फूड स्टाल मैनेजर हैं, ने कहा : "आतंकवादी चिल्ला रहे थे लेकिन चूंकि उनके चेहरे काले कपड़े से ढंके हुए थे, इसलिए उनकी आवाज़ें दब गयी थीं" (*पुणे मिरर*, 28 नवम्बर 2008)।

4) *द टाइम्ज़ ऑफ़ इंडिया*, पुणे, के 29 नवम्बर 2008 के अंक में पेज 5 पर प्रकाशित अजमल (या आजम) कसाब की तस्वीर को खींचने वाले के रूप में किसी का नाम नहीं है। ऐसा जान पड़ता है कि तस्वीर को सामने से 30 से 40 डिग्री के कोण से खींचा गया है। क्या यह संभव है कि उन परिस्थितियों में बदहवास आतंकवादी उस व्यक्ति को ज़िंदा रहने देते जो कि ऐसे कोण से, यद्यपि जूम से, तस्वीर खींच रहा हो ?

5) कमोबेश सामने लेकिन थोड़ी ऊंचाई से खींची गयी कसाब की एक अन्य तस्वीर टाइम्ज़ समूह के मराठी दैनिक *महाराष्ट्र टाइम्ज़* में 27 नवम्बर 2008 अर्थात हमले के ठीक अगले दिन प्रकाशित हुई। इसके बारे में दावा किया गया कि इसे *द टाइम्ज़ ऑफ़ इंडिया* समूह के कैमरामैन श्रीराम वेरनेका ने खींचा है। लेकिन, ठीक उसी दिन वही तस्वीर मराठी दैनिक *लोकमत*, मुंबई में छपी। इस प्रकार की विशिष्ट तस्वीर प्रतिद्वंद्वी समूह के अख़बार में कैसे छप गयी ?

6) दूसरे आतंकवादी (इस्माईल ख़ान) की तस्वीर *पुणे मिरर* के 3 दिसम्बर 2008 के अंक में प्रकाशित हुई लेकिन फ़ोटोग्राफ़र का नाम नहीं था।

7) सबसे अहम बात तो यह है कि उन आतंकवादियों के जो कि *वास्तव में*

सी एस टी के मेनलाइन वाले सेक्शन में नरसंहार करने में शामिल थे, वीडियो फ़ूटेज मौजूद नहीं हैं क्योंकि स्टेशन के उस सेक्शन को कवर कर रहे 16 सीसीटीवी कैमरों के बारे में बताया जाता है कि वे घटना वाले दिन ख़राब थे, जबकि ताज, ओबेराय और नरीमन हाउस में क़हर बरपा करने वाले और समूचे देश को तीन दिनों के लिए बंधक बना देने वाले आतंकवादियों की वीडियो तस्वीरें आसानी से उपलब्ध थीं, क्योंकि उन स्थानों के सीसीटीवी कैमरे एकदम काम कर रहे थे। लेकिन, दो युवकों की तस्वीरें, जिनके बारे में बताया गया कि उन्हें वास्तविक घटना के समय सी एस टी पर कुछ निडर प्रेस फ़ोटोग्राफरों द्वारा उतारा गया, जिनकी सच्चाई को इस बिना पर आसानी से सवालों के घेरे में लाया जा सकता है कि उन्हें सीसीटीवी फ़ुटेजों से मेल नहीं खाते और इसके अलावा उनमें टकराव हैं जैसा कि ऊपर के पैराग्राफ़ों में बताया जा चुका है। उन्हें पुलिस द्वारा इस रूप में पेश किया गया मानो वे वास्तविक आतंकवादियों की तस्वीरें हों और उन दोनों में से एक की तस्वीर जिनके बारे में दावा किया गया था कि उसे बाद में मुठभेड़ में ज़िंदा पकड़ा गया था, पूरी दुनिया में जारी की गयी और देश के अख़बारों और टीवी चैनलों में आतंकवाद के चेहरे के रूप में बार-बार छापी जाती रही। दूसरी तरफ़, *बाक़ी आठ आतंकवादियों ने या उनकी जो भी संख्या हो जिन्होंने ताज और अन्य स्थानों पर क़हर बरपाया, और जिनकी पहचान पर शक नहीं किया जा सका क्योंकि उनकी तस्वीरों को सीसीटीवी ने कार्रवाई करते हुए उतारा था, की तस्वीरों को प्रकाशित नहीं किया गया और लोगों की नज़रों से उन्हें दूर रखा गया*। आई बी, अपराध शाखा मुंबई और सरकार आख़िर क्या छिपा रही थी?

अनुमान

चूंकि आतंकवादी पहले से ही आई बी की हिरासत में था इसलिए उसकी तस्वीर को घटना के पहले या उसके बाद उतारा जा सकता था। इस बात पर कहीं अधिक भरोसा जमता है कि तस्वीर घटना के बाद आधी रात को किसी समय उतारी गयी थी क्योंकि तब तक समूचा स्टेशन ख़ाली हो गया था और दूसरे फ़ोटोग्राफरों को यह विश्वास दिलाना आसान था कि आतंकवादियों में से एक

को ज़िंदा पकड़ लिया गया है और यह कि इस प्रकार के महत्त्वपूर्ण मामले में यह ज़रूरी था कि कुछ ऐसी तरकीब की जाये कि यह दिखे कि तस्वीर गोलीबारी के दौरान खींची गयी, ताकि कहानी में जान डाली जा सके। साज़िशकर्ताओं और आई बी के शातिराना मंसूबे से बेख़बर फ़ोटोग्राफ़रों ने इसे भरोसे में स्वीकार कर लिया होगा।

भाग-10

एक महिला गवाह को पूछताछ और उसके बयान को दर्ज करवाने के लिए जबरन अमेरिका ले जाया गया लेकिन वह अडिग रही

ए) *पुणे मिरर* [द टाइम्ज़ ऑफ़ इंडिया], 14 जनवरी 2009 :

1) 26 नवम्बर की शाम को मुंबई के समुद्र तट पर उतरने वाले आतंकवादियों को देखने वालों में से एक सैंतालीस वर्षीय अनीता राजेन्द्र उड्डइया रविवार सुबह को अपने आवास से रहस्यमय ढंग से ग़ायब हो गयी। अनिता की बेटी सीमा केतन जोशी ने पुलिस में गुमशुदगी की शिकायत दर्ज करायी। पुलिस ने इसके बाद व्यापक खोज शुरू कर दी।
2) आतंकी हमले की रात को 8.30 बजे के लगभग अनिता कफ परेड में महात्मा फुले नगर, बधवार पार्क में अपने घर के निकट एक ख़ाली नौका पर बैठी हुई थी कि उसने देखा छः लोग एअर बोट से उतर रहे हैं। जब उसने उनसे यह पूछा कि वे इस तरह के असामान्य रास्ते से क्यों आये, तो उन लोगों ने उसको धमकाया।
3) 15 दिन पहले अपराध शाखा अनिता को यह देखने के लिए जे. जे. अस्पताल लेकर गयी थी कि क्या वह वहाँ पर रखी गयी आतंकवादियों की लाशों को पहचान सकती है। उसने बताया कि यह वही छः लोग थे जिन्हें उसने हमले वाले दिन देखा था।

बी) *पुणे मिरर* [द टाइम्ज़ ऑफ़ इंडिया], 15 जनवरी 2009 :

1) ख़बरों के अनुसार रविवार से लापता अनिता राजेन्द्र उड्डइया अमेरिका में हो सकती है, ऐसा दावा मंगलवार को उसकी बेटी सीमा केतन जोशी ने

किया।

2) सीमा ने इस अख़बार को बताया कि उसकी मां अपने ग़ायब होने से पहले लगातार तीन हफ़्तों से किसी अमेरिकी जाँच अधिकारी से बात करती रही थी। उसने यहाँ तक दावा किया कि अनिता को उसके सहयोग के लिए 10 हज़ार अमेरिकी डॉलर की पेशकश की गयी थी।

3) समझा जाता है कि अमेरिकी जाँच अधिकारी उडुइया के पहचान करने की सलाहियत (कौशल) से बेहद प्रभावित थे। सीमा ने बताया, "उन छह लोगों का विवरण जिसे उसने बोट से उतरते हुए देखा था इतना सटीक था कि इससे वे आश्चर्यचकित रह गये।"

4) उडुइया ने मुंबई अपराध शाखा के अधिकारियों से भी मुलाक़ात की थी।

5) सीमा ने बताया कि पिछले 15 दिनों से उडुइया की तरह-तरह की चिकित्सकीय जाँच हो रही थी। "फिर पिछले हफ़्ते एक दिन वह आयी और उसने कहा, 'मैं अमेरिका जाने के लिए तैयार हूं, मेरा सामान बांधो।' मैंने स्वयं उनका सामान बांधा... फिर रविवार की सुबह वह 6.30 बजे उठीं और शौचालय गयीं (या शौचालय जाने का बहाना किया)। मेरे पड़ोसियों ने देखा कि शौचालय के बाहर एक बड़ी जीप खड़ी हुई है। अधिकारी आये और उन्हें लेकर चलते बने।"

सी) *द इंडियन एक्सप्रेस*, पुणे, 17 जनवरी 2009 :

1) 26 नवम्बर के आतंकवादियों के आगमन की सम्भावित गवाह अनिता उडुइया ने गुरुवार को खलबली मचा दी। उसके लापता होने के बारे में यह माना गया कि वह अदालत में हाज़िर होने के लिए अमेरिका की यात्रा पर है। मुंबई पुलिस ने फ़ौरन ही इस बात को आधारहीन क़रार दिया।

2) उसने कहा कि उसे सुरक्षा घेरे में चार लोगों के द्वारा अन्तरराष्ट्रीय हवाई अड्डे पर ले जाया गया और अदालत में उपस्थित होने के लिए वह अमेरिका गयी। उसने दावा किया कि उसने सतारा का नाम सिर्फ़ अमेरिकी दौरे को गोपनीय रखने के लिए लिया था।

3) मुंबई पुलिस ने इमिग्रेशन रिकॉर्ड के हवाले से इस दावे को चैलेंज किया (झुठलाया)। पुलिस ने कहा कि उडुइया के पास पासपोर्ट नहीं है और वह कभी भी देश के बाहर नहीं गयी।

4) उड्डइया उन लोगों, उनकी विश्वसनीयता या उस एजेंसी जिसका वे प्रतिनिधित्व करते हैं, के बारे में कुछ भी नहीं जानने का दावा करती है, लेकिन उसने ज़ोर देकर कहा कि उन लोगों ने उसे अमेरिका ले जाने के लिए ज़रूरी समस्त काग़ज़ात लाकर दिए थे।

उसने कहा, "ये चारों लोग, तीन विदेशी और एक अनुवादक के रूप में एक भारतीय, मेरा बयान रिकॉर्ड करना चाहते थे। उन्होंने दावा किया कि वे अमेरिका के जाँच अधिकारी हैं और लगातार यह पूछते रहे कि क्या मैं वहाँ के अधिकारियों के सामने अपना बयान दुहराने की इच्छुक हूं।"

5) उसने कहा, "उन्होंने मुझे शनिवार को शाम 5 बजे फ़ोन किया और मुझे रात तक तैयार रहने के लिए कहा... सारी रात हम उन लोगों के आने की राह तकते रहे लेकिन वे अगली सुबह तक नहीं आये। वे मुझे कार के अन्दर ले गये और फिर अपने परिवार को सूचित करने के लिए दरवाज़े के भीतर भी नहीं जाने दिया।"

6) "मुझे लगा था कि यह कुछ घण्टों की यात्रा होगी लेकिन इसमें 18-20 घण्टों का समय लगा।"

7) "मुझे अदालत ले जाया गया, मेरी आंखों पर कपड़ा बांध दिया गया, और फिर जज के सामने मेरा बयान दर्ज किया गया। इसके बाद मुझे होटल के कमरे में ले जाया गया और फिर हवाई जहाज़ से वापस भेज दिया गया। उन्होंने मुझे टेक्सी किराए के लिए 500 रुपये दिए थे।"

डी) *पुणे मिरर* [द टाइम्ज़ ऑफ़ इंडिया], 17 जनवरी 2009 :

1) उड्डइया रविवार की सुबह को रहस्यमय ढंग से ग़ायब हो गयी और अपनी बेटी को गुमशुदगी की शिकायत दर्ज कराने के लिए कह गयी और फिर बुधवार की सुबह को फिर प्रकट हो गयी, यह भी उतना ही रहस्यमय है।

2) उसने कहा, "मैं ग़ायब नहीं हुई थी। मैंने अपने पति को सूचित किया था। कुछ विदेशी 27 नवम्बर से मेरे सम्पर्क में थे। उन्होंने मेरी कहानी सुनी थी। वे यह बताने से पहले मुझसे तीन बार मिले थे कि वे एक दिन

के लिए मुझे विदेश ले जाना चाहते हैं। मैं उनकी मदद करना चाहती थी, इसलिए मैंने कहा ठीक है।"

3) 27 नवम्बर को इस बात का लेखा-जोखा इंडिया टी.वी. पर प्रसारित हुआ था कि कैसे उसने छह लोगों को समुद्र तट पर टहलते हुए देखा था जो कि भारी-भरकम चीज़ों से लदे-फंदे थे और उसने किस प्रकार से बात करने की कोशिश की थी। इसके फ़ौरन बाद ऊपर वर्णित तीन गोरे लोग उससे मिलने के लिए आये थे उनके साथ भारतीय दुभाषिया था जिसे वह "सुधाकर" कहती है।

4) उड्डइया कहती है कि उसने अपराध शाखा को भी अपना बयान दिया था।

5) उसकी यात्रा की तैयारी में चिकित्सा जांचों के लिए उसे अस्पताल ले जाया गया था।

6) रविवार सुबह उसे फ़ोन पर बिना कोई चीज़ लिए हुए अपने घर से बाहर आने के लिए कहा गया और इसके लिए उसे शौच जाने का बहाना करना था। कुछ दूरी पर उसे ले जाने के लिए एक बड़ी वैन प्रतीक्षा कर रही थी। रास्ते में उसे सेंट जॉर्ज अस्पताल में दाख़िल अपने पति से मिलने दिया गया।

7) उसने कहा, "इसके बाद हम अंधेरी हवाई अड्डे पर गये जहां पर मुझे स्कर्ट, ब्लाउज़ और स्कार्फ़ दिया गया। इसके बाद हम एक विमान में सवार हुए, यह सफ़ेद और नीला था और उसकी पूंछ पर सितारा था। यह बड़ा विमान नहीं था। उसमें कुल 15 लोग रहे होंगे।"

8) "जब हम ज़मीन पर उतरे तो रात का समय था। मुझे सुरक्षा जाँच से गुज़ारा गया और जब हम बाहर निकले तो सर्दी का मौसम था। सड़कें भीड़-भाड़ भरी नहीं थीं और मैंने बहुत-सी ऊंची इमारतों को देखा।"

9) उड्डइया ने कहा, "अगली सुबह उसे एक ऐसी इमारत में ले जाया गया जहां पर 30 लोग थे जिन्होंने उससे सवाल पूछे जैसे कि आतंकवादी किस समय उतरे, वे कैसे दिखते थे, उन्होंने क्या पहन रखा था, आदि।"

10) जब उसे वापस होटल ले जाया जा रहा था तो क़रीब-क़रीब शाम हो चली थी।

11) "मेरे मुंबई से जाते वक़्त, जबकि बिल्कुल भी इंतिज़ार नहीं करना पड़ा

था, उसके उलट यहाँ मुझे एक बड़े से कमरे में ले जाया गया और हमें घण्टों इंतिज़ार करना पड़ा। मैं जिस हवाई जहाज़ में वापस आयी वह काफ़ी बड़ा विमान था।"

12) शाम 6 बजे के आस-पास उड्डइया मुंबई पहुंची और उसे होटल ले जाया गया। रात में खाने के बाद उसके साथ के लोगों ने टैक्सी बुलायी, उसे 500 रुपये दिए और टैक्सी वाले से कहा कि इन्हें इनके घर छोड़ कर आओ।

ई) *द टाइम्ज़ ऑफ़ इंडिया,* पुणे, 17 जनवरी 2009 :

1) शहर अपराध शाखा ने शुक्रवार को 26 नवम्बर के आतंकी हमले की गवाह अनिता उड्डइया के ख़िलाफ़ जाँचकर्ताओं को गुमराह करने के लिए आईपीसी की धारा 182 के तहत ग़ैर-संज्ञेय अपराध दर्ज किया।

2) ख़बरों के अनुसार संयुक्त पुलिस आयुक्त राकेश मारिया ने स्पष्ट किया कि अनिता 26 नवम्बर मामले में प्रमुख गवाह नहीं है। "मैं नहीं समझता कि क्यों कोई एजेंसी 11 नवम्बर मामले की जाँच कर रही मुंबई पुलिस को सूचित किये बिना उसे लेकर अमेरिका जाएगी ?"

एफ) *सकाल,* पुणे, 19 जनवरी 2009 (पीटीआई के हवाले से) :

1) एफबीआई ने रविवार को साफ़ किया कि मुंबई आतंकी हमले की जाँच के सिलसिले में किसी को भी भारत से बाहर नहीं ले जाया गया है।

2) बयान में आगे कहा गया कि आतंकवादियों को देखने वाली महिला अनिता का आरोप है कि उसे जाँच के लिए अमेरिका ले जाया गया लेकिन उसके पास तो पासपोर्ट तक नहीं है।

अख़बार की उपर्युक्त ख़बरों का समीक्षात्मक सार

1) अनिता राजेंद्र उड्डइया ने छह आतंकवादियों को डोंगी से उतरते हुए साफ़-साफ़ देखा था और उनके साथ बात की थी (*पुणे मिरर* [द टाइम्ज़ ऑफ़ इंडिया], 14 और 17 जनवरी 2009)।

2) इंडिया टीवी पर 27 नवम्बर को उसके साक्षात्कार को देखने के बाद तीन विदेशियों (एफ बी आई अधिकारी) और एक भारतीय ने उससे

संपर्क किया और प्रश्न पूछे (*पुणे मिरर* [द टाइम्ज़ ऑफ़ इंडिया], और *द इंडियन एक्सप्रेस*, पुणे, दोनों 17 जनवरी 2009)।

3) उन्होंने उससे तीन बार पूछताछ की, वे पहचानने के *उसके कौशल* से प्रभावित थे और उसका बयान रिकॉर्ड करने के लिए उसे अमेरिका ले जाने का फ़ैसला किया जिसपर कि वह सहमत थी। इसके लिए उसे 5 लाख रुपयों की पेशकश की गयी (*पुणे मिरर* [द टाइम्ज़ ऑफ़ इंडिया], 15 और 17 जनवरी 2009)।

4) उसे अपराध शाखा के अधिकारियों द्वारा जेजे अस्पताल में आतंकवादियों की लाशें दिखायी गयीं जिनमें से *छह को उसने साफ़-साफ़ पहचान लिया*। (*पुणे मिरर* [द टाइम्ज़ ऑफ़ इंडिया] 14 जनवरी 2009)।

5) मुंबई अपराध शाखा के अधिकारियों ने भी उसके बयान को रिकॉर्ड किया था (*पुणे मिरर* [द टाइम्ज़ ऑफ़ इंडिया], 15 और 17 जनवरी 2009)।

6) उसके यात्रा दस्तावेज़ ग़लत नाम से बनाये गये और उसे 11 जनवरी 2009 की सुबह को ज़ाहिरा तौर पर निजी विमान से ले जाया गया (*पुणे मिरर* [द टाइम्ज़ ऑफ़ इंडिया], 15 जनवरी 2009 और 17 जनवरी 2009)।

7) चूंकि आई बी, जो कि इमिग्रेशन अथॉरिटी भी है, मुंबई पुलिस और एफ बी आई इस मामले में शामिल थे इसलिए जाली दस्तावेज़ों को तैयार करने में कोई मुश्किल नहीं थी और उनकी तलाशी में उनके पकड़े जाने का कोई प्रश्न ही नहीं था (तार्किक निष्कर्ष)।

8) अमेरिका में उसके बयान को या तो जज द्वारा या फिर वरिष्ठ पुलिस अधिकारी द्वारा रिकॉर्ड किया गया, बयान को रिकॉर्ड करते समय उसका चेहरा ढंका हुआ था (*द इंडियन एक्सप्रेस*, पुणे और *पुणे मिरर* [द टाइम्ज़ ऑफ़ इंडिया], दोनों 17 जनवरी 2009)।

9) उसे 13 जनवरी 2009 की शाम को सर्विस विमान द्वारा वापस भारत लाया गया (*पुणे मिरर* [द टाइम्ज़ ऑफ़ इंडिया], 17 जनवरी 2009)।

10) ज़ाहिरा तौर पर उसने जो सच था बता दिया और एफ बी आई या मुंबई अपराध शाखा के किसी दबाव में नहीं आयी (तार्किक निष्कर्ष)।

11) *नतीजतन*:

i. मुंबई अपराध शाखा ने जाँचकर्ताओं को "गुमराह" करने के लिए आईपीसी की धारा 182 के तहत उसके ख़िलाफ़ अपराध दर्ज किया (*द टाइम्ज़ ऑफ़ इंडिया*, पुणे, 17 जनवरी 2009)।

ii. उसे केवल 500 रुपये टैक्सी किराये के दिये गये न कि 10 हज़ार अमेरिकी डॉलर जैसा कि पहले वादा किया गया था (*पुणे मिरर* [द टाइम्ज़ ऑफ़ इंडिया], 17 जनवरी 2009; *द इंडियन एक्सप्रेस*, पुणे, 17 जनवरी 2009)।

iii. अपने अपराध-बोध के कारण मुंबई अपराध शाखा और एफ बी आई दोनों ने इस बात से इन्कार किया कि उसे पूछताछ कि लिए भारत से बाहर ले जाया गया था (*द इंडियन एक्सप्रेस*, 17 जनवरी 2009; *सकाल*, पुणे, 19 जनवरी 2009)।

iv. इस बात से डर खाकर कि वह अदालत में भांडा-फोड़ देगी अपराध शाखा मुंबई ने घोषणा कर दी कि वह 26 नवम्बर मामले में प्रमुख गवाह नहीं है (*द टाइम्ज़ ऑफ़ इंडिया*, पुणे, 17 जनवरी 2009)।

उपर्युक्त विश्लेषण का तार्किक निष्कर्ष

1) अनिता राजेंद्र उड्डइया ने समुद्र तट पर उतरते हुए स्पष्ट रूप से छह आतंकवादियों को देखा था और उसने बाद में उनकी लाशों को बिना किसी शक-शुबहे के पहचान लिया था, उसने एफ बी आई और अपराध शाखा मुंबई दोनों को सच्चा और तथ्यपरक बयान दिया, वह किसी दबाव के आगे नहीं झुकी और वैसा बयान नहीं दिया जैसा कि एफ बी आई या अपराध शाखा मुंबई (अर्थात आई बी) आतंकवादियों की संख्या या उनके विवरणों के बारे में चाहती थी। ज़ाहिरा तौर पर उसने उन कुछ आतंकवादियों की पहचान करने से इन्कार कर दिया जिन्हें उसने नहीं देखा था लेकिन जिनके बारे में आई बी चाहती थी कि वह उनकी पहचान करे या उनमें से कुछ की पहचान करने से इन्कार कर दे जिन्हें कि उसने बधवार पार्क के निकट उतरते हुए देखा था लेकिन जिनके बारे में एफ बी आई नहीं चाहती थी कि वह उनकी पहचान करे। इसके परिणामस्वरूप, न केवल उसका नाम महत्त्वपूर्ण गवाह की सूची में से हटा दिया गया बल्कि उसपर मुक़दमा भी चलाया गया।

2) अपराध शाखा द्वारा आरोप-पत्र में किया गया यह दावा कि रबर की डोंगी में 10 आतंकवादी मुंबई समुद्र तट पर पहुंचे थे, जिनमें से दो होटल ओबेरॉय की तरफ़ गये थे और आठ बधवार पार्क के सामने भाई भंडारकर मच्छीमार कॉलोनी पहुंचे थे, सही नहीं है। केवल छह आतंकवादी ही बधवार पार्क के निकट भाई भंडारकर कॉलोनी पहुंचे थे जिनकी कि अनिता उड्डइया ने पहचान की थी जिसकी कि समझदारी, ईमानदारी और पहचान करने की सलाहियत पर शक नहीं किया जा सकता।

भाग-11

मुंबई अपराध शाखा की कहानी में झोल साफ़ नज़र आता है

ख़ुफ़िया एवं जाँच एजेंसियों की ओर से जान-बूझकर की गयी अनगिनत भूल-चूकों व बनाई गयी बातों और साज़िशकर्ताओं एवं अपराधकर्ताओं की ओर से की गयीं उन बेवक़ूफ़ियों एवं बेध्यानियों, जो ऊपर भाग 1 से 8 तक में बयान हुई हैं, कहानी में सी एस टी-कामा अस्पताल-रंगभवन लेन प्रकरण के सम्बन्ध में और भी बहुत-से झोल हैं। यह कहानी ज़ाहिरा तौर पर आई बी के इशारे पर अपराध शाखा मुंबई द्वारा गढ़ी गयी है और यह आसानी से हज़म होने (पचने) वाली कहानी नहीं है।

अगर घटना के प्रथम कुछ दिनों के दौरान, अर्थात मीडिया पर अघोषित सेंसरशिप लगाये जाने से पहले और आई बी एवं मुंबई अपराध शाखा के अपनी कहानी पकाकर मीडिया को परोसने से पहले, अख़बारों में छपी रिपोर्टों पर भरोसा किया जाये तो वे पुलिस की कहानी को तार-तार कर देती हैं, जैसा कि नीचे चर्चा की गयी है :

ए) सी एस टी-कामा पर गोलीबारी का समय

पुलिस की अपराध शाखा जनता को जो विश्वास दिलाना चाहती है उसके विपरीत, कामा अस्पताल पर गोलीबारी सी एस टी पर गोलीबारी बंद होने से पहले ही शुरू हो गयी थी, कुछ देर तक दोनों जगहों पर एक ही समय में

गोलीबारी चलती रही और कामा अस्पताल पर गोलीबारी रंगभवन लेन में तीन अधिकारियों और कुछ पुलिस वालों के मारे जाने के बाद काफ़ी देर तक चलती रही। गोलीबारी संदिग्ध आतंकवादियों के तथाकथित "मुठभेड़" में मार दिये जाने के बाद भी चलती रही, जैसा कि नीचे बताये गये महत्त्वपूर्ण अख़बारों में प्रकाशित रिपोर्टों में देखा गया है :

1) सी एस टी पर गोलीबारी रात पौने दस बजे शुरू हुई, कामा अस्पताल पर गोलीबारी रात 10.40 पर शुरू हुई और सी एस टी पर गोलीबारी रात 10.50 पर पुन: शुरू हो गयी (*मुंबई मिरर*, 27 नवम्बर 2008)।
2) सी एस टी पर गोलीबारी रात 9.55 पर शुरू हुई और रात 11 बजे तक जारी रही (*सकाल*, पुणे, 28 नवम्बर 2008)।
3) सी एस टी पर गोलीबारी रात साढ़े नौ बजे शुरू हुई और रात 11 बजे ख़त्म हुई, जबकि कामा अस्पताल में गोलीबारी साढ़े दस बजे शुरू हुई और सुबह साढ़े तीन बजे ख़त्म हुई (*द टाइम्ज़ ऑफ़ इंडिया*, मुंबई, 28 नवम्बर 2008)।
4) पुलिस रिकॉर्ड [लॉग बुक्स] के अनुसार 24 पुलिस टीमों को कामा अस्पताल और आसपास के क्षेत्र के लिए 26 नवम्बर 2008 को रात 10:29 से 27 नवम्बर 2008 रात 12:11 भेजा गया (*संडे टाइम्ज़ ऑफ इंडिया*, मुम्बई, 29 नवंबर 2009), जो दर्शाता है कि कामा पर फायरिंग रात 10:29 से पहले शुरू हो चुकी थी ।
5) रात एक बजे दो आतंकवादी कामा अस्पताल की छत पर पहुंचे और वहाँ से गोलीबारी शुरू कर दी (*लोकमत*, पुणे, 27 नवम्बर 2008)।
6) कामा अस्पताल के अधीक्षक महेशगौरी ने मराठी दैनिक *पुढेरी*, पुणे (5 दिसम्बर 2008) में प्रकाशित इंटरव्यू में घटना बयान करते हुए कहा है कि कामा अस्पताल में गोलीबारी रात दस बजे से सुबह 3 बजे तक चलती रही।
7) जैसा कि *इंडियन एक्सप्रेस*, पुणे (16 जुलाई 2009) में रिपोर्ट किया गया है, हेमंत करकरे के वायरलेस ऑपरेटर नितिन मथाने ने अदालत में बयान देते हुए करकरे और अन्य पर रात 11.55 पर हुई फ़ायरिंग के सटीक समय को निर्धारित किया, जिसपंर अगर विश्वास किया जाये तो यह अर्थ

निकलता है कि यह घटना उस समय घटित हुई जबकि कामा अस्पताल में गोलीबारी अभी चल ही रही थी।

बी) सी एस टी-कामा क्षेत्र पर आतंकवादियों की संख्या

सी एस टी-कामा-रंगभवन लेन क्षेत्र में दो आतंकवादी नहीं थे जैसा कि आई बी और अपराध शाखा मुंबई हमें यक़ीन दिलाना चाहती है। बजाय इसके, छह आतंकवादी थे जैसा कि निम्नलिखित रिपोर्टों से ज़ाहिर है :

1) "एक चश्मदीद के बयान के अनुसार कुछ आतंकवादी रिजर्वेशन काउंटर की ओर से सी एस टी स्टेशन में दाख़िल हुए और अंधाधुंध गोलीबारी शुरू कर दी। स्टेशन के बाहर से भी दो विस्फोटों की आवाज़ें सुनी गयीं ... पुलिस सूत्रों ने बताया कि आतंकवादियों के दो जत्थे सी एस टी परिसर में आए। एक जत्था रेलवे स्टेशन में दाख़िल हुआ और दूसरे ने स्टेशन के निकट मेट्रो (कैपिटल ?) सिनेमा के सामने विस्फोट किया" (*लोकमत*, पुणे, 27 नवम्बर 2008)।
2) "आतंकवादियों के दो जत्थे सी एस टी परिसर में दाख़िल हुए। एक जत्थे ने स्टेशन का ज़िम्मा संभाला जबकि दूसरे ने स्टेशन के बाहर विस्फोट किया" (*लोकमत*, मुंबई, 27 नवम्बर 2008)।
3) "स्वचालित राइफ़लों से लैस चार आदमी रात दस बजे के आसपास सी एस टी स्टेशन में दाख़िल हुए और दो ने अंधाधुंध गोलीबारी शुरू कर दी, पहले बाहर की भीड़ की तरफ़ और फिर स्टेशन के अंदर की तरफ़। बाक़ी दोनों को अगले दरवाज़े से बृहन्मुंबई म्यूनिसिपल कार्पोरेशन ऑफ़िस से होकर मेट्रो सिनेमा मल्टीप्लेक्स और आज़ाद मैदान की ओर भागते देखा गया" (*द इंडियन एक्सप्रेस*, मुंबई, 27 नवम्बर 2008)।
4) "सी एस टी में दाख़िल होने वाले चार आतंकवादियों ने जब अंधाधुंध गोलीबारी शुरू की तो सी एस टी के कर्मचारी यह नहीं समझ पाये कि वास्तव में हुआ क्या है। हिंदुजा इनकेबलनेट के एक कर्मचारी होलिन गोंसालवेस ने बताया कि जब वह प्लेटफ़ार्म नंबर 13 की ओर बढ़ रहा था तो उसने पटाखों जैसी आवाज़ सुनी। जब उसके दिमाग़ में यह बात आयी कि प्लेटफ़ार्म पर तो कोई पटाखे नहीं फोड़ सकता तो उसने एकाएक देखा

कि बहुत-से लोग नीचे गिर रहे हैं। इसलिए उसने जीपीओ की तरफ़ दौड़ना शुरू किया। लेकिन वहाँ पर भी गोलीबारी की आवाज़ सुनी तो म्यूनिसिपल कार्पोरेशन की तरफ़ भागना शुरू किया तो वहाँ पर भी उसने गोली चलने की आवाज़ सुनी, फिर वह जेजे फ़्लाइओवर की तरफ़ भागा ..." (*लोकसत्ता*, पुणे, 27 नवम्बर 2008)।

5) "सी एस टी स्टेशन पर गोलीबारी रात में शुरू हुई। जैसे ही मालूम हुआ कि वहाँ बड़ी संख्या में लोग मार डाले गए हैं तो हेमंत करकरे सी एस टी की तरफ़ दोड़े। ठीक इसी समय यह पता चला कि कुछ आतंकवादी आज़ाद मैदान की तरफ़ गोलीबारी करते हुए और गोले फेंकते हुए आ रहे हैं तो अशोक काम्टे भी आज़ाद मैदान से होकर सी एस टी की तरफ़ बढ़े ...उस समय जबकि करकरे, काम्टे, मोहिते और सालस्कर एक दूसरे को कवर करते हुए सावधानीपूर्वक उस लेन (द टाइम्ज़ ऑफ़ इंडिया लेन) से होकर आगे बढ़ रहे थे कि कामा अस्पताल से लगी बिल्डिंग की छठी मंज़िल पर दो बम धमाके हुए। मोहिते उस तरफ़ दोड़े। आतंकवादियों की गोलीबारी में एक व्यक्ति कामा अस्पताल के निकट मारा गया। उसी समय के लगभग जबकि करकरे, काम्टे और सालस्कर ने कामा अस्पताल के सामने से देखा कि स्पेशल ब्रांच (एसबी) ऑफ़िस की ओर से भी गोलीबारी शुरू हो गयी है तो वे आगे बढ़े। ठीक तभी एसीपी पिधोनी की क्वालिस (वाहन) उनके पीछे से आई..." (लोकमत, मुंबई, 28 नवम्बर 2008)।

6) "सी एस टी पर अंधाधुंध गोलीबारी करने के बाद चारों आतंकवादियों ने द टाइम्ज़ ऑफ़ इंडिया बिल्डिंग के निकट बदरुद्दीन तैयबजी लेन से होकर पुलिस पासपोर्ट ऑफ़िस (एस बी ऑफ़िस) की ओर भागना शुरू किया, और भागते समय उनमें से दो कामा अस्पताल की पिछली चहारदीवारी के ऊपर से कूद गये" (साप्ताहिक *हमनवा*, 5 दिसम्बर 2008)।

7) श्रीमती कामटे ने अपनी किताब *टू द लास्ट बुलेट* में इस सत्य का उद्‌घाटन कंट्रोल रूम के कॉल रिकॉर्ड के आधार पर किया है, जो उन्होंने सरकारी तौर से हासिल कीं। इस रिकॉर्ड और दूसरे साक्ष्यों के आधार पर उन्होंने साबित किया है कि वे आतंकवादी रंग भवन लेन में आधी रात होने के 10-15 मिनट पहले से सक्रिय थे, जब कि वे आतंकवादी जिन्होंने

कामा हॉस्पिटल में कुछ लोगों को मार डाला था और एडिशनल कमिशनर ऑफ़ पुलिस दाते को ज़ख़्मी किया था, वे आधी रात के समय भी हॉस्पिटल में मौजूद थे (*टू द लास्ट बुलेट*, पृ. 42-46, 50 और 53)।

उपर्युक्त रिपोर्ट का सारांश

जीपीओ की तरफ़ से चार आतंकवादी सी एस टी परिसर में दाख़िल हुए, उनमें से दो स्टेशन में दाख़िल हुए और दूसरे दो ,स्टेशन के बाहर धमाका करने के बाद , म्यूनिसिपल कार्पोरेशन की इमारत की ओर गये जहां पर वे आज़ाद मैदान की ओर से आने वाले दो आतंकवादियों के साथ मिल गये। ये दोनों जत्थे द टाइम्ज़ ऑफ़ इंडिया बिल्डिंग की ओर से बदरुद्दीन तैयबजी लेन में दाख़िल हुए, एक जत्था कामा अस्पताल के अंदर चला गया और दूसरा एसबी ऑफ़िस की तरफ़ बढ़ गया। सी एस टी स्टेशन के अंदर के दोनों आतंकवादियों को भी उनके साथ मिल जाना था लेकिन वे ऐसा नहीं कर पाये क्योंकि वे स्टेशन के अन्दर फंसकर रह गये और उन्हें मस्जिद बंदर की तरफ़ से निकलना पड़ा, इसे नीचे भाग "सी" में स्पष्ट किया गया है। साप्ताहिक *हमनवा* का रिपोर्टर शायद उन दोनों से बेख़बर था जो कि आज़ाद मैदान की तरफ़ से आये थे, ऐसा लगता है कि वह यह मानकर चल रहा था कि बदरुद्दीन तैयबजी लेन में दाख़िल होने वाले सभी चारों सी एस टी की ओर से आए थे।

सी) सी एस टी से आतंकवादियों का निकलना

1) *द इंडियन एक्सप्रेस*, मुंबई (27 नवम्बर 2008) ने रिपोर्ट किया है : "...स्टेशन में धिर गये दोनों ने लोकल ट्रेन के ख़ाली डिब्बे में शरण ली और लगता है कि यहीं पर उन्हें पुलिस द्वारा घेर लिया गया।"
2) मराठी दैनिक *सकाल*, पुणे (28 नवम्बर 2008) ने ख़बर दी कि दोनों आतंकवादी (सी एस टी के अंदर) सबवे की तरफ़ मुड़ गये, लेकिन पुलिस की मौजूदगी ने उन्हें विपरीत दिशा में भागने के लिए मजबूर कर दिया। उन्होंने प्लेटफ़ार्म नं. 2 और 3 के बीच ट्रैक पर भागना शुरू किया और मस्जिद की तरफ़ से निकल गए।

3) *हिंदुस्तान टाइम्ज़,* मुंबई (30 नवम्बर 2008) के अनुसार, "दोनों अण्डरग्राउण्ड रास्ते के एण्ट्री गेट को पार कर गए और जेजे स्कूल ऑफ़ आर्ट्स की ओर भागे। द टाइम्ज़ ऑफ़ इंडिया बिल्डिंग के निकट तैनात पुलिसवाले ने उनपर गोली दागी और दोनों स्टेशन की तरफ़ लौट आये ... आतंकवादी प्लेटफ़ार्म 3 की पटरी पर ट्रेन और प्लेटफ़ार्म के किनारे के बीच में कूद गये ... इसके बाद आतंकवादी प्लेटफ़ार्म 3 से मस्जिद बंदर की तरफ़ निकल गए और परिसर से बाहर हो लिये।"

उपर्युक्त रिपोर्टें पुलिस की इस कहानी का खंडन करती हैं कि दोनों ने द टाइम्ज़ ऑफ़ इंडिया बिल्डिंग के पास पैदल पुल को पार किया और कामा अस्पताल की तरफ़ गए।

सी एस टी-कामा-रंगभवन लेन सेक्शन में आतंकवादियों की कुल संख्या

ऊपर (ए), (बी) और (सी) में बयान हुए तथ्यों को अगर एक दूसरे के सामने रखकर देखा जाये तो वे इस तार्किक नतीजे की तरफ़ लेकर जाएंगे कि सी एस टी-कामा अस्पताल-रंगभवन लेन सेक्शन में दो नहीं बल्कि छह आतंकवादी थे। दो वे जो मस्जिद बंदर की तरफ़ से निकले। और दो-दो वे जो कामा अस्पताल-एसबी ऑफ़िस-रंगभवन लेन एरिया में थे, जहां पर उस समय गोलीबारी चल रही थी।

डी) "स्कॉडा" थ्योरी

"स्कॉडा" थ्योरी में तमाम अंतरविरोधों से अलग, यह कहानी तमाम दलीलों को ख़ारिज करती है। जैसा कि निम्नलिखित रिपोर्टों से ज़ाहिर है :

1) जहां *लोकमत,* मुंबई (28 नवम्बर 2009) ख़बर देता है कि आतंकवादी ने दंपति को वाहन (स्कॉडा) से नीचे धकेला और गिरगांव चौपाटी की तरफ़ भाग निकला, वहीं *द टाइम्ज़ ऑफ़ इंडिया* के पुणे संस्करण ने अगले दिन एक वरिष्ठ पुलिस अधिकारी के हवाले से (29 नवम्बर 2008) ख़बर दी कि उसने शरण अरसा (कार के मालिक) और उसके दोस्त को कार से बाहर धकेला और चौपाटी की ओर भागा; वहीं अदालत में अपराध

शाखा द्वारा दायर आरोप-पत्र में कहा गया है कि कार में तीन लोग (चालक तथा दो अन्य) सवार थे।

2) *द टाइम्ज़ ऑफ़ इंडिया,* पुणे (29 नवम्बर 2008) ने ख़बर दी, "शुरुआती झटके के बाद शरण अरसा (स्कॉडा के मालिक) ने घटना के बारे में सूचना देने के लिए जल्दी से पुलिस कंट्रोल रूम को फ़ोन किया और उसे अपनी कार का नंबर बताया।" लेकिन चार्ज शीट में इस बात का कोई उल्लेख नहीं है कि शरण अरसा ने कंट्रोल रूम को सूचित किया।

3) अपराध शाखा द्वारा दायर आरोप-पत्र के अनुसार "दोनों आतंकवादी जैसे ही पुलिस की क्वालिस जीप को छोड़कर भागे वैसे ही गंभीर रूप से घायल पुलिसकर्मी नाइक, अरुण जाधव ने, जो कि जीप के पिछले भाग में असहाय पड़ा हुआ था, वाहन में लगे वायरलेस सेट को उठा लिया और घटना के बारे में पुलिस कंट्रोल रूम को जानकारी दी। इस जानकारी के आधार पर पुलिस कंट्रोल रूम ने *फ़ौरन* ही पुलिस के सभी वाहनों और सभी थानों की मोबाइल वैनों को वायरलेस के ज़रिये *आगाह करते हुए अग़वा किये गये वाहन में आतंकवादियों के मूवमेण्ट की जानकारी दी।"*

7 दिसम्बर 2008 को एन डी टी वी इंडिया, आई बी एन 7 और आजतक टीवी चैनलों द्वारा फिर से चलाये गये बातचीत के एक हिस्से से पता चलता है कि गिरगांव चौपाटी पर "मुठभेड़" होने के समय तक न तो कंट्रोल रूम और न ही पुलिस आयुक्त या यहाँ तक कि संयुक्त पुलिस आयुक्त (अपराध) को यह पता था कि रंगभवन लेन की घटना में करकरे, काम्टे और सालस्कर मारे जा चुके हैं और यह कि आतंकवादी अग़वा किये गये वाहन में गिरगांव चौपाटी की तरफ़ भाग निकले हैं। दूसरे शब्दों में इसका अर्थ यह निकला कि या तो कंट्रोल रूम को जानकारी नहीं मिली थी या अगर मिली थी तो उसने उसे उसी रूप में प्रसारित नहीं किया था।

यह पहलू श्रीमती कामटे की किताब "टू द लास्ट बुलेट" से पूरी तरह स्पष्ट हो गया है, जिससे मालूम होता है कि सन्देश क्वालिस कार के वायरलेस सेट से अरुण जाधव ने कंट्रोल रूम को रात 12 बजकर 33 मिनट पर प्रेषित किया था। इस सन्देश में "स्कॉडा गाड़ी" का कहीं

कोई ज़िक्र नहीं है, जिसका कथित रूप से आतंकवादियों ने अपहरण किया था। श्रीमती विनीता कामटे ने इस सन्देश को अपनी किताब में दर्ज किया है, जिसमें लिखा है : "दो आतंकवादियों ने रंग भवन लेन से एक क्वालिस कार को उठा लिया है और पुलिस इंस्पेकटर सालास्कर, ए टी एस सर (करकरे) और साउथ रीजन सर (उसका अभिप्राय ईस्ट रीजन था) पर फ़ाइरिंग की गई है" (पृ. 54)।

चूँकि कंट्रोल रूम को स्कॉडा गाड़ी के उठाए जाने की कोई सूचना नहीं मिली थी, इसके बारे में रिपोर्ट जारी करने का कोई सवाल ही पैदा नहीं होता, जबकि क्राइम ब्रांच ने इस बात का अपनी चार्ज शीट में दावा किया है। **क्राइम ब्रांच ने स्पष्ट रूप से कोर्ट को ग़लत सूचनाएं मुहैया की हैं।**

4) यद्यपि कुछ अख़बारों में छपी ख़बरों से ऐसा लगता है कि डीबी मार्ग थाने के अधिकारी और गिरगांव चौपाटी के कुछ दूसरे अधिकारी अग़वा हुई स्कॉडा कार के बारे में जानते थे और उत्सुकता से उसका इंतिज़ार कर रहे थे। जैसा कि *द इंडियन एक्सप्रेस,* मुंबई (30 नवम्बर 2008) में ख़बर छपी है, डीबी मार्ग पुलिस थाने, जिसके अधिकार क्षेत्र के अंदर मुठभेड़ हुई, के वरिष्ठ पुलिस इंस्पेक्टर नागप्पा माली ने कहा, "चूंकि हमारे पास कार के रंग और बनावट की जानकारी थी इसलिए हमने उसे रुकने का संकेत दिया ..."

उपर्युक्त तथ्यों के मद्देनज़र स्वाभाविक सवाल यह उठता है कि : अगर अग़वा हुई स्कॉडा कार के बारे में कोई संदेश कंट्रोल रूम को नहीं मिलने के कारण उसको प्रसारित नहीं किया गया था और जब पुलिस आयुक्त और संयुक्त पुलिस आयुक्त (अपराध), जो कि ऑपरेशन के प्रभारी थे, इस बारे में अवगत नहीं थे तो यह कैसे हुआ कि केवल डीबी मार्ग थाने के अधिकारी और गिरगांव चौपाटी के कुछ अन्य अधिकारी इसके बारे में जान गये। एकमात्र नतीजा यह निकलता है कि किसी ने इन अधिकारियों को मोबाइल फ़ोन पर यह जानकारी दी। अगर ऐसा है तो वह व्यक्ति "कौन" था ? उसने इतनी महत्त्वपूर्ण जानकारी पुलिस आयुक्त और अन्य वरिष्ठ अधिकारियों को क्यों नहीं दी ?

5) इसके अलावा, इस बात को सामने रखते हुए उपर्युक्त कहानी असंभव के बजाय अजीब जान पड़ती है। दक्षिण मुंबई के भूगोल से परिचित लोग जानते होंगे कि भीड़ भरे घंटों के दौरान भी मित्तल चैम्बर्स से गिरगांव चौपाटी तक की दूरी तय करने में किसी कार को मुश्किल से सात-आठ मिनट लगते हैं। यह माना जाये कि जब तक कि शरण अरसा और ए एस आई अरुण जाधव अपने झटके से उबरते और कंट्रोल रूम को सूचित करते, जो जवाब में संबंधित पुलिस अधिकारियों को सूचित करता और वे स्वयं को दुरुस्त करके गिरगांव चौपाटी पहुंचकर अवरोध खड़े करते, आतंकवादी शहर के दूसरे सिरे पर पहुंच गये होते। साथ ही यह कि ख़ुद यह मनगढ़न्त कहानी ग़लत पाई गई, जैसा कि श्रीमती कामटे की किताब में साबित किया गया है। अरुण जाधव ने कंट्रोल रूम को स्कॉडा गाड़ी के उठाए जाने के बारे में सूचना नहीं दी थी, बल्कि सिर्फ़ क्वालिस गाड़ी के बारे में सूचना दी थी और वह भी वारदात के अंजाम पाने के 20 मिनट से भी अधिक अवधि के बाद। और जहां तक शरण अरसा का संबंध है, ऐसा कोई रिकॉर्ड नहीं है, जिससे यह पता चले कि उन्होंने कंट्रोल रूम को कोई सूचना दी थी।

निष्कर्ष

"आतंकवादियों" सहित गिरगांव चौपाटी पर पेश करने के लिए स्कॉडा कार की विशेष व्यवस्था आई बी के स्टॉक से की गयी थी।

ई) गिरगांव चौपाटी मुठभेड़ में मारे गये आतंकवादियों की संख्या

1) घटना के तुरंत बाद अर्थात 27 नवम्बर 2008 को प्रकाशित रिपोर्टों के अनुसार दोनों आतंकवादियों को मार गिराया गया था।

i) "दो संदिग्ध हमलावरों को लोकप्रिय और भीड़भाड़ भरी गिरगांव चौपाटी के निकट मुठभेड़ में मार गिराया गया था" (*द इंडियन एक्सप्रेस*, मुंबई, 27 नवम्बर 2008)।

ii) "हमलावरों में से दो ने मरीन ड्राइव से होकर निकल भागने की कोशिश की। पुलिस ने उन्हें गिरगांव चौपाटी के निकट रोका,

जहां पर मुठभेड़ में दोनों आतंकवादी मारे गये" (*लोकसत्ता*, मुंबई, 27 नवम्बर 2008)।

iii) "पुलिस ने ताड़देव के निकट दो आतंकवादियों को धर-दबोचने और गिरगांव के निकट स्कॉडा में भाग रहे दो आतंकवादियों को मार गिराने में सफलता प्राप्त की" (*लोकमत*, मुंबई, 27 नवम्बर 2008)।

ऐसा नहीं हुआ है कि *द इंडियन एक्सप्रेस* और *लोकसत्ता* ने उपर्युक्त ख़बर के सम्बन्ध में कोई स्पष्टीकरण छापा हो, वे अपनी ख़बर पर अडिग रहे। लेकिन, *लोकमत ने*, लगता है कि, मुंबई अपराध शाखा के "अनुरोध" पर अपने 28 नवम्बर 2008 के अंक में यह कहते हुए पुलिस बयान का समर्थन करने की कोशिश की है कि "आतंकवादियों में से एक मौक़े पर ही मर गया और दूसरा जिसे कि टांग में गोली लगी थी, बेहोश हो गया। पुलिस ने ग़लती से दोनों को मरा मान लिया, उनके हाथ-पैर को बांधकर मुर्दाघर भेज दिया।" लेकिन लोकमत का स्पष्टीकरण, अपनी पहले की ख़बर का खंडन करने की बजाय उसकी आगे पुष्टि ही करता है। कोई भी इस बात पर विश्वास नहीं करेगा कि कोई भी समझदार पुलिस अधिकारी ख़ूंख़ार आतंकवादी को अधमरा छोड़ेगा या आतंकवादी के सिर या छाती में और दो-चार गोलियां दाग़े बिना उसकी लाश को मुर्दाघर में भेजेगा।

लोकमत में प्रकाशित इस स्पष्टीकरण का कि दो आतंकवादियों में से एक अधमरी अवस्था में था और पुलिस ने ग़लती से उसे "मरा" हुआ मान लिया था, अदालत में संबंधित डॉक्टर की गवाही से खंडन हो जाता है। *हिंदुस्तान टाइम्ज़*, मुंबई (29 मई 2009) ने ख़बर छापी, "नायर अस्पताल के रेजीडेंट डॉक्टर डॉ. वेंकट राममूर्ति ने, जिन्होंने सबसे पहले कसाब का परीक्षण किया था, अदालत में बताया कि कसाब होश में, भली-चंगी हालत में था और बोल सकता था।"

2) एन डी टी वी और कुछ अन्य टीवी चैनलों द्वारा 7 दिसम्बर 2008 को चलाये गये मुंबई पुलिस कंट्रोल रूम के वायरलेस संदेश के ऑडियो टेप में मुंबई के संयुक्त पुलिस आयुक्त (अपराध), पुलिस आयुक्त

अपने डीसीपी द्वारा पुष्ट किये गये तथ्यों को प्राप्त करने के बाद यह कहते हुए सुने गये कि दोनों आतंकवादी मार गिराये गये हैं।

3) इसके अलावा, मामले की असाधारण परिस्थितियों के तहत दोनों आतंकवादियों के मरने की बात, अपराध शाखा एवं आई बी के उनमें से एक को ज़िंदा पकड़ने की कहानी के उलट बिल्कुल तार्किक और स्वाभाविक जान पड़ती है जबकि आई बी और अपराध शाखा की कहानी एकदम से अविश्वसनीय लगती है। यह बात बिल्कुल भी गले के नीचे नहीं उतरती कि हथियारों से लैस 10-15 पुलिस अधिकारियों और लोगों की भीड़ उस "ख़ूंख़ार आतंकवादी" को गोली नहीं मारेंगे बल्कि ख़ाली पकड़ लेंगे, जिसके बारे में वे जानते थे कि उसने 50 से अधिक मासूम लोगों और कई सीनियर पुलिस अधिकारियों को बर्बरता से मौत के घाट उतार दिया है और जिसने उनकी आंखों के सामने ही उनके एक साथी अधिकारी को भी मार गिराया। यद्यपि यह हमेशा ज़रूरी होता है कि एक, दो आतंकवादियों को ज़िंदा पकड़ा जाये ताकि उनके पास से जानकारी निकलवायी जा सके लेकिन इस मामले की असाधारण स्थितियों में ऐसा कर पाना मनोवैज्ञानिक रूप से, व्यावहारिक तौर पर और मानवीय धरातल पर असंभव था।

तार्किक तौर पर ऐसा जान पड़ता है कि *दोनों* आतंकवादी या तो अधिकारियों के बीच तालमेल की कमी के चलते मारे गये या फिर कुछ अधिकारियों के अति उत्साह के कारण, लेकिन इस ग़लती को आनन-फ़ानन में इस तरह दुरुस्त किया गया कि उनमें से एक को *कहीं और* मारा गया दिखाते हुए उसकी जगह "स्टॉक" में से दूसरे "आतंकवादी" को उसी जगह पर खड़ा कर दिया गया था।

एक आतंकवादी को जीवित रखने का राज़

योजनाकारों ने जिस वजह से "आतंकवादियों" में से एक को ज़िंदा रखने का फ़ैसला किया, वह यह हो सकती है कि उन्हें आतंकवादियों द्वारा अपने पीछे कोई सुराग़ छोड़े जाने की उम्मीद नहीं थी। ऐसी हालत में सी एस टी-सी ए एम ए-रंग भवन के आतंकवादियों का सम्बन्ध लश्कर-ए-तैयबा, पाकिस्तान से जोड़ने में दिक़्क़त होती और करकरे की हत्या करने वाले आतंकवादियों के मूल स्थान के

बारे में शक ज़ाहिर किए जाते। इसलिए सुरक्षित होने के लिए उन्होंने एक आतंकवादी को ज़िन्दा रखा ताकि उसके "इक़बालिया बयान", सामानों की बरामदगी, उंगलियों के निशान, डीएनए नमूने के ज़रिए वे जो साबित करना चाहते हैं उसे साबित कर सकें। किंतु भारत के लिए सौभाग्य की बात है, असल आतंकवादियों ने एलईटी और पाकिस्तान से सम्बन्ध स्थापित करने वाले कई सुराग़ जैसे जी पी एस डिवाइसेज, ट्रालर पर सैटेलाइट फ़ोन और वी ओ आई पी सिस्टम के ज़रिए कॉल्स के रिकॉर्ड छोड़े, मगर आई बी के दुर्भाग्य से यह उपकरण अजमल कसाब और इस्माईल ख़ान का आंतकी-समूहों से कोई रिश्ता नहीं स्थापित कर सके। ग़ौर करने लायक़ बात है कि इन दो "आतंकवादियों" द्वारा इस हमले के सूत्रधारों की एक भी कॉल नहीं रिसीव की गई थी जबकि अन्य छह आतंकवादियों ने ऐसी 284 फ़ोन कॉल्स रिसीव कीं। लिहाज़ा आई बी और क्राइम ब्रांच, मुंबई को डीएनए सैंपल और मौक़े से लिए उंगलियों के निशान जैसे सबूत गढ़ने में ख़ासी कलाबाज़ी दिखानी पड़ी, जो कि अदालत में दाख़िल चार्ज शीट से ज़ाहिर होता है।

मुंबई आतंकी हमले का एक वैकल्पिक दृष्टिकोण

यदि ऊपर लिखित 1 से 9 तक के हिस्सों, जैसे आई बी द्वारा 19 नवम्बर 2008 को ख़ास सूचना प्राप्त करने से लेकर 26/27 नवम्बर 2008 की रात गिरगांव चौपाटी पर मुठभेड़ तक, को जोड़कर तार्किक क्रम (तरतीब) में रखा जाए तो एक दूसरी कहानी इस तरह सामने आती है :

1) मुंबई के साहिल पर रबड़ की डोंगी से दस नहीं आठ पाकिस्तानी आतंकवादी आए थे।
2) उनमें से छह बधवार पार्क के पास भाई भंडारकर मच्छीमार कॉलोनी, कफ परेड पर उतर गए और बाक़ी दो उसी डोंगी से होटल ओबेराय की ओर बढ़ गए।
3) बधवार पार्क पर उतरे छह आतंकवादियों ने होटल ताज महल, लियोपॉल्ड कैफ़े और नरीमन हाउस में तबाही मचाई और जो दो आगे बढ़ गए थे, उन्होनें ओबेराय और ट्राइडेन्ट होटल में ख़ून-ख़राबा किया।

4) वे आतंकवादी जिन्होंने सी एस टी, कामा अस्पताल और रंगभवन लेन में बेदर्दी से ख़ून ख़राबा किया वे उनमें से नहीं थे जो पाकिस्तान से आए थे। वे स्थानीय आतंकवादी थे।

5) सी एस टी-कामा अस्पताल-रंग भवन लेन के ऑपरेशन की योजना पहले से सुनियोगित, निर्देशित, और सुरचित थी। यह एक ऐसा तांडव था, जिसे देशव्यापी आतंकी योजना में शामिल ब्राह्मणवादियों और आई बी में उनके शुभ चिंतकों द्वारा संयुक्त रूप से योजना का ख़ुलासा करने वाले हेमंत करकरे की हत्या के मक़सद से अंजाम दिया गया।

ऑपरेशन की योजना बनने से लेकर उसे अंजाम देने तक का सिलसिला निम्न हो सकता है :

i) हेमंत करकरे के नेतृत्व में ए टी एस ने हिन्दू (ब्राह्मणवादी) आतंकवाद को पूरी तरह बेपर्दा कर दिया था और करकरे देश के कुछ सबसे ज़्यादा महत्त्वपूर्ण ब्राह्मणवादी नेताओं को गिरफ़्तार करने के बेहद क़रीब पहुंच चुके थे, इससे आर एस एस, विश्व हिंदू परिषद, दीगर ब्राह्मणवादी ताक़तें और उनकी सदा की रक्षक आई बी, बेहद परेशान थी। जिस वक़्त आई बी के कट्टर ब्राह्मणवादी अपने आक़ाओं को बचाने के लिए किसी वैकल्पिक गुप्त ऑपरेशन के बारों में सोच रहे थे, उन्हें ईश्वर का दिया मौक़ा अमेरिका और रॉ से मिली एक सरगर्म और पूरी तरह विशिष्ट सूचना के रूप में मिल गया जिसके मुताबिक़ पाकिस्तान से कुछ आतंकवादी मुंबई पर हमला करने समुद्री रास्ते से आ रहे थे।

ii) मुंबई पुलिस और पश्चिमी नौसेना कमान को इस ख़ास सूचना की बाबत सतर्क करने के बजाय उन्होंने महाराष्ट्र में केवल अपने आक़ाओं को सर्तक करते हुए उनसे पूरी तरह तैयार रहने के लिए कहा ताकि इशारा मिलते ही वे अपने ऑपरेशन को मुख्य आतंकवादी हमले के साथ अंजाम दे दें।

iii) महाराष्ट्र के ब्राह्मणवादियों ने छह से आठ युवाओं को चुना जो पिछले कुछ सालों के दौरान उनके नागपुर और पुणे के शिविरों में उम्दा ढंग से ट्रेनिंग ले चुके थे।

iv) युवाओं को दो-दो के समूह में बांटा गया। उन्हें कट्टर ब्राह्मणवादी नेताओं के साथ ही आई बी के रिटायर्ड और सेवारत अफ़सरों ने उनकी भूमिका के बारे में निर्देशित किया था। उन्हें नक़्शे के ज़रिए कार्य-योजना भी समझायी गई थी।

v) योजना के मुताबिक़, उन्हें आतंकवादियों के पहुंचने की संभावित तारीख़ के दो दिन पहले तैयार हालत में रहना था।

vi) उन्हें इतनी तैयारी की हालत में होना था कि आतंकवादियों के मुंबई तट पर उतरने का पहला संकेत मिलते ही अपने स्थानों से निकल कर सी एस टी, कामा अस्पताल और एसबी ऑफ़िस के आसपास के इलाक़े में पूर्व निर्धारित बिंदुओं पर पोज़ीशन ले लेनी थी।

vii) आतंकवादियों के अपने निशाने जैसे ताज, ओबराय, नरीमन हाउस आदि पर पहुंचने का दूसरा संकेत मिलते ही उन्हें पहले से बताए गए स्थानों पर ऑपरेशन शुरू कर देना था।

viii) उन्हें पहले से मिले ख़ास मोबाइल फ़ोनों पर संकेत दिए जाने थे। इन फ़ोनों का सिम सतारा (महाराष्ट्र) से हासिल किया गया था। उन्हें आपस में संवाद के लिए भी किसी और मोबाइल फ़ोन व सिम का इस्तेमाल नहीं करना था।

ix) फ़ायरिंग पहले सी एस टी और उसके दस से पंद्रह मिनट बाद कामा अस्पताल पर होनी थी। सी एस टी की टीम को काम पूरा करने के बाद द टाइम्ज़ ऑफ़ इंडिया बिल्डिंग के बग़ल वाली लेन में पहुंच कर दूसरी टीमों को बैक-अप देना था।

x) संबंधित आई बी के अफ़सरों ने व्यवस्था कर रखी थी कि ए टी एस चीफ़ हेमंत करकरे जैसे ही किसी भी घटना-स्थल पर पहुंचें, उन्हें कामा अस्पताल की तरफ़ भेज दिया जाए।

xi) एसबी ऑफ़िस-रंग भवन लेन इलाक़े वाले ग्रुप को निशाना बनाए जाने वाले अफ़सर के आसपास पहुंचते ही, फ़ायरिंग करके उसका ध्यान अपनी तरफ़ खींचना था।

xii) हेमंत करकरे के रेंज में आते ही एसबी ऑफ़िस-रंग भवन लेन इलाक़े वाले ग्रूपों को अपना "काम" पूरा कर देना था।

xiii) सफलतापूर्वक काम पूरा होने का संकेत मिलने के बाद ग्रुप के सभी सदस्यों को तुरंत इलाका छोड़ना था और जितनी जल्दी हो सके अपने मूल स्थानों को वापस लौटना था।

xiv) मुंबई पुलिस की सहायता से आई बी को अपने स्टॉक से दो "आतंकवादियों" को निकाल कर परिदृश्य में लाना था, जिन्हें एक ख़ास वाहन (स्कॉडा) से "मुठभेड़" के लिए ले जाया जाना था, लेकिन इनमें से एक को ज़िन्दा रखना था।

सब कुछ योजना के मुताबिक़ हुआ लेकिन दुनिया के किसी जंगी मंसूबे या ऑपरेशन की ही तरह यह ऑपरेशन भी असल मंसूबे के हू ब हू नहीं अंजाम दिया जा सका। ज़ाहिर है कई अप्रत्याशित मोड़ आए और ऑपरेशन करने वालों ने भयंकर ग़लतियां की जो निम्नवत हैं :

1) सी एस टी के भीतर जो दो लोगों का ग्रुप था, वह मुस्लिमों से घृणा के ख़्यालात दिमाग़ में भरे जाने के कारण, मुसलमानों के ख़िलाफ़ अपने ग़ुस्से पर क़ाबू नहीं रख पाया। यह भूलकर कि उन्होंने मुस्लिम जिहादियों का रूप धारण कर रखा है, और लोगों के साथ बड़ी तादाद में गोल टोपी-दाढ़ी वाले मुस्लिम मर्दों, बुर्क़ा पहनी औरतों और उनके बच्चों को भी मार डाला।

2) स्टेशन पर तबाही मचाने के बाद, योजना के मुताबिक़, ये दोनों कामा अस्पताल की ओर पार नहीं हो पाए क्योंकि द टाइम्ज़ ऑफ़ इंडिया बिल्डिंग और सब-वे के पास खड़ी पुलिस ने उन्हें पीछे हटने को बाध्य कर दिया लिहाज़ा उन्हें मस्जिद बंदर की ओर से निकलना पड़ा।

3) गिरगांव चौपाटी पर तैनात पुलिस ने अति उत्साह में या तालमेल के अभाव में स्कॉडा वाहन में हाज़िर कराए गए दोनों "आतंकवादियों" को मार डाला, लिहाज़ा कहानी सुनाने के लिए कोई नहीं बचा। आई बी को अंतिम क्षणों में अपने "स्टॉक" से एक और आतंकवादी को हाज़िर कराने का इंतिज़ाम करना पड़ा।

अनुमान से परे इन घटनाओं और कुछ गंभीर भूलों के बावजूद षड्यंत्रकारी अपने विचार में, अपने असल मक़सद को पूरा करने में कामयाब रहे जो कि हेमंत करकरे की हत्या करना था।

ऊपर वर्णित तथ्यों से पूरी तरह स्पष्ट है कि सी एस टी-कामा-रंग भवन लेन के ऑपरेशन का ताज-ओबराय-नरीमन हाउस पर हुए मुख्य हमले से कोई लेना-देना नहीं था। यह दो अलग ऑपरेशन थे जिनमें कुछ भी समान नहीं था — न मक़सद, न आतंकवादी, न उनके संगठन, न उनके योजनाकार, न तरीक़ा, न ही उनके लक्ष्य। दोनों को जोड़ने वाले फैक्टर सिर्फ़ आई बी में बैठे वे ब्राह्मणवादी तत्त्व हैं जिन्होंने देसी ब्राह्मणवादी आतंकवादियों के सी एस टी-कामा-रंग भवन लेन सेक्शन पर हमले का ताज, ओबराय, नरीमन हाउस सेक्शन पर विदेशी आतंकवादियों के हमले से तालमेल स्थापित करने का प्रबंध किया, जिसकी उन्हें पहले से जानकारी थी। इस प्रकार ब्राह्मणवादियों के दबदबे वाले आई बी ने देश की सुरक्षा के साथ बेहद गंभीर समझौता ब्राह्मणवादी संगठनों और उनके नेताओं को आतंकवाद के ठप्पे से बचाने के लिए किया, जो कि वास्तव में वे थे।

जनता को परोसी गयी कहानी

मीडिया, आम जनता और सरकार को भी गच्चा देने के लिए आई बी ने क्राइम ब्रांच मुंबई की मदद से सबूतों का जुगाड़ किया और अपनी मूल योजना में नज़र आते उन सुराखों को भरने की कोशिश की जिनके कारण सी एस टी सब-वे, द टाइम्ज़ ऑफ़ इंडिया बिल्डिंग के पास और गिरगांव चौपाटी में पुलिस कार्रवाई करनी पड़ी। साथ ही सी एस टी पर अति उत्साही आतंकवादियों ने गड़बड़ी करके जो क्षति पहुंचायी थी, उसकी भी भरपाई की कोशिश की। लेकिन तथाकथित चश्मदीदों के बयान, मोबाइल फ़ोनों के कॉल रिकॉर्ड, कुछ "बरामदगियां" आदि साफ़ नज़र आती ख़ामियों और गड़बड़ियों को ढकने के लिए जो तरकीबें इस्तेमाल की गयीं वे इतनी नाकाफ़ी (अपर्याप्त) थीं कि उन्होंने जितना छिपाने की कोशिश की दूसरे कहीं आपत्तिजनक हिस्से उघड़ते चले गए। बहरहाल इन गढ़े गए सबूतों के आधार पर आई बी और क्राइम ब्रांच ने एक कहानी रच कर मीडिया और जनता के सामने परोस दी। इस बेमेल कहानी पर कोई भी होशियार आदमी यक़ीन नहीं कर सकता था लेकिन हमारे मीडिया ने, जो काफ़ी हद तक ब्राह्मणवादी ताक़तों के कंट्रोल में हैं, बिना कोई सवाल उठाए इस कहानी को लपक लिया। उन्होंने बिना सत्यता जांचे, बिना विश्वसनीयता पर सवाल उठाए इसे प्रकाशित किया, उनमें से कुछ ने कुछ परस्पर विरोधी रिपोर्टें भी

छापीं। राजनीतिक वर्ग और बौद्धिक तबक़े के लोगों ने कुछ सवाल खड़े किए भी तो उन्हें आई बी द्वारा बार-बार दोहराए गए शब्दों जैसे राष्ट्रीय सम्मान, राष्ट्रीय सुरक्षा, विदेश सम्बन्ध, वैश्विक आतंकवाद का क़हर वग़ैरा का इस्तेमाल कर दरकिनार कर दिया गया। आसानी से छली जा सकने वाली जनता ने सहमे ढंग से इस थ्योरी को स्वीकार कर लिया, शायद इसलिए कि आतंकवाद के मामले में ख़ासतौर से मुसलमान "राष्ट्रविरोधी" का ठप्पा लगने या बदले की भावना रखने वाली आई बी का निशाना बनने के भय से ख़ुद को सरकारी पक्ष को चुनौती देने में असहाय पाते हैं। इतना ही नहीं पुलिस की कहानी में सी एस टी-कामा-रंग भवन लेन की घटनाओं को मुख्य हमले के साथ इतनी कुशलता से पिरोया गया था कि आम जनता और धोखे में आ जाने वाली सरकार ने भी चुप रहना ही बेहतर समझा।

क्राइम ब्रांच मुंबई और आई बी का अपराध-बोध

यद्यपि आम जनता कुछ कारणों से भले ही चुप रहे, लेकिन क्राइम ब्रांच और आई बी के अपराध-बोध ने उन्हें चैन से बैठने नहीं दिया और वह विभिन्न रूपों में सामने आता रहा। क्राइम ब्रांच द्वारा हमले के समय या तुरंत बाद विले पार्ले और वाडी बंदर पर हुए टैक्सी विस्फोटों की सफ़ाई के व्याकुल प्रयास, कुछ टीवी चैनलों व अन्य के ख़िलाफ़ ऑफ़िशियल सीक्रेट एक्ट के तहत मामले दर्ज करना, प्रधान पैनल की रिपोर्ट को दबाने के लिए आई बी की चिंता अपराध-बोध के उदाहरण हैं, जिन्हें विस्तार से नीचे दिया जा रहा है।

1) विले पार्ले और वाडी बंदर पर टैक्सी धमाकों का राज़

आई बी और क्राइम ब्रांच का अपराध-बोध विले पार्ले और वाडी बंदर के पास हुए टैक्सी विस्फोटों के बारे में तथ्यों को छिपाने के बेचैन प्रयासों के रूप में सामने आया जो निम्न तथ्यों से स्पष्ट है :

1) मराठी दैनिक *लोकमत*, मुंबई (27 नवम्बर 2008) और दैनिक पुढ़ेरी (28 नवम्बर 2008) ने लिखा कि विले पार्ले फ़्लाइओवर के पास टैक्सी नंबर-एम एच 01-बीए-5179 में एक शक्तिशाली धमाका हुआ जिसमें तीन लोग मौक़े पर मारे गए।

2) घटना के चार दिन बाद ज्वाइंट सी पी (क्राइम) मुंबई ने टैक्सी धमाकों की अनावश्यक सफ़ाई देने की कोशिश की। *पुणे मिरर* [द टाइम्ज़ ऑफ़ इंडिया] के एक दिसम्बर 2008 के अंक में "पुलिस ने टैक्सी-रहस्य की सफ़ाई दी" शीर्षक से छपी रिपोर्ट में ज्वाइंट सीपी राकेश मारिया को यह कहते हुए दर्शाया गया है कि, "यह दो शक्तिशाली धमाके आतंकवादी ऑपरेशन से नहीं मेल खाते...आतंकवादियों ने इन टैक्सियों (जिनमें सफ़र करके वे लक्ष्य तक पहुंचे थे) में बम इस आशंका में रखे थे कि टैक्सी वाले उनकी योजना लीक कर सकते थे।" इसी रिपोर्ट में आगे कहा गया है कि जाँचकर्ता "उन सभी टैक्सियों का पता लगा रहे हैं जिनका इस्तेमाल आतंकवादियों ने किया होगा।"

3) *हिंदुस्तान टाइम्ज़*, मुंबई (19 अप्रैल 2009) में छपी एक रिपोर्ट के अनुसार, बीते दिन पुलिस ने अदालत को रिपोर्ट सौंपी कि हैदराबाद के कोई लक्ष्मी नारायण गोयल विले पार्ले के धमाके में टैक्सी ड्राइवर के साथ मारे गए जो अपने बहनोई से मोबाइल फ़ोन पर यह जानने के बाद कि आतंकवादियों ने सी एस टी स्टेशन में तबाही मचाई है, हैदराबाद जाने की अपनी योजना स्थगित कर अब बहनोई के घर कांदीवली जा रहे थे। अपने दावे के समर्थन में पुलिस ने मृतक गोयल और उनके बहनोई के मोबाइल फ़ोन कॉल्स के डिटेल्स पेश कीं। पुलिस की रपट में यह भी कहा गया कि इस बात की पुष्टि सी एस टी के सीनियर अधीक्षक ने की है।

4) जहां तक दूसरे धमाके का सवाल है, मराठी दैनिक *लोकमत*, पुणे ने 27 नवम्बर 2008 को रिपोर्ट दी, हमले के ठीक अगले दिन, के डॉक यार्ड रोड (वाडी बंदर) पर हुए टैक्सी धमाके में *तीन* लोग मारे गए थे।

इन परस्पर विरोधी रिपोर्टों के मद्देनज़र, टैक्सी धमाकों का रहस्य, ज्वाइंट सीपी (क्राइम), मुंबई की एक दिसम्बर 2008 में *पुणे मिरर* में प्रकाशित सफ़ाई से, सुलझने के बजाय और उलझ जाता है और कई सवाल खड़े करता है।

विले पार्ले टैक्सी धमाके में कितने आदमी मारे गए थे? तीन (ड्राइवर समेत), जैसा कि ठीक अगले दिन प्रेस ने लिखा, या दो (गोयल और टैक्सी ड्राइवर) जैसा कि पुलिस ने घटना के पांच महीने बाद अदालत में दावा किया? अगर तीन तो

तीसरे आदमी का नाम क्या था ? जब पहले दिन ही विले पार्ले वाली टैक्सी का नंबर मालूम था तो क्राइम ब्रांच क्या पता लगा रही थी ? पुलिस के दावे के मुताबिक़ सी एस टी के सीनियर सुपरिटेंडेंट विले पार्ले के पास मारे गए किसी आदमी की मृत्यु की पुष्टि कैसे कर सकते हैं ? वाडी बंदर टैक्सी धमाके में मारे गए आदमियों के नाम क्या थे ? चार्ज शीट में कहा गया है कि वाडी बंदर टैक्सी धमाके में ड्राइवर और दो औरतें मारी गई थीं, यदि ऐसा है तो क्या उन औरतों की पहचान हुई ? इन दोनों धमाकों में मारे गए लोगों के शव कहां ले जाए गए ?

तार्किक नतीजा यह है कि वे दो आतंकवादी जिन्होंने सी एस टी स्टेशन में तबाही मचाई, पुलिस से घिरने के बाद, मस्जिद बंदर की तरफ़ से निकले और बचे हुए विस्फोटकों के साथ टैक्सी से भागते हुए वाडी बंदर के धमाके में मारे गए। रंग भवन लेन एरिया के दो आतंकवादी या उन्हें "कवर करने वाली" पार्टी भी अपना काम पूरा कर भागते हुए इसी तरह की परिस्थितियों में विले पार्ले टैक्सी धमाके में मारी गयी। यह भी हो सकता है कि यह किसी संगठन के आत्मघाती दस्ते के रहे हों और अपने आक़ाओं के निर्देश के मुताबिक़ पहचान छिपाने के लिए विस्फोटकों से आत्महत्या कर ली हो। यहाँ संदेह उठता है कि टैक्सी धमाकों में मारे गए चार लोगों (ड्राइवरों के अलावा) के असल नाम गुप्त रखे गए और कहीं और मारे गए चार लोगों को यहाँ दिखा दिया गया हो। ऐसा, विले पार्ले और बाइकुला पुलिस थाने के अफ़सरों (जिनके क्षेत्र में यह घटना-स्थल हैं), सी एस टी रेलवे स्टेशन के पुलिस अफ़सरों, कुछ रेलवे अफ़सरों, उन अस्पतालों के डॉक्टरों, जहां शव ले जाए गए, वग़ैरह को विश्वास में लेकर किया गया होगा, यह कह कर कि "गोपनीय" कारणों से उनका ऐसा करना ज़रूरी है।

2) ऑफ़िशियल सीक्रेट एक्ट के तहत एक मामला

क्राइम ब्रांच मुंबई ने 2 मार्च 2009 को ऑफ़िशियल सीक्रेटस् एक्ट की धारा-3, 5 और 7 के तहत कुछ टीवी चैनलों के ख़िलाफ़ 26/11 की रात अधिकारियों के बीच हुई गोपनीय वायरलेस बातचीत को प्रसारित करने का और कुछ अनजान लोगों के ख़िलाफ़ बातचीत का रिकॉर्ड और लॉगबुक चुराने का मामला दर्ज किया।

सात दिसम्बर 2008 के एन डी टी वी इंडिया, आई बी एन 7 और आजतक टीवी चैनलों ने और दो मार्च, 2009 को टीवी 9 ने वायरलेस संवाद का एक हिस्सा प्रसारित किया जिसमें मुंबई के पुलिस कमिशनर को, जिन्हें "राजा" के नाम से पेश किया गया, 26/11 की रात विभिन्न ऑपरेशनों में लगे अपने अफ़सरों से संवाद करते हुए और उन्हें निर्देश देते हुए सुना गया। इस रिकॉर्डिंग में कोई भी पुलिस के मूवमेंट की तफ़सील और घटनाओं के क्रम को साफ़ तौर पर सुन सकता था।

अब सवाल यह है कि क्या पुलिस अफ़सरों के बीच हुआ इस तरह का संवाद आधिकारिक गोपनीयता अधिनियम के सेक्शन 3 (जासूसी), सेक्शन 5 (सूचना का ग़लत ढंग से प्रसारण) और 7 (पुलिस अफ़सरों और सशस्त्र सेनाओं के सदस्यों के साथ दख़ल अन्दाज़ी) का मामला बनता है, ख़ासतौर से तब, जब इसे काफ़ी समय बाद प्रसारित किया गया हो ? अगर ऐसा है तो कैसे ? इन बिन्दुओं को क्राइम ब्रांच मुंबई ने अपनी एफ आई आर में स्पष्ट नहीं किया है जो बहुत धुंधली और और अनिश्चित है।

आई बी और क्राइम ब्रांच की चिंता यह नहीं है कि कुछ बेहद गोपनीय सूचनाएं लीक हो गई हैं जो शत्रु देशों, आतंकवादी संगठनों की मददगार हो सकती हैं या जाँच को प्रभावित कर सकती हैं। उनकी ख़ास चिंता यह है कि पूरे प्रकरण के सी एस टी-कामा-रंग भवन लेन एरिया वाले हिस्से की जो कहानी गढ़ कर उन्होनें मीडिया के ज़रिए जनता के सामने रखी है वह झूठी साबित होने के बाद आई बी की ब्राह्मणवादी साज़िश की पोल ही खोल कर रख देगी। जनता, मीडिया और यहाँ तक कि सरकार को भी जिस कहानी पर उन्होंने यक़ीन दिला रखा है, वायरलेस बातचीत में उसके विपरीत कई सच्चे तथ्य चले आए हैं। आधिकारिक गोपनीयता अधिनियम के तहत मामला दर्ज करने के पीछे उनका मक़सद सिर्फ़ यह है कि जिन लोगों के पास लॉगबुक और वायरलेस संवाद की सीडी कॉपियां हैं, उन्हें सख़्ती से चेता दिया जाए कि उन्हें इन अपराधों में दंडित किया जा सकता है जिनके लिए तीन से चौदह साल क़ैद की सज़ा का प्रावधान है। निश्चय ही क्राइम ब्रांच मुंबई और आई बी का इस तथाकथित गोपनीय सूचना को सार्वजनिक करने वाले टीवी चैनलों और पुलिस अफ़सरों को दंडित करने का कोई इरादा नहीं, क्योंकि उन्हें मालूम है कि ऐसा करने का मतलब है

और अधिक बेनक़ाब होना। उनका मक़सद इस वायरलेस संवाद को दोबारा सार्वजनिक होने से रोकने को सुनिश्चित करने तक ही सीमित है।

3) प्रधान पैनल की रिपोर्ट को छिपाने के प्रति सरकार (पढ़ें आई बी) की चिंता रिपोर्ट के चुनिंदा हिस्सों का लीक होना गुमराह करने के लिए है

वह क्या बात थी जिसकी वजह से महाराष्ट्र सरकार ने हड़बड़ा कर विधानसभा में घोषणा की कि उसके द्वारा 26/11 के मुंबई आतंकी हमले की जाँच के लिए गठित दो सदस्यीय प्रधान आयोग की रिपोर्ट सार्वजनिक नहीं की जाएगी और किस वजह से वह मुंबई हाईकोर्ट के इस आदेश पर कि सरकार रिपोर्ट की एक सीलबंद प्रति उस (हाईकोर्ट) को सौंपे, स्टे लेने सुप्रीम कोर्ट पहुंच गई। क्या इसका कारण केवल रिपोर्ट में उठाए गए प्वाइंट्स थे जो कि जुलाई-अगस्त 2009 के बीच कुछ प्रमुख अंग्रेज़ी अख़बारों में "एक्सक्लूसिव" ख़बरों के रूप में प्रकाशित हुए थे, जैसे : मुंबई पुलिस के आला अफ़सरों की एक टीम की तरह काम करने में नाकामी, 1993 के मुंबई बम विस्फोट के बाद शुरू की गई समुद्र तटीय गश्त का जारी न रहना, मुंबई पर समुद्री रास्ते से आतंकी हमले की बाबत केन्द्रीय सूचना एजेंसियों द्वारा दी गई छह पूर्व चेतावनियों के बावजूद तटीय गश्त बढ़ाए जाने में विफलता, डीसीपी (बंदरगाह) के अधीन इस मक़सद के लिए लगाई गई पांच गश्ती नौकाओं को दूसरे कामों में लगाया जाना, तीन साल पहले 2006 के ट्रेन धमाकों के लिए बने स्टडी ग्रुप की रिपोर्ट पर ध्यान न देना, त्वरित प्रतिक्रिया टीम (Quick Reaction Team-QRT) को लंबे समय से फ़ायरिंग का अभ्यास न होना और बंधकों को छुड़ाने के ऑपरेशन की ट्रेनिंग का न मिलना, मुंबई पुलिस को नरीमन हाउस पर यहूदी केंद्र की जानकारी न होना, फ़रवरी से जुलाई 2008 के बीच केंद्रीय गृह-मंत्रालय द्वारा भेजे सर्कुलरों को आगे बढ़ाने और आला अफ़सरों को उनके बारे में सूचित करने में "डेस्क अफ़सरों" की विफलता आदि। या पैनल रिपोर्ट में कुछ और भी अधिक गंभीर बातें थीं जिन्हें अब तक लीक और प्रकाशित नहीं किया गया है ?

इस किताब के संलग्नक अ में दी गई कुछ अख़बारों की शुरुआती रपटों पर ग़ौर किया जाए तो स्पष्ट है कि आई बी को समुद्री रास्ते से मुंबई हमले की पक्की विशिष्ट जानकारी थी लेकिन वह मुंबई पुलिस को, जिसका इससे सर्वाधिक सम्बन्ध था, दे पाने में विफल रही। यह तथ्य आगे और पुष्ट हुआ जब प्रधान

पैनल के दूसरे सदस्य वी. बालचंद्रन, जो कि रॉ के पूर्व अधिकारी रहे हैं, ने एक बातचीत में अपने एक सहयोगियों से रोना रोया कि आई बी और रॉ ने उन्हें सूचना मिलने और उसके विश्लेषण के बारे में कोई जानकारी नहीं दी (*द इंडियन एक्सप्रेस*, 31 मई 2009)। अपनी रिपोर्ट में पैनल ने निश्चित रूप से, साफ़ नज़र आती आई बी की कोताहियों पर उंगली रखी होगी (हालाँकि रॉ ने अपना काम काफ़ी मुस्तैदी से किया) और ज़रूर इस तथ्य को पुलिस के बयान और इन अविवादित सबूतों से जोड़ कर कुछ तार्किक नतीजे निकाले होंगे, जैसे : हमले की रात अफ़सरों के बीच हुए वायरलेस बातचीत की सीडी, उस दौरान कंट्रोल रूम की लॉग बुक (जो बहुत संभव है कि पैनल को उपलब्ध कराई गई हो), कुछ समान रूप से विश्वसनीय सबूतों जैसे टीवी चैनलों के फुटेज, अख़बारी रपटों, चश्मदीदों के बयान आदि के बीच के अंतर्विरोध वग़ैरह। बहुत मुमकिन है कि पैनल ने यह भी इशारा किया हो कि आई बी की यह बहुत ही गंभीर कोताही, लापरवाही नहीं बल्कि जान-बूझ कर इच्छा से किया गया कारनामा था।

ऐसा लगता है कि आतंकी हमले की पूरी तरह विशिष्ट सूचना को मुंबई पुलिस से न साझा करने की आई बी की भयंकर ग़लती को छिपाने के लिए पैनल की उन विपरीत टिप्पणियों को आधार बनाया गया जो उसने रूटीन सूचनाओं को बढ़ा-चढ़ा कर पेश करने वाले डेस्क ऑफ़िसर सिस्टम पर की हैं। केंद्रीय गृह-मंत्रालय के *रूटीन* सर्कुलरों के प्रति डेस्क सिस्टम के रवैये से आई बी की *विशिष्ट सूचना* को जोड़ कर कन्फ्यूज़न पैदा करने के लिए यह विचार पेश करने की कोशिश की गई कि आई बी की सूचना को सही ठिकाने तक न पहुंचने देने के लिए राज्य के गृह-मंत्रालय के "बाबू" ज़िम्मेदार हैं। इस मसले पर मैं पाठकों की जानकारी बढ़ाना चाहूंगा। आई बी की ख़ुफ़िया सूचनाएं केवल डीजीपी या सीपी या एसपी जैसे वरिष्ठतम अफ़सर ही सीलबंद लिफ़ाफ़ों में प्राप्त करते हैं जिनके ऊपर "गोपनीय" या "परम गोपनीय" लिखा होता है और वे अफ़सरों के नाम होती हैं तथा ज़्यादातर मामलों में संदेश, रपटें कोड में होते हैं। संबंधित अफ़सर से अपेक्षा की जाती है कि वह निजी तौर पर इसे खोल कर संदेश को ख़ुद डि-कोड करेगा या करेगी। इस प्रक्रिया में कोई निचले स्तर का पदाधिकारी या नौकरशाह शामिल नहीं किया जाता। इस पृष्ठभूमि में यह कहना कि ख़ुफ़िया सूचना नहीं पहुंचने देने के लिए डेस्क सिस्टम ज़िम्मेदार है, जान-बूझ कर आई बी के गंभीर रूप से ग़लत आचरण से जनता, मीडिया और सरकार का ध्यान बंटाने

की चाल है।

ऊपर दिए गए तथ्यों की रोशनी में कोई भी शक करने के लिए मजबूर है कि पैनल रिपोर्ट के एक हिस्से का "लीकेज" और प्रमुख अख़बारों में छपना और कुछ नहीं जनता और सरकार को गुमराह करने की चाल है। अपने अपराध-बोध के कारण ज़ाहिर तौर पर इसकी व्यवस्था आई बी ने मीडिया के साथ दोस्ताना संबध रखने वाली क्राइम ब्रांच मुंबई के ज़रिए की।

बाद की घटनाएं दृष्टिकोण की पुष्टि करती हैं

(क) श्रीमती विनीता कामटे की किताब *टू द लास्ट बुलेट* मौजूदा किताब में वर्णित बहुत-से बिन्दुओं की पुष्टि करती है

श्रीमती विनीता कामटे ने अपनी किताब *टू द लास्ट बुलेट* के ज़रिए कामा हॉस्पिटल के अहाते में और रंग भवन लेन में घटनेवाली घटनाओं के बारे में बहुत-सी सच्चाइयों पर से परदे उठाए हैं। उनकी जानकारियां कुछ वायरलेस रिकॉर्डों पर आधारित हैं, जो उन्होंने आर टी आई एक्ट इस्तेमाल करके सरकारी तौर पर हासिल की हैं। इसके अलावा उनकी किताब उन पुलिस अफ़सरों और पुलिसकर्मियों से पूछताछ और छानबीन पर आधारित है जो इस घटना में शामिल थे या जिनका इससे कोई संबंध था। और उनकी किताब आम लोगों के बयानों पर भी आधारित है, जो इस घटना के चश्मदीद गवाह हैं। उनकी जानकारियां और छानबीन इस दृष्टिकोण की पुष्टि करती हैं, जो मैंने एक से अधिक तरीक़ों से इस किताब में पेश किए हैं, जैसा कि नीचे लिखा गया है :

I. योजनाबद्ध तरीक़े से स्ट्रीट लाइटों के स्विच ऑफ़ (बंद) कर दिए गए

रंग भवन लेन में बच जाने वाले एकमात्र पुलिसमैन अरुण जाधव के हवाले से किताब में यह बताया गया है कि "कामा हॉस्पिटल के पीछे की लेन में स्ट्रीट लाइटों के स्विच ऑफ़ (बंद) कर दिए गए थे" (पृ. 32)। यह हरकत इस घटना के दिन साज़िश करनेवालों की कार्य-नीति के ऐन मुताबिक़ थी। निश्चित रूप से यह एक सोचा-समझा काम, वैसा ही था जैसा कि सी एस टी में किया गया था, जहां 16 सी सी टी वी कैमरे, जो कि मेन लाइन

सेक्शन में लगाए गए थे, स्विच ऑफ़ (बंद) कर दिए गए थे, जैसा कि इस किताब में निशानदेही की गई है। टाइम्ज़ ऑफ़ इंडिया बिल्डिंग में एक महत्त्वपूर्ण और व्यस्त रोड की लाइटों के स्विच ऑफ़ करने की साज़िश रचने वालों का मंशा सिर्फ़ उस लेन में अंधेरा फैलाने का हो सकता है, जहाँ बाद में करकरे को लाने की योजना बनाई गई थी। यह तथ्य मेरे इस दृष्टिकोण की पुष्टि करती है कि सी एस टी / कामा / रंग भवन लेन पर हमले का हिस्सा पहले से सुनियोजित और पहले से सोचा-समझा काम था और यह उन स्थानीय आतंकवादियों की हरकत थी, जो देश व्यापी मंसूबों में लिप्त थे, जैसा कि हेमंत करकरे ने 2008 के मालेगांव बम धमाका केस की जांच-पड़ताल में रहस्योद्घाटन किया था।

II. जिन आतंकवादियों ने करकरे वग़ैरह की हत्या की और जिन्होंने कामा हॉस्पिटल में दहशत मचाई, वे अलग-अलग लोग थे।

श्रीमती कामटे की किताब में सामने लाए गए निम्निलिखित तथ्य बहुत क़ीमती और ध्यान देने योग्य हैं :

i. लगभग रात के 11 बजकर 45 मिनट पर रंग भवन लेन के कॉर्नर पर दो आतंकवादियों ने इंस्पेकटर धुरगोडे को गोली मारकर हलाक कर दिया था (पृ. 42-43)।

ii. लगभग उसी समय मारूति फड, मिस्टर भूषण गगरानी (प्रिंसिपिल सेक्रेट्री, मेडिकल एजूकेशन) का ड्राइवर उसी लेन में ज़ख़्मी हुआ (पृ. 43)।

iii. आज़ाद मैदान पुलिस स्टेशन के दो कांस्टेबलों ने उस वारदात को एक पेड़ के पीछे से देखा था और 11 बजकर 48 मिनट पर साउथ कंट्रोल को सूचित किया था (पृ. 43-44)।

iv. रंग भवन लेन के आसपास के निवासियों ने पूरे घटनाक्रम को अपनी आंखों से देखा था। कंट्रोल रूम के 100 नम्बर पर फ़ोन किया और यह सूचना मुहैया कराई कि आतंकवादी 15 मिनट से अधिक समय से लेन में आज़ादी से घूम रहे थे (पृ. 44-45)।

v. एक छात्र का यह बयान, जो रंग भवन लेन में नर्सों के क्वार्टरों की ऊपरी मंज़िलों में से एक में रह रहा था, बहुत बड़ी सच्चाई बयान करता

है : "मैं घर आया और ऊपर सीढ़ी पर चढ़ गया। जल्द ही *मुझे कामा हॉस्पिटल से ज़ोरदार फ़ाइरिंग की आवाज़ें सुनाई देने लगीं। मैं लिफ़्ट के ज़रिए नीचे आया और अपने दोस्तों को यह कहते सुना कि आतंकवादी हमारी लेन में घुस आए हैं"* (पृ. 50)।

vi. कामा हॉस्पिटल के साइड के दरवाज़े पर मौजूद कांस्टेबलों ने कहा है कि लगभग आधी रात का समय था कि तीन अफ़सर एक कार में बैठे और एस पी ऑफ़िस की तरफ़ चले गए (पृ. 46)।

vii. मेन कंट्रोल रूम को कामा हॉस्पिटल के सामने फ़ोर्सेज़ भेजने के निर्देश देकर मिस्टर करकरे की टीम ने हॉस्पिटल में सामने से घुसने का फ़ैसला किया। उनका उद्देश्य बिल्कुल स्पष्ट था कि एक एडिशनल कमिशनर ऑफ़ पुलिस ज़ख़्मी हो गया था और अन्दर पूरी तरह फंस गया था, जबकि आतंकवादी अब भी वहां मौजूद थे (पृ. 46)।

जो तथ्य मैंने ऊपर लिखे हैं, अगर उन सबको एक जगह जोड़ दिया जाए तो यह साबित हो जाएगा कि दो आतंकवादी रंग भवन लेन के अन्दर घूम रहे थे। यह आधी रात से 10-15 मिनट पहले की बात है। आतंकवादियों ने कई लोगों को क़त्ल कर दिया था और ए सी पी को ज़ख़्मी कर दिया था, और वे आधी रात के वक़्त भी कामा हॉस्पिटल में मौजूद थे। यह वास्तव में मेरी थ्योरी की पुष्टि करती है कि कामा हॉस्पिटल के आतंकवादी और रंग भवन लेन के आतंकवादी एक दूसरे से अलग थे।

III. अफ़सरों को जाल में फंसाया गया

"करकरे को जाल में फंसाया गया" के शीर्षक के तहत मौजूदा किताब के छठे अध्याय में मैंने हेमंत करकरे के वायरलेस ऑपरेटर नितिन मथाने के बयान का वह हिस्सा पेश किया है जो उन्होंने ट्रायल कोर्ट में दिया था, जैसा कि *इंडियन एक्सप्रेस* (पुणे, 16 जुलाई 2009) में प्रकाशित हुआ है। रिपोर्ट से यह बात बिल्कुल साफ़ हो गई कि के पी रघुवंशी ने करकरे को टाइम्ज़ ऑफ़ इंडिया बिल्डिंग की साइड वाली लेन की तरफ़ जाने के लिए हिदायत दी, यह कि करकरे कामा हॉस्पिटल के पिछले दरवाज़े वाली लेन के रास्ते चले और

यह कि हॉस्पिटल में जब फ़ाइरिंग भी जारी थी; करकरे, कामटे और सालास्कर से जाकर मिल गए। लेकिन चूँकि मेरे पास कोई प्रमाणिक रिकॉर्ड ऐसा नहीं था, जिससे यह दिखाता कि यह टीम किस तरह एस बी ऑफ़िस की तरफ़ बढ़ी और परिणामस्वरूप रंग भवन लेन में मौत के जाल में फंस गई। मैंने कई नतीजे उन चीज़ों के आधार पर निकाले, जो मुझे उपलब्ध थीं कि क्या हो सकता था। लेकिन श्रीमती विनीता कामटे की जाँच-पड़ताल से, जो उन्होंने सरकारी तौर पर प्राप्त किए गए रिकॉर्ड के आधार पर की है, तस्वीर और भी ज़्यादा साफ़ हो गई है। अब श्रीमती कामटे की किताब से प्राप्त सामग्री को इस्तेमाल करते हुए इस किताब के छठे भाग के उपखंड vii में गुम हो गए लिंक को जोड़ने और घटनाओं की कड़ियां मिलाने की पोज़ीशन में आ गया हूं।

IV. "स्कॉडा" थ्योरी का झूठ

हमारी इस किताब में पुलिस की "स्कॉडा" कार की कहानी को परिस्थितियों के साक्ष्यों और ठोस तर्क के आधार पर निरस्त किया गया था। अब श्रीमती कामटे ने अपनी किताब में वह वायरलेस सन्देश पेश किया है जो बच जाने वाले एकमात्र पुलिसमैन अरुण जाधव के ज़रिए कंट्रोल रूम को बदक़िस्मत क्वालिस गाड़ी में मौजूद वायरलेस सेट से भेजा गया था। यह सन्देश मौजूदा किताब में अपनायी गई लाइन की पुष्टि करता है और पुलिस की थ्योरी को निरस्त करता है। इस सन्देश को अब मौजूदा किताब के अध्याय 6 में "स्कॉडा थ्योरी" के उपशीर्षक के तहत शामिल किया गया है, जिससे पुलिस की कहानी निश्चित रूप से झूठी साबित हो जाती है।

V. कंट्रोल रूम के महत्वपूर्ण रिकॉर्ड रोक लिए गए

यह ज़ाहिर होता है कि मुंबई पुलिस ने श्रीमती विनीता कामटे को पूरा कंट्रोल रूम रिकॉर्ड (सन्देशों का दैनिक रिकॉर्ड और ऑडियो की अपेक्षित नक़ल) उपलब्ध नहीं कराया है, बल्कि कुछ महत्त्वपूर्ण हिस्सा रोक लिया है, जैसा कि उनकी किताब में बयान किए गए निम्लिखित साक्ष्यों से स्पष्ट है :

1) हेमंत करकरे ने मुख्य कंट्रोल रूम को 23 बजकर 24 मिनट पर और 23 बजकर 28 मिनट पर कॉल की थी। उन्होंने सूचना दी थी कि ए टी एस, क्यू आर टी टीम और क्राइम ब्रांच टीम, एस बी 2 साइड पर हैं

(यानी कामा हॉस्पिटल के पिछले दरवाज़े पर) और आग्रह किया था कि फ़ोर्स कामा हॉस्पिटल के सामने से भेजी जाए, क्योंकि फ़ाइरिंग और दस्ती धमाके हॉस्पिटल के अन्दर जारी हैं। कंट्रोल रूम ने उनके इस सन्देश को 24 बजकर 30 मिनट पर मिलने की पुष्टि की (पृ. 42-42)।

ऐसा कोई रिकॉर्ड नहीं है, जिससे यह ज़ाहिर हो कि फ़ोर्स कामा हॉस्पिटल में करकरे की कॉल के जवाब में पहुंच गई थी। इस पर अफ़सोस ज़ाहिर करते हुए श्रीमती कामटे ने लिखा है : "रात के 11 बजकर 33 मिनट पर कंट्रोल रूम से आख़िरी जवाब के बाद मिस्टर करकरे को और कोई जवाब नहीं मिला और 15 मिनट से अधिक समय तक पूरी ख़ामोशी छाई रही" (पृ. 44-45)।

2) श्रीमती कामटे ने यह भी निशानदेही की है कि "हर शख़्स जानता है कि 11 बजकर 5 मिनट तक दाते कामा हॉस्पिटल में थे, लेकिन इसके बावजूद एक घंटा से अधिक समय तक हॉस्पिटल के सामने की तरफ़ कोई फ़ोर्स नहीं भेजी गई, हालांकि वह जगह सी पी ऑफ़िस और कंट्रोल रूम से केवल कुछ मिनट की दूरी पर थी" (पृ. 60)।

इस मामले में भी श्रीमती कामटे मुहैया कराए गए रिकॉर्डों के आधार पर इस नतीजे पर पहुंची हैं कि हॉस्पिटल के सामने वाले गेट पर कोई फ़ोर्स नहीं पहुंची और एडिशनल पुलिस कमिशनर दाते को बचाने के लिए कोई नहीं गया, क्योंकि रिकॉर्ड में और कुछ दर्ज नहीं है।

इस पृष्ठभूमि में एक ध्यानाकर्षक रिपोर्ट 29 नवम्बर 2009 को *संडे टाइम्ज़ ऑफ़ इंडिया* में अर्थात् श्रीमती कामटे की किताब के लोकार्पण के बाद छपी है। यह रिपोर्ट पुलिस के रोज़नामचे का विस्तृत हवाला देते हुए कहती है : "पूरी 24 विभिन्न टीमें कामा और उसके आसपास के लिए 26 नवम्बर को रात 10 बजकर 29 मिनट से लेकर 27 नवम्बर को रात 12 बजकर 11 मिनट तक भेजी गईं.... पहली पुलिस टीम जो कामा हॉस्पिटल पहुंची वह आज़ाद मैदान पुलिस स्टेशन की एक यूनिट थी। उसके पीछे और 11 टीमें 11 बजकर 11 मिनट रात तक पहुंचीं। 26 नवम्बर को 11 बजकर 25 मिनट रात से 27 नवम्बर को 12 बजकर 11 मिनट रात के बीच एक के बाद एक करके एक दर्जन और टीमें भेजी गईं। इस तरह कुल 24 सहायक टीमें कामा हॉस्पिटल पहुंच

गईं।" *द टाइम्ज़ ऑफ़ इंडिया* (पुणे, 2 दिसम्बर 2009) में इस रिपोर्ट के अस्ल आइटम दोहराए गए हैं और कहा गया है कि कामा हॉस्पिटल में पुलिस के 150 से ज़्यादा आदमी भेजे गए थे।

ये रिपोर्टें दो बातें साबित करती हैं अर्थात् :

(i) कामा हॉस्पिटल में फ़ाइरिंग 10 बजकर 29 मिनट रात से पहले शुरू हो गई थी अर्थात् सी एस टी पर फ़ाइरिंग रुकने से पहले ही।

(ii) हेमंत करकरे की कॉलों के जवाब में, जो 11 बजकर 24 मिनट और 11 बजकर 30 मिनट रात के बीच की गईं थीं, कामा हॉस्पिटल को कई टीमें भेज दी गईं। लेकिन श्रीमती कामटे की राय है कि करकरे की कॉल के जवाब में कोई फ़ोर्स कामा हॉस्पिटल के सामने वाले गेट पर नहीं पहुंची और यह कि कोई भी एडिशनल कमिशनर ऑफ़ पुलिस दाते को बचाने के लिए नहीं पहुंचा। ऐसा इसलिए है कि स्ट्रांग फ़ोर्सेज़ की हरकत के सिलसिले में वायरलेस रिकॉर्ड (अर्थात् कंट्रोल रूम के निर्देशों को प्राप्त करने के समय, उनके संबंधित स्थानों पर पहुंचने के समय, उनकी कार्रवाइयों का विवरण इत्यादि) तथा कामा हॉस्पिटल में और घटनाओं के सिलसिले में वायरलेस रिकॉर्ड (अर्थात् विभिन्न स्ट्रांग फ़ोर्सेज़ वहां कब पहुंचीं ? मिस्टर दाते को किसने बचाकर निकाला ? किस समय निकाला ? हॉस्पिटल में कितनी देर तक फ़ाइरिंग जारी रही ? वह कब रुकी ? वग़ैरह) श्रीमती कामटे को मुहैया नहीं कराए गए। अगर ऐसा है तो सरकार और पुलिस इस हक़ीक़त को छिपाने की कोशिश क्यों कर रही हैं कि रंग भवन लेन के ख़ून-ख़राबे से कम-से-कम एक घंटा पहले फ़ोर्स कामा हॉस्पिटल में पहुंच गई थी। वे किसको बचाने की कोशिश कर रही हैं ?

इस सिलसिले में महत्त्वपूर्ण सवाल जो स्वाभाविक रूप से पैदा होते हैं, निम्निलिखित हैं :

कामा हॉस्पिटल में 150 जवानों वाली फ़ोर्स का इंचार्ज कौन सीनियर अफ़सर था ? उसने फ़ोर्स को हॉस्पिटल के अन्दर भेजकर आतंकवादियों को ख़त्म क्यों नहीं किया ? उसने फ़ोर्स को रंग भवन लेन में क्यों नहीं भेजा, जहां दो आतंकवादियों ने पुलिस इंस्पेक्टर भुरगोडे को रात 11 बजकर 45 मिनट पर गोली मार कर जान से मार डाला था और उसके बाद 10 से 15 मिनट तक वहां आज़ादी के साथ घूमते-फिरते रहे ? उसने हॉस्पिटल का घेराव क्यों नहीं किया ? जैसा कि हेमंत करकरे बार-बार वायरलेस पर सलाह दे रहे थे ? क्या उसने यह सब कुछ इसलिए

नहीं किया कि हॉस्पिटल के घेराव करने का मतलब रंग भवन लेन में फ़ोर्स भेजना था? जबकि वह या जो भी उसको कंट्रोल कर रहा था ऐसा करना नहीं चाहता था।

श्रीमती कामटे निश्चित रूप से इस सच्चाई को समझती हैं कि उन्हें पूरा रिकॉर्ड नहीं मिला है। यह बात उनके इस ग़ुस्से से स्पष्ट होती है, जो उन्होंने इन शब्दों में व्यक्त किया है : "बहुत कुछ हो गया मगर कंट्रोल रूम की तरफ़ से कोई आवाज़ नहीं आई। *अगर व्यावहारिक रूप से कोई संचार-सम्पर्क था तो वह इन रिकॉर्डों से ज़ाहिर नहीं होता, जो हमारी आर टी आई आवेदन के नतीजे में हमें उपलब्ध कराए गए हैं*" (पृ. 45)। उनकी झुंझलाहट एक बार फिर उस समय प्रकट होती है, जब उन्होंने अफ़सोस प्रकट करते हुए लिखा है : "अब भी सवाल बाक़ी हैं। उन्हें हिचकिचाहट किस बात की थी और मुझे अस्‌ल रिकॉर्ड न दिखाने पर उन्हें ज़िद क्यों थी?" (पृ. 48)

मैडम! जवाब बिल्कुल साफ़ है। अगर वे पूरी ओरिजिनल कंट्रोल रूम रिकॉर्ड खोल कर रख दें तो इंटेलिजेंस ब्यूरो और क्राइम ब्रांच की मनगढ़न्त कहानी, सी एस टी पर फ़ाइरिंग से गिरगाम चौपाटी पर "मुठभेड़" तक का क़िस्सा सब कुछ टुकड़ों में बिखर जाएगा और आई बी बहुत बुरी तरह नंगी हो जाएगी और सबको यह मालूम हो जाएगा कि कामा हॉस्पिटल पर फ़ाइरिंग, सी एस टी पर फ़ाइरिंग रुकने से पहले ही शुरू हो गई थी; यह कि जब कामा हॉस्पिटल में फ़ाइरिंग जारी थी, दो दूसरे आतंकवादी आज़ादी के साथ रंग भवन लेन में घूम-फिर रहे थे; यह कि कामा हॉस्पिटल में आतंकवादियों के ख़िलाफ़ कोई कार्रवाई नहीं की गई, इसके बावजूद कि स्ट्राइक फ़ोर्स की एक बड़ी संख्या उसके सामने वाले गेट पर पहुंच गई थी; यह कि किसी फ़ोर्स को रंग भवन लेन में घुसने नहीं दिया गया, इसके बावजूद कि वहां आतंकवादियों की गतिविधियों की सूचना कंट्रोल रूम को मिल गई थी और स्वाभाविक बात है कि वह कामा हॉस्पिटल के अगले गेट के इंचार्ज अफ़सर को पहुंचा दी गई थी; यह कि कंट्रोल रूम को वह सन्देश नहीं मिला था जो आतंकवादियों द्वारा एक स्कॉडा गाड़ी "उठाने" और चौपाटी की तरफ़ "भागने" के बारे में था और इस हक़ीक़त के बावजूद चौपाटी पर कुछ अफ़सरों को मालूम था कि स्कॉडा गाड़ी आतंकवादियों के ज़रिए "हाईजैक" कर ली गई है, वग़ैरह। यही वजह है कि क्राइम ब्रांच ने आफ़िशियल सिक्रेट्स एक्ट के तहत एक केस रजिस्टर्ड किया है, क्योंकि उसको शक है कि

कुछ अफ़सरों के पास सी डी और लॉग बुक्स (रोज़नामचा) की कॉपी मौजूद हैं। इस बात से उनका अपराध-बोध प्रकट होता है, जैसा कि "आई बी और क्राइम ब्रांच का अपराध-बोध" उपशीर्षक के तहत इस अध्याय में बहस की गई है।

(ख) प्रधान कमेटी रिपोर्ट पेश करने का नाटक

नवम्बर 2009 में घटने वाली विभिन्न घटनाओं ने महाराष्ट्र सरकार को प्रधान कमेटी रिपोर्ट राज्य की विधानसभा में पेश करने के लिए मजबूर कर दिया। नवम्बर 2009 में हेमंत करकरे की पत्नी श्रीमती कविता करकरे ने यू पी ए की चैयरमैन सोनिया गांधी से दिल्ली में मुलाक़ात की। उनके बीच क्या बातचीत रही यह मालूम नहीं, तथपि इसके तुरन्त बाद महाराष्ट्र के मुख्यमंत्री अशोक चौहान को दिल्ली बुलाया गया और इसके बाद ही प्रधान कमेटी रिपोर्ट विधानसभा के शरद कालीन सत्र में दिसम्बर 2009 में पेश किए जाने की संभावना की बातचीत शुरू हो गई। बाद का घटनाक्रम जो रिपोर्ट पेश करने का कारण बना, दिलचस्प है :

1) प्रधान कमेटी रिपोर्ट, जो मीडिया को दोबारा लीक की गई, सच्चाई से कुछ क़रीब थी। टी वी चैनलों ने रिपोर्ट की लिपटी और बंधी हुई कॉपियां पब्लिक को दिखाईं और प्रिंट मीडिया ने पेज नम्बरों के हवाले देते हुए इसके महत्त्वपूर्ण अंशों को छापा। यही नहीं बल्कि रिपोर्ट की एक कॉपी किसी महत्त्वपूर्ण विपक्षी नेता के हवाले करने का प्रबंध भी किया गया। ज़ाहिर है कि ख़ुद राज्य सरकार की ओर से यह "रहस्योद्घाटन" (लीकेज) आई बी के इशारे पर किया गया। तथापि इस दूसरे लीकेज का उद्देश्य भिन्न था। पहला लीकेज जुलाई-अगस्त 2009 में अमल में आया। इस बारे में "आई बी और क्राइम ब्रांच का अपराध-बोध" उपशीर्षक के अन्तर्गत प्रस्तुत किताब में विश्लेषित किया गया है। इस पहली लीकेज का उद्देश्य जनसाधारण, सरकार और मीडिया का ध्यान आई बी की खुली और छिपी ग़लतियों से हटाना था। इसका उल्लेख किसी न किसी रूप में प्रधान कमेटी रिपोर्ट में आया होगा लेकिन दूसरे "लीकेज" का मक़सद अलग था और यह मालूम करना था कि क्या जिन लोगों के पास रिपोर्ट है, उनके अलावा भी कोई पूरी रिपोर्ट से वाक़िफ़ है या नहीं ?
2) चूंकि रिपोर्ट की दूसरी लीकेज के सिलसिले में सरकार की भूमिका बिल्कुल स्पष्ट थी, महाराष्ट्र के मुख्यमंत्री विधानसभा के शरद कालीन सत्र से

ठीक पहले इस विषय पर मीडिया से बात करते हुए बहुत सावधान थे। उन्होंने कहा : "मेरी कोई टिप्पणी नहीं है। मैं न इसका इनकार करता हूं और न ही पुष्टि करता हूं कि प्रधान कमेटी रिपोर्ट लीक हुई है या नहीं" (*द टाइम्ज़ ऑफ़ इंडिया*, पुणे, 2 दिसम्बर 2009)।

3) *द टाइम्ज़ ऑफ़ इंडिया*, पुणे ने गृह-विभाग के एक सीनियर अफ़सर के हवाले से अपने 2 दिसम्बर 2009 के अंक में रिपोर्ट दी : (क) के जैसे ही कसाब के मुक़दमे की कार्रवाई ख़त्म होगी, सरकार रिपोर्ट को सार्वजनिक करने में किसी हिचकिचाहट से काम नहीं लेगी। (ख) संभव है रिपोर्ट की कई जानकारियां मुक़दमे की सुनवाई करने वाली स्पेशल कोर्ट के जज के सामने रखी गईं जानकारियों के ऐन मुताबिक़ न हों। और (ग) कमेटी को पूरी जानकारियों के उपलब्ध होने की संभावना को असंभव नहीं ठहराया जा सकता (अर्थात् संभव है कमेटी को पूरी मालूमात मुहैया नहीं की गईं)।
4) दूसरी लीकेज के बाद और उस बहस के बाद जो बाद में मीडिया और विधानसभा में हुई इस बात का विश्वास करते हुए कि जो लोग रिपोर्ट से पहले ही ख़ुफ़िया तौर पर अवगत थे, उनके अलावा कोई भी व्यक्ति पूरी रिपोर्ट के बारे में नहीं जानता। सरकार ने दिसम्बर 2009 के दूसरे सप्ताह में रिपोर्ट विधानसभा में पेश करने का फ़ैसला किया।
5) रिपोर्ट विधानसभा में 16 दिसम्बर 2009 को पेश की गई। यह लगभग हू-ब-हू लीक हुई रिपोर्ट ही थी, न कि पूरी रिपोर्ट। पेश की गई इस रिपोर्ट में कोई ऐसी बात नहीं थी जिसे "अत्यन्त गोपनीय" कहा जा सके, जिसके आधार पर विधानसभा के पहले सत्र में महाराष्ट्र के मुख्यमंत्री ने पूरी रिपोर्ट पेश करने के बजाय सिर्फ़ "एक्शन टेकेन रिपोर्ट" ही पेश की थी।

विधानसभा में पेश की गई रिपोर्ट की सच्चाई पर निम्निलिखित आधारों पर गंभीर सन्देह प्रकट किए गए :

i. आई बी और रा ने वे जानकारियां मुहैया नहीं कीं, जो कमेटी को चाहिए थीं, जैसा कि इस अध्याय में बहस की गई है 31 मई 2009 के *इंडियन एक्सप्रेस* में प्रकाशित रिपोर्ट का हवाला दिया गया है कि कमेटी के दूसरे सदस्य मिस्टर वी बालचन्द्रन ने अपने पुराने साथी मिस्टर रामण को इसके बारे में बताया था। कमेटी ने अनिवार्य रूप से इंटेलिजेंस एजेंसियों की नाफ़रमानी

पर अपनी नाराज़गी जतायी होगी, लेकिन विधानसभा में पेश की गई रिपोर्ट में इस बारे में एक शब्द भी नहीं है।

ii. क़त्ल किए एडिशनल पुलिस कमिशनर अशोक कामटे की पत्नी श्रीमती विनीता कामटे ने अपनी हाल ही में प्रकाशित पुस्तक *टू द लास्ट बुलेट* में शिकायत की है कि मुंबई पुलिस ने उन्हें निरीक्षण के लिए ओरिजिनल वायरलेस कॉल रिकॉर्ड देने से इनकार कर दिया। उनको इसका कारण यह बताया गया कि वह प्रधान कमेटी के हवाले कर दिया गया है। लेकिन जब श्रीमती कामटे ने कमेटी से इन्क्वायरी की तो उन्हें बताया गया कि "कमेटी को वायरलेस कॉल रिकॉर्ड की केवल अभिप्रमाणित कॉपियां मिली हैं" (श्रीमती कामटे की किताब के पृ. 65 से उद्‌धृत)। इस परिस्थिति में स्पष्ट प्रश्न यह है कि ओरिजिनल रिकॉर्ड किसके क़ब्ज़े में है और पुलिस उसमें दूसरों को शामिल करना क्यों नहीं चाहती ? यह भी नहीं मालूम कि प्रधान कमेटी को पूरे रिकॉर्ड की अभिप्रमाणित कॉपियां मुहैया की गई थीं या केवल उसके चुने हुए हिस्से। दोनों परिस्थितियों में कमेटी ने, जो रिटायर्ड ब्यूरोक्रेट्स पर आधारित थी और जो सरकार में वरिष्ठ पदों पर रह चुके थे, इस पर ज़रूर टिप्पणी की होगी। अगर उन्हें पूरा रिकॉर्ड नहीं मिला था तो उन्होंने अपनी आपत्ति दर्ज कराई होगी और अगर उन्हें पूरी रिपोर्ट मिल गई थी तो उन्होंने निश्चित रूप से रिकॉर्ड से सामने आने वाली सच्चाइयों और पुलिस की गढ़ी हुई कहानी के बीच आंखें खोल देने वाले अन्तर और विरोधाभासों की निशानदेही की होगी। जैसा कि कामा हॉस्पिटल के अगले गेट पर घटने वाली घटनाओं का मामला है, जो निम्मिलिखित है :

अगर *संडे टाइम्ज़ ऑफ़ इंडिया* (मुंबई, 29 नवम्बर 2009) और *द टाइम्ज़ ऑफ़ इंडिया* (पुणे, 2 दिसम्बर 2009) में प्रकाशित होने वाली रिपोर्टों पर विश्वास कर लिया जाए, जो पूरी तरह पुलिस रोंज़नामचों के हवालों पर आधारित हैं कि 24 अलग-अलग टीमें (150 से अधिक पुलिसमेन) 26 नवम्बर के 10 बजकर 29 मिनट रात और 27 नवम्बर के 12 बजकर 11 मिनट रात के बीच कामा हॉस्पिटल के अन्दर पोज़ीशन लिए हुए आतंकवादियों को बाहर निकालने के लिए भेजी गई थीं। अगर कमेटी के पास पूरा रिकॉर्ड होता तो वह निश्चित रूप से कामा हॉस्पिटल के फ़्रंट गेट के इंचार्ज सीनियर अफ़सर की फ़ोर्स को हॉस्पिटल के अन्दर न दाख़िल

करने, आतंकवादियों को न ख़त्म करने और उन्हें बाहर न निकालने एवं सबसे महत्त्वपूर्ण यह कि फ़ोर्स को रंग भवन लेन न भेजने पर सख़्त पूछताछ करती, क्योंकि यह जगह फ्रंट गेट से कुछ ही क़दम की दूरी पर थी, जहां पुलिस इंसपेक्टर धुरगोडे को आतंकवादियों ने लगभग 11 बजकर 45 मिनट पर गोलियां मार कर हताहत कर दिया था और जहां आतंकवादी रात के लगभग 12 बजकर 3 मिनट पर तीन सीनियर वरिष्ट पुलिस अधिकारियों की हत्या करने से पहले 10-15 मिनट तक आज़ादी के साथ घूमते रहे थे। अगर कमेटी को पूरी रिपोर्ट मुहैया नहीं की गई थी तो उसको इस बात पर अपनी नाराज़गी का इज़हार करना चाहिए था और अगर मुहैया कर दी गई थी तो उसको कामा हॉस्पिटल के फ्रंट गेट पर तैनात अफ़सरों के ख़िलाफ़ तीन वरिष्ठ अधिकारियों की हत्या का कारण बनने वाली ग़लतियों और कोताहियों के लिए कड़ी पूछताछ करनी चाहिए थी। लेकिन आश्चर्यजनक रूप से कमेटी की जो रिपोर्ट विधानसभा में पेश की गई है वह इस मसले पर पूरी तरह ख़ामोश है, जिससे स्पष्ट होता है कि कुछ महत्त्वपूर्ण हिस्से रोक लिए गए हैं। यहां तक कि विधानसभा में सबसे बड़ी विपक्षी पार्टी शिवसेना ने भी रिपोर्ट के प्रामाणिक होने के बारे में रिज़र्वेशन का इज़हार किया है। उसकी प्रवक्ता नीलम गोडे ने राज्य सरकार पर विधानसभा में पेश की गई रामप्रधान रिपोर्ट के विवरणों को छिपाने का आरोप लगाया है (*द टाइम्ज़ ऑफ़ इंडिया*, पुणे, 31 दिसम्बर 2009)।

इस संबंध में परेशान करने वाला एक सवाल यह भी है कि इस कमेटी के वरिष्ठतम नौकरशाह इस परिस्थिति पर राज़ी कैसे हो गए? क्या वे भी आई बी के जाल में फंस गए? या उनकी कुछ और मजबूरियां थीं? इस प्रकार के प्रश्न उस समय तक पैदा होते और उठते रहेंगे, जब तक कि केस की सीधे-सीधे सुप्रीम कोर्ट या हाई कोर्ट के जज की निगरानी में किसी आज़ाद एजेंसी के ज़रिए दोबारा विस्तृत जांच-पड़ताल नहीं कराई जाएगी।

फिर से जाँच के लिए उपयुक्त मामला

ये सभी तथ्य एक साथ मिल कर, फिर से जाँच कराने के लिए, एक सटीक मामला बनाते हैं।

7

मुंबई हमला केस की जाँच

आई बी और एफ बी आई असल जाँचकर्ता, मुंबई क्राइम ब्रांच महज़ एक कठपुतली

आई बी और एफ बी आई का बहुत कुछ दांव पर

26/11 मुंबई हमले की जाँच ज़ाहिर तौर पर तो मुंबई क्राइम ब्रांच ने की। लेकिन अख़बारों की रिपोर्टों को ध्यान से पढ़ने (ख़बरों के अन्दर छिपी ख़बर को समझने) से पता चलता है कि व्यावहारिक रूप में यह जाँच संयुक्त रूप से आई बी और एफ बी आई ने की जबकि मुंबई क्राइम ने महज़ कठपुतली की तरह काम किया। दरअसल आई बी और एफ बी आई का इस मामले में बहुत कुछ दांव पर लगा हुआ था। आई बी हमले के सी एस टी-कामा-रंग भवन लेन वाले हिस्से के संदर्भ में कुछ छिपाना चाहती थी जबकि एफ बी आई ताज-ओबेराय-नरीमन हाउस की कहानी के एक हिस्से का ख़ुलासा नहीं होने देना चाहती थी। मामले की साझा जाँच कर, आपसी सहमति के आधार पर तैयार चार्ज शीट दायर कर दोनों ने अपने हितों की रक्षा की।

चार्ज शीट और सबूत

मामले की जाँच के लिए क़ानूनी तौर से ज़िम्मेदार जाँच एजेंसी मुंबई क्राइम ब्रांच ने 25 फ़रवरी 2009 को चार्ज शीट दाख़िल की। कुल 11280-पेज की यह चार्ज शीट प्रमुख तौर पर मोबाइल फ़ोन, सैटेलाइट फ़ोन, जी पी एस डिवाइस, हमलावरों और और उन्हें निर्देशित करने वालों द्वारा इस्तेमाल किए गए ई-मेल पतों, वी ओ आई पी डिवाइसेज, अजमल कसाब के इक़बालिया बयान, चश्मदीदों द्वारा उसकी पहचान और कुछ आतंकवादियों के डीएनए नमूनों जैसे सबूतों पर ही आधारित है। और भी ज़्यादा महत्त्वपूर्ण "एमवी कुबेर नाम की बोट के केबिन के ग्लास-डोर से मिले वे फिंगर प्रिंट्स जो अजमल कसाब के फिंगर

प्रिंट्स से मेल खाते हैं," जिनका ज़िक्र पुलिस ने मीडिया को दी गयी अपनी प्रेस रिलीज में विशेष तौर से किया है।

जैसा कि अख़बारों की रिपोर्टों से ज़ाहिर है कि जी पी एस, वी ओ आई पी डिवाइसेज, सैटेलाइट फ़ोन, ई-मेल आईडी और कुछ मोबाइल फ़ोनों की जाँच मुख्यतः एफ बी आई ने की थी, इसलिए जाँच नतीजों को अदालत में साबित करने की ज़िम्मेदारी भी उसी की है।

जिस तकनीक के ज़रिए यह उपकरण और आले काम करते हैं, वह अभी विकसित होने के चरण में है (पूरी तरह विकसित नहीं हुए हैं), इसलिए इनके ज़रिए निकाला गया कोई भी नतीजा अदालत में अंतिम या मुकम्मल नहीं कहा जा सकता। अतः सबूतों की विश्वसनीयता के बारे में अदालत को यक़ीन दिलाने के लिए आई बी और क्राइम ब्रांच को यह सिद्ध करने की ज़रूरत होगी कि इन डिवाइसेज से छेड़छाड़ नहीं की जा सकती, उनमें की गई रिकॉर्डिंग को पूरी तरह हटाया नहीं जा सकता या नई रिकॉर्डिंग को न पता चलने लायक़ तरीक़े से डाला नहीं जा सकता। अदालत अगर चाहे तो इसका ख़ुद ही नोटिस लेते हुए इस मैदान के विशेषज्ञों को बचाव गवाहों के बतौर पर इस दावे की जाँच के लिए बुला सकती है।

जहां तक डीएनए नमूनों और फिंगर प्रिंट्स का सवाल है, वे भी ज़ाहिर में संदिग्ध हैं। कोई भी औसत बुद्धि का अनुभवी जाँच अधिकारी बता सकता है कि डीएनए टेस्ट या मछली मारने के ट्रालर, छोटी रबर बोट से (ख़ासतौर से जब वह आंतकवादियों को छोड़ने के कई घंटे बाद तक पानी में रही हो) उठाए गए फिंगर प्रिंट के परीक्षण के लिए किसी वैज्ञानिक सुराग़ मिल पाना कितना कठिन है। ज़ाहिर तौर पर इस तरह के सबूतों को लाने का विचार जाँच एजेंसी को बाद में आया, ख़ासतौर से तब जबकि अनिता उड्इया जैसे महत्त्वपूर्ण गवाहों ने अजमल कसाब को पहचानने से इनकार कर दिया, और हमले के समय खींचे गए उसके बहुप्रचारित फोटोग्राफ्स के बारे में विशेषज्ञों और विदेशी मीडिया ने गहरा शक जताया।

अजमल कसाब की शिनाख़्त परेड और इक़बालिया बयानों के सबूतों के बारे में जितना कम बोला जाए बेहतर होगा। इस तरह के सबूतों को उदाहरण की तरह पेश करने और उसपर भरोसा करने से अधिक हास्यास्पद और कुछ नहीं हो सकता। छोटे-मोटे मामलों में भी जब आरोपी गिरफ़्तार किए जाते हैं तो अदालत

में पेशी के वक़्त उनके चेहरे ढके होते हैं, ऐसे में अगर शिनाख़्त परेड की जाती तो बेमानी हो जाती है। इस मामले में चश्मदीदों द्वारा ऐसे आरोपी को पहचाना जा रहा है जिसके सभी कोणों से फोटो खींच कर दुनिया भर को छह महीने तक लगातार दिखाए गए। इससे अधिक हास्यास्पद और क्या होगा। यही उसके पुलिस हिरासत में रिकॉर्ड किए गए तथाकथित इक़बालिया बयानों के बारे में भी कहा जा सकता है। दुनिया की कोई भी अदालत अकेले "जीवित आतंकवादी" के रूप में घोषित ऐसे इक़बालिया बयान को नहीं मानेगी जो लंबे समय तक पुलिस हिरासत में रहने की अवधि में रिकॉर्ड किया गया हो।

गेंद अदालत के पाले में

अब गेंद अदालत के पाले में है और सवाल है कि अब अदालत क्या करेगी या उसे क्या करना चाहिए। अगर वह आई बी और एफ बी आई द्वारा पेश की गयी सामग्री के आधार पर क्रिमिनल प्रोसीडिंग कोड में दर्ज तरीक़े से मामले को चलाना चाहती है तो उसकी भूमिका बेहद सीमित हो जाती है। जहां तक अकेले जीवित आतंकवादी अजमल कसाब का सम्बन्ध है तो देश की ब्राह्मणवादी ताक़तें उसके लिए अपना फ़ैसला पहले ही सुना चकी हैं। उन्होंने सिर्फ़ सज़ा ही सुनाई, बल्कि उसे सज़ा देने की जगह और उस तरीक़े का भी निर्धारण कर दिया है, जिससे यह सज़ा दी जाएगी। इस मामले के बाक़ी आरोपियों, जिनमें से कई मारे जा चुके हैं और कई देश के बाहर छिपे हुए हैं, में अदालत और समाज की महज़ अकादमिक दिलचस्पी है लिहाज़ा उन्हें दरकिनार कर दिया जाएगा।

बहरहाल अगर अदालत केस के काग़ज़ात परखने के बाद पहली नज़र में इस नतीजे पर पहुंचती है कि एक वैकल्पिक थ्योरी भी मौजूद है और चार्ज शीट व सबूतों के ज़रिए जो कुछ पेश किया गया है, उसके बाहर जाने का फ़ैसला करती है तो उसे पूरे मामले को कुरेदना होगा और निम्न उपाय करने पड़ेंगे।

1) चूंकि 26/11 को हुए मुंबई हमले के दो स्पष्ट अलग भाग हैं-जैसे : ताज-ओबेराय-नारीमन हिस्सा और सी एस टी-कामा-रंग भवन लेन हिस्सा। इसलिए दोनों को पूरी तरह अलग-अलग रखना चाहिए और दो अलग अपराधों के रूप में पंजीकृत कर जाँच की जानी चाहिए।
2) चूंकि इस मामले में आई बी और एफ बी आई के निहित स्वार्थ शामिल हैं उन्हें पूरी तरह तस्वीर से बाहर रखा जाए। मुंबई क्राइम ब्रांच के वे अफ़सर

जो पहले जाँच में शामिल थे या जो आई बी के क़रीब हैं या जो उसके दबाव में आ सकते हैं- को नए सिरे से होने वाली जाँच से जुड़ने की अनुमति नहीं दी जानी चाहिए।

3) क़ाबिल वरिष्ठ पुलिस अफ़सरों की नई टीम, जिनकी निष्ठा असंदिग्ध हो, राजनीतिक और सांप्रदायिक दोनों तौर पर पूरी तरह निष्पक्ष हों, बनाई जानी चाहिए जिसे इन दोनों मामलों की जाँच निर्धारित समय सीमा में पूरा करने का निर्देश दिया जाए।

4) जाँच टीम को तुरंत इन चीज़ों को क़ब्ज़े मे लेने को कहा जाना चाहिए। (ए) ऑडियो टेप/ पुलिस कंट्रोल रूम की सीडी जिसमें ख़ासतौर पर हमले के पहले दिए अफ़सरों और कंट्रोल रूम के बीच हुए संवाद मौजूद हों। (बी) हमले की जगहों पर स्थापित किए गए क्लोज सर्किट टीवी कैमरों के फुटेज। (सी) आतंक-विरोधी ऑपरेशन में शामिल वरिष्ठ अफ़सरों ख़ासतौर से हेमंत करकरे के मोबाइल फ़ोनों के कॉल-रिकॉर्ड। (डी) महत्त्वपूर्ण टीवी चैनलों की ख़ासतौर से पहले दो दिनों की वीडियो क्लिपिंग्स। (ई) महत्त्वपूर्ण समाचारपत्रों की 27 और 28 नवम्बर की प्रेस कटिंग, जब कोई आधिकारिक सेंसर लागू नहीं था। जाँच अधिकारियों को यह सुनिश्चित करने के लिए आगाह किया जाना चाहिए कि टेप, सीडी, फुटेज और क्लिपिंग से छेड़छाड़ न की गई हो। यह सबूत व्यावहारिक तौर पर हमले के सी एस टी-कामा-रंग भवन लेन हिस्से की जाँच के लिए उपयोगी होंगे।

5) कम से कम तीन चश्मदीद ऐसे हैं जिन्होंने सी एस टी-कामा-रंग भवन लेन सेक्शन के दो आतंकवादियों को साफ़ देखा है और कुछ ने तो उनसे बात भी की है। वे हैं, (ए) कामा अस्पताल का एक कर्मचारी जिससे आतंकवादियों ने रवानी के साथ मराठी भाषा में बात की। (बी) कामा अस्पताल का एक जेनरेटर ऑपरेटर, चंद्रकांत तिखे, जिससे आतंकवादियों ने पूछा था कि वह हिंदू है या मुसलमान और (सी) एक आईएएस अफ़सर भूषण गगरानी का ड्राइवर मारूति फाड जिसने तीनों अफ़सरों की हत्या करने वाले आतंकवादियों में से कम से कम एक को देखा था। आई बी की कहानी के हिसाब से, मुंबई क्राइम ब्रांच ने हो सकता है कि उनके बयान आई बी की थ्योरी के हिसाब से रिकॉर्ड किए हों, कि उन्हें मामले को देश

की सुरक्षा और प्रतिष्ठा का सवाल बताया गया हो। उनके वास्तविक और तथ्यात्मक बयान पूरी तरह आज़ाद माहौल में रिकॉर्ड किए जाएं।

6) कफ परेड के बधवार पार्क के पास रहने वाली अनिता राजेंद्र उड्डइया ने छह आतंकवादियों को हमले की रात साढ़े आठ बजे एक एयर-बोट से उतरते देखा था। उसने उन्हें स्पष्ट तौर से देखा और बात भी की। उसका उपयोग यह सुनिश्चित करने के लिए किया जा सकता है कि "अकेला जीवित आतंकवादी" उनमें से एक था या नहीं।

7) पुलिस ने सी एस टी पर दो आतंकवादियों से मोबाइल फ़ोन ज़ब्त किए थे, कथित तौर पर जिनके ज़रिए वे ऑपरेशन के दौरान संपर्क में थे। पुलिस जाँच में पाया गया कि इन मोबाइल फ़ोनों के सिम कार्ड सतारा ज़िले से हासिल किए गए थे लेकिन लगता है कि इसकी विस्तृत पड़ताल नहीं की गई। नई जाँच टीम को कहा जाना चाहिए कि वह इन मोबाइल फ़ोन के कॉल रिकॉर्ड हासिल करें और उनके ज़रिए सी एस टी-कामा-रंग भवन लेन हमले के असल षड्यंत्रकारियों और गुनहगारों तक पहुंचे।

इस मामले की फिर से जाँच कराने की इच्छा निश्चित रूप से अजमल कसाब को फांसी से बचाने के लिए नहीं है बल्कि इस देश की 99 प्रतिशत भ्रमित जनता को एक प्रतिशत से भी कम ब्राह्मणवादियों की बौद्धिक ग़ुलामी के चंगुल से छुटकारा दिलाना है। मुकम्मल और निष्पक्ष जाँच निश्चित ही आई बी की बहुप्रचारित थ्योरी को ख़ारिज कर देगी जिसका मक़सद "पाकिस्तान" की ओट में भारतीय मुसलमानों की छवि को बिगाड़ना, उन्हें अविश्वसनीय बनाना और उन ब्राह्मणवादी आतंकवादियों को बचाना जो राष्ट्रव्यापी साज़िश में शामिल थे, जिन्हें हेमन्त करकरे बेपर्दा करने वाले थे।

उन्होंने वैसा ही व्यवहार क्यों किया

पूरे प्रकरण में, यह जानना बड़ा दिलचस्प है कि शामिल सभी पक्षों ने ऐसा ही आचरण क्यों किया ?

1) आई बी

आई बी ने अमेरिका और रॉ से मिली परम विशिष्ट ख़ुफ़िया सूचना की उपेक्षा करने और इसे मुंबई पुलिस तक नहीं पहुंचाने और इसका पश्चिमी नौसेना

कमान तक पहुंचना सुनिश्चित नहीं करने का जोखिम कैसे ले लिया?

पहली बात कि भारत की ब्राह्मणवादी शक्तियों के लिए यह करो या मरो जैसी स्थिति थी क्योंकि पूरी संभावना थी कि हेमंत करकरे की अगुवाई वाली ए टी एस हिंदू (पढ़ें ब्राह्मणवादी) राष्ट्र स्थापित करने के लिए रचे गए राष्ट्रव्यापी आतंकी षड्यंत्र का पर्दाफ़ाश कर देती और उसके बाद ब्राह्मणवादी ताक़तों द्वारा 1893 से इसके लिए जलन में और शातिराना तरीक़े से किए जा रही कोशिशें बेकार हो जातीं। इसलिए आई बी ने, जो ब्राह्मणवादियों से भी अधिक ब्राह्मणवादी है, यह बड़ा जोखिम लिया।

दूसरा यह कि आई बी के ब्राह्मणवादियों को भरोसा था कि इतनी भीषण ग़लती के बाद भी वे बच जाएंगे और तार्किक सफ़ाई जैसे "निर्णय की ग़लती", "रणनीतिक क़दम" या "गुप्त ऑपरेशन" या "राष्ट्रीय सुरक्षा" और "अंतर्राष्ट्रीय सम्बन्ध" जैसे ख़ास तौर पर निर्धारित शब्दावलियों का इस्तेमाल करके सरकार का सामना कर लेंगे। ऐसा वे दशकों से करते आए हैं।

2) सरकार और राजनेता

हैरत होती है कि हमारी सरकारें, नेता और नीतिज्ञ वे चाहे जिस रूप-रंग के हों इतनी आसानी से आई बी की बनाई सरासर झूठ से सनी कहानियां निगल जाने को तैयार रहते हैं। या तो वे इतने नादान हैं कि ब्राह्मणवादी ताक़तों, आई बी और और उनकी योजनाओं के बीच के तंत्र को समझ नहीं पाते या फिर ख़ुद ही वे सबूतों को घड़ने और झूठी कहानियां बनाने में शामिल हैं। दोनों ही स्थितियों में यह गंभीर चिंता का विषय है। अगर वे इतनी आसानी से किसी तिकड़म या फ़रेब से छल लिए जाते हैं तो कोई भी विदेशी ताक़त कभी भी झांसा दे सकती है और दूसरी सूरत में भारत के धर्मनिरपेक्ष ताने-बाने का भविष्य बहुत अंधकारमय है।

3) क्राइम ब्रांच, मुंबई

आई बी की कहानी को सही ठहराने के लिए क्राइम ब्रांच के अफ़सरों ने सबूतों को तोड़ने-मरोड़ने के लिए इतनी कलाबाज़ियां क्यों खाईं इतना घुमाव-फिराव क्यों किया, जबकि वे जानते थे कि वह सही नहीं है।

मुंबई हमले के तीन दिनों के दौरान जो हुआ उसे पूरी दुनिया ने देखा और सुना। कई जगहों पर इस मामले में ढेरों सबूत अफ़सरों और कंट्रोल रूम के बीच वायरलेस संवाद की ऑडियो रिकॉर्डिंग, हमले की कुछ जगहों पर लगे सी सी टी वी कैमरों की विजुअल व वीडियो रिकॉर्डिंग, इलेक्ट्रानिक और प्रिंट मीडिया द्वारा ली गई तस्वीरों के रूप में इकट्ठा हो चुका है। अतः जब पुलिस की कहानी सामने आई तो आम आदमी की भी समझ में आ गया कि कुछ छिपाया जा रहा है और कुछ ज़बरदस्ती लोगों के गले उतारने की कोशिश की जा रही है।

अगर यह किसी सामान्य आदमी का मामला होता तो क्राइम ब्रांच के विशेषज्ञ, यहाँ तक कि आई बी के सांप्रदायिक संबंधों और उसके गैमप्लान से बेख़बर होने के बावजूद भी, निश्चित तौर पर चकित होते कि जाँच को इतना घुमाने-फिराने की क़वायद किस वास्ते की जा रही है। क्राइम ब्रांच के वरिष्ठ अधिकारी इतने अनुभवी, बुद्धिमान और मानसिक रूप से धर्मनिरपेक्ष हैं कि वे आई बी के पुराने राग "गुप्त ऑपरेशन", "आतंकवाद-विरोधी ऑपरेशन" या "ऊपर का फ़ैसला" जैसे भुलावों में नहीं आते। तब सवाल यह है कि मुंबई क्राइम ब्रांच के व्यावसायिक कुशल, पर्याप्त अनुभवी और बड़े अफ़सर नए सबूत गढ़ने, मिटाने, नष्ट करने, तोड़ने-मरोड़ने या जुगाड़ करने के काम में सहायक कैसे हो गए? इसके दो कारण हो सकते हैं :

पहला – क्राइम ब्रांच के सीनियर अफ़सर जानते थे कि अपनी शक्ति, प्रभाव और पहुंच के कारण आई बी उनका कैरियर बना या बिगाड़ सकती है। अतः ऊंची महत्वाकांक्षा रखने वालों ने आदेशों का पूरी तरह पालन करके आई बी को ख़ुश रखा होगा ताकि निर्णायक मौक़ों पर अपने पक्ष में आई बी के अफ़सरों का उपयोग किया जा सके। दूसरी संभावना यह हो सकती है कि आई बी ने क्राइम ब्रांच के वरिष्ठ अफ़सरों के पुराने गड़बड़ रिकॉर्ड का इस्तेमाल करके उन्हें ब्लैकमेल कर अपने हुक्म के मुताबिक़ जाँच करने के लिए बाध्य कर दिया हो। दोनों ही मामलों में यह पुलिस, समाज और राष्ट्र के हित में ठीक नहीं है।

4) मीडिया

यह कैसे हुआ कि भारतीय मीडिया जो इतना खोजी, जिज्ञासु, सक्रिय और कटीली पत्रकारिता के लिए जाना जाता है, अचानक मुंबई हमले के बाद निकम्मा

हो गया और पुलिस ने जो भी उपलब्ध कराया, उसे बिना सवाल किए लपक लिया।

जिन्होंने पिछले पचास सालों के दौरान भारतीय मीडिया के विकास को देखा और उसका अध्ययन किया है, उन्हें इस रवैये से हैरानी नहीं हुई होगी। वे जानते हैं कि कैसी सावधानी और परिश्रम से संघ परिवार ने इसे पाला-पोसा है, कैसे पचास सालों में ब्राह्मणवादी तत्त्व इसमें घुस आए हैं और इसके बड़े हिस्से पर क़ब्ज़ा कर लिया है। अतः जब मीडिया के ब्राह्मणवादी तत्त्वों ने देखा कि जाँच में नज़र आने वाली ख़ामियों पर हाय तौबा मचाने और पुलिस वर्ज़न की सच्चाई पर संदेह करने का मतलब ब्राह्मणवादियों के हितों की अनदेखी करना और उनके खेल का पर्दाफ़ाश करना होगा तो उन्होंने अनुशासित सिपाहियों की तरह व्यवहार करते हुए पुलिस अफ़सरों के हुक्म की बेहिचक तामील की।

इसमें कोई संदेह नहीं है कि मीडिया को जो पुलिस वर्ज़न सौंपा गया था, उसपर ग़ैर ब्राह्मणवादी प्रकाशनों और चैनलों ने आपत्ति उठाई, लेकिन उनकी आवाज़ "आतंकवाद का नाश हो" के उन्मादी शोर में दबा दी गई।

मुंबई आतंकी हमले की जाँच में एफ बी आई का अति उत्साह

जाँच में एफ बी आई का अति उत्साह और भारतीय जाँचकर्ताओं की उनपर ज़रूरत से ज़्याद निर्भरता निम्न तथ्यों से स्पष्ट होती है :

1) एफ बी आई मुंबई हमले के बाद भारत पहुंचने वाली पहली विदेशी जाँच एजेंसी थी (*द इंडियन एक्सप्रेस,* पुणे, 1 दिसम्बर 2008 एवं *पुणे मिरर* [द टाइम्ज़ ऑफ़ इंडिया], 2 दिसम्बर 2008)।

2) भारत द्वारा पाकिस्तान को सौंपे गये दस्तावेज़ों का पुलिन्दा, लगता है कि मुख्यतः एफ बी आई द्वारा दी गई जानकारियों पर आधारित था (*द टाइम्ज़ ऑफ़ इंडिया,* पुणे, 9 दिसम्बर 2008)।

3) उत्तर प्रदेश पुलिस द्वारा गिरफ़्तार संदिग्धों में से एक फ़हीम अंसारी ने अदालत में शिकायत की कि एफ बी आई की एक महिला अधिकारी ने उसे यौन प्रताड़ना दी जिसपर अदालत ने जाँच के आदेश दिए (*सकाल,* 10 फ़रवरी 2009)।

4) फ़हीम अंसारी के वकील ने क़ानूनी नुक्ता उठाया कि कैसे एक विदेशी एजेंसी को जाँच की इजाज़त दी गई जबकि भारतीय क़ानून में ऐसा कोई

प्रावधान नहीं है (*सकाल*, पुणे, 10 फ़रवरी 2009)

5) मुंबई क्राइम ब्रांच ने हमले के दौरान 10 आतंकवादियों द्वारा की गई कॉलों की आवाज़ों को, एफ बी आई के पास मौजूद डाटा-बेस से मिलाने का फ़ैसला किया है (*पुणे मिरर* [द टाइम्ज़ ऑफ़ इंडिया], 12 फ़रवरी 2009)।

6) मुंबई क्राइम ब्रांच की एक तीन सदस्यीय टीम फ़रवरी 2009 के पहले हफ़्ते में फिशिंग ट्रालर कुबेर से बरामद उपकरणों के साथ हवाई जहाज़ से अमेरिका गई। एफ बी आई के तकनीकी विशेषज्ञों ने आतंकवादियों द्वारा संभावित उड़ा दी गई सूचनाओं को वापस हासिल करने के लिए उनके द्वारा इस्तेमाल किए गए उपकरण के ग्लोबल पोजिशनिंग सिस्टम (जी पी एस) और सेटेलाइट फ़ोनों का परीक्षण किया (*द इंडियन एक्सप्रेस*, पुणे, 16 फ़रवरी 2009)।

7) एफ बी आई ने मुंबई हमले के गुनहगारों का पाकिस्तान से सम्बन्ध साबित करने वाले सारे निर्णायक सबूत, मुंबई पुलिस को वाशिंगटन में सौंपे (*द टाइम्ज़ ऑफ़ इंडिया*, पुणे, 20 फ़रवरी 2009)।

8) बीस फ़रवरी 2009 को अमेरिका से लौटी मुंबई क्राइम ब्रांच तीन सदस्यीय टीम ने कहा कि एफ बी आई ने आतंकवादियों द्वारा इस्तेमाल किए गए वी ओ आई पी (वॉयस ओवर इंटरनेट प्रोटोकाल) कॉल्स और जी पी एस (ग्लोबल पोज़िशनिंग सिस्टम) के आधार पर 26/11 का सम्बन्ध पाकिस्तान से जोड़ा है (*द टाइम्ज़ ऑफ़ इंडिया*, पुणे, 21 फ़रवरी 2009)।

9) अमेरिका ने एफ बी आई के चीफ़ रॉबर्ट मुएलर को मार्च 2009 के पहले हफ़्ते में पूरी क़वायद को अस्थाई तौर पर धीमा करने के लिए भेजा जिसमें एफ बी आई के जाँचकर्ताओं को मुंबई में मिले सबूतों की पड़ताल में अहम भूमिका निभानी थी (*द इंडियन एक्सप्रेस*, पुणे, 23 फ़रवरी 2009)।

10) एफ बी आई ने इकलौते ज़िन्दा आतंकवादी अजमल कसाब के मुक़ाबिल करके 26/11 मुंबई हमले के सम्बन्ध में फ़हीम अंसारी से पूछताछ की। उन्होंने आई बी अधिकारी के साथ फ़हीम और लश्कर-ए-तौयबा के आतंकवादी शहाबुद्दीन से भी पूछताछ की (*पुढेरी*, पुणे, 23 फ़रवरी 2009)।

11) एफ बी आई चीफ़ रॉबर्ट मुएलर ने केंद्रीय गृहमंत्री पी. चिदंबरम, आई बी चीफ़ राजीव माथुर, राष्ट्रीय सुरक्षा सलाहकार एम के नारायणन से मुलाक़ात की और मुंबई हमले के साथ उपमहाद्वीप के आतंकवादी ग्रूपों से ख़तरे की बाबत विस्तृत बातचीत की (*द इंडियन एक्सप्रेस,* पुणे, 4 मार्च 2009)

उपर्युक्त रिपोर्टों से देखा जा सकता है कि हमारी जाँच एजेंसियां एफ बी आई पर कितनी निर्भर थीं और एफ बी आई इस केस में कितनी दिलचस्पी ले रही थी। अतः व्यावहारिक तौर पर जाँच एफ बी आई और आई बी ने की जबकि क्राइम ब्रांच मुंबई को सिर्फ़ प्रचार तक सीमित रखा गया। जाँच में एफ बी आई का भरपूर दख़ल और उसपर अति निर्भरता देश की स्वायत्तता के लिए ख़तरनाक है।

आतंक के मामले में एफ बी आई पर इतनी अधिक निर्भरता से पहले हमें अमेरिका के अन्दर के सामाजिक, नस्ली और प्रशासनिक ढांचे और उनके अंतर्सम्बन्ध को समझना चाहिए। जहां तक आतंकवाद का सवाल है अमेरिका में महत्त्वपूर्ण कारक हैं :

1) ईसाई
2) यहूदी
3) ज़ियोनिस्ट
4) मुसलमान
5) सी आई ए
6) एफ बी आई।

और भारत में इनके समवर्ती हैं :

1) आम हिंदू, सीधे-सादे लोग
2) ब्राह्मण
3) ब्राह्मणवादी
4) मुसलमान
5) आई बी और रॉ
6) सी बी आई।

जब अमेरिकी कारकों की भारतीय कारकों से तुलना की जाती है तो ईसाई आम हिंदुओं के, ब्राह्मण यहूदियों के, ब्राह्मणवादी ज़ियोनिस्टों के और मुसलमान, मुसलमानों के समतुल्य हो जाते हैं।

हालाँकि सी आई ए अमेरिका की प्रमुख ख़ुफ़िया एजेंसी है लेकिन वर्षों के कठिन प्रयासों के बावजूद उसपर ज़ियोनिस्टों का कंट्रोल नहीं हो पाया है वैसे ही जैसे कि रॉ और सी बी आई ब्राह्मणवादियों के पूरी तरह कंट्रोल में नहीं हैं। लेकिन अमेरिका में ज़ियोनिस्ट एफ बी आई पर और भारत में ब्राह्मणवादी आई बी पर नियंत्रण करने में सफल हो गए हैं। दरअसल सी आई ए और एफ बी आई की आंतरिक प्रतिद्वंद्विता के कारण 26/11 के हमले की विशिष्ट सूचना रॉ को सी आई ए ने पास कर दी थी।

इसके अलावा राष्ट्रवाद अमेरिकी अवधारणा, भारतीय अवधारणा से बिल्कुल अलग है। कुछ इस वजह से कि एक राष्ट्र के रूप में इसकी स्थापना देर से हुई और कुछ इस विभिन्न संस्कृतियों और राष्ट्रीयताओं के घुलन-मिलन की वजह से। अमेरिका में राष्ट्रवाद का बोलबाला भारत जितना मज़बूत नहीं है। अमेरिका में जो भी समुदाय या समूह पहल करता है और आगे बढ़ता है कंट्रोल हासिल कर लेता है। अपनी ऊंचे होने की भावना के कारण ज़ियोनिस्ट तमाम क्षेत्रों में आगे हैं और वे अमेरिकी अर्थव्यवस्था और एफ बी आई जैसी सुरक्षा एजेंसियों पर लगभग पूरी तरह नियंत्रण कर पाने में सक्षम हो गए हैं। हालाँकि वे राजनीति, प्रशासन, सी आई ए जैसी ख़ुफ़िया एजेंसियों पर पूरा दख़ल बना पाने में कामयाब नहीं हुए हैं लेकिन इन क्षेत्रों में भी इतने शक्तिशाली तो हैं ही कि उनके निर्णयों और नीतियों को काफ़ी हद तक प्रभावित करते हैं। चूंकि ज़ियोनिस्टों का लक्ष्य दुनिया को नियंत्रित करने का है, इसलिए हमें जाँच जैसे सीमित मुद्दों पर भी अपनी आज़ादी एफ बी आई जैसे संगठनों को समर्पित करने से पहले सावधान हो जाना चाहिए। वरना आगे चलकर अपनी स्वायत्तता खो देने का ख़तरा है। इस संदर्भ में *द इंडियन एक्सप्रेस*, पुणे, 11 नवम्बर 2008 में प्रकाशित उस समाचार का उल्लेख करना असंगत नहीं होगा, जिसकी हेडलाइन है : "गुप्त आदेश के ज़रिए अमेरिका को पाकिस्तान, सीरिया में अल-क़ायदा के सफ़ाए की अनुमति, राष्ट्रपति जार्ज डब्ल्यू बुश के निर्देश पर 2004 में डोनाल्ड रम्सफेल्ड ने हस्ताक्षर किए।" एक वरिष्ठ अमेरिकी अधिकारी का हवाला देते हुए रिपोर्ट में आगे कहा गया है। "गुप्त आदेश ने सेना को अल-क़ायदा पर *दुनिया में कहीं भी* हमले का

अधिकार दे दिया है।" इस आदेश के ख़तरनाक नतीजों पर ज़्यादा ज़ोर देने की आवश्यकता नहीं है। इस मामले में या भारत के किसी अन्य मामले में अगर एफ बी आई इस नतीजे पर पहुंचे कि अल-क़ायदा की भागीदारी थी तो फिर अमेरिका अल-क़ायदा को समाप्त करने के बहाने से हस्तक्षेप व हमला करने के लिए स्वतंत्र होगा। ऐसी स्थिति में अमेरिका को न कोई न चुनौती दे सकेगा और न ही रोक सकेगा।

भीतर वालों की भूमिका का मुद्दा

मुंबई हमले के बाद के पखवाड़े में ख़बरों, लेखों, अख़बारों-चैनलों-पत्रिकाओं में बहसों के ज़रिए आमजन को इतनी सूचनाएं दी गयीं कि उन्होंने मान लिया कि हमला एलईटी का काम था जिसकी योजना पाकिस्तान में बनी और स्थानीय या बाहरी ताक़तों के समर्थन या बिना समर्थन के अंजाम दिया गया। लेकिन जैसे-जैसे और अधिक सूचनाएं आनी शुरू हुईं बुद्धिजीवी लोगों के एक तबक़े को हमले के ए टी एस-कामा-रंग भवन लेन हिस्से ख़ासतौर से ए टी एस प्रमुख हेमंत करकरे की हत्या की प्रामाणिकता पर संदेह होने लगा। फिर हमले के उस ख़ास हिस्से की मुकम्मल और निष्पक्ष जाँच की मांग समाज के विभिन्न तबकों से उठनी शुरू हो गई।

- मुंबई के पूर्व सैनिकों की संस्था ने हाईकोर्ट की निगरानी में हेमंत करकरे की संदिग्ध मौत की विशेष जाँच की मांग की और षड्यंत्रकारियों और असल दोषियों को गिरफ़्तार करने पर ज़ोर दिया (*लोकमत*, कोल्हापुर, 17 दिसम्बर 2008)।
- अल्पसंख्यक मामलों के केंद्रीय मंत्री और महाराष्ट्र के पूर्व मुख्यमंत्री ए आर अंतुले ने यह मुद्दा उठाते हुए हेमंत करकरे की हत्या की जाँच की मांग की, ख़ास इस तथ्य के मद्देनज़र कि ए टी एस प्रमुख संवेदनशील मालेगांव बम विस्फोट कांड की जाँच कर रहे थे और कई तत्त्व उनकी जाँच से अप्रसन्न थे (*लोकमत*, कोल्हापुर, 18 दिसम्बर 2008)।
- एक वकील ने मुंबई हाईकोर्ट में एक जनहित याचिका के ज़रिए कुछ हिंदुत्ववादी कार्यकर्ताओं को गिरफ़्तार करने के नतीजे में हत्या की आशंका जताते हुए, करकरे की हत्या की मुकम्मल और स्वतंत्र जाँच का आग्रह किया। हाईकोर्ट ने याचिका ख़ारिज करते हुए निर्देशित किया कि

जाँच एजेंसी को अवश्य हेमंत करकरे की मौत की जाँच करनी चाहिए और वकील ने सरकार के प्रतिनिधि के तौर पर बयान दिया कि जाँच एजेंसी को याची द्वारा उठाए सारे बिंदुओं को जाँच में शामिल करना चाहिए (*पुढ़ेरी*, कोल्हापुर, 19 दिसम्बर 2008)।

बहरहाल जब इस कांड में तीसरी रहस्यमय पार्टी के शामिल होने के बारे में संदेह उठाए जा रहे थे और हेमंत करकरे की मौत की मुकम्मल, स्वतंत्र जाँच की मांग की जा रही थी भाजपा और अन्य दूसरे संगठनों के ब्राह्मणवादी बुरी तरह परेशान थे। उन्होंने इस मांग का जी-जान से विरोध किया और मांग करने वालों की भर्त्सना की। केंद्रीय मंत्री ए आर अंतुले ने जब ऐसी मांग की तो भाजपा और शिवसेना के सांसदों ने संसद के दोनों सदनों में उनके इस्तीफ़े के लिए शोर-शराबा किया। महाराष्ट्र विधानसभा में जब भाजपा-शिवसेना सदस्यों ने अंतुले को पाकिस्तान का एजेंट बताते हुए दंडित करने की मांग की तो हंगामा हुआ। भाजपा के कुछ अति उत्साही कार्यकर्ताओं ने मुंबई में उनके पुतले जलाए। ख़ुद उनकी सरकार और कांग्रेस ने अंतुले का समर्थन नहीं किया। दूसरी तरफ़ पार्टी के प्रमुखों से उन्हें फटकार पड़ी और अपने शब्द वापस लेने के लिए बाध्य होना पड़ा। इसमें कोई आश्चर्य नहीं था कि ऐसे मामलों में केंद्र सरकार और सत्ताधारी पार्टी आई बी के ब्राह्मणवादियों द्वारा जानकारियां पाते हैं और गुमराह कर लिए जाते हैं।

आश्चर्यजनक यह था कि इस मामले में ब्राह्मणवादियों का रुख़, आतंकवादी मामलों में लिए जाने वाले उनके रवैये से बिल्कुल विपरीत था। पहले आतंकवादी हमला या बम विस्फोट होने पर सब के सब ब्राह्मणवादी एक दूसरे से आगे बढ़ कर न केवल संदेह प्रकट करते ज़िम्मेदाराना तरीक़े से कहने लगते थे कि कांड में अंदर के लोग (मुसलमान पढ़ें) शामिल हैं। लेकिन इस बार "अंदर के लोगों" के शामिल होने को उन्होनें सिरे से ख़ारिज किया और हेमंत करकरे की मौत की मुकम्मल जाँच की मांग का पुरज़ोर विरोध किया क्योंकि वे जानते थे कि इस मामले में "अंदर के लोग" अलग क़िस्म के हैं।

"अंदर के आदमियों" के कथित विवाद ने संयोग से कुछ अजीब क़िस्म के ख़ुलासे का मौक़ा दिया जिनके मुताबिक़ आर एस एस और भाजपा के एल के आडवाणी और नरेंद्र मोदी जैसे वरिष्ठ नेता संगठन के आंतरिक कोर में शामिल

नहीं हैं। जब कट्टर ब्राह्मणवादी नेता, उनके द्वारा नियंत्रित मीडिया, ब्राह्मणवादी आई बी और उसके इशारे, परामर्श पर ख़ुफ़िया एजेंसियां, केंद्र और राज्य की सरकारें एक ही स्वर में घोषित कर रही थीं कि कोई "अंदर का आदमी शामिल नहीं" है और इस कांड में किसी विस्तृत जाँच (ब्राह्मणवादी आई बी और यहूदीवादी एफ बी आई की जारी जाँच के अलावा) का सवाल नहीं उठता है, तब एल के आडवाणी और नरेन्द्र मोदी जैसे सबसे ताक़तवर, हिंदूवादी नेता अलग ही राग अलाप रहे थे। मराठी दैनिक *सकाल*, पुणे (31 जनवरी 1999) ने लिखा कि एनडीए के प्रधानमंत्री पद के उम्मीदवार एल के आडवाणी ने मुंबई हमले की जाँच एक आयोग गठित कर कराने की मांग की है। उन्होंने कहा, "अब तक की जाँच से स्पष्ट हुआ है कि सरकार को हमले की अग्रिम सूचना थी लेकिन वह इसे रोक पाने में नाकाम रही।" गुजरात के मुख्यमंत्री नरेन्द्र मोदी ने भी नागपुर में हुई भाजपा की राष्ट्रीय कार्यकारिणी की बैठक में यह मुद्दा उठाते हुए कहा," मुंबई आतंकी हमले में कुछ भारतीयों के शामिल होने का संदेह है।" (*पुधारी*, कोल्हापुर, 11 फ़रवरी 2009)। इसके बाद एल के आडवाणी ने अपनी मांग दोहराई जिसे *द इंडियन एक्सप्रेस*, पुणे (18 फ़रवरी 2009) ने इस तरह रिपोर्ट किया : "गुजरात के मुख्यमंत्री नरेंद्र मोदी की टिप्पणियों को दोहराते हुए, भाजपा के प्रधानमंत्री पद के उम्मीदवार एल के आडवाणी ने आज कहा कि 26/11 के मुंबई हमले में "स्थानीय कोण" से इनकार नहीं किया जा सकता और एक विस्तृत जाँच की मांग की जिसमें विवाद का यह पहलू भी शामिल किया जाए।" पांच जून 2009 को आडवाणी ने लोकसभा में आयोग गठित कर पूरे मामले की न्यायिक जाँच कराने की मांग दोहराई लेकिन सरकार ने इसे ठुकरा दिया (*सकाल*, पुणे, 6 जून 2009)।

अपने मातृ संगठन के रवैये के विपरीत, भाजपा-आर एस एस के इन दो वरिष्ठतम नेताओं द्वारा रुख़ अपनाना सिर्फ़ यह इशारा करता है कि वे आर एस एस के सबसे आंतरिक कोर में नहीं हैं और सी एस टी-कामा-रंग भवन लेन हिस्से की योजना से वाक़िफ़ नहीं थे। अगर वे होते तो मुद्दा उठाते हुए विस्तृत जाँच की मांग न करते क्योंकि तब इससे ब्राह्मणवादी आई बी की सी एस टी-कामा-रंग भवन लेन के फ़र्ज़ी हमले को वास्तविक ताज-ओबेराय हमले के साथ नत्थी करने के षड्यंत्र का पर्दाफ़ाश हो जाता। इस विवाद से तार्किक नतीजा यह निकलता है कि ब्राह्मणवादियों के बीच महज़ कट्टर हिंदूवादी (मुसलमान

विरोधी) होने भर से किसी को आंतरिक कोर का ब्राह्मणवादी नहीं स्वीकार कर लिया जाता।

हाल ही में कुछ ऐसी घटनाएं हुई हैं जिनसे ख़ुद अपने संगठन में ब्राह्मणवादियों और ग़ैर ब्राह्मणवादियों की दोहरी नीति के संकेत मिले हैं।

हाल की घटनाओं से संकेत मिलते हैं कि आर एस एस के कट्टर ब्राह्मणवादी एल के आडवाणी और नरेंद्र मोदी को कम वज़न दे रहे हैं। जैसे आडवाणी को अधूरे मन से प्रधानमंत्री पद का उम्मीदवार प्रचारित किया जाना, कथित तौर से मोदी का क़द बहुत बढ़ जाने के कारण आर एस एस के एक हिस्से द्वारा 2007 के गुजरात चुनाव में मोदी और उनके निकट सहयोगियों को हराने के प्रयास, मोदी द्वारा भारत के सर्वाधिक सुरक्षित बताए गए शहरों, अहमदाबाद में धमाके और सूरत से ज़िंदा बमों की बरामदगी और आई बी द्वारा एक अमेरिकी नागरिक केन हेवुड का उनमें संभावित हाथ बताना, गुजरात में कुछ अनधिकृत मंदिरों को तोड़ने के बाद आर एस एस और विहिप का नरेंद्र मोदी विराधी एसएमएस-अभियान से इस संदेह को बल मिलता है कि जनता की धारणा के विपरीत एल के आडवाणी और नरेंद्र मोदी आर एस एस के सर्वाधिक आंतरिक दायरे में नहीं हैं। इस तथ्य को मुंबई हमले में स्थानीय कोण के विवाद ने पुष्ट किया है।

लेकिन इन घटनाओं से उन्हें चकित नहीं होना चाहिए जो ब्राह्मणवादियों को और हिंदुत्व की वास्तविक अवधारणा को अच्छी तरह जानते हैं, जैसा कि 2008 के मालेगांव बम विस्फोट कांड की जाँच से पर्याप्त ढंग से साबित हुआ है कि उनका मक़सद हिंदुत्ववाद के नाम पर बीते युग का ब्राह्मणवाद स्थापित करना है। मुख्य आरोपी ले. कर्नल पुरोहित ने कुछ नहीं छिपाया। इस मामले की चार्ज शीट के साथ 26 जनवरी 2008 को हुई हिंदू-राष्ट्र के षड्यंत्रकारियों की एक बैठक का ब्यौरा नत्थी है, जिसमें पुरोहित ने कहा है, "...अगर किसी ने हिंदू आर्यावर्त सरकार का विरोध किया तो उसे ख़ामोश कर दिया और मार दिया जाएगा।" ज़ाहिर है कि आडवाणी, मोदी पुरोहित की हिंदू आर्यावर्त की परिभाषा में फिट नहीं बैठते। यहाँ तक कि शिवसेना प्रमुख बाला साहेब ठाकरे भी इसके अनुकूल नहीं पाए जाते जो कि निम्न तथ्यों से ज़ाहिर है :

ले. कर्नल पुरोहित और उसके ब्राह्मणवादी आतंकवादियों के समूह के मालेगांव धमाके और अन्य मामलों में शामिल होने की ख़बरें जब मीडिया में

आईं तो शिवसेना प्रमुख बाला साहेब ठाकरे पुरोहित और उसके समूह के "शौर्य" से इतने अभिभूत थे कि बिना दोबारा सोचे उन्हें देशभक्त और राष्ट्रवादी घोषित कर दिया। ख़बर यह भी थी कि शिवसेना ले. कर्नल पुरोहित को आसन्न लोकसभा चुनाव में टिकट देने पर विचार कर रही थी। लेकिन संभवतः बाला साहेब ठाकरे नहीं जानते थे कि ब्राह्मणवादियों के अभिनव भारत में उनकी जगह क्या होगी। यह सामने तब आया जब पुरोहित और उसके आतंकी समूह की एक बैठक का ब्यौरा, जो कि 23 अप्रैल 2009 को हुए मालेगांव धमाका कांड की दूसरी चार्ज शीट के साथ ए टी एस ने नत्थी किया था, अख़बारों में प्रकाशित हुआ।

द टाइम्ज़ ऑफ़ इंडिया ने 24 अप्रैल 2009 को "कर्नल पुरोहित ने शिवसेना की भद्द पीट दी" शीर्षक से जो रिपोर्ट की, इस प्रकार है :

मुंबई पुलिस की ए टी एस द्वारा मालेगांव धमाका कांड (23 अप्रैल 2009) में दायर पूरक चार्ज शीट से ज़ाहिर होता है कि कर्नल प्रसाद पुरोहित और दक्षिण पंथी संगठन अभिनव भारत के दूसरे सदस्यों के, एक हिन्दू संगठन के रूप में शिवसेना के बारे में विचार बड़े ख़राब थे।

चार्ज शीट में ग्यारह आरोपियों के फ़ोन पर बातचीत के लिखित ब्यौरे शामिल हैं जिसमें उन्होंने कहा है कि मुख्यधारा के कई हिंदू संगठन बीते वर्षों में बहुत कमज़ोर हो चुके हैं।

बातचीत के ब्यौरे में एक जगह दर्ज है, "शिवसेना और इसके नेता बाल ठाकरे की दाऊद इब्राहीम से मिलीभगत है।" यह बातचीत पुरोहित, दयानन्द पाण्डेय और रिटायर्ड मेजर रमेश उपाध्याय के बीच हुई। पुरोहित और एक अज्ञात आदमी बात कर रहे हैं : "शिवसेना की गिरोहबंद गुंडों से क़रीबी साझेदारी है और यह वसूली में शामिल है। उन्होनें हिंदुओं के साथ ग़द्दारी की है।"

ऐसी ही एक रिपोर्ट हिंदुस्तान टाइम्ज़ (24 अप्रैल 2009) के दिल्ली संस्करण में छपी। इसमें बताया गया कि मीटिंग में मौजूद एक आदमी की टिप्पणी है, "शिवसेना प्रमुख बाल ठाकरे हिंदुओं के लिए ख़तरा हैं।"

इस कहानी का मक़सद यह है कि आम हिंदू, चाहे वे जितनी ऊंची जगहों पर हों, जान लें कि ब्राह्मणवादियों द्वारा जिसे हिंदुत्व या हिन्दुवाद बताया जा रहा है वह हिन्दूवाद नहीं बल्कि हिन्दूवाद के चोले में ब्राह्मणवाद है।

8

मालेगांव विस्फोट कांड 2008

(मुंबई हमले के बाद जाँच)

हेमंत करकरे की जाँच पर पानी फेरना

असल षडयंत्रकारी का चेला ही जाँच टीम का प्रमुख बना

अनेक भयंकर कोताहियां और कारगुज़ारियां

मकड़ी के जाल की मिसाल एक बार फिर, हेमंत करकरे द्वारा शुरू की गयी जाल बुनने की प्रक्रिया ने ही, जाल मालेगांव कांड के बहुत आगे बढ़ने की सम्भावनाएं पैदा कर दी थीं। यह जाल कितना फैलाया जाए और इसमें कितने कीड़े फंसने वाले हैं, यह जाँच अधिकारी की निष्ठा और निष्पक्षता पर निर्भर होगा। आई बी, स्वाभाविक कारणों से नहीं चाहती थी कि यह जाल एक सीमा के आगे फैले। ऐसा लगता है कि इसके लिए उन्होनें पहले से ही एक अफ़सर का चुनाव कर रखा था। आतंकी हमले में ए टी एस प्रमुख हेमंत करकरे की दुखद मौत के कुछ ही घंटों बाद, अभी उनकी चिता भी नहीं जली थी कि महाराष्ट्र सरकार ने असाधारण जल्दबाज़ी में, संभवतः आई बी के कहने पर, एडिशनल डीजीपी (रेलवे) के. पी. रघुवंशी (जो सबसे ज़्यादा विवादास्पद ए टी एस प्रमुख रह चुके थे) को ए टी एस का नया चीफ़ तैनात कर दिया (*लोकमत*, मुंबई, 28 नवम्बर 2008)।

इस नियुक्ति के लिए सरकार इतनी जल्दी में क्यों थी? क्या यह कोई संवैधानिक पद था जो समय से नहीं भरा जाता तो संवैधानिक संकट पैदा हो जाता? अगर सरकार का तर्क यह है कि वह निर्णायक मोड़ पर पहुंच चुकी मालेगांव विस्फोट कांड की जाँच में कोई ढील नहीं आने देना चाहती थी, तो उसे

कम से कम नियुक्ति से पहले मालेगांव कांड के मुख्य आरोपी ले. कर्नल प्रसाद पुरोहित और नए अफ़सर के सम्बन्ध की जानकारी तो कर लेनी चाहिए थी। नीचे दिए तथ्यों से उनके मधुर संबंधों का पता चलता है :

1) 2005 में (जब के. पी. रघुवंशी ए टी एस के प्रमुख हुआ करते थे) ले. कर्नल प्रसाद पुरोहित और ले. कर्नल (रिटायर्ड) शैलेश रायकर (भोंसला सैनिक स्कूल, नासिक के प्रशासक) को ए टी एस ने, रेडिकल समूहों के बारे में ख़ुफ़िया सूचनाएं कैसे जुटाएं विषय पर आयोजित सेमिनार में बतौर मुख्य अतिथि बोलने के लिए आमंत्रित किया था। पुरोहित और रायकर दोनों उस समय सेना की ख़ुफ़िया शाखा में तैनात थे (*डीएनए ऑन लाइन,* मुंबई, 12 नवम्बर 2008] 12 नवम्बर 2008)। इस बाबत पूछे जाने पर तत्कालीन एडिशनल डी जी (रेलवे) जो सेमिनार आयोजन के वक़्त ए टी एस चीफ़ थे, ने इस तथ्य को स्वीकार किया और कहा, "...... लेकिन मैं उस घटना को विस्तार से याद कर पाने की स्थिति में नहीं हूं" (*द इंडियन एक्सप्रेस,* पुणे, 12 नवम्बर 2008)।

2) ए टी एस ने सैन्य ख़ुफ़िया शाखा से मई 2006 में औरंगाबाद में हथियारों का विशाल ज़ख़ीरा पकड़ने के बाद सूचनाएं साझा की थीं। पुरोहित सेना की टीम में थे जो कम से कम चार सालों से हथियार बरामदगी कांड में ए टी एस का सहयोग कर रही थी। ए टी एस ने 43 किलो आर डी एक्स, 16 एके-47 असाल्ट राइफलें, 3200 राउंड गोला-बारूद, 50 हैंड ग्रेनेड नासिक-औरंगाबाद हाईवे पर बरामद किया था। (*डीएनए,* मुंबई, 12 नवम्बर 2008)।

3) "आपके साथ हमारे अफ़सरों ने जो वार्ता की उसके लिए मैं आपका सचमुच आभारी हूं। इस वार्ता से मेरे अफ़सरों को बहुत फ़ायदा हुआ है और भविष्य में भी मैं आशा करता हूं कि आप और मेजर (उस समय) पुरोहित जैसे सैन्य अधिकारियों के अनुभव, ज्ञान और विशेषज्ञता का लाभ हमें मिलता रहेगा।" यह 5 सितम्बर 2006 को ए टी एस के तत्कालीन स्पे. आईजीपी के. पी. रघुवंशी ने दक्षिणी कमान के ले. कर्नल रायकर को लिखा था और इसकी एक प्रति पुरोहित को भी भेजी थी। दोनों उस समय ख़ुफ़िया सैन्य शाखा में थे (*सकाल,* पुणे, 26 नवम्बर 2008)।

उपर्युक्त रिपोर्टें, ख़ासतौर से मालेगांव विस्फोट के सिर्फ़ तीन हफ़्ते पहले के. पी. रघुवंशी द्वारा लिखे गये पत्र साफ़ इशारा करते हैं कि के. पी. रघुवंशी ले. कर्नल पुरोहित और ले. कर्नल (रिटायर्ड) शैलेश रायकर का, जो कि ख़ुद मालेगांव विस्फोट कांड 2008 के साबित हो चुके और संदिग्ध षडयंत्रकारी थे, कितना आदर करते थे और आतंक-सम्बन्धी मामलों की जाँच के लिए उनपर कितना भरोसा करते थे। वे उनके लिए "गुरु" की तरह थे। इस बैक ग्राउण्ड में कैसे उम्मीद की जा सकती है कि रघुवंशी मुख्य षड्यंत्रकारी ले. कर्नल पुरोहित से सख़्ती से पूछताछ करेंगे या ब्राह्मणवादी आतंकवाद के राष्ट्रीय षड्यंत्र का पर्दाफ़ाश करने की गहराई से जाँच कर पाएंगे ?

सवाल जो मुझे लगातार परेशान किए हुए है, वह यह है : सरकार की क्या मजबूरी थी कि उसने, अस्थाई तौर पर ही सही, के. पी. रघुवंशी जैसे ज़बरदस्त विवादास्पद अधिकारी को, जो कि उस काण्ड की साज़िश रचने वालों में कम से कम एक आदमी के साथ दोस्ताना सम्बन्ध रखता था, इतनी जल्दबाज़ी में ए टी एस का चीफ़ बना दिया जबकि ए टी एस वरिष्ठता क्रम (Seniority Level) के अनुसार बाद में सबसे वरिष्ठ अधिकारी को चार्ज लेने के लिए कहा जा सकता था ? जो इस मामले की बारीकियां जानते हैं, उनके लिए जवाब बिल्कुल आसान है। आई बी इस मोड़ पर कोई जोखिम नहीं ले सकती थी, वे मालेगांव केस की जाँच करने वाली टीम के मुखिया के तौर पर पूरी तरह से परखा हुआ अधिकारी बिठाना चाहते थे। के. पी. रघुवंशी पहले ही अपनी चापलूसी और कट्टर ब्राह्मणवाद को नानदेड़ विस्फोट कांड, 2006 की जाँच में महत्त्वपूर्ण ब्राह्मणवादी नेताओं, संस्थाओं को बचा कर और 2006 के मालेगांव विस्फोट कांड में स्थानीय पुलिस की सही जाँच प्रक्रिया को लगभग उलट देने के बाद पीड़ितों को ही आरोपियों के तौर पर गिरफ़्तार करके साबित कर चुके थे। आई बी, ए टी एस चीफ़ तैनाती के मुद्दे पर बातचीत शुरू होने से पहले ही जल्दी से जल्दी रघुवंशी को वहाँ बिठा देना चाहती थी। जब सारी दुनिया टीवी के परदों पर क्रूर मुंबई हमले के दृश्य देख रही थी, ढेरों निर्दोष लोगों की मौतों का मातम मनाया जा रहा था, जब लोग सिर खपा रहे थे कि किसने, कैसे, क्यों हेमंत करकरे की हत्या की, उस समय आई बी या तो सीधे या पीएमओ के ज़रिए राज्य सरकार को ए टी एस प्रमुख के पद को तुरंत भरने की ज़रूरत और इस पद के लिए

के. पी. रघुवंशी की पात्रता के बारे समझा रही थी। और आसानी से छली जा सकने वाली सरकार सदा की तरह ब्राह्मणवादी आई बी की चालों का शिकार हो गई और पूरी तरह अनुपालन करते हुए आदेश जारी कर दिए।

हालाँकि आई बी ने अपने चहेते के. पी. रघुवंशी को शर्मनाक जलदबाज़ी, से करकरे के किए-धरे पर पानी फेरने के लिए, नियुक्त तो करा दिया लेकिन यह काम आसान नहीं था। प्रत्यक्ष तौर पर रघुवंशी का काम तो जाँच को केवल मालेगांव ब्लास्ट केस तक सीमित रखते हुए, दायरे से बाहर न जाते हुए, और जाँच के प्रारंभिक भाग में सामने आए मामलों की गहराई में न जाते हुए जल्दी से जल्दी चार्ज शीट दाख़िल करना था। लेकिन यह केवल कहने में आसान लगता है क्योंकि रघुवंशी के पूर्ववर्ती स्व. हेमंत करकरे ने कोई मौक़ा नहीं छोड़ा था। सबसे महत्त्वपूर्ण सबूत जैसे ले. कर्नल पुरोहित और महंत दयानंद पाण्डेय के लेपटॉप कम्प्यूटरों से प्राप्त सनसनीख़ेज़ सामग्री को अदालत के सामने प्रस्तुत किया जा चुका था और इस प्रकार प्रेस के ज़रिए जनता को भी जानकारी हो चुकी थी। यही नहीं कुछ बेहद महत्त्वपूर्ण बयानात पहले ही मजिस्ट्रेट के सामने रिकॉर्ड कराए जा चुके थे और उनके बारे भी बहुत-से लोगों को पता था।

रघुवंशी बड़ी दुविधा में थे। क्योंकि वह रिकॉर्ड किए जा चुके सबूतों को बदल या छेड़ नहीं सकते थे, तोड़-मरोड़ या नए सबूत नहीं ला सकते थे और उन्हें अपने आक़ाओं का सौंपा काम भी अच्छी तरह पूरा करना था। चुनांचे अब यह केवल ऐसी चार्ज शीट की ड्राफ्ट तैयार करने में उनकी चतुराई, कला, तिकड़म और भाषा की कारीगरी पर ही था कि जिससे मक़सद पूरा हो जाए। लेकिन वह जाँच पूरी करने की प्रक्रिया से गुज़रे बिना चार्ज शीट नहीं बना सकते थे। इसलिए उन्होंने आई बी की थ्योरी के खांचे में केस को फ़िट करने के लिए कुछ आगे जाँच कराने का नाटक किया। इस दौरान उन्होंने बड़े फूहड़ तरीक़े से और हड़बड़ाहट में कुछ सबूतों में उलट-फेर की और जाँच में सामने आए कुछ तथ्यों को दबाने या निरस्त कर देने का हास्यास्पद प्रयास किया। *सकाल* (5 दिसम्बर 2008); *द इंडियन एक्सप्रेस*, पुणे (24 दिसम्बर 2008); *हिंदुस्तान टाइम्ज़* (24 दिसम्बर 2008); *पुणे मिरर*, 31 दिसम्बर 2008; *इंडिया टुडे*, 3 जनवरी 2009; *पुणे मिरर*, 9 जनवरी 2009 और *संडे टाइम्ज़ ऑफ़ इंडिया* (18 जनवरी 2009) में प्रकाशित रेपोर्टों में यह ज़ाहिर है।

मुंबई हमले के बाद हुई जाँच में रघुवंशी के अधीन ए टी एस ने क्या कारनामा किया, संक्षेप में नीचे दिया गया है :

1) एक मामूली आदमी राकेश धवाड़े को बलि का बकरा बनाने और उसपर "असल ज़िम्मेदार" का ठप्पा लगाने का आधार तैयार किया गया।
2) यह भावना पैदा करने के लिए मनोवैज्ञानिक माहौल तैयार किया गया कि मिथुन चक्रवर्ती नाम के आदमी की असल पहचान, जिसने नानदेड़, मालेगांव और दूसरे विस्फोटों के आरोपियों को प्रशिक्षित किया, कभी नहीं जानी जा सकेगी। एक बार फिर इस विचार की पुष्टि होती है कि वह कोई बेहद महत्त्वपूर्ण आदमी था।
3) पुणे के कैमिस्ट्री के दो प्रोफ़ेसरों, डॉ. शरद कुंटे और डॉ. देव के मामले की सोचे-समझे ढंग से पैरवी नहीं की गई जबकि राकेश धवाड़े ने जालना पुलिस को नवम्बर 2008 में बताया था कि उन्होंने संभावित दक्षिणपंथी आतंकियों को पाइप बम तैयार करने का प्रशिक्षण दिया था। डॉ. कुंटे कुछ साल पहले तक वी एच पी के कार्यकारी अध्यक्ष थे, वर्तमान में वह आर एस एस के पश्चिमी महाराष्ट्र की बौद्धिक शाखा के प्रमुख हैं।
4) महंत दयानन्द पाण्डेय का *केवल मालेगांव विस्फोट कांड की बाबत* इक़बालिया बयान रिकॉर्ड करके, उसके अन्य महत्त्वपूर्ण विस्फोट कांडों में शामिल होने और राज्य के ख़िलाफ़ आतंकी युद्ध चलाने की असल साज़िश की आगे जाँच की संभावना को समाप्त कर दिया गया।
5) ए टी एस ने आतंक की योजना से वी एच पी नेता प्रवीण तोगड़िया का नाम यह कहते हुए हटाने का हास्यास्पद प्रयास किया कि ले. कर्नल पुरोहित ने नार्को-एनालिसिस टेस्ट में जिस तोगड़िया का ज़िक्र किया है वह इसी नाम का औरगांबाद निवासी कोई और आदमी है। हालाँकि औरंगाबाद पुलिस उसे ढूंढ़ नहीं पाई।
6) वी एच पी और आर एस एस को क्लीन चिट देने का प्रयास किया गया।
7) रघुवंशी की ए टी एस का अकेला सकारात्मक योगदान, बम रखने वालों में से एक कर्नाटक के प्रवीण मुतलिक की गिरफ़्तारी थी जिसके नाम का ख़ुलासा हेमंत करकरे ने जाँच के शुरु आती दौर मे किया था।

इस प्रकार जाँच *पूरी* कर एंटी-टेररिस्ट स्कॉड (ए टी एस), महाराष्ट्र ने 20 जनवरी 2009 को नासिक की मकोका अदालत में मालेगांव विस्फोट कांड 2008 की 4528 पेज की चार्ज शीट ग्यारह गिरफ़्तार आरोपियों और तीन फ़रार व्यक्तियों के ख़िलाफ़ दायर कर दी। आरोपित थे : 1-साध्वी प्रज्ञा सिंह ठाकुर *उर्फ़* साध्वी पूर्णचेतनानंद गिरी, 2-ले. कर्नल प्रसाद पुरोहित, 3-सुधाकर द्विवेदी *उर्फ़* दयानंद पाण्डेय *उर्फ़* स्वामी अमृतानंद *उर्फ़* शंकराचार्य शारदा सर्वज्ञ पीठ, 4- राकेश दत्तात्रेय धवाड़े 5-समीर शरद कुलकर्णी, 6-शिवनारायण गोपाल सिंह कलसांगरा 8-श्याम भंवर लाल साहू, 9-रमेश उपाध्याय 10-अजय एकनाथ राहिरकर और 11-जगदीश चिन्तामन म्हात्रे और तीन फ़रार व्यक्ति हैं : 1-रामचंद्र गोपाल सिंह कलसांगरा, 2-संदीप विश्वास दांगे और 3- प्रवीण मुतलिक।

चार्ज शीट में आरोपियों पर क़ानून की जो धाराएं लगाई गई थीं वे हैं : आईपीसी की धारा 302, 307, 326, 324, 427, 153ए, 153(ए)(बी) और 120बी, आर्म्स एक्ट की धारा 3,4,5 और 25, विस्फोटक सामग्री अधिनियम की धारा 3, 4, 5 और 6, ग़ैर क़ानूनी गतिविधियां (निरोधक) संशोधन अधिनियम 2004 की 15, 16, 17, 18, 20, और 23 तथा मकोका की धारा 3(1) (1), 3(1) (2), 3(4) और 3(5)।

ज़ाहिर तौर पर चार्ज शीट में कई गंभीर कमियां थीं जिनमें सर्वाधिक महत्त्वपूर्ण था "विधि द्वारा स्थापित भारत सरकार के ख़िलाफ़ युद्ध छेड़ना" संबंधित आईपीसी की धारा को छोड़ दिया जाना। इसे छोड़ना बहुत आश्चर्यजनक है, ख़ासतौर से इस तथ्य के मद्देनज़र कि चार्ज शीट में ही इस आशय के सबूत हैं कि इस कांड के आरोपियों का भारतीय संविधान में विश्वास नहीं है और उनका इरादा अलग राज्य बनाने का है। 22 जनवरी 2009 के *पुणे मिरर* में चार्ज शीट की सामग्री का हवाला देते हुए इस तरह रिपोर्ट किया गया है :

"4000 से ज़्यादा पेज की मोटी चार्ज शीट निलंबित सैन्य अधिकारी ले. कर्नल पुरोहित, साध्वी प्रज्ञा सिंह ठाकुर, राकेश धवाड़े आदि की भूमिका का विस्तृत ब्यौरा देती है, और उनके अलग संविधान तथा अलग राष्ट्रीय झंडा बनाने के इरादे का भी.....

"पाण्डेय के लेपटॉप से निकाले गए प्रिंट से ख़ुलासा हुआ कि ग्रुप की योजना नेपाल के तत्कालीन राजा ज्ञानेंद्र से मदद लेने की थी। दूसरे आरोपियों के साथ बातचीत में पुरोहित ने विस्तार से बताया था कि उसने राजा ज्ञानेंद्र के साथ कई

मुलाक़ातें की थीं और बर्ख़ास्त राजा ने पुरोहत के आदमियों को प्रशिक्षित करने का प्रस्ताव स्वीकार कर लिया था। रिकॉर्ड की गई बातचीत में पुरोहित ने यह दावा भी किया कि उसने राजा से चेक गणराज्य से एके-47 राइफलें मंगाने को कहा था जिसके लिए वह धन देने के लिए तैयार थे।

"प्रसाद पुरोहित ने 2007 में अभिनव भारत एक अलग हिंदू-राष्ट्र के प्रचार के लिए बनाया था। चार्ज शीट के मुताबिक़ इसका अपना संविधान था, जिसकी प्रस्तावना में लक्ष्य के रूप में "भारत स्वराज्य, सुराज्य और सुरक्षा" को अंकित किया गया है। चार्ज शीट में आगे कहा गया है कि पुरोहित बीच में अंकित प्राचीन सुनहरी मशाल वाला भगवा रंग का "राष्ट्रीय ध्वज" ध्वज प्रचलित करना चाहता था।

बातचीत के ये अंश पुलिस का दावा है कि स्वामी दयानंद पाण्डेय के लेपटॉप से प्राप्त किए गए थे :

पुरोहित : "मैंने इजरायल से संपर्क किया है। हमारा एक कैप्टन इजरायल गया है...उनकी तरफ़ से बहुत सकारात्मक प्रतिक्रिया है। उन्होंने हमसे ज़मीन पर कुछ करके दिखाने के लिए कहा है।

हमारी वेबसाइट अभी तक शुरू नहीं हुई। हमने उन्हें केवल पेपर पर दिया है....उन्होंने हमसे कहा है कि अभी छह महीने तक देखें और इंतिज़ार करें।"

"हमने उनसे चार चीज़ों के लिए कहा : प्रशिक्षण और उपकरणों की लगातार और बेरोक-टोक आपूर्ति, दूसरी चीज़ कि हमें तेलअबीब में भगवा झंडे के साथ अपना दफ़्तर शुरू करने की इजाज़त मिले, नंबर तीन राजनीतिक शरण और नंबर चार हमारे मक़सद का संयुक्त राष्ट्र में समर्थन किया जाए कि हिंदू-राष्ट्र का जन्म हो चुका है।"

"उन्होंने हमारी दो बातें मान लीं। वे तेलअबीब में हमारा राष्ट्रीय झंडा पहराना चाहते हैं, उनका कहना है कि वे भारत से अपने सम्बन्ध ख़राब नहीं करना चाहते। वे यह भी कह रहे हैं कि दो साल तक वे अंतर्राष्ट्रीय मंचों पर हमारा समर्थन नहीं कर पाएंगे।"

"आपको यह भी बता दूं कि 24 जून 2006 को और फिर 2007 में हमारी राजा ज्ञानेंद्र से मुलाक़ात हुई थी...राजा ने प्रस्ताव स्वीकार कर लिया...मेरी तरफ़ के 20 लोगों को बतौर अधिकारी और 200 को सैनिक की तरह वहाँ हर छह महीने तक प्रशिक्षित किया जाएगा। हर साल मुझे 40 अफ़सर और 400 सैनिक

मिलेंगे। मैंने सम्राट से निवेदन किया कि एक स्वतंत्र राष्ट्र होने के नाते वे चेकोस्लोवाकिया को एके-47 भेजने के लिए कहें और पैसे का भुगतान और गोलियों की व्यवस्था मैं करूंगा। राजा ने मान लिया है।"

"पुरोहित फिर उस बैठक की बात करता है जिसमें राजा ज्ञानेन्द्र के रिश्तेदार शामिल थे।"

चार्ज शीट के सबूतों को नक़ल करते हुए 23 जनवरी 2009 के अंक में *पुणे मिरर* ने फिर रिपोर्ट लगाई :

"एक बैठक में पाण्डेय ने कहा कि उनके हिंदू-राष्ट्र में लोकतंत्र की जगह नहीं है और इसका शासक एक राजा को होना चाहिए।"

"बैठक के दौरान पाण्डेय ने तर्क दिया कि वे विश्व संगठन (यूएनओ) से पैरवी करेंगे कि वह भारत में एक स्वाधीन हिंदू-राष्ट्र की स्थापना के लिए उनकी मदद करे।"

"शंकराचार्य (पाण्डेय) जिलावतन सरकार (निर्वासित सरकार) के बारे में भी बोले :

"पुरोहित ने विरोधियों के राजनीतिक बहिष्कार के बारे में बात की और यह बहिष्कार ख़ात्मे के रूप में होगा...उसने कहा कि संगठन ने 75 लोगों की सूची बनाई है जिन्हें मार दिया जाएगा...उस बैठक (26 जनवरी 2008 को आयोजित) में पुरोहित ने कहा कि किसी ने हिंदू आर्यावर्त सरकार का विरोध किया तो उसे बहिष्कृत और जान से मार दिया जाएगा।"

"वह कहता है कि 70 (या 75) लोगों को जिन्हें अपने मक़सद को आगे बढ़ाने के लिए मारने की इच्छा है, उन्हें राजनीतिक आंदोलन के तहत मारा जाना चाहिए, वरना इसे महज़ आपराधिक कार्रवाई माना जाएगा।"

"अगर यह राज्य के ख़िलाफ़ युद्ध नहीं तो और क्या है ? अगर चार्ज शीट के साथ उपलब्ध कराए गए ऊपर बयान हुए सबूतों से राज्य के ख़िलाफ़ अपराध से संबद्ध आईपीसी की धाराएं लगाने का आधार नहीं बनता तो फिर कैसे बनेगा ?

इंडियन पीनल कोड में राज्य के ख़िलाफ़ अपराध की संगत क़ानूनी धारायें हैं :

धारा 121 भारत सरकार के विरुद्ध युद्ध शुरू करना, शुरू करने का प्रयास करना या युद्ध शुरू करने को प्रोत्साहित करना।

धारा 121 ए	सेक्शन 121 के तहत दण्डनीय अपराधों के लिए षडयंत्र रचना।
धारा 122	भारत सरकार के ख़िलाफ़ युद्ध शुरू करने के इरादे से हथियारों का संग्रह आदि।
धारा 123	युद्ध शुरू करने को प्रोत्साहित करने के इरादे से कुछ छिपाना।
धारा 124 ए	बग़ावत।

ए टी एस द्वारा चार्ज शीट के साथ नत्थी किए गए साक्ष्य (स्वामी दयानंद के लेपटॉप से प्रिंट के रूप में लिए गए विभिन्न मीटिंगों में षड्यंत्रकारियों की वार्ता के विस्तृत ब्यौरे के रूप में) पूरी तरह उन कारकों की श्रेणी में आते हैं जिनका ज़िक्र उपरोक्त धाराओं में किया गया है। साफ़ है कि आरोपियों ने भारत के संविधान एवं लोकतांत्रिक और धर्मनिरपेक्ष वर्तमान सरकार के वर्तमान स्वरूप की अवमानना करते हुए एक अलग संविधान, अलग झंडे वाले अधिनायकवादी राज्य को बनाने के लिए षड्यंत्र रचा। इस मक़सद के लिए वे हथियार जमा करने, अपने समर्थकों को सशस्त्र प्रशिक्षण, विदेशों से सहायता एवं अपने उद्देश्यों का विरोध करने वालों का सफाया करने की योजना बना चुके थे। *लिहाज़ा आईपीसी की ऊपर बयान हुई पांचों धाराएं इस मामले में फ़िट हैं। इनका लागू न किया जाना बहुत गंभीर कोताही है। यक़ीन करना मुश्किल है कि एक अति वरिष्ठ आई पी एस अधिकारी ने यह गंभीर चूकें अज्ञानता या अयोग्यता के कारण की होंगी।* साफ़ तौर पर यह, क़ानूनी तरीक़े से स्थापित मौजूदा सरकार को उखाड़ फेंकने और हिंदू-राष्ट्र के नाम पर एक अलग ब्राह्मणवादी राज्य बनाने की साज़िश को छिपा कर, अपराधी गुट की परोक्ष रूप से मदद करने के लिए जान-बूझ कर किया गया काम है। इसलिए यह ए टी एस चीफ़ के ख़िलाफ़ सख़्त विभागीय एवं आपराधिक कार्रवाई का मामला बनता है।

चार्ज शीट में कई और मसले जान-बूझ कर छोड़ दिए गए हैं जो इस प्रकार हैं :

अभिनव भारत : यह एक संगठन है जिसका नाम वीडी सावरकर द्वारा 1893 में स्थापित एक संगठन के आधार पर रखा गया है। वीडी सावरकर के भाई की बहू हिमानी सावरकर इसकी राष्ट्रीय अध्यक्ष हैं और रिटायर्ड मेजर उपाध्याय

कार्यकारी अध्यक्ष हैं। इस कांड के अधिकांश आरोपी इस संगठन के सदस्य हैं। इस बात के पर्याप्त प्रमाण हैं कि कर्नल रायकर, श्याम आप्टे, दयानन्द पाण्डेय और कर्नल पुरोहित ने संगठन के लिए फंड इकट्ठा किया और उसे ख़तरनाक और राष्ट्रविरोधी गतिविधियों में इस्तेमाल किया। इसके कुछ सदस्यों ने हथियार और विस्फोटक ख़रीदे, सांप्रदायिक उपद्रव के नज़रिए और क़ानूनी तरीक़े से क़ायम सरकार को अस्थिर करने के इरादे से बम विस्फोटों की योजना, उसपर अमल, और अन्य ख़तरनाक कामों को अंजाम देने के लिए संगठन की बैठकें भोपाल, इंदौर, पुणे, नासिक, देवलाली और जम्मू सहित विभिन्न स्थानों में हुईं। लेकिन आश्चर्य की बात है कि ए टी एस ने इस राष्ट्र-विरोधी, दक्षिणपंथी संगठन के मामलों की गहराई से पड़ताल नहीं की, इसके सभी सदस्यों को बतौर षड्यंत्रकारी गिरफ़्तार नहीं किया और इसके आर्थिक लेन-देन की सघन जाँच नहीं की गई।

भोंसला सैन्य स्कूल : यह स्कूल आर एस एस के संस्थापकों में से एक बीएस मुंजे ने 1937 में नासिक में शुरू किया था, बाद में इसकी शाखा नागपुर में खोली गई। संस्थान की विचारधारा जानने के लिए इतना परिचय पर्याप्त है। स्कूल के अधिकारियों ने परिसर में बजरंग दल को अपने कैडर का शिविर लगाने की अनुमति दी थी जिसमें अन्य बातों के अलावा बम बनाने, असलहों-विस्फोटकों के इस्तेमाल का प्रशिक्षण दिया गया। इस कैम्प में ट्रेनिंग देने वाले और ट्रेनिंग लेने वाले कुछ लोग अन्य विस्फोट कांडों के अलावा इस मामले में भी अभियुक्त हैं। इतना ही नहीं स्कूल के प्रशासक कर्नल शैलेश रायकर के मुख्य आरोपी (ले. कर्नल पुरोहित) से क़रीबी रिश्ते हैं और उसने असलहा ख़रीदने में मदद भी की थी। मालेगांव विस्फोट से क़रीब दो हफ़्ते पहले अभिनव भारत के नासिक कार्यालय में 15 सितम्बर को हुई उस बैठक में रायकर शामिल हुआ था जिसमें साज़िश तैयार की गयी थी। लेकिन फिर भी संस्था के पदाधिकारी न तो आरोपी बनाए गए और न ही सरकार से स्कूल की मान्यता समाप्त करने की सिफ़ारिश की गई। आसानी से कल्पना की जा सकती है कि अगर मुस्लिम लड़कों को केवल लाठी ड्रिल के लिए अपना मैदान इस्तेमाल करने की अनुमति देने वाला यह कोई उर्दू माध्यम स्कूल या मदरसा रहा होता तो क्या होता। न केवल स्कूल पर ताला पड़ चुका होता बल्कि संस्था के पदाधिकारियों और स्टॉफ़ के दूर-दराज़

के रिश्तेदार भी जेलों मे पड़े सड़ रहे होते।

आकांक्षा रिज़ॉर्ट : यह पुणे के पास की एक जगह है जहां 2003 में लगे एक कैम्प में आर एस एस और बजरंग दल के उग्रवादियों को बम बनाने और स्फोट करने का प्रशिक्षण दिया गया था। वहाँ "मिथुन चक्रवर्ती" के नाम से जाना जाने वाला एक व्यक्ति था जिसने उग्रवादियों को विभिन्न क़िस्मों के बम और आईईडी बनाने, उनका इस्तेमाल करने का प्रशिक्षण दिया। उसने केवल प्रशिक्षण ही नहीं दिया, कैम्प समाप्त होने के बाद उसने प्रशिक्षुओं को बड़ी मात्रा में विस्फोटक भी मुहैया कराए। इस तथ्य का ख़ुलासा इस मामले के अलावा नानदेड़, परभनी, पूर्णा और जालना के कांडों के दौरान भी हुआ। इसके बावजूद इस रिज़ॉर्ट के मैनेजर और मालिकों को आरोपित करने की ज़हमत नहीं उठाई गई, न ही रिज़ॉर्ट का लाइसेंस रद्द किया गया।

"मिथुन चक्रवर्ती" : यह नाम पहली बार नानदेड़ बम विस्फोट 2006 की जाँच के दौरान सामने आया। बाद में पता चला कि 2003-04 में मराठवाड़ा क्षेत्र के और कुछ अन्य विस्फोटों में भी उसकी भूमिका थी। उसे गिरफ़्तार करने की तो छोड़िए अब तक सबसे क़ाबिल और पेशेवर समझे जाने वाले ए टी एस के जांबाज़ उसे पहचान तक नहीं पाए हैं। वे इस बारे में जिस तरह से सूचनाएं जारी करते रहे हैं, उससे लगता है कि वे जान-बूझ कर उसकी पहचान छिपा रहे हैं और उसे गिरफ़्तार नहीं करना चाहते वरना भले ही वह किसी भी लोक में छिपा हो आई बी और ए टी एस जैसे शक्तिशाली संगठनों के लिए मिथुन चक्रवर्ती को पहचानना, गिरफ़्तार करना मुश्किल नहीं है। पूछताछ की *फर्स्ट डिग्री* का इस्तेमाल करते ही राकेश धवाड़े, ले. कर्नल पुरोहित, या बाद में सामने आए षडयंत्रकारी डॉ. शरद कुंटे और प्रो. देव जाँचकर्ताओं को "मिथुन चक्रवर्ती" तक पहुंचा देते क्योंकि ये सभी उस कैम्प में प्रशिक्षक की हैसियत से मौजूद थे। आकांक्षा रिज़ॉर्ट के मालिक, मैनेजर, कर्मचारी भी उसका पता बता सकते थे। लेकिन ज़ाहिर है कि आई बी और उसके पीछे-पीछे ए टी एस रहस्यमय कारणों से उसकी पहचान का ख़ुलासा नहीं होने देना चाहते और इसे राज़ में रखने के लिए हरसंभव एहतियाती उपाय करते रहे हैं। सादा सी समझ में आने वाली बात है कि वह कोई बहुत ही महत्त्वपूर्ण ब्राह्मणवादी नेता या आई बी का बहुत सीनियर कार्यरत या रिटायर्ड

अफ़सर है। अगर ऐसा है तो उसे मौजूदा जाँच एजेंसी के द्वारा कभी नहीं पहचाना जाएगा और गिरफ़्तार नहीं किया जाएगा क्योंकि यह एजेंसी आई बी और ब्राह्मणवादी ताक़तों के रहमो-करम पर है।

आई बी अधिकारी : इस मामले व नानदेड़ कांड में जो सबसे अजीब और परेशान करने वाला तथ्य उभर कर सामने आया है, वह सेना और आई बी के कार्यरत और सेवानिवृत्त अधिकारियों की संदिग्ध भूमिका है। कुछ सैन्य अधिकारियों की गिरफ़्तारी और पुलिस कस्टडी रिमांड पर लिए जाने के बाद उनसे ढेरों सूचनाएं मिलीं लेकिन आई बी अफ़सरों के बारे में अब तक ऐसा कुछ नहीं सुना गया।

अख़बारों में प्रकाशित रिपोर्टों से लगता है कि ए टी एस आई बी अफ़सरों को बचाने के लिए सेना के अधिकारियों को कवच की तरह इस्तेमाल कर रही है। कुछ सैन्य अधिकारी जो षड्यंत्र में सीधे शामिल नहीं थे उन्हें गवाह बना कर दंडात्मक कार्रवाई से बचा लिया गया या उनके ख़िलाफ़ आर्मी सर्विस रूल्स के तहत कार्रवाई की सिफ़ारिश कर दी गई थी।

ए टी एस पूर्व आई बी अफ़सर को बचाने के लिए उन्हें सेना के उन अफ़सरों के समतुल्य रखकर, जिन्हें दंडात्मक कार्रवाई से बरी कर दिया गया है, सामान्यतया सेना को जनता से मिलने वाली सहानुभूति का लाभ दिलाने का प्रयास कर रही है। लेकिन ये दोनों मामले बिल्कुल अलग हैं। सेना के वे अधिकारी जो षड्यंत्र में सीधे शामिल नहीं थे बरी कर दिये गए लेकिन यह पूर्व आई बी अधिकारी आतंकी समूह से सीधे तौर पर जुड़ा था और कैडर को प्रशिक्षित किया था। सेना ने ले. कर्नल पुरोहित जैसे षडयंत्र में सीधे शामिल अपने अफ़सरों को जैसे ही जाँच एजेंसी को सौंपा आई बी चौकन्नी हो गई। उसने ए टी एस अफ़सरों को कर्नल पुरोहित के पास फटकने भी नहीं दिया। ए टी एस और सेना के बीच बेमेल तुलना यहीं समाप्त नहीं होती। सेना पूरी तरह पेशेवर, दिल से देशभक्त, सच्चे अर्थों में सेक्यूलर फ़ोर्स है जो राजनीति और फ़िरक़ापरस्ती से कोसों दूर रही है। पिछले छह दशकों के दौरान इसकी पेशेवर दक्षता, निष्ठा, कुशलता के कारण हर भारतीय को इस पर गर्व है। दुर्भाग्य से यदि इसके कुछ अधिकारी आतंकी कारनामे में शामिल हैं तो इसे अपवाद और विचलन माना जाना चाहिए। सिर्फ़ इस एक केस की बिना पर सेना की निष्ठा और धर्मनिरपेक्ष

साख पर सवाल नहीं उठाए जा सकते।

आई बी का मामला अलग है। सेना के विपरीत आई बी में बड़े पैमाने पर वैचारिक घुसपैठ हुई है जैसा कि इस किताब में चित्रों के ज़रिए दिखाया गया है। यह एक ब्राह्मणवादी संगठन है इसलिए देश के सेक्यूलर ताने-बाने को ख़त्म करने और भारतीय समाज पर ब्राह्मणवादियों का वर्चस्व साबित करने की मंशा के साथ यह दशकों से, अप्रत्यक्ष तौर पर ब्राह्मणवादी तत्त्वों के ज़हरीले पंजे देश भर में फैलाने में मदद करता रहा है। लंबे समय से यानी महात्मा गांधी की हत्या के वक़्त से ही यह ब्राह्मणवादी आतंकवाद को मज़बूत और प्रोत्साहित करते आए हैं। कई विस्फोट कांडों में इसकी दोहरी भूमिका से स्पष्ट हो चुका है कि लंबे समय से यह एजेंसी ब्राह्मणवादियों के हितों की रक्षा और उनके उद्देश्यों को आगे बढ़ाने के काम में लगी हुई है।

इस मामले में शामिल आतंकी समूह की क़ानूनी तरीक़े से स्थापित सरकार गिराने और अलग हिंदू (ब्राह्मणवादी पढ़िए) राष्ट्र बनाने की साज़िश का भी आई बी को पता था, जैसा कि कर्नल बप्पादित्य धर के बयान (*हिंदुस्तान टाइम्ज़*, मुंबई, 23 जनवरी 2009) से ज़ाहिर होता है। उनके बयान से लगता है कि इंदौर में हुई अभिनव भारत की बैठक को आई बी ने कवर किया था। अगर ऐसा है तो क्यों आई बी ने संगठन की योजना के प्रति सरकार को आगाह नहीं किया और उन बमकांडों को रोकने की कोशिश क्यों नहीं की जो पिछले तीन-चार वर्षों के दौरान देश में हुए और जिनमें सैकड़ों निर्दोष लोगों की जानें गयीं? क्या यह इसलिए कि वह ख़ुद भी तो इस षडयंत्र में शामिल थी? आई बी की बदनीयती इस तथ्य से भी ज़ाहिर होती है कि बीते तीन सालों के दौरान इसने जाँच एजेंसी को उस पूर्व आई बी अधिकारी का नाम सार्वजनिक करने की इजाज़त नहीं दी है जिसने दक्षिणपंथी संगठनों से जुड़े आतंकवादियों को हथियार और विस्फोटकों के इस्तेमाल का प्रशिक्षण दिया था। ऐसे राष्ट्रविरोधी अधिकारी को बचाने की कोशिश आई बी क्यों कर रही है? इस देश की जनता को इस अफ़सर और उन सभी कार्यरत और सेवानिवृत्त आई बी अफ़सरों को नाम जानने का हक़ है जो इन संगठनों से जुड़े हुए हैं, जो वैचारिक रूप से देश के संविधान के ख़िलाफ़ हैं, जो अपने कैडरों को बम बनाने और आतंक फैलाने का प्रशिक्षण देते रहे हैं और जो हिंदू (ब्राह्मणवादी) राज्य स्थापित करने के अपने मक़सद को पाने के लिए सांप्रदायिक वायरस फैलाने में जुटे हुए हैं।

बहुत-से संदिग्ध बच निकले

जाँच के दौरान कुछ हाई-प्रोफ़ाइल राजनीतिक एवं धार्मिक नेताओं के नामों समेत बहुत-से लोगों के नाम संदिग्धों के रूप में उभर कर आये। लेकिन आरोप-पत्र में न तो अभियुक्त के रूप में और न हीं गवाह के रूप में उनके नाम लिए गए हैं, हालाँकि उनमें से कुछ के ख़िलाफ़ पर्याप्त सबूत थे। इस बात की भी जानकारी नहीं है कि बाक़ी संदिग्धों की बाबत कौन-सी जाँच की गयी और उसका नतीजा क्या रहा। कुछ नाम इस प्रकार हैं :

1) **हिमानी सावरकर :** वह अभिनव भारत की राष्ट्रीय अध्यक्ष है। इस बात के दस्तावेज़ी सबूत हैं कि इस संगठन ने विभिन्न स्रोतों से धन प्राप्त किया और उस पैसे का प्रयोग हथियारों और विस्फोटकों को ख़रीदने में किया। उसकी तमाम बैठकों में सरकार को उखाड़ फेंकने और पृथक हिंदू (पढ़ें ब्राह्मणवादी) राष्ट्र बनाने की चर्चा की गयी। इनमें से कुछ बैठकों में हिमानी सावरकर मौजूद थी (*हिंदुस्तान टाइम्ज़,* मुंबई, 23 जनवरी 2009)। ए टी एस की अपनी ख़ुद की खोज के अनुसार वह उस बैठक में भी मौजूद थी जिसमें मालेगांव की साज़िश रची गयी थी। इसके अलावा, वीडियो पर यह कहते हुए उसका रिकॉर्ड भी है कि वह बम थ्योरी से भी सहमत थी। इस प्रकार के ज़बरदस्त सबूत के बावजूद उसे अभियुक्त नहीं बनाया गया।

2) **विहिप नेता अशिमानंद स्वामी :** वह गुजरात स्थित डांग के शबरी धाम आश्रम का प्रमुख है। वह ले. कर्नल पुरोहित और साध्वी प्रज्ञासिंह के निरंतर संपर्क में बना हुआ था। उसकी और आश्रम के दो कर्मचारियों की गिरफ़्तारी के बाद वह फ़रार हो गया। यह आचरण उसके अपराध-बोध (अपराधी होने के अहसास) के बारे में बताता है। लेकिन, ऐसा नहीं लगता कि ए टी एस ने उसे गिरफ़्तार करने के लिए सभी प्रयास किये हों।

3) **विहिप नेता प्रवीण तोगड़िया :** ले. कर्नल पुरोहित ने अपने नार्को-टेस्ट में उसके नाम का उल्लेख किया था। ले. कर्नल पुरोहित और मेजर (रिटायर्ड) उपाध्याय के बीच टेलीफ़ोन वार्ता में उसके नाम का उल्लेख है। इस आशय का सबूत है कि वह मुंबई के होटल में पुरोहित से मिला था। इसके अलावा उसका

नाम 2006 के नानदेड़ बम विस्फोट मामले में ऐसे व्यक्ति के रूप में आया था जिसने युवाओं को मुसलमानों के ख़िलाफ़ भड़काया था। *आउटलुक पत्रिका* (22 दिसम्बर 2008) में प्रकाशित लेख के अनुसार 25 नवम्बर 2008 के अर्थात मुंबई हमले के एक दिन पहले दिल्ली के अख़बारों ने एक ख़बर छापी थी कि ए टी एस मालेगांव मामले में तोगड़िया की संभावित भूमिका की जाँच कर रही है। लेकिन, मुंबई आतंकी हमले के बाद उसका नाम संदिग्धों की सूची से एकाएक ग़ायब हो गया। दूसरी ओर, ए टी एस की ओर से उसे क्लीन चिट देने की अफ़सोसनाक कोशिश की गयी जैसा कि 9 जनवरी 2009 को *पुणे मिरर* में प्रकाशित ख़बर : "पुरोहित के नारको टेस्ट के कारण ए टी एस अंधेरे में हाथ पैर मार रही है" से मालूम होता है। ख़बर में बताया गया था कि ले. कर्नल पुरोहित ने जिस "तोगड़िया" का नाम लिया था वह डॉ. प्रवीण तोगड़िया नहीं थे बल्कि औरंगाबाद का कोई और ही आदमी था। लेकिन, पुलिस अभी उस व्यक्ति की तलाश नहीं कर पायी है। यह तर्क उतना ही मूर्खतापूर्ण है जितना कि यह कहना कि अगर किसी राजनीतिक चर्चा में आडवाणी का नाम आए तो यह कह दिया जाए कि इससे हमें आवश्यक तौर पर यह नतीजा नहीं निकालना चाहिए कि वह नाम भाजपा के कद्दावर नेता लालकृष्ण आडवाणी का ही है। वह तो मुंबई के निकट उल्हासनगर जैसी किसी सिंधी कॉलोनी का छोटा-मोटा व्यापारी है।

4) गुजरात के तीन "विहिप नेता" जिनके कि अभिनव भारत के संस्थापक सदस्य अभियुक्त समीर कुलकर्णी के साथ कथित सम्बन्ध थे।

5) विहिप का दिल्ली स्थित एक शीर्ष नेता जिसने कि 2003 से पुणे की अक्सर यात्रा की और डॉ. शरद कुंटे के संपर्क में था, जिसका नाम पुणे के निकट आकांक्षा रिज़ॉर्ट में आतंकवादी शिविर के आयोजकों में से एक के रूप में उभर कर आया था।

6) डॉ. शरत कुंटे और

7) प्रो. देव : नवम्बर 2008 में जालना पुलिस द्वारा की गयी पूछताछ के दौरान राकेश धावड़े ने बताया कि आकांक्षा रिज़ॉर्ट कैम्प में इन लोगों ने विस्फोटकों को हैंडल करने का प्रशिक्षण दिया था। लेकिन उनके नाम आरोप-पत्र में शामिल नहीं

किए गए, यह भी पता नहीं चल पाया है कि दोनों के बारे में पूछताछ की गयी या नहीं और अगर की गयी तो क्या निकलकर आया।

8) शामराव आप्टे : उसने पुणे के उद्योगपतियों से अभिनव भारत के लिए पैसा जमा किया था। लेकिन उसे छुआ तक नहीं गया।

9) पुणे के दो "जाने-माने इतिहासकार" : इस तरह की ख़बरें आयी थीं कि पुणे के दो "जाने-माने इतिहासकारों" की भूमिका मालेगांव विस्फोट मामले में संदिग्ध थी और ए टी एस उनपर निगरानी रख रहा था। उनमें से एक का नाम बाद में चलकर निनाद बेडेकर बताया गया (मराठी दैनिक *पुढेरी, शोलापुर,* 27 फ़रवरी 2009)। लेकिन मुंबई आतंकी हमले और करकरे की हत्या के बाद उनका हवाला एकाएक ग़ायब हो गया।

10) पुणे का पूर्व भाजपा पार्षद, पुणे मिलिंद एम्बोटे और
11) जयंत चिताले, रिटायर्ड कर्नल : 23 नवम्बर का *संडे हिंदुस्तान टाइम्ज़,* मुंबई (अर्थात, मुंबई आतंकी हमले से केवल तीन दिन पहले), ने ख़बर दी कि ए टी एस अगले कुछ दिनों में अन्य लोगों के साथ ही इन दोनों से भी पूछताछ कर सकती है। लेकिन मुंबई आतंकी हमले के बाद जाँच ठंढे बस्ते में डाल दी गयी। जाँच एजेंसी को यह बताना चाहिए था कि जाँच में किस सिलसिले में इन प्रभावशाली लोगों का नाम आया था, उनके साथ क्या पूछताछ की गयी थी और उस पूछताछ से क्या हासिल हुआ था।

उपर्युक्त जानकारी अख़बार में छपी ख़बरों पर आधारित है और यह समूची तस्वीर की केवल एक झलक भर हो सकती है। इस बड़ी साज़िश में और भी राजनीतिक लोग, धार्मिक नेता और यहाँ तक कि उद्योगपति और व्यापारी भी प्रत्यक्ष या परोक्ष रूप से जुड़े हों। इस देश के लोगों की यह जानने में दिलचस्पी है और उन्हें जानने का हक़ है कि ये षडयंत्रकारी कौन हैं और उनके ख़िलाफ़ कौन-सी कार्रवाई की गयी है या किए जाने का प्रस्ताव है।

ज़्यादा बड़े नेटवर्क की अनदेखी की गयी

अपराध सिंडीकेट का आतंकी नेटवर्क कितना व्यापक था इसे निम्नलिखित तथ्यों से मापा जा सकता है :

1) साज़िशकर्ताओं के समूह का अंतिम उद्देश्य अपने ख़ुद के संविधान वाले हिंदू-राष्ट्र की स्थापना करना था (ए टी एस का आरोप-पत्र)।
2) आतंकी मुखिया ने विभिन्न स्थानों पर बैठकें आयोजित कीं जैसे फ़रीदाबाद, कोलकाता, भोपाल, जबलपुर, इंदौर, नाशिक, पुणे, आदि।
3) अभियुक्तों में से एक राकेश धवाड़े 2003/2004 के परभनी और जालना विस्फोटों से जुड़ा था।
4) लेफ़्टिनेंट कर्नल पुरोहित ने 9 नवम्बर 2008 को हुए उसके नार्को-टेस्ट के दौरान समझौता एक्सप्रेस विस्फोट में अपनी भूमिका को स्वीकार किया था।
5) पूछताछ के दौरान पुरोहित ने अजमेर शरीफ़ और मक्का मस्जिद (हैदराबाद) विस्फोटों में अपनी भूमिका स्वीकार की थी।
6) नानदेड़, अजमेर और समझौता एक्सप्रेस विस्फोटों में मालेगांव विस्फोट के आरोपी के शामिल होने के बारे में कुछ जानकारी मिली थी (*द टाइम्ज़ ऑफ़ इंडिया,* पुणे, 12 नवम्बर 2008)।
7) महंत दयानंद पाण्डेय ने कहा, "मक्का मस्जिद विस्फोट हमारे लोगों का काम था" (*संडे इंडियन एक्सप्रेस,* पुणे, 25 जनवरी 2009)।
8) साध्वी प्रज्ञा सिंह और अजय राहिरकर ने अपने बयानों में कहा है कि पुरोहित ने उड़ीसा, कर्नाटक और अजमेर शरीफ़ मे विस्फोटों की "योजना" बनायी थी (*हिंदुस्तान टाइम्ज़,* दिल्ली, 24 जनवरी 2009)।
9) राजस्थान पुलिस ने अजमेर विस्फोट का सम्बन्ध अभिनव भारत के साथ स्थापित किया है (*द टाइम्ज़ ऑफ़ इंडिया,* पुणे, 13 अप्रैल 2009)।
10) नागपुर में 2001 में प्रशिक्षण शिविर में भाग लेने वाले 54 युवकों में से कुछ के ऊपर मालेगांव के दो विस्फोटों और नानदेड़ विस्फोट से जुड़े होने का संदेह है (*सकाल,* पुणे, 13 अप्रैल 2009)।
11) नानदेड़ विस्फोट की जांचों से पता चला है कि बजरंग दल ने 2000 और 2003 में पुणे में प्रशिक्षण शिविर आयोजित किये थे।

अपराध क़ानून का कोई छात्र या ट्रेनी पुलिस अधिकारी भी कहेगा कि पुणे में वर्ष 2000 में लगे बजरंग दल के पहले आंतकवादी प्रशिक्षण-शिविर से लेकर अभिनव भारत द्वारा किए गए मालेगांव बम विस्फोट तक में एक देशव्यापी आतंकी साज़िश है और इसलिए इसकी जाँच इसी रूप में की जानी चाहिए। हेमंत करकरे एकदम यही कर रहे थे। पर उनके "अस्थायी" उत्तराधिकारी (के. पी. रघुवंशी) ने 2008 के मालेगांव विस्फोट मामले को एक अलग घटना के रूप में देखा, इसी रूप में जाँच की और जैसा कि *कॉम्यूनलिज़्म कॉम्बेट* पत्रिका से बातचीत में उन्होंने इसे एक "वाटर-टाइट केस" (पक्का और साबित) बताया तथा इसी हिसाब से चार्ज शीट पूरी की। हालाँकि, इस मामले में किसी भी तरह की निन्दा से बचने के लिए ए टी एस ने 2003 के परभनी मस्जिद ब्लास्ट और 2004 के जालना केस को चार्ज शीट में शामिल कर दिया।

स्पष्ट है, राकेश धावड़े जैसी एक छोटी मछली, भोले-भाले आम आदमी, को क्राइम सिंडिकेट के मुखिया के पद पर पहुंचा कर और मुख्य कर्ताधर्ता घोषित करके बलि का बकरा बनाया गया है और विशालकाय ब्राह्मणवादी साज़िकर्ताओं जैसे "मिथुन चक्रवर्ती" (एक वरिष्ठ पूर्व आई बी अधिकारी), हिमानी सावरकर, डॉ. शरद कुंटे, प्रो. देव, आकांक्षा रेज़ॉर्ट के मालिक, पुणे के दो चोटी के इतिहासकार और कई अन्य धार्मिक व राजनैतिक नेताओं को छोड़ दिया गया है।

वैसे तो, कहने के लिए, मुंबई हमले के बाद मामले की जाँच ए टी एस ने की थी और उसी ने चार्ज शीट दायर की है पर असली जाँचकर्ता आई बी के ब्राह्मणवादी थे। ए टी एस प्रमुख रघुवंशी को रेडिकल दक्षिणपंथी ताक़तों और आई बी के द्वारा डिक्टेट किया गया और पूरी तरह अपने कंट्रोल में रखा गया, यह चार्ज शीट दाख़िल करने के समय उनकी कुछ अनावश्यक टिप्पणियों से मालूम होता होता है। बताया जाता है कि उन्होंने कहा : "11 अभियुक्तों में से दो अक्सर नेपाल जाते थे और वहाँ माओवादियों के क़रीबी संपर्क में थे" और यह भी कि "जाँच में अभियुक्तों का इजराईल से कोई सम्बन्ध नहीं जुड़ा" (*हिन्दुस्तान टाइम्ज़,* दिल्ली, 21 जनवरी 2009)। ये दोनों ही बयान चार्ज शीट के साथ बतौर सबूत संलग्न दस्तावेज़ों में दर्ज बातों के उलट थे, जिनसे मालूम होता है कि अभियुक्तों की नेपाल के राजा के साथ दो बैठकें हुई थीं और इस सिलसिले में ले. कर्नल पुरोहित ने इज़राईल का दौरा किया था और इज़राईल सरकार से कुछ अश्वासन

पाए थे (*पुणे मिरर*, 22 जनवरी 2009)। दूसरी ओर, चार्ज शीट में इन लोगों के माओवादियों से संपर्क की कोई चर्चा नहीं थी जैसा रघुवंशी ने दावा किया है।

इसके अलावा, ए टी एस ने जाँच में अजमेर, मक्का मस्जिद (हैदराबाद) और समझौता एक्सप्रेस ब्लास्ट को शामिल न किए जाने का जो कारण चार्ज शीट में दिया है उसके बारे में यही कहा जा सकता है कि वह अजीबो-ग़रीब है। इसमें कहा गया है : "स्वामी असीमानंद फ़रार थे। अगर पकड़े जाते तो साज़िश के सम्बन्ध में नए विवरण का ख़ुलासा होता और इसके साथ अजमेर, मक्का मस्जिद और समझौता एक्सप्रेस ब्लास्ट से संभावित सम्बन्ध का भी पता चलता।" इस तर्क से कोई भी मूर्ख नहीं बनेगा क्योंकि अब तो यह सबको मालूम हो चुका है कि इस मामले की विस्तृत जाँच कौन नहीं चाहता था और क्यों? अगर इन मामलों में से किसी को भी उसके तर्कसंगत हल तक ले जाया गया होता तो इससे राष्ट्रव्यापी ब्राह्मणवादी साज़िश का ख़ुलासा होता और आई बी ऐसा नहीं चाहता थी और इसीलिए वह इस मामले की विस्तृत जाँच में अड़ंगा लगाती रही है। समझौता एक्सप्रेस ब्लास्ट मामले की जाँच में आई बी ने कैसे रोड़ा अटकाया इसकी तफ़सील इससे संबंधित अध्याय में दी गयी है। पाठकों की याद ताज़ा करने के लिए मैं इससे सम्बंधित अंश को फिर से पेश कर रहा हूं।

सरकारी वकील अजय मिश्र ने ले. कर्नल पुरोहित की रिमांड अवधि बढ़ाने की मांग करते हुए नासिक कोर्ट से कहा कि उन्होंने आर डी एक्स की आपूर्ति की थी जिसका उपयोग बम बनाने में किया गया जिसे समझौता एक्सप्रेस में रखा गया था (*द टाइम्ज़ ऑफ़ इंडिया*, पुणे, 16 नवम्बर 2008)। स्पष्ट रूप से यह बयान ले. कर्नल पुरोहित के नार्को-एनालिसिस टेस्ट पर आधारित था जो 9 नवम्बर 2008 को किया गया था। इसके बाद टाइम्ज़ *ऑफ़ इंडिया*, पुणे ने 18 नवम्बर 2008 के अपने अंक में ख़बर दी, "जैसे ही मिश्र ने नासिक में यह सनसनीख़ेज़ आरोप लगाया, इस मामले पर क़रीबी नज़र रख रही आई बी ने मिश्र के बयान के नतीजों के प्रति केन्द्र को चौकस कर दिया। समझौता एक्सप्रेस में विस्फोट के बाद केंद्र ने *ब्यूरो (आई बी) की खोजों के आधार पर* इसके लिए पाकिस्तान की आई एस आई को दोषी ठहराया था।" इस तरह, साफ़ है कि आई बी नहीं चाहती थी कि समझौता एक्सप्रेस ब्लास्ट मामले में ए टी एस आगे जाँच करे क्योंकि वह नहीं चाहती थी कि ए टी एस उसके पिछली निराधार थ्योरी को ग़लत साबित कर दे।

आई बी ने अभी तक यह सुनिश्चित रखने का ख़्याल रखा है, यहाँ तक कि राष्ट्रीय सुरक्षा की क़ीमत पर भी, कि ग़लत कामों में लगे ब्राह्मणवादी तत्त्वों की पोल न खुले। उसकी इसी बैचेनी से वह जल्दबाज़ी समझ में आती है, जिसके चलते, जांचे-परखे चाटुकार और कट्टर ब्राह्मणवादी के. पी. रघुवंशी को हड़बड़ाहट में, करकरे के ज़ख़्मों का ख़ून सूखने से भी पहले उनका उत्तराधिकारी बना दिया गया।

चार्ज शीट का सावधानी से विश्लेषण किया जाए तो पता चलता है कि रघुवंशी को आई बी और उसके दक्षिणपंथी आक़ाओं ने क्या आदेश दिया होगा। यह आदेश इस प्रकार हो सकता है :

i) जाँच के विस्तार को सीमित रखना और इसे जितना संभव हो सीमित रखना तथा अन्य विस्फोट मामलों की जाँच से बचना।

ii) आपस में सम्बन्ध रखने वाले विस्फोटों की जाँच एक सिंगल टैरर प्लॉट (एक ही आतंकी योजना) के तौर पर भी न करना और उनकी गहराई में जा कर जाँच न करना।

iii) जहां कहीं संभव हो, हेमंत करकरे द्वारा किए "नुक़सान" को ख़त्म करना।

iv) प्रमुख ब्राह्मणवादी संस्थाओं तथा ब्राह्मणवादी नेताओं को लूप से अलग रखना।

v) क़ानून की उन धाराओं को लागू न करना जो "सरकार के ख़िलाफ़ युद्ध छेड़ने" से संबंधित है।

दिवंगत हेमंत करकरे कभी भी इसके लिए सहमत नहीं हो सकते थे।

रघुवंशी की नियुक्ति की पुष्टि हुई

द टाइम्ज़ ऑफ़ इंडिया, पुणे ने 12 जून 2009 के अपने अंक में ख़बर दी कि ए टी एस महाराष्ट्र के प्रमुख के पद को बढ़ाकर पुलिस के एडिशनल डायरेक्टर जनरल के बराबर कर दिया गया है और के. पी. रघुवंशी को इस पद पर हाईकोर्ट द्वारा तय की गयी सीमाओं के अनुसार नियुक्त किया गया है। इससे मुझे कोई ताज़ुब नहीं हुआ क्योंकि यह मेरे विश्लेषण से बिल्कुल मेल खाता था। इससे उन लोगों को भी आश्चर्य नहीं होना चाहिए जो ब्राह्मणवादी आई बी के संबंधों,

रघुवंशी द्वारा ग़ुलामों की तरह आई बी की चाटुकारिता तथा ब्राह्मणवादियों के लिए मालेगांव ब्लास्ट मामले की अहमियत को जानते हैं, जो कि ब्राह्मणवादियों के लिए "करो या मरो" की स्थिति है।

रिपोर्ट में रघुवंशी की पोस्टिंग इतनी जल्दबाज़ी में करने और इस पद को छह महीने से ज़्यादा समय तक ख़ाली रखने का जो कारण दिया गया है - दोनों ही झूठ है। यह सही है कि हाईकोर्ट ने लंबे समय तक ए टी एस प्रमुख का पद नहीं भरने की निन्दा की थी पर उसने इस निर्देश को पूरा करने के लिए चार सप्ताह का समय दिया था। लेकिन इससे पहले कि अदालत के आदेश की स्याही सूखती या ऑर्डर की कॉपी प्राप्त होती, सरकार ने न केवल पद को भर दिया बल्कि इसे ऊंचा भी कर दिया। और दूसरे इसे इतने लंबे समय तक पद पर नियुक्ति न करने का जो कारण दिया गया वह यह कि जिन अफ़सरों को इसपर रखने का विचार किया गया उन सभी ने इस पद को स्वीकार करने से मना कर दिया। किसी भी राज्य में कम से कम 60 प्रतिशत पद ऐसे होते हैं जिन्हें पुलिस अधिकारी आमतौर पर स्वीकार करने के लिए तैयार नहीं होते हैं। क्या सरकार ऐसे पद ख़ाली रखती है ? महाराष्ट्र सरकार ने कब से किसी पद पर कहीं तैनात करने से पहले उनकी सहमति लेने का रिवाज शुरू किया है ?

सच यह है कि आई बी के ब्राह्मणवादी चाहते थे कि रघुवंशी और *केवल* रघुवंशी ही ए टी एस चीफ़ के पद पर तैनात किए जाएं और वह भी, किसी वजह, से बहुत जल्दी। और सरकार रघुवंशी को ए टी एस प्रमुख के रूप में तैनात नहीं कर सकती थी, क्योंकि मुंबई ट्रेन ब्लास्ट केस की जाँच के बाद से उनपर मुस्लिम-विरोधी होने का आरोप लग चुका था, ख़ासकर 2006 के मालेगांव मामले की बेहद पूर्वाग्रहयुक्त (तास्सुब की भावना के साथ) जाँच के बाद से। लेकिन इसी के साथ वह सुपर पावर आई बी को "ना" नहीं कह सकती थी। आपत्ति उठाने वालों को शांत करने का एक ही तरीक़ा था कि अदालती आदेश हासिल कर लिया जाए और सरकार ने यही किया साफ़ तौर पर आई बी की सक्रिय भागीदारी से। सब कुछ तैयार था, सरकार अदालत के आदेश का इंतिज़ार कर रही थी। पर उम्मीद के उलट, अदालत का आदेश बहुत स्पष्ट नहीं था। पर इससे सरकार को हिचक नहीं हुई और उसने रघुवंशी को ए टी एस प्रमुख के रूप में नियुक्त करने का बना-बनाया आदेश तत्काल जारी कर दिया और इसे हाईकोर्ट की ताकीद के नतीजे के तौर पर पेश किया। हाईकोर्ट ने जिस

पीआईएल के सम्बन्ध में यह आदेश दिया था अगर उस पीआईएल की विस्तृत जाँच होती तो पता चलता कि वह किसी आई बी वाले या कट्टर ब्राह्मणवादी की थी, रिकॉर्ड में याचिकाकर्ता चाहे जो हो।

इस मामले ने एक बार फिर इस नज़रिए की पुष्टि की है कि देश में या राज्यों में मुख्यमंत्रियों या गृहमंत्रियों या चिदंबरम या मनमोहन सिंह या राहुल गांधी अथवा सोनिया गांधी का राज नहीं चल रहा है बल्कि आई बी में काम करने वाला या उससे रिटायर कोई ब्राह्मणवादी है जो असल में यह सब कुछ कर रहा है।

अब इस मामले का क्या होगा? चूंकि मालेगांव मामले में मुख्य आरोपी (ले. कर्नल पुरोहित) ने रघुवंशी समेत ए टी एस के अफ़सरों को विस्फोटकों का पता लगाने और उनकी हैंडलिंग से संबंधित ट्रेनिंग दी है इसलिए नई नियुक्ति का मतलब होगा कोई शिष्य ऐसे मामले की जाँच करे जिसमें उसका गुरु मुख्य अभियुक्त है और इस मामले से संबंधित जाँच का काम उसने अपने गुरु से ही सीखा है। इस मामले में आगे जो कुछ भी होगा और मामले का जो नतीजा निकलेगा उससे किसी को चौंकना नहीं चाहिए।

पुरोहित एंड कंपनी के लिए नहीं है मकोका

द टाइम्स़ ऑफ़ इंडिया, पुणे, ने 1 अगस्त 2009 के अपने अंक में रिपोर्ट की जिसका आशय यह था कि मालेगांव ब्लास्ट मामले के अभियुक्तों के ख़िलाफ़ मकोका मामला ख़त्म हुआ। इसके मुताबिक़ महाराष्ट्र पुलिस के एंटी-टेररिस्ट स्कॉड (ए टी एस) को मालेगांव ब्लास्ट मामले में शुक्रवार (31 जुलाई 2009) को एक बड़ा झटका लगा जब मुंबई की एक विशेष अदालत ने 11 अभियुक्तों के ख़िलाफ़ मकोका के तहत लगाए गए सभी आरोपों को ख़ारिज कर दिया। इनमें ले. कर्नल प्रसाद पुरोहित और साध्वी प्रज्ञासिंह ठाकुर शामिल हैं। इस रिपोर्ट में आगे कहा गया, जिन कारणों से जज वाईडी शिन्दे ने समझा कि इस मामले में सख़्त क़ानून लागू नहीं किए जा सकते हैं उनमें से एक यह था कि अभियोजन पक्ष यह दिखाने में नाकाम रहा है कि अभियुक्त किसी एक संगठित अपराधी गुट के सदस्य हैं।

संदिग्ध साज़िशकर्ताओं की ढीठाई

के. पी. रघुवंशी को ए टी एस प्रमुख बनाए जाने की पुष्टि और मालेगांव

अभियुक्तों के ख़िलाफ़ मकोका के तहत आरोप ख़ारिज किए जाने से लगता है कि 2008 के मालेगांव ब्लास्ट मामले के कुछ अभियुक्त बहुत बहादुर हो गए हैं।

"टुडे" (*सकाल*, पुणे) में 5 अगस्त 2009 को ख़बर थी कि शिवानी सावरकर और मिलिन्द एकबोटे ने जो कि उस वक़्त जबकि हेमंत करकरे ए टी एस के चीफ़ थे तो देश भर में आतंक की साज़िश रचने के लिए ए टी एस की जाँच के दायरे में थे, पुणे के कुछ और ब्राह्मणवादी नेताओं के साथ मालेगांव मामले में अभियुक्तों का प्रतिनिधित्व कर रहे वकील का मकोका के तहत मामला ख़त्म कराने के लिए सम्मान किया। इन लोगों ने मकोका लगाने के लिए सरकार की निन्दा की और कहा कि, "सरकार ने ख़ुद को धर्मनिरपेक्ष दिखाने और मुसलमानों को ख़ुश करने के लिए ऐसा किया था।" इन लोगों ने यह आरोप लगाने की बेशर्मी भी दिखाई कि मालेगांव ब्लास्ट मामले में हिन्दुओं को जान-बूझकर फंसाया गया था जबकि ब्लास्ट तथाकथित "जिहादियों" की करतूत थी। इनकी इस बेशर्मी से उनके आत्मविश्वास का पता चलता है और यह भी कि वे करकरे की हत्या को पचा गए हैं।

मालेगांव मामले का आगे क्या होगा ?

1) हेमंत करकरे ने जितना भी काम किया था उसे चालाकी से ख़त्म दिया जाएगा।
2) लेफ़्टिनेंट कर्नल पुरोहित की इस याचिका को कि उन्होंने जो कुछ भी किया वह "आतंक-विरोधी" अभियान था, स्वीकार कर लिया जाएगा और उन्हें बाइज़्ज़त बरी कर दिया जाएगा, कम से कम गंभीर आरोपों में। (उसने पहले से ही यह रवैया अपना लिया है जैसा कि *द इंडियन एक्सप्रेस,* पुणे (22 जनवरी 2009), में रिपोर्ट किया गया है। ख़बर का शीर्षक था : "पुरोहित कवर स्टोरी : मालेगांव प्लाट वाज एमआई एंटी-टेरर ऑपरेशन")।
3) अभिनव भारत का काम फिर पूरे ज़ोर-शोर से शुरू हो जाएगा और वे बम विस्फोट *जो ले. कर्नल पुरोहित और कंपनी की गिरफ़्तारी के बाद से कमोबेश पूरी तरह से बंद हो गये थे,* पुनः शुरू हो जाएंगे और इसी के साथ मुसलमानों पर दोष मढ़ने का खेल फिर शुरू हो जाएगा।

> इसके फलस्वरूप "हिंदू (ब्राह्मणवादी) राष्ट्र" दूर का सपना नहीं रह जाएगा।

हमें नींद से जागना होगा और फ़ौरन इसकी रोकथाम के उपाय करने होंगे या धर्मनिरपेक्ष और प्रबुद्ध राजनीति के रूप नष्ट हो जाएंगे। लेकिन स्थिति को दुरुस्त करने के लिए उठाये जाने वाले क़दमों पर विचार करने से पहले यह ज़रूरी है कि महाराष्ट्र के ब्राह्मणों और आई बी की दोहरी भूमिका को गंदे सांप्रदायिक इतिहास में समझा जाये जो कि 1893 से शुरू होता है।

9

महाराष्ट्र के ब्राह्मणों की संदिग्ध भूमिका

1818 से ही, जब पुणे के ब्राह्मणवादी पेशवाओं के इलाक़े को अंग्रेज़ों ने अपने राज्य मे मिला लिया था, जिसपर उन्होंने छत्रपति शिवाजी के वंशजों को धकिया कर क़ब्ज़ा किया था और वहाँ के शासक बन बैठे थे, ब्राह्मणवादी भारत में पेशवाओं के उस अनुभव को दोहराने के फ़िराक़ में हैं। सत्ता के लिए उनकी ललक कितनी गहरी और तीव्र है, और इस बात में उनका कितना पक्का यक़ीन है कि वही हैं जिनके पास सत्ता की बाग़डोर हमेशा रहनी चाहिए, यहाँ तक कि वर्तमान लोकतांत्रिक व्यवस्था में भी, चाहे उन्हें पर्याप्त राजनीतिक प्रतिनिधित्व हासिल हो या न हो; और अपनी यह स्थिति बनाये रखने के लिए वे कितने इच्छुक हैं, इसे मशहूर कॉलमनिस्ट स्मिता गुप्ता द्वारा बयान किए गए इस घटनाक्रम से अच्छी तरह समझा जा सकता है

आउटलुक पत्रिका (30 मार्च 2009) में लिखते हुए वह कहती हैं : "एक ब्राह्मण साथी ने एक बार स्वर्गीय वीएन गाडगिल के पास रोना रोया कि राजनीतिक सत्ता पर ब्राह्मणों की पकड़ ढीली पड़ती जा रही है। लन्दन स्कूल ऑफ़ एक्नॉमिक्स (एल एस ई) से बैरिस्टर गाडगिल जो तीन बार सांसद, केंद्रीय मंत्री और कांग्रेस प्रवक्ता रह चुके थे, ज़रा मुस्कराए, और अपने वार्ताकार से बोले : महाराष्ट्र में हमने इस समस्या को तीन सदी पहले ही हल कर लिया था, ब्राह्मणों (पेशवाओं) ने मराठों को शासन करने का मौक़ा दिया जबकि असल सत्ता अपने हाथ में रखी।"

अगर बेहद प्रगतिशील समझे जाने वाले एक ब्राह्मण का यह नज़रिया है तो कट्टरपंथी ब्राह्मणवादियों के दृष्टिकोण की कल्पना आसानी से की जा सकती है।

भारत में लगभग पिछले 115 वर्षों के दौरान घटने वाली सांप्रदायिकता या जातिवाद से जुड़ी बड़ी घटनाओं का सावधानी से विश्लेषण करने पर, जैसा कि नीचे दिया गया है, उनमें एक न दिखाई देने वाली डोर निकलेगी, 1893 के मनसूबाबंद सांप्रदायिक दंगों के सिलसिले की पहली घटना से लेकर नवम्बर

2008 के मुंबई आतंकी हमले के रहस्यमय सी एस टी-कामा-रंगभवन लेन हिस्से तक, और यह दिखाई न देने वाली डोर और कुछ नहीं बल्कि महाराष्ट्र की ब्राह्मणवादी शक्तियां हैं।

1) पहला पूर्व-नियोजित हिंदू-मुस्लिम दंगा 1893 में पुणे के महाराष्ट्रीयन ब्राह्मणवादियों द्वारा करवाया गया था ताकि महात्मा ज्योतिराव फुले व अन्य लोगों के सुधारवादी आंदोलन की ओर से आम हिंदुओं का ध्यान हटाया जा सके, जो कि 19वीं सदी के उत्तरार्द्ध में उस क्षेत्र में ज़ोर पकड़ रहा था।
2) हिंदू महासभा और आर एस एस जैसे ब्राह्मणवादी संगठनों, जो कि मुख्य रूप से समाज में मुस्लिम-विरोधी भावना फैलाने के असल ज़िम्मेदार रहे हैं, और अपनी दूरगामी रणनीति के तहत साम्प्रदायिक दंगों को हवा देते रहे हैं, की स्थापना महाराष्ट्र में की गयी।
3) हिंदू महासभा के संस्थापक महाराष्ट्रीयन ब्राह्मणवादी वीडी सावरकर थे और उसका मुख्यालय महाराष्ट्र के पुणे में था।
4) आर एस एस के संस्थापक और उसके पहले प्रमुख महाराष्ट्रीयन ब्राह्मणवादी डॉ. हेडगेवार थे और आर एस एस का मुख्यालय उस समय के *मध्य भारत* (अब महाराष्ट्र) के नागपुर में था। डॉ. हेडगेवार के तुरंत बाद के दो उत्तराधिकारी गोलवालकर "गुरुजी" और बालासाहेब देवरस भी महाराष्ट्रीयन ब्राह्मणवादी थे। मौजूदा प्रमुख मोहन भागवत भी महाराष्ट्र के हैं। इस प्रकार, दो प्रमुखों *(सरसंघचालक)* राजेंद्र सिंहजी और के. सुदर्शन को छोड़कर सभी महाराष्ट्रीयन ब्राह्मणवादी थे। इसके अलावा, *द हिंदू* में प्रकाशित एक हालिया रिपोर्ट के अनुसार आज भी उसके 57 प्रतिशत महत्त्वपूर्ण पदाधिकारी और वैचारिक गुरु महाराष्ट्र के ब्राह्मणवादी हैं।
5) महात्मा गांधी की हत्या करने की साज़िश महाराष्ट्र में रची गयी और यह जाना-बूझा तथ्य है कि मुख्य आरोपी नाथूराम गोडसे समेत कमोबेश सभी साज़िशकर्ता महाराष्ट्रीयन ब्राह्मणवादी थे।
6) महात्मा गांधी की मौत के बाद भी इन लोगों ने उन्हें नहीं बख़्शा। उनकी हत्या के लगभग 50 साल बाद जैसे इस शर्मनाक हरकत की स्वर्ण जयंती मनाने के लिए, महाराष्ट्र के ब्राह्मणवादियों ने एक नाटक लिखा

जिसका शीर्षक था "मी नाथूराम गोडसे बोलतो" (मैं नाथूराम गोडसे बोलता हूं) जिसमें कि महात्मा गांधी के हत्यारे को नायक के रूप में चित्रित किया गया जो कि उनकी हत्या करने के घृणित काम में गौरव महसूस करता है। नाटक के हिसाब से उसने इस कमज़ोर, बुज़ुर्ग, सुरक्षा रहित शांति के दूत की हत्या देशभक्ति के जोश में की थी क्योंकि उन्होंने कथित रूप से देश के बंटवारे पर रज़ामंदी दी थी और कथित रूप से सरकार को बाध्य किया था कि वह संयुक्त भारत के साझे खाते से पाकिस्तान को 55 करोड़ रुपये का भुगतान करे।

थिएटर में, जहां पर नाटक का मंचन चल रहा था, पहली क़तार में अधिकतर कट्टर ब्राह्मणवादी बैठे हुए थे जो कि अपने "हीरो" के डॉयलॉगों की शानदार अदायगी पर ज़ोर-ज़ोर से तालियां बजाते थे और बाक़ी दर्शक उनका अनुसरण करते थे। यह भारतीय समाज का प्रतिनिधित्व करने वाला एक सटीक दृश्य था, जहां पर 99 प्रतिशत लोग एक प्रतिशत से कम ब्राह्मणवादियों का मामले की बारीकियों को समझे बिना अनुसरण करते हैं।

महाराष्ट्र में इस नाटक के ख़िलाफ़ कोई ख़ास विरोध-प्रदर्शन नहीं हुआ, सिवाए कुछ थोड़े से बैनरों के, जो कुछ सुधारवादी और धर्मनिरपेक्ष संगठनों ने यहाँ वहाँ लगा दिए थे । इन बैनरों में लिखा था : "बापू हम शर्मिन्दा हैं, आपके क़ातिल अभी ज़िंदा हैं।" हां, गांधीजी के एक पक्के गुजराती अनुयायी चुनीभाई वैद्य ने गुजराती भाषा में एक पुस्तिका "सूरज सेम धुल" लिखी जिसमें उन्होंने नाटककार के दावों की धज्जियां उड़ा दीं। चुनीभाई के अनुसार 1934 से अब तक ब्राह्मण-वादियों द्वारा महात्मा के जीवन पर हमला करने की छह कोशिशें की जा चुकी हैं। लेकिन पहली चार घटनाओं के समय देश के विभाजन की कोई बात नहीं थी और इसलिए पाकिस्तान को 55 करोड़ रुपये देने का कोई सवाल भी नहीं था; और इन छह कोशिशों में से चार महाराष्ट्र में की गयी, जिनमें से तीन में नाथूराम गोडसे शामिल था जबकि दो घटनाओं में महाराष्ट्र की प्रतिक्रियावादी ताक़तें लिप्त थीं।

7) उन्नीसवीं सदी के आख़िरी दशक और 20 वीं सदी की शुरुआत के दौरान हुए अधिकतर बड़े साम्प्रदायिक दंगे, जिनसे देश में साम्प्रदायिक

दंगों के ख़त्म न होने वाले सिलसिले की रूप-रेखा बनी और बाबरी मस्जिद विध्वंस व 2002 के गुजरात नरसंहार सामने आया, वे दंगे महाराष्ट्र के ब्राह्मणवादियों द्वारा धार्मिक उत्सवों एवं जुलूसों में आम हिंदुओं को भड़काकर कराए गए थे।

8) ब्राह्मणवादी संगठनों से जुड़ी आतंकवाद की 48 घटनाओं में से 35 घटनाओं का सम्बन्ध महाराष्ट्र से है। इन घटनाओं का ब्योरा इस पुस्तक के अध्याय 2 में दिया गया है। हालाँकि कुछ मामलों में आम हिंदू युवा जुड़े हुए नज़र आते हैं लेकिन उनकी विस्तृत पड़ताल से पता चलेगा कि उनके सूत्रधार ब्राह्मणवादी हैं।

9) संवैधानिक रूप से स्थापित लोकतांत्रिक गणराज्य को अस्थिर करने और हिंदू (ब्राह्मणवादी पढ़िए) राष्ट्र बनाने की साज़िश, जिसका पता हाल ही में मालेगांव विस्फोट मामले की जाँच से चला, महाराष्ट्र में रची गयी थी और मुख्य साज़िशकर्ता ले. कर्नल पुरोहित समेत अधिकतर अभियुक्त महाराष्ट्रीयन ब्राह्मणवादी थे।

10) आतंकी संगठन अभिनव भारत, जो कि उपर्युक्त राष्ट्र-विरोधी साज़िश का प्रेरक है, की जड़ें महाराष्ट्र में हैं और उसकी राष्ट्रीय अध्यक्ष कट्टर ब्राह्मणवादी और वीडी सावरकर के भाई की बहू हिमानी सावरकर महाराष्ट्र की है।

11) अहमदाबाद बम विस्फोट और जुलाई 2008 के सूरत के बिन फटे बम मामले का सम्बन्ध महाराष्ट्र से था। जैसा कि विस्फोट से कुछ मिनट पहले कुछ टीवी चैनलों को मिले ईमेलों से पता चला कि वे नवीं मुंबई से किये गये थे, विस्फोट के लिए प्रयुक्त वाहन नवीं मुंबई से चुराया गया था और उसे महाराष्ट्र के ठाणे ज़िले के टलसारी चुंगी नाका से होकर गुज़ारा गया था और ऐसा संभवत: चुंगी नाके पर लगे सीसीटीवी कैमरों से छेड़ख़ानी करके सबूतों को मिटाने की कोशिश की गई थी और कुछ बिनफटे बम मराठी अख़बारों में लिपटे पाये गये थे। लेकिन, महाराष्ट्र के ब्राह्मणवादियों ने आई बी के अपने भाइयों की मदद से जाँच को बिल्कुल उलटा मोड़ दे दिया।

12) दिल्ली के बटला हाउस मुठभेड़ से जुड़े आतंकवादियों के पास पाये गये सिम कार्डों का सम्बन्ध महाराष्ट्र के औरंगाबाद ज़िले से था। यह भी

पाया गया कि उन सिम कार्डों का प्रयोग आतंकवादियों द्वारा औरंगाबाद के किसी व्यक्ति से संपर्क करने के लिए किया गया था। लेकिन, इस मामले की केवल सतही जाँच की गयी और वास्तविक सूत्रधारों के ख़िलाफ़ कोई कार्रवाई नहीं की गयी। अगर गहराई से जाँच की गयी होती और उसे उसके तार्किक अंजाम तक पहुंचाया गया होता तो उससे ब्राह्मणवादियों के जुड़े होने का भंडाफोड़ हो गया होता।

13) उत्तर प्रदेश के कानुपर में हुए अगस्त 2008 के विस्फोट का सम्बन्ध महाराष्ट्र से था, इस बात का पता चल चुका है। इस मामले में बजरंग दल के दो कार्यकर्ता (राजीव मिश्रा, और भूपिंदर सिंह) विस्फोटक डिवाइसों को बनाते समय मारे गये थे। जाँच से पता चला कि अल्पसंख्यक बहुल फ़ीरोज़ाबाद में उनकी बड़े पैमाने पर विस्फोट कराने की योजना थी। विस्फोट के पहले दो महीनों से वे दो मोबाइल फ़ोनों पर अक्सर मुंबई बात करते रहे थे। लेकिन, पुलिस अभी तक संबंधित लोगों की पहचान नहीं कर पायी है और इसका ज़ाहिर सा कारण ब्राह्मणों के दबदबे वाली आई बी का दबाव है।

14) 26 नवम्बर के मुंबई आतंकी हमले के दौरान सी एस टी स्टेशन पर क़हर बरपा करने वाले आतंकवादियों द्वारा प्रयुक्त मोबाइल फ़ोन महाराष्ट्र के सतारा के थे। सिम कार्ड फिर चाहे जिसके भी नाम से लिया गया हो, पर अगर मामले की गहराई से जाँच की जाती तो उसके तार ब्राह्मणवादी संगठनों और उनके नेताओं से जुड़े पाये जाते। लेकिन, स्वाभाविक कारणों से आई बी और मुंबई क्राइम ब्रांच द्वारा इस मामले को ठंढे बस्ते में डाल दिया गया।

ऊपर बयान की गयीं घटनाएं, जो कि विस्तृत नहीं, केवल इशारा करने वाली हैं, इस तथ्य की ओर ले जाती हैं कि भारत में सांप्रदायिक गतिविधियों के मामले में महाराष्ट्र के ब्राह्मणवादी सबसे आगे रहे हैं।

महाराष्ट्र : हिंदुत्व (ब्राह्मणवादी) प्रयोगशाला

गुजरात 2002 के नरसंहार के बाद मीडिया ने गुजरात को "हिंदुत्व (पढ़ें ब्राह्मणवादी) प्रयोगशाला" कहना शुरू कर दिया। लेकिन यह गुजरात के लिए

उपयुक्त नाम नहीं है कि उसे परीक्षण-भूमि तो कहा जा सकता है लेकिन प्रयोगशाला नहीं। हिंदुत्व की वास्तविक प्रयोगशाला 1893 से महाराष्ट्र रही है। महाराष्ट्रीयन ब्राह्मणवादियों के लिए तो यह शोध का विषय रहा है कि "समाज के ऊपर ब्राह्मणों की सर्वोच्चता कैसे बनायी रखी जाये और किस प्रकार ब्राह्मणों को सही-सलामत रखते हुए अन्य हिंदुओं को मुसलमानों से लड़ाकर अपने अधीन रखा जाये।" वे इस प्रयोगशाला में शोध करते रहे हैं और अन्य राज्यों में प्रयोग करते रहे हैं, इनमें से सबसे सफल प्रयोग बाबरी मस्जिद विध्वंस और गुजरात नरसंहार था, इन दोनों में ही दूसरे तमाम समुदायों ने कष्ट झेला पर ब्राह्मण पूरी तरह से अप्रभावित बने रहे।

इस सिलसिले में यह बात याद की जा सकती है कि गुजरात नरसंहार से सात साल पहले अर्थात 1995 के विधानसभा चुनावों के दौरान शिवसेना के नेता मनोहर जोशी ने, जिन्हें ब्राह्मणवादियों ने 1960 के दशक में सिस्टमेटिक तरीक़े से शिवसेना में दाख़िल कर दिया था और जो बाद में अन्य वरिष्ठ नेताओं को दरकिनार करके महाराष्ट्र के मुख्यमंत्री बने थे, वादा किया था कि वे महाराष्ट्र को देश का पहला "हिंदू-राष्ट्र" बनाएंगे। इस मुद्दे पर मुंबई हाईकोर्ट में एक चुनाव याचिका दायर की गयी थी, जिसने जोशी के चुनाव को इस आधार पर रद्द कर दिया था कि उन्होंने "हिंदू-राष्ट्र" स्थापित करने के अपने वादे के आधार पर वोट मांगकर धर्मनिरपेक्षता के प्रति संवैधानिक प्रतिबद्धता का उल्लंघन किया है। लेकिन, सुप्रीम कोर्ट ने 1996 में हाईकोर्ट के फ़ैसले को यह कहते हुए उलट दिया कि "हमारी राय में महज़ एक बयान कि महाराष्ट्र में पहला "हिंदू-राष्ट्र" स्थापित किया जाएगा, अपने आप में, धर्म के आधार पर वोट के लिए अपील नहीं बल्कि यह ज़्यादा से ज़्यादा ऐसी आशा व्यक्त करना है।"

द टाइम्स़ ऑफ़ इंडिया, दिल्ली (24 फ़रवरी 2009), में क़ानूनी टिप्पणीकार मनोज मिट्टा ने लिखा है, "हिंदुत्व को सुप्रीम कोर्ट की 1996 की क्लीनचिट राजनीतिक रूप से सबसे ज़्यादा दुर्भाग्यपूर्ण है। संघ परिवार द्वारा इसका उल्लेख वर्षों से अपनी संकीर्ण गतिविधियों को तर्क का जामा पहनाने के लिए किया जाता रहा ... हिंदुत्व पर 1996 के निर्णय को क़ानूनी तौर पर दफ़न करने के लिए राजनीतिक स्तर पर आम सहमति बनाने का समय आ गया है।"

यह तो भविष्य ही बताएगा कि देश के राजनीतिक दल मिट्टा की सलाह को कितनी गंभीरता से लेते हैं। लेकिन, मैं जिस नतीजे को पेश कर रहा हूं वह यह है

कि यह महाराष्ट्र के ब्राह्मणवादी ही हैं जो कि सांप्रदायिक गतिविधियों में सबसे आगे रहे हैं और जिन्होंने महाराष्ट्र को हिंदुत्व की वास्तविक प्रयोगशाला में बदल दिया है।

अगर सांप्रदायिक रूप से डांवाडोल ऐसे माहौल में महाराष्ट्र में गुजरात जैसी स्थिति विकसित नहीं हुई तो इसका श्रेय राज्य के सुधारवादी आंदोलन को जाता है। हालाँकि यह आंदोलन कमज़ोर और असंगठित रहा है। गुजरात जैसे हालात नहीं बनने देने का श्रेय संतों और सूफ़ियों की लंबी परंपरा के साथ-साथ महाराष्ट्र पुलिस को भी जाता है, जो कि अपनी तमाम ख़ामियों के बावजूद सांप्रदायिक मुद्दों पर बहुत अधिक संवेदनशील है।

महाराष्ट्र के किसी भी राजनीतिक नेता ने ब्राह्मणवादियों से मोर्चा लेने का साहस नहीं दिखाया

विडंबना देखिये कि महाराष्ट्र में एक भी ऐसा महत्त्वपूर्ण नेता नहीं है जो ब्राह्मणवादियों की आंखों में आंखें डालता और उनसे सीधे सवाल करता, उन कुछ नेताओं के विपरीत जो कुछ दूसरे राज्यों में उनसे खुलकर मुक़ाबला करते हैं। लेकिन, महाराष्ट्र के राजनीतिक नेता, वे चाहे छोटे हों या बड़े, ब्राह्मणवादियों से खौफ़ खाते हैं। इसके पीछे वजह यह है कि उनके पास काफ़ी विस्फोटक जानकारियां हैं और उन्हें भय रहता है कि अगर उन्होंने ब्राह्मणवादियों से पंगा लिया तो उनकी ख़ैर नहीं, क्योंकि मीडिया में उनकी काफ़ी चलती है। दूसरे और तीसरे दर्जे के राजनेता मीडिया में ब्लेक आउट हो जाने के डर से ब्राह्मणवादियों को छेड़ना नहीं चाहते कि यह उनके राजनीतिक कैरियर के लिए नुक़सानदेह होगा। इसके फलस्वरूप राज्य में ब्राह्मणवादियों की नापाक गतिविधियां बदस्तूर जारी हैं।

10

आई बी के ख़िलाफ़ चार्ज शीट

स्वतंत्रता से पहले और बाद के दौर में आई बी की गंभीर कोताहियों और करनियों का सारांश इस तरह हैं :

1) सरकार को आर एस एस की साम्प्रदायिक गतिविधियों के विषय में अंधेरे में रखना

ऐसा लगता है कि आई बी द्वारा, आर एस एस जैसे ब्राह्मणवादी संगठनों के घृणित कार्यों के विषय में, सरकार को अंधेरे में रखा गया। इसके बिना यह संभव ही नहीं था कि आर एस एस अपनी 45,000 *शाखाओं* के जाल की मदद से मुस्लिम-विरोधी अभियान, को गत साठ वर्षों से बेरोक-टोक चला पाती।

2) आर एस एस को राष्ट्रीय व सामाजिक संगठन के रूप में बताया जाना

इसी के साथ, इनके द्वारा आर एस एस को एक राष्ट्रवादी, सामाजिक व सांस्कृतिक संगठन के रूप में प्रस्तुत किया गया, जैसा कि इनके द्वारा केन्द्र व राज्य सरकार तथा पुलिस को भेजी गई रिपोर्टें पढ़ने पर मालूम होता है और यही कारण था कि आर एस एस द्वारा पूरे देश में ज़हरीला प्रचार किया गया।

3) वाम दलों और धर्म निरपेक्ष संगठनों के लिए अलग नीतियां

आई बी द्वारा, वाम दलों, धर्म निरपेक्ष संगठनों और मुस्लिम-संगठनों को लेकर पूर्णत: अलग नीतियां अपनाई गयीं। इनके द्वारा सरकार को ऐसी पार्टियों और संगठनों के विषय में झूठी व अतिरंजित जानकारी प्रदान की गई और इनकी सकारात्मक गतिविधियों पर बंदिश लगाई गयी, ताकि ब्राह्मणवादी संगठन अपने साम्प्रदायिक व जातिवादी एजेंडे को बिना रुकावट जारी रखें।

4) महात्मा गांधी की हत्या के बारे में हेर-फेर

आई बी ने, राष्ट्रपिता की हत्या के तथ्यों को लेकर भी हेर-फेर किया है तथा षडयंत्रकारियों के ख़िलाफ़ जान-बूझकर कार्रवाही नहीं की। जबकि उन्हें यह पता था कि गांधी जी पर 1934 से पांच बार हत्या का प्रयास हो चुका है तथा पुणे का ब्राह्मणवादी संगठन इसके लिए ज़िम्मेदार है। साथ ही, मुख्य आरोपी नाथूराम गोडसे, पहले भी हत्या के प्रयास कर चुका है।

5) सांप्रदायिक दंगों को नियंत्रण में नहीं रखा

यह सच्चाई है कि ब्राह्मणवादियों द्वारा आज़ादी के बाद 60 साल से देश भर में अपने स्वार्थ के लिए भड़काए गए सांप्रदायिक दंगे तथा उनकी बढ़ती हुई संख्या, देश की प्रमुख गुप्तचर एजेंसी की संदिग्ध भूमिका की पोल खोलते हैं। अगर आई बी ने अपनी भूमिका सही व ईमानदार तरीक़े से निभाई होती, तो सांप्रदायिक दंगे जिस तरह से फैले हैं वे नहीं फैलते और देश में सांप्रदायिक सौहार्द्र का माहौल बना रहता।

6) मुस्लिम-समुदाय को जान-बूझ कर बदनाम करना – मुस्लिम लड़कों पर आर डी एक्स थोपना

दिल्ली के, *द टाइम्ज़ ऑफ़ इंडिया* अख़बार (13 सितम्बर 2007) में यह रिपोर्ट प्रकाशित हुई है, जिसमें सी बी आई की जाँच के बारे में लिखा गया है। जाँच में पता चला कि आई बी और दिल्ली पुलिस की विशेष शाखा के बीच सांठ-गांठ हुई थी तथा वे दो मुस्लिम युवकों, मुहम्मद मआरिफ़ क़मर तथा इरशाद अली पर आर डी एक्स बांधने वाले थे और उन्हें आतंकी घोषित करने वाले थे। वे मुस्लिमों के साथ पूर्वाग्रह रखते हैं और इस प्रकार से ब्राह्मणवादी गतिविधियों से ध्यान दूसरी ओर ले जाते हैं।

7) मुठभेड़ कही जाने वाली ग़ैर क़ानूनी हत्याओं को उचित ठहराना

हिन्दुस्तान टाइम्ज़, मुंबई (5 मई 2007), में आई बी प्रमुख वीजी वैद्य द्वारा लिखित पत्र प्रकाशित किया गया था, जो उन्होंने डीजीपी गुजरात केपीएस गिल को 30 दिसम्बर 1991 को लिखा था। उसमें उन्होंने पुलिस अधिकारियों द्वारा पश्चिमी मीडिया को यह बताए जाने पर आपत्ति थी कि किस प्रकार उन्होंने एक

व्यक्ति को, बिना किसी क़ानूनी सज़ा के मार दिया। आई बी प्रमुख का पत्र के माध्यम से यह कहना था कि पुलिस वाले भले ही अपना काम करते रहें लेकिन यह बात मीडिया में नहीं आना चाहिए।

8) गुप्त सूचना के नाम पर अफ़वाह फैलाना तथा मुस्लिमों की निन्दा कराना

गुप्त सूचना के नाम पर आई बी द्वारा जान-बूझकर अफ़वाह फैलाई जाती है कि मुस्लिम आतंकी संगठनों द्वारा अति महत्त्वपूर्ण व्यक्तियों पर हमला किया जाना है। इसके अलावा देश के प्रमुख ठिकानों व धार्मिक स्थानों पर हमला होने की अफ़वाह फैलाई जाती है जिससे मुस्लिमों के ख़िलाफ़ वातावरण बने। इससे वे ब्राह्मणवादियों के उस एजेंडे को पूरा करते हैं, जिसमें समाज पर नियंत्रण करने की उनकी मंशा रहती है और वे यह चाहते हैं कि आम हिंदू व मुसलमान, आपस में लड़ते रहें।

9) ब्राह्मणवादी संगठनों की आंतकी गतिविधियों की जान-बूझकर अनदेखी करना

दूसरी तरफ़ असल ब्राह्मणवादी आंतकी अपने लोगों को हथियार व विस्फोटकों का प्रशिक्षण देश भर में देते रहे और वे पैसा, हथियार, बारूद-विस्फोटक इकटठा करते रहे । लेकिन आई बी, इन सब गतिविधियों पर, भी आंखे मूंदे रहती है और उन्हें खुली छूट दिए रहती है।

10) सरकार को अभिनव भारत की राष्ट्र-विरोधी गतिविधियों के सम्बन्ध में अंधेरे में रखना

आई बी को उग्र ब्राह्मणवादी संगठन अभिनव भारत के गठन की जानकारी थी। साथ ही उन्हें यह भी पता था कि वह राष्ट्र-विरोधी गतिविधियों में संलग्न है। इस सम्बन्ध में कर्नल बप्पादित्य धर का ए टी एस को, मालेगांव बम विस्फोट कांड की जाँच में दिया गया बयान (*हिन्दुस्तान टाइम्ज़,* मुंबई, 23 जनवरी 2009) महत्त्वपूर्ण था। लेकिन इससे भी सरकार चौकन्नी नहीं हुई और उसने संगठन पर रोक लगाने की कार्रवाही नहीं की। जबकि दूसरी ओर यह लगता है कि इसके लिए मौन सहमति दी गई थी।

11) बम विस्फोट की जाँच में हस्तक्षेप करना

आई बी ने बिना कारण बम विस्फोट के मामलों में हस्तक्षेप किया, ताकि जाँच को ग़लत राह पर ले जाया जा सके। उनका उद्देश्य ब्राह्मणवादी आंतकियों को बचाना तथा मुस्लिमों को दोषी ठहराना था। कई मामलों में उन्होंने घटना के स्वरूप को ही बदल दिया, जिसमें उन्होंने सबूतों से भी छेड़छाड़ की। कई ऐसे मामलों में भी जान-बूझकर जाँच में शामिल हो जाना सामने आया है जिसमें स्थानीय पुलिस ने कार्यवाही कर ली थी। जबकि कुछ घटनाओं में उन्होंने जाँच एजेंसियों द्वारा पाए गए महत्त्वपूर्ण सुराग़ों को उनके तार्किक नतीजे तक ले जाने का मौक़ा नहीं दिया जिन सब में, जैसा कि बाद में पता चला, ब्राह्मणवादी आतंकी शामिल थे।

12) बहुत ज़्यादा शक वाली आतंकी घटनाओं की जाँच नहीं करने देना

आई बी द्वारा, देश में घटित कुछ बड़ी व शक वाली घटनाओं की जाँच नहीं करने देने की बात भी सामने आई है। जैसे संसद व आर एस एस मुख्यालय नागपुर पर हमला और अहमदाबाद विस्फोट की घटना। इन घटनाओं की गहराई से व ईमानदारी से जाँच नहीं करने देने में भी आई बी का ही हाथ है। इससे गंभीर संदेह उत्पन्न होता है। जबकि इस सम्बन्ध में गहराई से जाँच करने की मांग ज़ोर-शोर से उठी भी थी।

संसद पर हमला : संसद पर हमले के बारे में तीन महत्त्वपूर्ण किताबें है, जिन्हें काफ़ी शोध के बाद लिखा गया है (1) *13 डिसेंबर- ए रीडर : द स्ट्रेंज केस ऑफ़ द अटैक आन द इंडियन पार्लियामेंट।* इसे वकीलों के समूह, शिक्षाविदों, पत्रकार व लेखकों ने लिखा है तथा इसकी प्रस्तावना अरुंधती रॉय ने लिखी है। (2) *डिसेंबर 13 टेरर ओवर डेमोक्रेसी* इसे निर्मलांगशु मुखर्जी ने लिखा है तथा (3) पीपल्स युनियन ऑफ़ डेमोक्रेटिक राइट्स द्वारा लाई गई रिपोर्ट जिसमें सरकार व आई बी के ग़लत दावों की पोल खोली गई है तथा सही तथ्यों को सामने लाया गया है।

आर एस एस मुख्यालय नागपुर पर आतंकी हमला : आर एस एस मुख्यालय नागपुर पर हुए आतंकी हमले को आई बी ने इतने घटिया तरीक़े से लिया कि आई बी ने स्वयं ही अपना मज़ाक़ बनाया। आतंकी हमले के एक सप्ताह पहले नागपुर के पांच वरिष्ठ पुलिस अधिकारियों को पता था कि कुछ

आतंकियों को बडवानी (मध्यप्रदेश) में रखा गया है। तथा आई बी कोई ऑपरेशन नागपुर या आसपास करने वाली है। आतंकी हमले के बाद स्कूल के बच्चे भी, जिन्हें पता नहीं कि आई बी क्या है, वे भी बताने लगे कि यह ऑपरेशन आई बी का है। इस घटना की सत्यता जानने के लिए कुछ धर्मनिरपेक्ष संगठनों ने तथ्य खोजी समिति भी बनाई जिसकी कमान सेवानिवृत्त हाईकोर्ट जज बी.जी. कोलसे-पाटिल ने संभाली। कमेटी ने अपनी जाँच में पाया कि पुलिस की कहानी में काफ़ी जानकारी ऐसी है जिनके बारे में न्यायिक जाँच की जानी चाहिए।

अहमदाबाद विस्फोट : अहमदाबाद बम विस्फोट के बारे में इस किताब के अध्याय 3 में चर्चा हो चुकी है जहां पर तार्किक अर्थ यह निकाला गया कि यह काम आई बी का ही था।

उपर्युक्त सभी मामलों में किसी भी प्रकार की न्यायिक जाँच नहीं की गई जबकि इसकी मांग धर्मनिरपेक्ष तथा मानव-अधिकार संगठनों ने ज़ोर-शोर से की थी।

13) समझौता एक्सप्रेस विस्फोट की जाँच में रोक-टोक

आई बी ने दो बार समझौता एक्सप्रेस विस्फोट कांड की जाँच में अपनी ओर से अड़ंगे लगाए हैं। पहली बार जब हरियाणा पुलिस पूरे मामले के तह तक पहुँच ही गई थी। वहीं दूसरी बार जब ए टी एस महाराष्ट्र जिसका नेतृत्व हेमंत करकरे कर रहे थे, ने पूर्ण रूप से जाँच कर ली थी। दोनों बार देश की इज़्ज़त की ख़ातिर आई बी ने रोक-टोक की, पर असल में वह ब्राह्मणवादियों को इस घटना से बचाना चाहती थी।

14) लेफ़्टिनेंट कर्नल पुरोहित को ए टी एस प्रशिक्षण में प्राध्यापक के रूप में आमंत्रित करना

आई बी को लेफ़्टिनेंट कर्नल पुरोहित की गतिविधियों की जानकारी थी तथा उसके आतंकी संगठन अभिनव भारत के बारे में भी मालूम था, क्योंकि उसने कई बैठकों में भी भाग लिया था (*हिन्दुस्तान टाइम्ज़*, मुंबई, 23 जनवरी 2009)। इसके बावजूद, जब उसे अतिथि प्राध्यपक के रूप में "ए टी एस महाराष्ट्र के

अधिकारियों द्वारा विस्फोटकों की पहचान कैसे की जाए" विषय पर संबोधित करने लिए आमंत्रित किया गया, तब उसने इस बात को लेकर आपत्ति दर्ज नहीं की। आई बी के प्रमुख व ए टी एस प्रमुख के. पी. रंघुवंशी के बीच अच्छे संबंधों का हवाला दिया गया लेकिन शक है कि आई बी ने स्वयं ही पुरोहित को प्रशिक्षण देने के लिए आमंत्रित करने के लिए कहा था।

15) विस्फोटकों के पकड़े जाने की घटना में पुरोहित के जाँच करने पर आपत्ति नहीं की

आई बी ने औरंगाबाद में ज़ब्त किए गए हथियार, गोला, बारूद तथा 43 किलो आर डी एक्स की जाँच के सम्बन्ध में लेफ़्टिनेंट कर्नल पुरोहित द्वारा ए टी एस महाराष्ट्र की जाँच में सहयोग करने पर आपत्ति नहीं की। यह भी हो सकता है कि पुरोहित स्वयं इस घटना में शामिल हो क्योंकि वह अकेला ऐसा व्यक्ति था जो इतनी भारी मात्रा में आर डी एक्स लाने की क्षमता रखता था। यह बात मालेगांव विस्फोट की जाँच में सामने आई। इस परिप्रेक्ष्य में पुरोहित स्वयं ही ए टी एस को स्वयं के शामिल होने वाली घटना में निर्देशित कर रहा था और आई बी ने कभी भी यह इच्छा ज़ाहिर नहीं कि घटना की जाँच सही दिशा में हो।

16) अमेरिकी नागरिक हेवुड को देश छोड़ने देना

अमेरिकी नागरिक केन हेवुड जिसके कम्प्यूटर से अहमदाबाद बम कांड की पूर्वसंध्या पर ईमेल किया गया था, देश छोड़ कर नहीं जा सकता था। विशेष रूप से जब उसके लिए निगरानी रखने की सूचना जारी हो चुकी थी। और इमिग्रेशन ऑथोरिटी की सक्रिय सहमति के बिना वह देश छोड़ कर जा नहीं सकता था और भारत में इमिग्रेशन ऑथोरिटी आई बी ही है।

17) शर्मनाक जल्दबाज़ी में करकरे की जगह विवादास्पद अधिकारी की नियुक्ति करना

ए टी एस प्रमुख हेमंत करकरे की दु:खद मृत्यु के कुछ घंटों में ही महाराष्ट्र सरकार ने बेहद विवादास्पद पूर्व ए टी एस प्रमुख के. पी. रघुवंशी की नियुक्ति कर दी। मुस्लिम-विरोध और ब्राह्मणवादियों के समर्थन के लिए जाने जाते रहे ए टी एस प्रमुख की नियुक्ति अस्थाई तौर पर की गई। और जैसी कि आशा थी उन्हें

नियुक्ति के छह माह बाद ही स्थाई कर दिया गया। आई बी के मालेगांव बम विस्फोट कांड में अत्यधिक रुचि लेने को, जिसमें ब्राह्मणवादी आतंकी गुट शामिल था, और आई बी व ब्राह्मणवादियों के बीच के संदेहास्पद संबंधों तथा आई बी व के. पी. रघुवंशी के बीच के सौहार्द्रपूर्ण संबंधों को ध्यान में रखते हुए ऐसे महत्त्वपूर्ण मौक़े पर उनकी तत्काल नियुक्ति आई बी के ज़ोर दिए बिना नहीं हो सकती थी।

18) मुंबई आतंकी हमले के बारे में बिल्कुल निश्चित सूचना को बदनीयती के साथ जान-बूझकर रोका जाना

आई बी जो कि मुंबई पर सम्भावित आतंकी हमले के सम्बन्ध में मुंबई पुलिस, राज्य सरकार और वेस्टर्न नेवल कमांड को अनिश्चित और भ्रम वाली सूचनाएं तक पास करती रहती थी उसने 26/11 की शाम को सम्भावित हमले की निश्चित सूचना मुंबई पुलिस और वेस्टर्न नेवल कमांड को बदनीयती की वजह से जान-बूझ कर नहीं दी।

19) जान-बूझकर कर 35 मोबाइल फ़ोन नम्बरों की जाँच नहीं की जो रॉ ने दिए थे।

रॉ ने आई बी को गृह-मंत्रालय के माध्यम से 35 मोबाइल फ़ोन नम्बर दिए थे जो कि लश्कर के आतंकियों द्वारा मुंबई हमले के पांच दिन पूर्व प्रयोग किए जा रहे थे। लेकिन उसने इन नम्बरों को निगरानी में नहीं रखा, जब तक की रंगभवन लेन घटना नहीं हो गई या उसने नम्बरों को निगरानी में तो रखा लेकिन जानकारी को अपने किसी संदिग्ध उद्देश्य के लिए इस्तेमाल किया।

20) हमले में सी एस टी-कामा रंगभवन लेन भाग में संदेहास्पद भूमिका

ऊपर बताए गए तथ्यों के अनुसार हमले के सी एस टी कामा रंगभवन भाग में हेमंत करकरे, जो कि सरकार को अस्थिर करने और हिंदू-राष्ट्र के नाम पर ब्राह्मणवादी राष्ट्र स्थापित करने ब्राह्मणवादी आंतकी योजना का पर्दाफ़ाश करने के लिए ज़िम्मेदार थे, मार दिए गए थे, इससे भी आई बी के ग़लत इरादों का पता चलता है।

21) जिन विस्फोट की घटनाओं में ब्राह्मणवादी संठगन शामिल थे उन्हें देशव्यापी आंतकी योजना के तहत नहीं लिया जाना

वर्ष 2008 के मालेगांव बम विस्फोट की जाँच के दौरान अन्य विस्फोट कांड जिनमें मालेगांव विस्फोट कांड (2006), नानदेड़ की घटना (2006), समझौता एक्सप्रेस बम कांड, अजमेर दरगाह शरीफ़ बम कांड, मक्का मस्जिद (हैदराबाद) बम कांड तथा कर्नाटक व उड़ीसा की कुछ घटनाओं के बारे में भी पता चला था। इन घटनाओं के पीछे ब्राह्मणवादी आतंकी संगठन अभिनव भारत का हाथ पाया गया था, और मंशा थी सरकार को अस्थिर करना। इतनी सारी जानकारियां हाथ लगने के बावजूद मामले को एक देशव्यापी राष्ट्र-विरोधी योजना के रूप में नहीं लिया गया। राजनैतिक व धार्मिक क्षेत्र के कई बड़े लोग जिनके नाम पहली जांचों में सामने आए थे उनके बारे में विस्तृत जाँच भी नहीं की गयी और यहाँ तक कि "सरकार के ख़िलाफ़ युद्ध छेड़ना" जैसे मामलों के लिए क़ानूनी धाराएं भी नहीं लगाई गयीं। यह बेवक़ूफ़ी की हद तक भोलापन होगा, अगर हम यह सोचें कि इस प्रकार के निर्णय आई बी ने नहीं लिए होंगे जो कि विस्फोट कांडों की असल जाँच एजेंसी थी।

22) अपनी संदिग्ध भूमिका को छिपाने के लिए, कई वास्तविक तथ्यों को भी छिपाकर रखना

26/11 के मुंबई आतंकी हमले में अपनी कोताहियों और कारगुज़ारियों को और सी एस टी कामा रंगभवन लेन भाग में, जिसमें करकरे की हत्या की गयी, अपनी संदेहास्पद भूमिका को छिपाने के लिए कई वास्तविक तथ्यों को छिपाकर रखा गया और जाँच आई बी द्वारा बिल्कुल ही अलग राह पर डाल दी गयी या तो मुंबई क्राइम ब्रांच को अपने विश्वास में लेकर या उसपर दबाव डाल कर। उसने कई महत्त्वपूर्ण तथ्यों को जैसे हमले के पहले पांच घंटों के दौरान पुलिस अधिकारियों की आपस में वायरलेस बातचीत की सीडी, पुलिस कंट्रोल रूम की लॉगबुक, करकरे के मोबाइल फ़ोन तथा कुछ अन्य अधिकरियों के मोबाइल फ़ोन आदि को रिकॉर्ड पर नहीं आने दिया। यह बहाना बना कर कि उसमें कुछ गोपनीय जानकारी है। दरअसल उसमें शायद ही कुछ ऐसा हो जिसे गोपनीय कहा जा सके। आई बी इन सबूतों को रिकॉर्ड पर इसलिए नहीं लायी कि उन्हें डर था कि इससे ब्राह्मणवादी व आई बी के सम्बन्ध उजागर हो जाएंगे। यही नहीं उन्होंने

कई गवाहों को भी गवाही नहीं देने दी, जिन्होंने बधवार पार्क और सी एस टी व रंगभवन लेन पर आतंकियों को देखा था। जो गवाह अपनी बात पर अड़े रहे और सच कहने की बात कहते रहे उन्हें गवाहों की सूची से हटा दिया गया, इसमें सबसे बड़ा उदाहरण अनिता उड्डइया का है जिसके बारे में मुंबई आतंकी हमले के पाठ 6 में हम चर्चा कर चुके है।

अभी हाल हाल तक ऑफ़िशियल सीक्रेट एक्ट 1923 को आई बी की ही पकड़ में माना जाता था। कई अधिकारी तथा निजी रूप से काम करने वाले लोग जिन्हें आई बी समझती थी कि ये रास्ते में आएँगे, उन्हें अधिनियम के अंतर्गत गिरफ़्तार भी किया गया। आई बी के ब्राह्मणवादी अधिकारियों ने अपने ही पूर्व वारिष्ठों को भी नहीं छोडा, जिन्होंने किताबें लिखीं और आई बी के एकाधिकारी रवैये, सख़्ती बरतने, मनमानापन तथा जवाबदेही से आज़ादी को इसलिए सार्वजनिक किया कि उनके ज़मीर (अन्तरात्मा) ने उन्हें चैन से बैठने नहीं दिया। लेकिन अब आई बी को कटघरे में लाना चाहिए। उपर्युक्त घटनाओं की अगर गहरी जाँच, स्वतंत्र व निष्पक्ष एजेंसी से करवाई गयी तो आई बी के कई सेवानिवृत्त और वर्तमान में काम कर रहे अधिकारियों पर इस एक्ट के तहत कार्रवाही हो सकती है।

11

देश व समाज को बचाने के लिए तुरन्त उपाय ज़रूरी

यह बहुत ही आश्चर्य की बात है बल्कि इसकी कल्पना भी नहीं की जा सकती, कि मुट्ठीभर ब्राह्मणवादियों ने देश के करोड़ों लोगों पर कई सौ वर्षों से राज किया। इसपर अब्राहम लिंकन की प्रसिद्ध पंक्तियां याद आती हैं कि "हम कुछ लोगों को हर समय धोखा दे सकते हैं या सभी लोगों को कुछ समय के लिए, लेकिन हम सभी लोगों को हर समय धोखा नहीं दे सकते।" अगर हम भारतीय समाज को ब्राह्मणवाद के शिकंजे से मुक्त करवाना चाहते हैं तो हमें जागना होगा और शासकीय, प्रशासकीय, न्यायिक, सामाजिक व अन्य कई स्तरों पर बदलाव करने होंगे।

अ) सरकार द्वारा तुरन्त सुधारात्मक उपाय

1) जाँच-समितियां

सरकार अगर वास्तव में ब्राह्मणवादियों के राष्ट्रव्यापी षडयंत्र का भंडाफोड़ करना चाहती है, तो उसे तत्काल दो उच्च स्तरीय जाँच-समितियां बनानी चाहिए।

1) देश भर में 2001 से जो भी बम विस्फोट तथा आंतकी हमले हुए हैं उनकी जाँच करने के लिए।
2) मुंबई आतंकी हमले के सी एस टी-कामा- रंगभवन हिस्से की जाँच करने के लिए।

पहली समिति के प्रमुख सुप्रीम कोर्ट के कोई मौजूदा जज हो सकते हैं जिनके सहायक के रूप में हाईकोर्ट के दो जज हो सकते हैं । साथ ही 10 मशहूर वकील, जो फ़ौजदारी मामलों में महारत रखते हों और इतनी ही संख्या में पेशेवर सक्षम

पुलिस अधिकारी, जिनकी धर्मनिरपेक्ष तथा मज़बूत छवि हों। वे लोग जितनी ज़रूरत हो उतने जाँच दल बनाएं। सी एस टी-कामा-रंगभवन वाले भाग की जाँच के लिए दूसरी समिति के प्रमुख, मौजूदा हाईकोर्ट जज हो सकते हैं, जिनके साथ दो मशहूर वकील तथा पुलिस अधिकारी, जिनकी ख्याति धर्मनिपेक्षता और दृढ़ता सन्देह से परे हों। समिति के सदस्यों में, जिनमें जज भी शामिल हों, किसी का भी दूर दूर तक किसी भी धार्मिक, सांप्रदायिक, फ़ासीवादी, रूढ़िवादी संगठनों या उनके अन्य संगठनों से जुड़ाव नहीं होना चाहिये। यही नहीं, जाँच-दल में शामिल पुलिस अधिकारियों का भी पूर्व में की गई जांचों से कोई सम्बन्ध न हो। दोनों ही समितियों को निर्धारित समय-सीमा में जाँच करने के लिए कहा जा सकता है।

2) प्रधानमंत्री कार्यालय, गृह-मंत्रालय, विदेश मंत्रालय, रक्षा मंत्रालय और राज्य सरकार के बीच में, सही तालमेल और स्वतंत्र संवाद की ज़रूरत है।

केन्द्र सरकार के बड़े कार्यालयों की ज़िम्मेदारी संभालने वाले वरिष्ठ राजनेताओं के भोलेपन और प्रधानमंत्री कार्यालय (पीएमओ), गृह-मंत्रालय, विदेश मंत्रालय, रक्षा मंत्रालय जैसे महत्त्वपूर्ण सरकारी विभागों के बीच संवाद की कमी और उनके कामों में पारदर्शिता के अभाव का फ़ायदा आई बी के ब्राह्मणवादी वर्षों से उठाते रहे हैं । इसके अलावा इस बात का भी फ़ायदा उठाते हुए कि आई बी के निदेशक को रोज़ाना प्रधानमंत्री को जानकारी देनी होती है, और "कवर ऑपरेशन" (गुप्त कार्यवाही), "काउंटर इन्सर्जेंसी ऑपरेशन (घुसपैठ के विरुद्ध कार्यवाही) एंटी-टेरर ऑपरेशन (आतंक के विरुद्ध कार्यवाही), इंटरनेशनल रिलेशन्स (अन्तर्राष्ट्रीय सम्बन्ध), सीक्रेट डिप्लोमेटिक मिशन (गुप्त राजनयिक कार्य) आदि जैसे विषेश शब्दों का प्रयोग करके वे वरिष्ठ मंत्रियों तथा वरिष्ठ ब्यूरोक्रेटिक अधिकारियों को अन्धेरे में रख कर अपने निहित एजेंडे को अंजाम देते हैं। इस तरह वे "आतंकवादियों" या "चरमपंथियों" या "जासूसों" के साथ "मुठभेड़" की घटनाएं अंजाम देते हैं या "आतंक विरोधी हमलों" या बम धमाकों का प्रबंध करते हैं। वरिष्ठ मंत्रियों या प्रशासकीय अधिकारी को इस ख़्याल में रखते हुए कि यह किसी और विभाग से सम्बंधित कोई सीक्रेट ऑपरेशन होगा या इसे प्रधानमंत्री कार्यालय की मंज़ूरी होगी।

आई बी अधिकारी अपनी राह कैसे बनाते हैं और उससे अलग हो जाते हैं यह लेफ़्टिनेंट कर्नल प्रसाद पुरोहित के उदाहरण से अच्छी तरह समझा जा सकता है।

जब वह एक बम विस्फोट की योजना बना रहा था तब उसके कुछ साथियों और वरिष्ठ अधिकारियों ने, जो कि बाद में गवाहों के रूप में पेश हुए, उसपर शक किया था और उससे इस सम्बन्ध में सवाल भी किया था, तब उसने उन्हें यह कह कर चुप करा दिया कि यह एक "काउण्टर मिलिट्री इंटेलिजेंस ऑपरेशन" है। (*द इंडियन एक्सप्रेस*, पुणे, 22 जनवरी 2009)। शायद इसके बाद किसी ने कोई सवाल नहीं किया। यह गुप्तचर संगठन द्वारा अपने किसी कार्य को छिपाने का कवर होता है, और कभी-कभी यह कवर इतना मोटा हो जाता है कि प्रधानमंत्री या गृहमंत्री को भी उसमें से कुछ दिखाई नहीं देता।

इस प्रकार आई बी सबसे ज़्यादा शक्तिशाली, सबसे ज़्यादा ख़बरदार और सब जगह मौजूदगी रखने वाला संगठन बन गया है और मुश्किल से ही कोई उसके अधिकारों को चुनौती दे सकता है। वरिष्ठतम राजनेता, राज्य सरकारें, प्रशासकीय अधिकारी, राज्य पुलिस, तथा यहाँ तक कि न्यायपालिका को भी यह विश्वास दिला दिया गया है कि आई बी, जो कुछ भी करती है उसे प्रधानमंत्री या गृहमंत्री से मंज़ूरी मिली होती है, और यह जो कुछ भी करती है वह राष्ट्र की सुरक्षा व सम्मान के लिए होता है, और इसलिए वे उसके बयान को बिलकुल सच मान कर स्वीकार कर लेते हैं। लेकिन यह परिकल्पना हरदम सही नहीं होती। कई बार आई बी ऐसा व्यवहार करती है या करवाती है जिसमें प्रधानमंत्री या गृहमंत्री की अनुमति नहीं होती तथा कई बार देश की सुरक्षा व इज़्ज़त से भी कोई लेना-देना नहीं होता है। बस एक ब्राह्मणवादियों का हित ही होता है जैसा 26/11 के मुंबई आतंकी हमले में सिद्ध हो चुका है, जिसमें उन्होंने ब्राह्मणवादियों को बचाने के लिए जान-बूझकर एक सटीक गोपनीय सूचना को छुपाया। एक समय उन्होंने राज्य सरकार व जाँच एजेंसियों को अपने अनुसार जाँच करने के लिए कहा, तथा कई बातें भी थोपी गयीं लेकिन इसका किसी ने विरोध नहीं किया। यह तथ्य कई बम कांड जांचों से उभर कर सामने आया है जिसमें आई बी के कहने पर हज़ारों निर्दोष लोगों को गिरफ़्तार किया गया, तथा उन्हें ग़लत आरोपों में जेल में रखा गया। जबकि दूसरी ओर कई महत्त्वपूर्ण सुराग़ों की ओर ध्यान भी नहीं दिया गया क्योंकि इससे इसके कुछ अफ़सरों के हित मेल नहीं खाते थे।

केन्द्र सरकार के विभिन्न मंत्रालयों तथा केन्द्र सरकार व राज्य सरकार के बीच संवादहीनता की स्थिति का आई बी ने ख़ूब फ़ायदा उठाया है। और कई गुप्त कार्य वर्षों से करते आए हैं। बम विस्फोटों के असल आरोपियों को छोड़ना तथा

जो वजूद में हैं तथा जिनका कोई वजूद नहीं है ऐसे आतंकी संगठनों को बम विस्फोटों का दोषी ठहराना और इसके लिए पाकिस्तान को दोषी ठहराने का कार्य वे करते आ रहे हैं। इसका उद्देश्य भारतीय मुस्लिमों को बदनाम करना तथा मुस्लिमों तथा सामान्य हिन्दुओं के बीच असामंजस्य तथा विद्वेष की स्थिति पैदा करना होता है । इससे ब्राह्मणवादी राष्ट्र की राह को हिन्दू-राष्ट्र के नाम से आसान बनाना होता है।

3) आई बी पर लगाम कसना

अगर इन परिस्थितियों को बदलना है तथा देश को सांप्रदायिक व फ़ॉसीवादी ताक़तों की दुष्ट एंव छल-प्रवंचपूर्ण योजनाओं से बचाना है, तब देश के प्रधनामंत्री व गृहमंत्री को विशेष भूमिका निभानी होगी। उन्हें केन्द्र व राज्य सरकारों के अलग-अलग विभागों के बीच सही तालमेल तथा संवाद क़ायम करना होगा, साथ ही आई बी द्वारा प्रतिदिन दिए जाने वाली जानकारी के सम्बन्ध में सतर्क रहना होगा। उनकी थाली में जो भी परोसा जाए उसे वैसा का वैसा निगलना नहीं चाहिए। किसी भी जानकारी को प्राप्त करने के बाद तथा उसपर कार्यवाही के निर्देश देने के पूर्व उन्हें स्वयं इस सम्बन्ध में संतुष्ट होना होगा कि जो भी जानकारी उन्हें दी गई है वह सही है तथा उसपर किसी का भी प्रभाव नहीं है। साथ ही उससे जुड़ी सूचना कई सूत्रों से आ रही है तथा कोई एक सूत्र इसके लिए ज़िम्मेदार नहीं है। उन्हें ध्यान देना होगा कि किसी भी प्रकार की जानकारी उनसे छुपाई तो नहीं गई है। इन्हीं कारणों से उन्हें संवाद के सभी सूत्रों को खुला रखना चाहिए, और समानांतर सूचना के सूत्र विकसित करना चाहिए। इसके अलावा वे रोज़ाना नहीं तो सप्ताह में एक बार अल्पसंख्यक आयोग के वरिष्ठ सदस्य, पुलिस विभाग से जानकारी ले सकते हैं। यही नहीं, वे आई बी पर लगाम कसने के लिए निम्न तरीक़े भी अपना सकते हैं :

1) यह सुनिश्चित किया जाना चाहिए कि कोई भी "कॉवर्ट ऑपरेशन" या "काउण्टर इन्सर्जेंसी ऑपरेशन" प्रधानमंत्री कार्यालय, गृहमंत्री के कार्यालय और संबंधित विभाग की अनुमति के बग़ैर न किया जाए।
2) अगर किसी कार्यवाही के लिए अनुमति मांगी जाती है, तब उसे अनुमति के पूर्व अलग करके देखा जाना चाहिए तथा उसकी जाँच होनी चाहिए कि कार्यवाही क्या है, उसका उद्देश्य क्या है, क्या उसके पीछे

कोई गुप्त राजनैतिक या सांप्रदायिक एजेंडा तो नहीं है? उसे कैसे कार्यान्वित किया जाएगा? तथा कौन करेगा? और सबसे आख़िरी में, क्या कार्यवाही की सही मायने में ज़रूरत है?

3) अगर कार्यवाही की अनुमति मिल जाती है तब संबंधित विभाग के मंत्री तथा सचिव व राज्य के मुख्यमंत्री को जानकारी सही तरीक़े से, प्रधानमंत्री कार्यालय या गृह-मंत्रालय के वरिष्ठ अधिकारियों के माध्यम से दी जानी चाहिए।

4) आई बी को प्रधानमंत्री कार्यालय या गृह-मंत्रालय की मंज़ूरी के बिना किसी भी प्रकार के सर्कुलर या निर्देश राज्य सरकारों और पुलिस प्रमुखों को देने की अनुमति नहीं होनी चाहिए।

5) इस बात को भी सुनिश्चित करना चाहिए कि कोई भी टेलिफ़ोन, संबंधित विभाग की अनुमति के बग़ैर निगरानी में न रखा जाए। दूरसंचार विभाग तथा मोबाइल फ़ोन कंपनियों को भी साफ़ शब्दों में यह बात कह देनी चाहिए।

6) आई बी को सख़्त निर्देश होना चाहिए कि वे आतंकियों की योजना या गतिविधियों से या संवेदनशील गतिविधि से सम्बंधित कोई भी गोपनीय जानकारी मीडिया को न दे। बल्कि वह जानकारी पर काम करे, और आतंकियों की अगर कोई षडयंत्रकारी योजना हो, तो उसे समाप्त करने के लिए उपयुक्त कार्रवाई करे।

7) इन निर्देशों के बावजूद संवदेनशील जानकारियां प्रकाशित या प्रसारित होती रहती हैं तो इस मुद्दे की जाँच होनी चाहिए । और इसके ज़िम्मेदार लोगों के ख़िलाफ़ सख़्त कार्रवाई होनी चाहिए, और आई बी से उनका तबादला किया जाना चाहिए।

8) जब कभी बहुत आवश्यक हो तो मीडिया को खुली ब्रीफिंग देने के लिए आई बी के उपयुक्त वरिष्ठ अधिकारियों की एक जोड़ी को इसका अधिकार दिया जाए। और वे भी वही जानकारी दें जो आम जनता के जानने योग्य हो। अगर किसी भी घटना या जानकारी को, आई बी के सूत्रों के माध्यम से प्रकाशित या प्रसारित किया जाता है, तब आई बी द्वारा तत्काल प्रेस नोट जारी कर यह कहना चाहिए कि यह सूचना आई बी द्वारा नहीं दी गयी है।

9) अगर कोई अख़बार या न्यूज़ चैनल, संवेदनशील जानकारी से संबंधित ख़बर को प्रकाशित या प्रसारित करता है, और जिसमें आई बी की तरफ़ से मिली जानकारी को ग़लत तरीक़े से दिखाता है या प्रकाशित करता है, तब मामले को प्रेस काउंसिल ऑफ़ इंडिया या संबंधित नियंत्रण करने वाले प्राधिकरण के समक्ष उठाना चाहिए। और संबंधित मामले की गंभीरता को देखते हुए आपराधिक मामला भी दर्ज किया जा सकता है।

10) आई बी को अपनी सीमा लाँघने से रोकना चाहिए तथा उसे बम विस्फोटों की जाँच में हस्तक्षेप करने से भी रोकना चाहिए। इस किताब के पाठ 3, 4, 5 तथा 8 में, मैंने आई बी के ऐसे मामलों में हस्तक्षेप की बात उठाई है कि जब कभी शक की सूई ब्राह्मणवादियों की ओर देखी गयी तो किस प्रकार से वह जाँच को ग़लत दिशा में ले गयी, कैसे उन्होंने अपनी नई थ्योरी का प्रचार किया, और किस प्रकार स्थानीय पुलिस तथा कोर्ट भी मीडिया की अति का शिकार बने, कैसे सैकड़ों मुस्लिम लड़कों को बिना सबूत के गिरफ़्तार किया गया तथा उन्हें जेल में रहने के लिए मजबूर किया गया, और दूसरी तरफ़ बम विस्फोट मामलों में ब्राह्मणवादियों का हाथ होने से संबंधित सबूत होने के बावजूद उनकी भूमिका को निकाल दिया गया। इसलिए यह सुनिश्चित किया जाना चाहिए कि आई बी किसी भी जाँच या पूछताछ में हस्तक्षेप न करे, जब तक कि ज़रूरी न हो और वह भी केवल सकारात्मक और सही जानकारी देने की हद तक हो।

11) कुछ तथाकथित आतंकी हमले, जिनमें सभी आतंकी मारे गए, जैसा कि संसद पर हमले और नागपुर में आर एस एस मुख्यालय पर हमले के दौरान हुआ था। जिनके बारे में संदेह व्यक्त किया जाता है कि यह आई बी ने करवाए थे। इस प्रकार की घटनाओं की जाँच होनी चाहिए । जाँच खोजी समिति द्वारा जिसकी ज़िम्मेदारी सुप्रीम कोर्ट के वर्तमान के या सेवानिवृत्त जज को दी जानी चाहिए। समिति के विवरण को सार्वजनिक नहीं किया जाना चाहिए। लेकिन इससे सरकार को तथ्यों की जानकारी मिलेगी और इससे आई बी व रॉ, अर्धसैनिक बलों और पुलिस की बेलगाम गतिविधियों पर नियंत्रण होगा। इस प्रकार की जांचों का इन संगठनों की तरफ़ से विरोध हो सकता है कि इस प्रकार से

उनका मनोबल कम हो सकता है, लेकिन सरकार को भी सही तरीक़े से काम करने के लिए और मानव-अधिकारों की ख़ातिर ऐसे विरोध की अनदेखी करनी चाहिए।

12) सरकार को गत पचास वर्षों में आई बी द्वारा सांप्रदायिक विषय पर सौंपी गयी जानकारियों व तथ्यों को अपने अधिकार में लेना चाहिए तथा एक स्वतंत्र समिति द्वारा उसकी जाँच करवाई जानी चाहिए जिससे यह पता चल सके कि हम कहीं किसी जाति या संप्रदाय के प्रति पूर्वाग्रह से ग्रसित तो नहीं हैं।

13) सरकार को उन आई पी एस अधिकारियों की प्राथमिकताओं की जाँच करनी चाहिए जो डेपुटेशन पर आई बी में थे, और ख़ासतौर पर उन अधिकारियों के, जो गत दस वर्षों या उससे ज़्यादा समय से वहाँ पर हैं। यह देखना चाहिए कि उनके सम्बन्ध ब्राह्मणवादी संगठनों से तो नहीं हैं। सरकार को आई बी की सिफ़ारिश पर किसी भी अधिकारी को स्वीकार नहीं करना चाहिए, जब तक कि उसकी प्राथमिकताओं की जाँच सही तरीक़े से नहीं हो जाती। इस बात का भी ध्यान रखना चाहिए कि आई बी में सभी धर्म, जाति, संप्रदाय व क्षेत्र के लोगों की समान अनुपात में नियुक्ति हो।

14) जहां तक आई बी के स्थाई कर्मचारियों की बात है, सरकार को धीरे-धीरे इस महत्त्वपूर्ण संगठन का पुनर्निर्माण करना चाहिए तथा इस संवेदनशील संगठन को सांप्रदायिक तत्त्वों से साफ़ करना चाहिए जो वर्षों से संवेदनशील पदों पर बैठे हुए हैं।

15) सबसे अंत में, आई बी के कुछ सेवानिवृत्त अधिकारियों की गतिविधियों पर नज़र रखी जानी चाहिए। ख़ासतौर पर जिन्हें काफ़ी अच्छा माना जाता था क्योंकि इनमें से कुछ ब्राह्मणवादियों को सलाह भी देते रहे हैं।

4) आई बी ब्राह्मणवादियों द्वारा सरकार पर झूठ थोपने की नीति छोड़नी चाहिए।

जिन ताक़तों ने राष्ट्रपिता को मारा, वही अब आई बी में अपने गुर्गों के द्वारा सरकार को झूठ के रास्ते पर चलाने के लिए गुमराह करके, ख़ास तौर से अन्तर्राष्ट्रीय संबंधों, आतंकवाद तथा राष्ट्रीय सुरक्षा से सम्बंधित मामलों में पाकिस्तान का हव्वा खड़ा करके उनके मुख्य सिद्धान्त "सत्य" को मार रहे हैं।

यह बात सही है कि पाकिस्तान् अपने जन्म से ही के भारत के साथ, ख़ास कर कश्मीर मुद्दे पर भारत के प्रति दुराग्रह रखता है। इस कारण किसी भी सरकारी संगठन, ख़ासतौर पर गुप्तचर एजेंसियों द्वारा पाकिस्तान का हाथ बताने पर उस बात का स्वागत ही किया जाता रहा है। लेकिन आख़िर हम झूठ की बैसाखियों पर निर्भर क्यों रहें जब सत्य हमारे साथ है ?

पहली बात यह है कि पाकिस्तान भारत से किसी भी मामले में बराबरी नहीं कर सकता। चाहे राजनीतिक स्थिरता हो, सेना, आर्थिक प्रगति हो, सामाजिक न्याय हो या कोई और क्षेत्र हो। दूसरी तथा महत्त्वपूर्ण बात यह है कि भारत का धर्मनिरपेक्षता के मामले में इतिहास इतना अच्छा रहा है कि देश से सैकड़ों मुस्लिम-नाम राजनीति, क्रिकेट, हॉकी से लेकर अन्य खेलों, संगीत, विज्ञान व परमाणु ऊर्जा के क्षेत्र से लेकर फ़िल्म उद्योग तक में हैं, जिनका हवाला देकर भारत किसी भी अन्तर्राष्ट्रीय मंच पर पाकिस्तान के बिछाए जाल को लपेट सकता है। पाकिस्तान फिर कभी कश्मीर के मुद्दे को उठाने की हिम्मत नहीं करेगा। लेकिन दुर्भाग्य से इस प्रकार की प्रभावित करने वाली उपलब्धियों को हम किसी भी प्रकार के राजनियक फ़ायदे के लिए प्रयुक्त नहीं कर पाते। वहीं ब्राह्मण संगठनों से प्राप्त दस्तावेज़ों के शब्द ये बताते हैं कि किस प्रकार वे देश की धर्मनिरपेक्षता को सांप्रदायिक दंगों के माध्यम से अस्थिर करना चाहते हैं। इस कारण से वे अन्तर्राष्ट्रीय समुदाय में भी भारत के प्रति अविश्वास पैदा कर रहे हैं।

वे अपने स्वार्थपूर्ण लक्ष्यों को पाने के लिए ब्राह्मणवादी राजनीतिक प्रणाली को हिन्दू-राष्ट्र की पोषाक पहनाना चाहते हैं। हाल ही में हुए कुछ बम धमाकों की जाँच से यह सब कुछ सिद्ध हो चुका है। इस प्रकार के विचार दिमाग़ में रखकर ब्राह्मणवादी विचारधारा, आई बी की सहायता से सरकार को असत्य की राह पर ले जा रही है। उनका उद्देश्य पाकिस्तान को झुकाने का है। लेकिन वास्तव में, वे इस तरह भारतीय मुसलमानों को हताश कर रहे हैं और सरकार को अन्तर्राष्ट्रीय मंचों पर बदनाम व शर्मिन्दा कर रहे हैं। संसद व अक्षरधाम के हमले, मुंबई लोकल ट्रेन धमाके और समझौता एक्सप्रेस धमाकों के बाद भारत ने पहले ये आरोप लगाए थे कि इनमें पाकिस्तान का हाथ है। लेकिन अंतर्राष्ट्रीय समुदाय के समक्ष वह यह साबित करने में असफल रहा था। इस कहानी से शिक्षा यही मिलती है कि चाहे कितने ही कुशल राजनयिक तरीक़े अन्तर्राष्ट्रीय समुदाय को समझाने में लगाए जाए, लेकिन अगर हमारी नीति झूठ पर आधारित होगी, तो वे

संतुष्ट नहीं होंगे। इसलिए विदेश नीति, आंतरिक सुरक्षा और आतंकवाद के मुद्दों पर सरकार को झूठ पर आधारित नीति से हटना चाहिए। इस नीति को ब्राह्मणवादियों द्वारा, आई बी में मौजूद उनके गुर्गों द्वारा जान-बूझकर तथा बदनीयती से थोपा जा रहा है। सरकार को सच की राह पर चलना चाहिए जो कि हमारे पास भरपूर मात्रा में है।

ब. न्याय-प्रणाली में पूर्ण पारदर्शिता

ज़रूरत है एक अन्दरूनी स्वसुधार-प्रणाली की

न्यायपालिका एक अत्यधिक श्रद्धावान एवं विश्वसनीय संस्था है। इसकी श्रद्धा एंव विश्वसनीयता को बरक़रार रखने के लिए इसके अन्दर अपन आप रोक और संतुलन बनाए रखने की एक स्वसुधार-प्रणाली होना ज़रूरी है। इस प्रकार की प्रणाली नहीं होने पर यह डर है कि आम जनता का इस संस्था पर से विश्वास उठ जाएगा। जैसा कि गत कुछ वर्षों में की गई कुछ बम विस्फोटों की जाँच के दौरान महसूस हुआ है । निचली अदालतों का इन मामलों में रवैया देखकर आम जनता का विश्वास न्याय-प्रणाली पर से डगमगा गया है। ख़ासतौर पर अल्पसंख्यक समुदाय का। कुछ मामलों में जाँच करने वाली संस्थाओं द्वारा क्रमीज़ की तरह थ्योरियां बदली जाती रहीं और हर बार लोगों के विभिन्न गुटों को गिरफ़्तार करना और निचली अदालतों द्वारा आश्चर्यजनक रूप से इन्हें पुलिस हिरासत में दे देना व हिरासत की अवधि बढ़ाने की अनुमति देना, यह क्रिया जारी रही और ऐसा प्रत्येक समूह के लोगों के पकड़े जाने पर किया जाता था और वह भी बिना किसी सबूत की जाँच किये। साथ ही, सबसे ख़राब बात यह कि अदालत अलग-अलग समुदायों के लिए अलग-अलग पैमाने अपनाती रही है जैसा कि नीचे दिए गए अनुच्छेद से स्पष्ट है :

मुंबई ट्रेन ब्लास्ट घटना, 2006 में हुई मालेगांव बम विस्फोट की घटना, मक्का मस्जिद (हैदराबाद) विस्फोट की घटना, अजमेर शरीफ़ दरगाह विस्फोट की घटना, अहमदाबाद विस्फोट की घटना तथा इस प्रकार की कई अन्य घटनाओं में कई सौ मुस्लिम नौजवानों को केवल शक के आधार पर गिरफ़्तार किया गया। उनकी पुलिस हिरासत की अनुमति आसानी से दे दी गई, तथा उन्हें

वर्षों तक जेल में रखा गया। परंतु ब्राह्मण आरोपियों को, जो कि या तो रंगे हाथों पकड़े गए थे या जिनके विरुद्ध प्रत्यक्ष या अप्रत्यक्ष रूप से आतंकी साज़िश रचने के पर्याप्त सबूत थे, उन्हें ज़मानत दे दी गई जैसे की 2006 का नानदेड़ बम प्रकरण तथा 2008 का मालेगांव बम प्रकरण हो, उसके आरोपी मुक्त रूप से घूम रहे हैं क्योंकि उन्हें तत्काल ज़मानत मिल गई, जबकि कुछ को उदारतापूर्वक अग्रिम ज़मानत दे दी गई। जबकि कुछ तो गिरफ़्तार भी नहीं किए गए।

जब मानव-अधिकार कार्यकर्ता, धर्मनिरपेक्ष तथा मुस्लिम संगठनों ने अपने स्तर पर इस सम्बन्ध में आवाज़ बुलंद की, तब उच्च अदालतों को निचली अदालतों के इस प्रकार के दोरुख़े व्यवहार के लिए की गई इनकी शिकायतों का संज्ञान लेना चाहिये था। जाँच के या सुधार के उपाय करने के आदेश देने थे। लेकिन दुर्भाग्य से ऐसा नहीं हुआ। यही नहीं, उच्च अदालतों के कुछ निर्णय, जो कि सांप्रदायिक व धार्मिक मामलों के थे, जिनमें दीवानी तथा आपराधिक दोनों मामले शामिल थे, इनमें न्यायाधीशों द्वारा जिस प्रकार से टिप्पणी गत दस से पंद्रह वर्षों में की जाती रही है उससे आम लोगों में बहुत ज़्यादा बैचेनी है।

यह स्वीकार करते हुए कि न्यायाधीश भी इंसान ही हैं तथा उनमें से कुछ मीडिया द्वारा प्रभावित हुए हैं, साथ ही कुछ, स्वयं की धार्मिक मान्यताओं को लेकर प्रभावित हुए हैं। परंतु न्यायाधीशों को न्याय करते समय इस प्रकार के मामलों को वज़न नहीं देना चाहिए। इस मक़सद को ज़ेहन में रखते हुए कि एक अन्दरूनी न्यायिक समिति के रूप में एक स्वसुधार-प्रणाली का, जैसा कि पहले कहा गया, विचार रखा गया था। या तो न्यायपालिका की अपनी स्वसुधार अन्दरुनी समिति हो, या फिर अलग से कोई समिति हो, जिसमें उच्चतम न्यायालय के कुछ सेवानिवृत्त न्यायाधीश और कुछ विधि विशेषज्ञ हों, जो वाच डॉग की तरह काम करे। यह कमेटी उन सभी निर्णयों की बारीकी से जाँच करेगी, जो कि भ्रष्टाचार, राजनीति, सांप्रदायिकता व जातिवाद या धार्मिकता से प्रेरित होंगे, या फिर जिनके बारे में आम जनता में काफ़ी रोष हो। इसका उद्देश्य यही हो कि न्यायपालिका को असम्बद्ध ताक़तों से बचाया जाए, क्योंकि यही संविधान, प्रजातंत्र तथा धर्मनिरपेक्षता की आख़िरी उम्मीद है।

स. सामाजिक उपाय

सरकारी व न्यायिक उपाय सामाजिक दशा में परिवर्तन लाने के लिए पर्याप्त नहीं होंगे। कई कारक हैं जो कि प्रबंधकीय तथा न्यायिक पहुँच से दूर हैं और सामाजिक उपायों जैसे सामाजिक नियंत्रण समाज-सुधार, काम करने के ढंग, दृष्टिकोण और रवैये में बदलाव वग़ैरह की मांग करते हैं। जिनमें से कुछ सुझाव नीचे दिए गए है :

I) मीडिया पर सामाजिक नियंत्रण

ब्राह्मणवादियों के हाथ में सबसे महत्त्वपूर्ण औज़ार मीडिया ही है। इसकी मदद से वे पुरानी और भेदभावपूर्ण ब्राह्मणवादी सामाजिक व्यवस्था को न केवल चला रहे हैं, बल्कि उसको मज़बूत भी कर रहे हैं। जब तक मीडिया को ब्राह्मणवादियों के नियंत्रण से बाहर नहीं निकाला जाता, तब तक सामाजिक बदलाव आने की कोई उम्मीद नहीं है। पर इस मामले में न तो सरकार और न ही न्यायप्रणाली कुछ कर सकती है। इसका इलाज केवल सामाज-सुधारकों और धर्मनिरपेक्ष संगठनों के पास है जो मीडिया पर सामाजिक नियंत्रण करके ही ऐसा कर सकते हैं।

हालाँकि प्रिंट व इलेक्ट्रानिक दोनों में ही पूर्ण रूप से ब्राह्मणवादी तत्त्व हावी हैं, लेकिन उनके मालिक या निदेशकों में ज़्यादातर ऐसे हैं जिनको सांम्प्रदायिक नहीं कहा जा सकता। क्योंकि इनमें से कई धर्मनिरपेक्ष व उदार हैं तथा कुछ धर्मनिरपेक्ष राजनैतिक पार्टियों या संस्थाओं से जुड़े हैं। परंतु उनकी रुचि केवल स्वयं की राजनैतिक व सामाजिक छवि को आगे लाना रहता है, वह भी उनके स्वयं के अख़बार या चैनल के व्यापारिक हितों को साधने के लिए। अधिकांश समय उन्हें ब्राह्मणवादियों के चालाकी भरे खेल का पता हीं नहीं होता, जो कि वे अलग-अलग स्तरों पर, अख़बारों व टीवी चैनलों पर खेलते हैं। वे तथ्यों को तोड़ते-मरोड़ते हैं या फिर कुछ प्रकार की ख़बरों को छुपाते हैं। वे जान-बूझकर ब्राह्मणवादियों की सोच को आगे बढ़ाते हैं तथा ब्राह्मणों को गौरवान्वित करते हैं। वे धार्मिक मान्यताओं और अंधविशवासों को बढ़ावा देते हैं। दूसरी जातियों को नीचा करते हैं। मुसलमानों और अन्य अल्पसंख्यकों को बे इज़्ज़त करते हैं तथा साम्प्रदायिक घृणा को बढ़ावा देते हैं। वे सांम्प्रदायिक झगड़ों को उलझाते हैं,

ब्राह्मणवादी राजनैतिक पार्टियों की मदद करते हैं और ऐसी ही बहुत-सी दूसरी हरकतें करते हैं। यह सब करने का एक ही उद्देश्य रहता है कि ब्राह्मणवादियों का आधिपत्य समाज पर बना रहे। इस प्रकार के तथ्यों को अख़बार या टी वी चैनल के मालिकों के ध्यान में लगातार लाया जाए, जिसमें उनके द्वारा प्रकाशित या प्रसारित ख़बर के उद्देश्यों के बारे में बताया जाए। तब उनके मालिक या मुख्य संपादक ज़रूरी बदलाव ला सकते हैं और मुख्य बात यह है कि मीडिया में छाए हुए ब्राह्मणवादियों, जो की छुपे तरीक़े से ब्राह्मणवादी एजेंडे को लागू कर रहे हैं, उन्हें भी एहसास होगा कि कोई उनकी गतिविधियों को देख रहा है तथा निरीक्षण भी कर रहा है।

यहाँ पर सुधारवादी हिन्दू संगठन तथा धर्मनिरपेक्ष संगठन महत्त्वपूर्ण व सकारात्मक भूमिका निभा सकते हैं। यह संगठन उनके पास जो भी लोगों की संख्या व साधन हैं, उसके बल पर क्षेत्रीय कमेटियां बना सकते हैं। जो ध्यानपूर्वक अख़बारों में प्रकाशित ख़बरों का अध्ययन व चिंतन कर सकते हैं तथा राज्यों में उन समाचारों तथा लेखों तथा अन्य प्रकाशित सामग्री की ओर ध्यान दिला सकते हैं जिन्हें सांप्रदायिकता या जाति को आधार बना कर लिखा गया हो। यह कमेटी इस बात का भी ध्यान रखेगी कि कौन से महत्त्वपूर्ण टीवी चैनल्स धार्मिक अंधविश्वासों और संकीर्णताओं को बढ़ावा दे रहे हैं, या फिर जाति-भेद व साम्प्रदायिकता को बढ़ावा दे रहे हैं। इसके अलावा वे इस बात की ओर भी ध्यान दिला सकते हैं कि कौन-सी महत्त्वपूर्ण बैठकों, परिचर्चाओं या जुलूसों या अन्य महत्त्वपूर्ण धर्मनिरपेक्ष व सुधारवादी कार्यक्रमों को जान-बूझकर नहीं बताया जाता है। वहीं ब्राह्मणों को ग़लत काम करते हुए बताने वाली ख़बरों पर चुप रहा जाता है। इन संगठनों के प्रमुख प्रति माह के अंत में अध्ययन कर एक टिप्पणी तैयार करे, जो कि मालिकों या संपादक को डाक के माध्यम से भेजे जा सकते हैं।

संपादक व मालिक इन टिप्पणियों को गंभीरता से लेंगे व अपनी बैठकों में इसका ज़िक्र करेंगे। तब इससे अन्य जातियों व संप्रदाय के पत्रकारों पर सकारात्मक असर पड़ेगा, जिनकी आवाज़ को ब्राह्मणों की बहुलता ने दबाया है। जबकि अन्य जाति व संप्रदाय के पत्रकारों की संख्या अच्छी-ख़ासी है। वे प्रोत्साहित होंगे तथा वे खुलकर विभिन्न राजनैतिक, सामाजिक या साम्प्रदायिक मुद्दों पर अपनी राय रख सकेंगे । इससे धीरे-धीरे मीडिया-क्षेत्र ब्राह्मणवादी

ताक़तों की बैसाखी से मुक्त होगा। परंतु इसके लिए धर्मनिरपेक्ष संगठन को दृढ़ता व समर्पित भाव से काम करना होगा।

इसके अलावा सुधारवादी संगठन इस बात का भी विचार कर सकते हैं कि वे प्रत्येक शहर में बौद्धिक व सामाजिक कार्यकर्ताओं व राय बनाने वालों की सूची बनाएं। यह संपूर्ण जनसंख्या का लगभग एक प्रतिशत से ज़्यादा न हों। वे वहाँ के लोगों को डाक, एस एम एस, ईमेल व ब्लाग्स के माध्यम से किसी भी प्रकार की ब्राह्मणवादी मीडिया ख़बर के बारे में अपनी राय रखेंगे तथा यह बताएँगे कि किस प्रकार जान-बूझकर इस प्रकार की ख़बर बताई या प्रकाशित की गई है। इस प्रकार कुछ समय में ब्राह्मणवादी मीडिया के रवैये को सबके सामने लाया जा सकता है तथा उनके प्रति जो विश्वास है, वह नीचे जाएगा तथा उनकी पाठक संख्या व दर्शकों की संख्या में कमी आएगी।

II) सामाजिक सुधार लाने वाले संगठन की भूमिका

मीडिया पर सामाजिक नियंत्रण लाने के साथ ही सामाजिक सुधार लाने वाले संगठन तथा उनके प्रमुखों से यह भी आशा की जाती है कि वे नीचे दिए गए महत्त्वपूर्ण कार्य करें, ताकि समाजिक बदलाव लाया जा सके :

1) आम हिंदुओं को समझाया जाना चाहिए कि हिन्दू-मुस्लिम समस्या केवल मुस्लिम समस्या नहीं

ब्राह्मणवादी सामाजिक व्यवस्था में बदलाव लाने के लिए चल रहे हिन्दू सुधारवादी आंदोलन को बेअसर बनाने के लिए ब्राह्मणवादियों का हथियार हैं, हिन्दू-मुस्लिम दंगे तथा आतंकवाद का भूत, जिसमें आम हिन्दू व मुस्लिम एक दूसरे से लड़ते हैं, जबकि ब्राह्मणवादी समाज को अपने अधीन बनाए रखने में लगे रहते हैं। यह देखा गया है कि जब भी सुधारवादी आंदोलन गति पकड़ता हैं, कुछ सांप्रदायिक घटनाओं को जान-बूझकर ब्राह्मणों द्वारा अंजाम दिया जाता है, जिससे सुधारवादी आंदोलन पीछे हट जाता है, और ब्राह्मणवादियों के पीछे चलने वाला बहुजन (आम हिंदू) युवा मुसलमानों की ही तरह नुक़सान में रहता है। इसलिए आम हिंदुओं को यह समझना होगा कि हिंदू-मुस्लिम समस्या केवल मुस्लिमों का मामला नहीं है तथा यही कारण है कि इसे सुलझाने की ज़िम्मेदारी भी केवल मुसलमानों पर नहीं होना चाहिए। इस परिप्रेक्ष्य में सुधारवादी नेता

महत्त्वपूर्ण भूमिका निभा सकते हैं। वे आम हिंदू युवाओं को समझा सकते हैं कि सांम्प्रदायिक दंगों को जान-बूझकर अंजाम दिया जाता है। आम हिंदुओं को लक्ष्य बना कर ताकि उन्हें अपने वश में करना जारी रखा जाए, मुस्लिमों के मुक़ाबले जिन्हें जब चाहे कुचला जा सकता है।

यह कहने में काफ़ी आसान लगता है। सुधारवादी नेताओं को पहले स्वयं समझना होगा और बाद में इन सभी मुद्दों को गंभीरता के साथ बैठकों, कार्यशालाओं आदि में उठाना होगा। यही नहीं, जनता के सामने आम हिंदू युवाओं से अपील करनी होगी कि वे मुस्लिम-विरोधी गतिविधियों में शामिल न हों, जो कि ब्राह्मणवादियों द्वारा उकसाई जाती हैं। यह इसलिए क्योंकि उन्हें इस बात की आशंका हो सकती है, कि वे युवा जिन्हें मुस्लिमों के ख़िलाफ़ वर्षों से भड़काया जा रहा है, वे इस बात को आसानी से नहीं पचा पाएँगे कि ब्राह्मणवादियों का सांप्रदायिक दंगों को फैलाने या करने का मुख्य लक्ष्य आम हिंदू हैं, न कि मुसलमान। उनकी आशंकाएँ निर्मूल नहीं हैं तथा यह कोई कारण नहीं है कि वे केवल मूकदर्शक बन कर ब्राह्मणों को आम हिंदुओं पर राज करने दे जैसा कि पहले होता आया है। वे युवाओं को धीरे-धीरे समझा सकते हैं। उन्हें सबसे पहले मध्ययुगीन इतिहास के बारे में सही जानकारी दे। और यह बताए कि किस प्रकार से ब्राह्मणवादियों ने इसे हिन्दू-मुस्लिम के बीच खाई पैदा करने के लिए जान-बूझकर तोड़ा-मरोड़ा है। इसके बाद गत पचास वर्षों में हुए कुछ महत्त्वपूर्ण दंगों का तथ्यपरक और तार्किक विश्लेषण प्रस्तुत करके और महत्त्वपूर्ण उदाहरण देकर तथ्य व आंकड़े देकर किस प्रकार इस प्रक्रिया से आम हिन्दू और मुसलमान दोनों प्रभावित हुए और किस प्रकार से ब्राह्मणों ने राजनैतिक, सामाजिक तथा शिक्षा व सेवा के क्षेत्र में लाभ उठाया। तात्पर्य यह है कि जब तक आम हिंदुओं को साम्प्रदायिक दंगे कराने में ब्राह्मणवादियों के मुख्य उद्देश्यों से अवगत नहीं कराया जाएगा तब तक ब्राह्मणवादी सामाजिक व्यवस्था में बदलाव की तमाम कोशिशें नाकाम रहेंगी।

2) आम हिंदुओं को अंधविश्वासों से मुक्त करना

एक अन्य महत्त्वपूर्ण काम जो सुधारवादी संगठनों से अपेक्षित है, वह यह कि दमनकारी धार्मिक कट्टरता तथा अंधविश्वासों से आम हिंदुओं को मुक्त करवाएं, जिनके माध्यम से ब्राह्मणवादियों द्वारा सदियों से आम हिंदुओं पर नियंत्रण किया

जा रहा है। इस मामले में उन्हें थोड़ा सावधानीपूर्वक चलना होगा, क्योंकि सीधे रूप से धार्मिक परंपराओं की आलोचना करने के गंभीर परिणाम भी हो सकते हैं। इस कारण धीरे-धीरे लोगों को शिक्षित करना होगा। धार्मिक ग्रंथों को आधुनिक संदर्भ में समझाना होगा। कई धार्मिक परंपराओं को वैज्ञानिक आधार पर समझाना होगा। और उन्हें यह समझाना होगा कि किस प्रकार से ब्राह्मणवादियों ने उनका अपनी आकांक्षाओं को पूर्ण करने के लिए शोषण किया है।

3) ब्राह्मणवादियों और ब्राह्मणों को एक कठघरे में नहीं रखा जा सकता

कुछ सुधारवादी नेता ब्राह्मणवादियों व ब्राह्मणों के बीच अंतर नहीं कर पाते। वे दोनों को एक ही कठघरे में देखते हैं। इनमें से कई तो ब्राह्मण जाति के प्रति इतने पूर्वग्राही होते हैं, ब्राह्मणों का नाम भी ज़बान पर नहीं लाना चाहते। लेकिन उन्हें यह समझना होगा कि अधिकांश ब्राह्मण ब्राह्मणवादियों की जातिवादी तथा सर्वोच्चता के विचार से सहमत नहीं हैं तथा ऐसे ब्राह्मणवादियों से उन्होंने दूरी बनाना भी आरंभ कर दिया है। जब मैं नौकरी करता था, तब मैंने कई ब्राह्मण अधिकारियों के साथ काम किया है। परंतु कुछेक को छोड़ कर कोई भी ब्राह्मणवाद के रवैये को नहीं अपनाता था। आज मैं कई ब्राह्मण कार्यकर्ताओं के साथ काम करता हूँ । जहां मैं रहता हूँ उस बहुमंज़िला भवन मेन, जहां पर पचास प्रतिशत ब्राह्मण हैं, मेरे कई ब्राह्मण दोस्त भी हैं। साथ ही मेरा दामाद भी ब्राह्मण है। परंतु मैंने कभी भी उनमें ब्राह्मणवाद के गुण नहीं देखे। अगर वे ब्राह्मणवादियों की खुलकर आलोचना नहीं करते, तो इसका कारण यह है कि वे डरते हैं, उनका सामाजिक बहिष्कार हो सकता है। इस कारण से नहीं कि वे ब्राह्मणवाद के जातिवादी विचारों का समर्थन करते हैं। इन परिस्थितियों में अगर हम उन्हें साथ नहीं लेते तब यह संपूर्ण प्रक्रिया उलटी आरंभ हो जाएगी तथा वे पुन: ब्राह्मणवाद के फेर में आ जाएँगे। इससे सुधारवादी आंदोलन के मूलभूत सिद्धान्तों को नकारने जैसी बात हो जाएगी, जिसमें कहा गया है कि जाति जन्म से नहीं होती। सुधारवादी नेताओं को यह भी समझना होगा कि आम हिंदू में ग़ैर ब्राह्मणवादी ब्राह्मण भी आते हैं, तथा उन्हें भी ब्राह्मणवादी सामाजिक व्यवस्था को बदलने के लिए अपने आंदोलन में शामिल करें ।

III) धर्मनिरपेक्षता में विश्वास रखने वाले व बौद्धिक लोग

वर्तमान साम्प्रदायिक परिस्थितियों में धर्मनिरपेक्ष तथा बौद्धिक लोगों की महत्त्वपूर्ण भूमिका है तथा वे आई बी के ब्राह्मणवादियों द्वारा फैलाई जा रही मीडिया-प्रचार से प्रभावित न हो।

1) मीडिया रिपोर्टों से बहकें नहीं

देश में बड़ी संख्या में ऐसे संगठन व व्यक्ति हैं, जो पूर्णरूप से धर्मनिरपेक्षता के प्रति समर्पित हैं। जब भी सांप्रदायिक दंगे या भेद-भाव की घटनाएँ अल्पसंख्यकों के साथ होती हैं, या फिर धर्म या जाति के आधार पर अन्याय होता है, तब ये लोग आवाज़ उठाते हैं, संबंधित विभागों से लड़ते हैं, तथा न्यायालय के दरवाज़े भी खटखटाते हैं। परंतु मीडिया की अतिशयोक्ति पूर्ण "मुस्लिम-आतंकवाद" की ख़बरों से और बम विस्फोटों की जाँच से जिसमें मुस्लिमों को दोषी बताया जाता है, इनमें से भी कई लोग प्रभावित होते हैं। इसे ब्राह्मणवाद पर विश्वास करने वालों ने और आई बी ने स्थानीय पुलिस के सहयोग से ब्राह्मणवाद हावी मीडिया के एक तबक़े ने सुनियोजित तरीक़े से फैलाया है। जिससे वे ये सोचने लगे हैं कि भारतीय मुसलमानों में भी एक तबक़ा ऐसा है, जो जिहादी संगठनों की मदद कर रहा है। मुंबई 26/11 के आंतकी हमले के बाद उनमें से कुछ लोग सन्नाटे में हैं, तथा उनकी भावनाएँ इतनी शून्य हो गई हैं कि उन्होंने हमले के धुंधले पक्ष पर और इसकी सन्देहास्पद जाँच पर बात करना ही बंद कर दिया है, इस विषय को एकदम छोड़ दिया गया है और कम महत्त्व वाले और असामयिक विषयों पर लिखना और बोलना शुरू कर दिया है। कुछ अन्य लोग आई बी के मुस्लिम-विरोधी प्रचार से इतने प्रभावित हैं कि वे भी ब्राह्मणवादियों के सुर में सुर मिला रहे हैं और इस बात की मांग करने लगे हैं कि मुसलमान आतंकवाद की निन्दा करें, और उनसे कह रहे हैं वे आतंकवाद का रास्ता छोड़कर मुख्यधारा में शामिल हों। कुछ धर्मनिरपेक्ष लोगों के रवैये में एकाएक यह बदलाव गहरी चिंता का कारण है कि इससे गंभीर नतीजे हो सकते हैं। इससे आई बी और उसके ब्राह्मणवादी आक़ाओं को बल मिलता है और बिल्कुल झूठी थ्योरियां गढ़ने और जनता को धोखे में रखने के लिए उनका उत्साहवर्द्धन होता है।

2) धर्मनिरपेक्ष समूह द्वारा समानांतर जाँच

मीडिया के द्वारा आई बी के दुष्प्रचार में बह जाने की अपेक्षा धर्मनिरपेक्ष तथा बौद्धिक लोग यह अच्छा काम कर सकते हैं कि ऐसी किसी भी घटना का तथ्यपरक अध्ययन करें और जाँच का तार्किक विश्लेषण करें। वे घटना-स्थल पर जा सकते हैं। पीडितों व गवाहों से पूछताछ कर सकते हैं। वे विभिन्न अख़बारों में, घटना के कुछ दिनों बाद की प्रकाशित ख़बरों को भी देख सकते हैं। साथ ही उन ख़बरों को भी देख सकते हैं जो कि पुलिस द्वारा घटना की गुत्थी को सुलझाने के बाद प्रकाशित हुई हैं। तर्क के आधार पर पुलिस के दांवों की जाँच कर सकते हैं। विषयों के आधार पर गहन जाँच कर सकते हैं । जो भी सबूत उन्होंने इकट्ठा किए हैं तथा अपनी जाँच रिपोर्ट को मीडिया के सामने सार्वजनिक करें। इस बात से भी इंकार नहीं किया जा सकता कि मीडिया में जो ब्राह्मणवादी धड़ा है वह इन रिपोर्ट पर तवज्जो नहीं देगा जो कि उसे मिलना चाहिए। वह इसे प्रकाशित भी करेगा, तो किंतु परंतु के साथ, ताकि उनके द्वारा पहले प्रकाशित की गई ख़बरें सही लगें। इस प्रकार की जाँच करने में धर्मनिरपेक्ष लोगों को भय नहीं लगेगा क्योंकि वे इस प्रकार के कार्य पहले भी कर चुके हैं। कई स्वयंसेवी संगठनों व मानव-अधिकार व धर्मनिरपेक्ष संगठनों ने इस प्रकार की घटनाओं के लिए तथ्य खोजी कमेटियां बनाई हैं, तथा उन्होंने अपनी सूची प्रकाशित भी की हैं। परंतु इससे जाँच करने वाली एजेंसियों व उनका प्रबंधन करने वालों पर यथोचित प्रभाव नहीं पड़ा। इसका कारण यह नज़र आता है कि इन रिपोर्टों को दृढ़ता के साथ नहीं रखा गया और उन्हें उनके तार्किक नतीजे तक नहीं पहुंचाया गया, या यह एक-आध बार ही किया गया। जाँच करने वाली एजेंसियों पर इसका प्रभाव डालने के लिए आवश्यक घटनाओं में इस प्रकार की गतिविधियों को बार-बार किया जाना ज़रूरी है ।

इन घटनाओं की उद्देश्यपरक रिपोर्ट के विश्वसनीय सबूतों को सार्वजनिक किया जाना चाहिए तथा बाद में इसके परिणामों पर भी सावधानीपूर्वक नज़र रखना चाहिए। इससे जाँच करने वाली एजेसियों पर निश्चित रूप से कुछ रोक लगेगी तथा वे आई बी में बैठे ब्राह्मणवादियों के इशारे पर सीधे रूप से झूठे सबूतों के आधार पर ग़लत लोगों को गिरफ़्तार नहीं कर सकेंगे। साथ ही इस प्रकार की रिपोर्ट सार्वजनिक करने पर आम जनता भी अलग तरह से सोच

सकती हैं। इससे ब्राह्मणवादी ताक़तों व आई बी के आम जनता को गुमराह करने के लक्ष्य पर भी बड़ी हद तक रोक लग सकती है।

3) आक्रामक धर्मनिरपेक्षता

धर्मनिरपेक्षता में विश्वास रखने वाले, हिंदू सुधारवादी तथा बौद्धिक लोग यदि चाहते हैं कि सरकार द्वारा संबंधित विभाग उनके विचार को जाने, जो कि अधिकांश घटनाओं में सही होते हैं, तब लोगों को आक्रमक तेवर अपनाने होंगे। सांप्रदायिक मुद्दों पर संघ परिवार तथा ब्राह्मणवादी संगठन हरदम आक्रामक तेवर अपनाते हैं। वे यह नहीं देखते कि उनके कार्य, मांग तथा विचार सही हैं कि नहीं और क़ानून की कसौटी पर सही बैठते हैं कि नहीं। इसका परिणाम यह होता है कि सरकार तथा नीतियां उनके सामने झुक जाती हैं। और कई बार तो न्यायालय के आदेश के विपरीत भी। धर्मनिरपेक्ष तथा बौद्धिक वर्ग हमेशा अपनी कार्यप्रणाली में सुरक्षात्मक रवैया अख्तियार करते हैं। इस कारण सम्बंधित विभागों या अधिकारियों द्वारा उनकी अनदेखी कर दी जाती है।

चमत्कार हो सकता है, यदि धर्मनिरपेक्ष तथा सुधारवादी आक्रामक हो गए तो। इस प्रकार की कार्यप्रणाली कर्नाटक के सुधारवादी संगठन कर्नाटका कौमू सौहार्द्र वेदिका (कर्नाटक सांप्रदायिक सद्भावना मंच) ने बाबा बुधानगिरी दरगाह विवाद चिकमंगलुर के दौरान अपनाई थी। इसे संघ परिवार द्वारा जान-बूझकर उछाला गया था। संघ परिवार द्वारा 1999 में बड़ी रैलियां आयोजित की गयी थीं, ताकि दरगाह पर दत्त जयंती मनाने की आज्ञा मिले। संघ की रैलियों का जवाब मंच ने आम जनता में जाकर दिया तथा उन्होंने मुस्लिमों को साथ में नहीं लिया बल्कि आम हिंदुओं को समझाया कि बाबा बुधानगिरी विवाद कोई मुस्लिम समस्या नहीं है बल्कि ब्राह्मणवादियों का ऐसा खेल है, जिसमें वे हिंदू समाज में अपना प्रभुत्व क़ायम रखना चाहते हैं। साथ ही इससे वे राजनैतिक लाभ लेना चाहते हैं। मंच द्वारा भी रैलियों का आयोजन किया गया, जिसे शुरू-शूरू में ज़्यादा समर्थन नहीं मिला। परंतु धीरे-धीरे आम जनता संघ परिवार व बीजेपी के उद्देश्यों को समझने लगी। मंच की रैलियों में लोगों की संख्या बीस हज़ार तक पहुँच गई, वहीं आर एस एस की शोभा-यात्रा में कुछ सौ लोग ही आए थे। बाद में बीजेपी नेतृत्व वाली संयुक्त सरकार को न्यायालय के आदेश को मानना पड़ा। जिसमें यथास्थिति रखने का आदेश था, जिससे संघ परिवार द्वारा आरंभ की गई

धार्मिक पूजा पर रोक लगी। इस घटना से हम यह सीख ले सकते हैं कि जब तक हम आक्रमक नहीं होंगे तब तक सरकार व पुलिस कार्य नहीं करेगी। यह बहुत अच्छा उदाहरण है धर्मनिरपेक्ष तथा सुधारवादी संगठनों के लिए देश भर में ब्राह्मणवादी ताक़तों की साम्प्रदायिक विचारधारा का भंडोफोड़ करने के लिए।

4) सांप्रदायिक मामलों में मुस्लिमों के साथ ब्राह्मणवादी शब्द का प्रयोग किया जाए न कि हिंदू

अब यह स्पष्ट है कि लगभग सभी सांप्रदायिक घटनाएं, जो कि उन्नीसवीं शताब्दी के आख़िरी दशक में हुई हैं, उनका उद्भव ब्राह्मणवादियों के कारण ही हुआ है। और इन्हीं के कारण आम हिंदू शिकार बना तथा घृणा प्रचार का माध्यम बना। जबकि ब्राह्मणवादी परदे के पीछे रहे और तथा सारे सूत्र हिलाते रहे। ये आम तथा ग़रीब हिंदू थे जो कि सामने नज़र आए। इसके कारण किसी भी सांप्रदायिक घटना के बाद, धर्मनिरपेक्ष जन, बौद्धिक व मुस्लिम नेता हिंदू, हिंदुत्वाद, हिंदुत्ववादी, हिदुइस्ट संगठन, हिंदू साज़िश, हिंदू बम आदि कहते रहे। ब्राह्मणवादियों के दिल काफ़ी ख़ुश थे, क्योंकि इस माध्यम से वे अपने ब्राह्मणवादी एजेंडे को आगे बढ़ा सकते थे। इस कारण ब्राह्मणवादी तथा उनके नियंत्रण वाले मीडिया में, हिंदू शब्द का उत्साहपूर्वक प्रयोग हुआ और काफ़ी खुलकर हुआ। क्योंकि इससे कई सामान्य हिंदूओं को भी इसमें शामिल करना संभव हो सका। इस कारण धर्मनिरपेक्ष, बौद्धिक व मुस्लिम नेताओं ने अनिच्छा से ही आम हिंदुओं को भी इस श्रेणी में रखा। और यह फंदा ब्राह्मणवादियों द्वारा लगाया हुआ था, जिससे उनका कार्य और भी आसान हो गया। इसलिए, इस परिप्रेक्ष्य में हिंदू का प्रयोग नहीं किया जाना चाहिए और उसकी जगह ब्राह्मणवाद का प्रयोग किया जाना चाहिए।

5) सरकार व पुलिस को पक्षपातपूर्ण रवैये के लिए दोषी नहीं ठहराना चाहिए, क्योंकि वे भी व्यवस्था का शिकार हैं।

साम्प्रदायिक दंगों या आतंकी हमलों या बम विस्फोट की घटनाओं के बाद, धर्मनिरपेक्ष तथा मुस्लिम नेता अंत में पुलिस तथा सरकार को ही पक्षपातपूर्ण रवैये के लिए दोषी ठहराते हैं। बिना यह जानते हुए कि सरकार व पुलिस भी मुस्लिम-विरोधी प्रचार से पीड़ित हैं, जो कि ब्राह्मणवादियों ने आम जनता के

साथ-साथ सरकार व पुलिस के साथ किया है। किसी भी सांप्रदायिक घटना के बाद स्थानीय मीडिया, जिसमें पूर्ण रूप से ब्राह्मणवादियों का एकाधिकार है, उनके द्वारा दबाव डाला जाता है । वे स्थानीय पुलिस से लगातार सवाल करते हैं। जैसे कि वे पुलिस कार्रवाही करने के लिए अप्रत्यक्ष रूप से अपना मत व्यक्त कर रहे हैं कि यदि वे मीडिया में अपने अनुसार अच्छी ख़बर चाहते हैं, तब पुलिस को क्या करना चाहिए और क्या नहीं। वरिष्ठ ब्राह्मणवादी पत्रकार यही नीति राज्य स्तर पर चलाते हैं तथा सरकार पर दबाव बनाते हैं। महत्त्वपूर्ण मुद्दों में आई बी भी बीच में दख़ल देती है तथा जाँच एजेंसी व राज्य सरकार को निर्देश देती है इस भावना के साथ कि वे जो कार्य कर रहे हैं वह केन्द्र सरकार की मंशा के अनुसार हैं। इसका परिणाम यह होता है कि राज्य सरकार व स्थानीय पुलिस अपनी अच्छी मीडिया रिपोर्ट के लिए तथा अपनी स्थिति को बनाए रखने के लिए मीडिया व आई बी के दबाव में आ जाते हैं। इसके चलते वे ऐसी कार्यवाही कर देते हैं, जो कि अधिकांश घटनाओं में सही नहीं होती और भेदभावपूर्ण होती है। सरकार व पुलिस की प्रतिक्रिया सभी संभावनाओं में एक जैसी ही होती है। भले ही कोई भी पार्टी सत्ता में हो या किसी एक व्यक्ति ने कोई पद धारण किया हो, वह अलग धर्मों से संबंधित हो या फिर अल्पसंख्य समुदाय से ही क्यों न हो। इसलिए सांप्रदायिक मामलों में सरकार व पुलिस की निंदा करना या उनपर दोषारोपण करना ठीक नहीं। सही समाधान गुप्तचर संगठनों व मीडिया के ब्राह्मणवादी तत्त्वों में छिपा है। इसके अलावा गंभीर व लक्ष्य साध कर किए जाने वाले धर्मनिरपेक्ष व हिंदू सुधारवादी संगठनों के कार्यों तथा मुस्लिम नेताओं व सरकार के माध्यम से ही मुस्लिम-विरोधी वातावरण को हटाया जा सकता है, जिसे ब्राह्मणवादियों ने गत एक दशक में बनाया है।

IV) मुसलमानों को बुनियादपरस्ती छोड़नी होगी और हीन भावना को त्यागना होगा

बुनियादपरस्ती (Fundamentalism) : भारत में मुस्लिम-समुदाय दो गंभीर बीमारियों से ग्रस्त हैं बुनियादपरस्ती और हीन भावना। यह बहुत दुर्भाग्य की बात है कि मुसलमान जिनमें कुछ शिक्षित भी शामिल हैं, धार्मिक ग्रंथों को आधुनिक संदर्भ में समझना ही नहीं चाहते। वे प्रवृत्ति की तुलना में, लिखे हुए शब्दों को

ज़्यादा महत्त्व देते हैं। इस कारण वे नई सोच व विचारों को ग्रहण ही नहीं कर पाते। कुछ विद्वान तो वैज्ञानिक खोजों के ही ख़िलाफ़ हैं कि उनका कहना है कि यह नए पदार्थ रचने की प्रवृत्ति है जो कि ख़ुदा से मुक़ाबला करने जैसी बात है। परंतु उनका यह तर्क सही नहीं है क्योंकि इसमें शोध जैसा कुछ नहीं है। जो कुछ बना हुआ है उसे ही खोजा जाता है। पढ़े-लिखे मुसलमानों को उन्हें समझाने की कोशिश करनी चाहिए, भले ही इसके लिए उन्हें उनके क्रोध का सामना करना पड़े। कुछ रूढ़िवादी संगठनों द्वारा युवाओं को यह सिखाया जाता है कि वे आंख बन्द करके इस्लाम की मान्यताओं और सिद्धांतों की उस व्याख्या को मानें जो उन्होंने या मध्ययुगीन विद्वानों ने अपने युग के परिवेश में की है, और उनकी व्याख्याओं के विपरीत जो कुछ वे इस दुनिया में करेंगे वे मरने के बाद न्याय के दिन काम न आएगा। इसके परिणामस्वरूप एक बहुत बड़ा भोला-भाला तबक़ा मृत्यु के बाद स्वर्ग की आस में इस विश्व में नरक की ज़िंदगी जी रहा है। जितनी जल्दी मुसलमान और ख़ास तौर पर भारतीय मुसलमान ख़ाली ख़ोली धार्मिक बातों को छोड़ दे, धर्मग्रंथों के वास्तविक अर्थ को समझें और शब्दों के बजाय उनके अभिप्राय और मंशा के अनुसार उन्हें अमल में लाएं, और आधुनिक जीवन की सच्चाइयों को स्वीकार करें, उतना ही उनके लिए यह बेहतर होगा।

हीन भावना : मुस्लिम-समुदाय को सबसे ज़बरदस्त नुक़सान सांप्रदायिक दंगों के कारण हुआ है, जिसे ब्राह्मणवादियों ने थोपा है जो कि उन्नीसवीं सदी के आरंभ से लेकर बीसवीं सदी तक चले हैं। कई राजनैतिक व मुस्लिम नेता जैसे मौलाना अबुल कलाम आज़ाद, मुहम्मद अली जौहर, शौकत अली, हसरत मोहानी, हकीम अजमल ख़ान और दूसरों ने, दंगों के असल कारण को खोजने की कोशिश नहीं की। वे यही सोचते रहे कि सही मायने में दोनों समुदायों में ऐतिहासिक या अन्य कुछ कारणों से कुछ गंभीर मनभेद हैं। इस कारण संपूर्ण मुस्लिम समाज ही हीन भावना से ग्रस्त हो गया। बीसवीं सदी में सांप्रदायिक दंगों की संख्या में वृद्धि हुई, ख़ासतौर पर आज़ादी और बँटवारे के बाद । इस कारण मुस्लिम नेताओं में भी हीन भावना आ गई। इसका असर यह हुआ कि कोई भी मुस्लिमों की बात को सही तरह से नहीं रख पाया । क्योंकि उन्हें लगा कि मुस्लिमों की बात करेंगे तो सांप्रदायिक कहलाएँगे। इससे उन्हें आर्थिक व

सामाजिक रूप से काफ़ी पीछे धकेल दिया गया। जैसा की सच्चर कमेटी ने हाल ही में बताया है।

परिस्थिति आज भी वही है। भारत में मुस्लिम कितनी भी उँचाई पर हो परंतु उसके मन में हीन भावना है। हाल ही का उदाहरण केंद्रीय अल्पसंख्यक मामलों के मंत्री बैरिस्टर ए. आर. अंतुले का है। उन्होंने ए टी एस प्रमुख हेमंत करकरे की मुंबई के आतंकी हमले में हुई मृत्यु के बारे में तार्किक व अपनी विशुद्ध राय रखी थी परंतु उन्हें बाद में विनम्रता प्रदर्शित करनी पड़ी।

अगर यह बात देश के प्रमुख, बुद्धिमान तथा निर्भीक मुस्लिम नेता की है तब आप देश के आम मुस्लिम की मन:स्थिति की कल्पना कर सकते हैं। जब सैकड़ों की संख्या में मुस्लिम युवक बम ब्लास्ट की घटना के सिलसिले में बिना सबूत के गिरफ़्तार किए जाते हैं तथा वर्षों तक उन्हें जेल में रखा जाता है। ऐसे में कोई नेता, सामाजिक कार्यकर्त्ता, धर्मनिरपेक्ष या पड़ोसी और कुछ घटनाओं में तो कोई वकील भी, पुलिस तथा संबंधित अधिकारियों व न्यायालय के सम्मुख उसका पक्ष रखने के लिए आगे नहीं आता। ऐसे में उसके माता-पिता तथा कुछ मामलों में रिश्तेदार, दर-दर भटकते रहते हैं और अंत में हताश हो जाते हैं। यह बात जानकर भी कि गिरफ़्तार किए गए लड़के बेक़सूर हैं, बाक़ी सभी उनके परिवार से दूरी बना लेते हैं । दरअसल उन्हें यह लगता है कि अगर वे उनकी या तथाकथित आतंकी की मदद करेंगे तो पुलिस उन्हें भी परेशान कर सकती है। और किसी भी आरोप में उनपर भी मुक़दमा चल सकता है। यह इस कारण भी है कि बम ब्लास्ट की जाँच के दौरान पुलिस की ज़्यादतियों की कोई सीमा ही नहीं होती। इस मुद्दे को भी आई बी का ही सहारा था, तथा इसे मीडिया के ब्राह्मणवादियों का भी समर्थन था।

आतंकी गतिविधियों में मुस्लिम-संगठनों और व्यक्तियों के शामिल होने की ख़बरें, आई बी द्वारा दी गयीं और लोकल पुलिस के इशारे पर प्रिंट और इलेक्ट्रॉनिक दोनों मीडिया में इतनी संख्या में और इस तरह लगातार फैलाई गयी हैं कि स्वयं मुस्लिम-समुदाय भी यह मानने लगा कि भारत में भी ऐसे भटके मुस्लिम नौजवान हैं जो इस प्रकार का कृत्य कर रहे हैं। ऐसी छवि बनने और ख़ास तौर से सामूहिक हीन भावना के कारण विभिन्न मुस्लिम-संगठनों और संस्थाओं में आतंकवाद की निंदा करने और यह एलान करने की होड़ सी मच गई कि इस्लाम आतंकवाद के ख़िलाफ़ है।

- दिसम्बर 2007 में देश भर के सूफ़ी दिल्ली में ख़्वाजा ग़रीब नवाज काउंसिल के बैनर तले इकट्ठा हुए तथा उन्होंने संसद तक शांति मार्च निकाला।
- इसी माह में परिचर्चा का आयोजन किया गया जिसमें देश भर के हज़ारों उलेमाओं ने भाग लिया। यह दारुल उलूम देवबंद में आयोजित हुआ जिसमें आतकंवाद का विरोध करने की घोषणा की गई।
- इसके तत्काल बाद केरल में तरक़्क़ी पसंद मुस्लिमों के संगठन ने आतंकवाद तथा अतिवाद से लड़ने की बात की।
- फ़रवरी 2008 में दारुल उलूम देवबंद ने आतंकवाद के विरुद्ध फ़तवा जारी किया।
- मई 2008 में दिल्ली के राम लीला मैदान में आतंकवाद के ख़िलाफ़ बड़ी रैली का आयोजन किया गया।
- इसी माह में महाराष्ट्र के पुणे मे 500 से 600 मुस्लिम विद्वान इकट्ठा हुए और उन्होंने आतंकवाद की भर्त्सना की।
- नवम्बर 2008 में शांति ट्रेन को हैदराबाद ले जाया गया जिसमें 2000 मुस्लिम विद्वान थे। ये लोग जमियत उलेमा-ए-हिंद की बैठक मे भाग लेने के लिए गए थे जो कि निज़ाम मैदान हैदाराबाद में आयोजित की गई थी। इस बैठक में भी आतंकवाद की भर्त्सना की गई।

आतंकवाद की भर्त्सना करने में कोई बुराई नहीं है बल्कि यह प्रत्येक नागरिक का कर्तव्य है। मुस्लिम धार्मिक व सामाजिक संगठन केवल आतंकवाद की भर्त्सना ही नहीं कर रहे हैं, बल्कि वे प्रस्ताव भी पारित कर रहे हैं, जिसमें यह कहा गया है कि इस्लाम में आतंकवाद की कोई जगह नहीं है तथा इस्लाम आतंकवाद की अनुमति नहीं देता। इस्लाम में कहा गया है कि एक निर्दोष व्यक्ति को मारना संपूर्ण इंसानियत को मारने जैसा है। इस्लाम के लिए आतंकवाद का मतलब आग के लिए पानी और इसके अलावा भी बहुत सारी बातें कही गई हैं। इस तरह अनजाने में इस विचार को तसलीम किया जा रहा है कि देश में मुसलमानों का एक वर्ग आतंकी गतिविधियों में लिप्त है। यह मामले की सही जानकारी न होने से ज़्यादा, अल्पसंख्यक समुदाय के बतौर असुरक्षा की भावना से हुआ। हालाँकि वे जो बम कांडों में मुसलमानों के शामिल होने की बाबत अख़बारों तथा

इलेक्ट्रानिक मीडिया की ख़बरों से प्रभावित थे, परंतु इस बारे में उन्हें निश्चित रूप से विश्वास नहीं था। वे भ्रमित स्थिति में थे जब तक की नानदेड़ तथा मालेगांव विस्फोट कांड का ख़ुलासा नहीं हुआ। जिसमें यह पता चला कि असल आतंकी कौन हैं।

अब देश को वास्तविक आतंकियों तथा उनके आक़ाओं के बारे में पता चल चुका है। अब मुस्लिमों को हीन भावना को त्याग देना चाहिए तथा सम्मान के साथ जीना चाहिए। भविष्य में भी अगर कोई मुस्लिम लड़का पुलिस द्वारा किसी आतंकी घटना में बिना सबूत के पकड़ा जाता है, तब इतना साहस होना चाहिए कि पुलिस से तथ्य के साथ बात करे कि पहले भी कई विस्फोट कांड में मुस्लिम लड़कों को पकड़ा गया तथा उन्हें महीनों तक सताया गया तथा बाद में वे निर्दोष सिद्ध हुए हैं। और घटनाओं में ब्राह्मणवादी आतंकियों का हाथ होना पाया गया। नानदेड़ तथा मालेगांव व अन्य विस्फोट कांड की खोज-बीन को भारतीय धर्मनिरपेक्षता के इतिहास का मोड़ बनाया जा सकता है।

V) ब्राह्मणों को ब्राह्मणवादियों से दूर होना होगा तथा ब्राह्मणवादियों को भी भ्रम से बाहर निकलना होगा।

ब्राह्मणों में ब्राह्मणवादियों की विचारधारा वाले काफ़ी कम लोग हैं। यह कुल ब्राह्मणों का दस प्रतिशत भी नहीं होगा। परंतु इनमें से भी काफ़ी कम लोग हैं जो ब्राह्मणवादियों की अपने लक्ष्य को प्राप्त करने के तरीक़ों तथा उद्देश्यों का विरोध करते हैं। इसका मतलब यह नहीं है कि 90 प्रतिशत ब्राह्मणवादियों का समर्थन पूर्ण हृदय से करते हों। तेज़ी से बदलती दुनिया में कई लोगों ने अपनी विचारधारा बदली है तथा वे भ्रम से बाहर निकले हैं कि उनकी जाति भारत पर हमेशा राज करेगी। पर उनमें वह साहस नहीं है कि वे अतिवादियों का विरोध कर सकें। क्योंकि ऐसे कई उदाहरण हैं जिसमें इंतिक़ाम लिया गया है तथा जिन ब्राह्मणों ने ब्राह्मणवादियों का विरोध किया उन्हें समाप्त कर दिया गया। हाल का ही उदाहरण है हेमंत करकरे। इस वर्ग के ब्राह्मणों की संख्या कुल ब्राह्मणों की जनसंख्या के लगभग पचास प्रतिशत है, पर इसके बाद भी चालीस प्रतिशत की संख्या है जो कि ब्राह्मणवादियों की गतिविधियों में भाग नहीं लेते हैं परंतु दूर से ही उनके प्रति सहानुभूति भी रखते हैं। वे ये सोचते हैं कि ये लोग जो भी कर रहे हैं वह भलाई के लिए तथा उनकी जाति के गौरव को बढ़ाने के लिए कर रहे हैं।

और ब्राह्मणवादी अपनी गतिविधियों में सफल हो जाते हैं तो वे यह समझते हैं कि उससे उन्हें फ़ायदा होगा। अपने समुदाय की भलाई के बारे में सोचना ग़लत बिल्कुल नहीं है तथा उसके लिए प्रयास करने में भी बुराई नहीं। परंतु यह अन्य जातियों व उनके लोगों की क़ीमत पर नहीं होना चाहिए। अपने प्रयासों के लिए प्रयुक्त होने वाले माध्यम भी सही, ईमानदार व पारदर्शी होने चाहिए। परंतु ब्राह्मणवादियों के प्रयास बिल्कुल विपरीत हैं। उनके सही चेहरे हाल ही की नानदेड़ व मालेगांव की जाँच में सामने आए हैं जिसमें उनकी देश में अव्यवस्था फैलाने की बदनीयती सामने आई है और वह भी बम विस्फोट के माध्यम से। जिसका उद्देश्य ब्राह्मणवादी राष्ट्र स्थापित करना था वह भी हिंदू-राष्ट्र के नाम पर, जिसमें यह भी साबित होता है कि वे क़ानून-सम्मत तथा संविधान-सम्मत स्थापित राज्य को उखाड़ फेंकना चाहते थे। अब कम से कम जो बचे हुए ब्राह्मण हैं, उन्हें जागृत होना चाहिए और दुष्ट तरीक़े अपनाने वाले ब्राह्मणवादियों का विरोध करने का साहस भी दिखाना चाहिए।

ब्राह्मणवादियों को भी अब गंभीरता के साथ आत्मविश्लेषण करना चाहिए कि क्या उनकी विचारधारा वर्तमान युग में उपयुक्त हैं? और क्या यह संभव है कि वे अपने उद्देश्यों को प्राप्त कर लेंगे जिनकी उन्हें इच्छा है? गत दो दशकों में विज्ञान व तकनीक के क्षेत्र में तथा संचार माध्यमों में हुए विकास से अब दुनिया एक विश्वग्राम बन चुकी है। टेलीविज़न देश के 70 प्रतिशत घरों तक अपनी पहुँच बना चुका है। कम्प्यूटर 10 प्रतिशत घरों में हैं, इंटरनेट कनेक्शन देश के सुदूर गांवों में पहुँच चुका है। ऐसे में उनका यह सोचना मूर्खतापूर्ण है कि वे सम्पूर्ण समाज को दिग्भ्रमित करेंगे और ग़लत सूचनाओं को देते रहेंगे जैसा कि पहले करते आए हैं। युवा ब्राह्मण जो कि 20 या 30 वर्ष के हैं वे भी इस विचारधारा को स्वीकार नहीं करेंगे बावजूद इसके कि ब्राह्मणवादियों द्वारा आर एस एस की शाखाओं में बचपन से उनके मस्तिष्क में यह बैठाया जाता है।

अब यही समय है जब ब्राह्मणवादी यह समझ ले कि आम जनता उनके असल मक़सद को जान चुकी है तथा वे उनके द्वारा अपनाए जा रहे विभिन्न हथकंडों को भी पहचान चुकी हैं । जिसके माध्यम से उन्होंने आम जनता की आंखों में धूल झोंकी है। उन्हें भारतीय समाज को नियंत्रित करने के विचार को छोड़ देना चाहिए तथा उन्हें भारतीय समाज की मुख्यधारा में शामिल हो जाना चाहिए। यह उनकी भलाई के लिए है तथा देश के लिए भी अच्छा है।

निष्कर्ष

मैं पूर्ण रूप से आशावादी व्यक्ति हूँ। कोई यह कह सकता है कि मैं कल्पनावादी होने की हद तक अति आशावादी हूँ। मैंने सपना देखा है सच्चे धर्मनिरपेक्ष, समाजवादी तथा प्रजातांत्रिक भारत का। मेरा ऐसा मानना है कि एक दिन ब्राह्मणवादियों को सद्बुद्धि मिलेगी तथा वे अपनी भ्रष्ट जातिवादी सोच को छोड़ देंगे, साथ ही वे अपने षडयंत्रकारी तरीक़ों को भी छोड़ देंगे। अगर ऐसा हुआ तो आम हिन्दू धार्मिक कट्टरता व अंधविश्वास से आज़ाद होगा। हिंदू सुधारवादी, धर्मनिरपेक्ष तथा दलित नेता, ब्राह्मणवादियों के प्रति भूलो और माफ़ करो की नीति अपना लेंगे। मुसलमान भी रूढ़िवादिता छोड़ देंगे तथा समाज के सभी तबक़े मनोग्रन्थियों से बाहर निकलेंगे तथा राष्ट्र की मुख्यधारा में मिल जाएँगे। और पूरा राष्ट्र मिल-जुल कर मज़बूत तथा विकासशील भारत बनाएगा, जहां आर्थिक विकास का लक्ष्य कुल दौलत में बढ़ोतरी से ज़्यादा असमानता मिटाना होगा। मेरा सपना है एक पूर्ण रूप से धर्मनिरपेक्ष समाज के निर्माण का, जहां पर धर्म केवल घरों में, पूजा-स्थलों में और ज़्यादा से ज़्यादा सामुदायिक केन्द्रों तक सीमित होगा। और दूसरी सभी जगहों पर हर आदमी एक पेशेवर, एक हमवतन और देश के हित में काम करने वाला एक इंसान होगा।

हेमंत करकरे की महान सेवा

मैं जानता हूँ कि मेरी आशाएँ काफ़ी ऊँची हैं। पर यह भी एक तथ्य है कि कोई बिना कारण के सपने नहीं देखता। मैंने भी अकारण सपने नहीं देखे हैं। मैंने एकाएक अंधकार में प्रकाश की किरणें देखी हैं और देख रहा हूँ कि आशाओं की एक बाढ़ इस पोह से बाहर निकलने को बेताब है। इस घनघोर अंधेरे में यह पोह किसने डाली है ? यह हेमंत करकरे है जिसने ब्राह्मणवादियों की आंतकी योजना का भंडाफोड़ करके और एक पण्डोरा बॉक्स खोल कर यह पोह डाली है और पुरातनवादी ब्राह्मण प्रभुत्व से ख़ात्मे की एक उम्मीद जगा दी हैं। उन्होंने जो कुछ किया वह करने की हिम्मत अगर वह नहीं करते तो इस सामाजवादी व प्रजातांत्रिक गणराज्य का ख़ात्मा इसका नतीजा होता। आंतकी संगठन अभिनव भारत को वर्ष 2024 तक का इंतिज़ार नहीं करना पड़ता जैसा कि षडयंत्रकारियों द्वारा हिन्दू-राष्ट्र की कल्पना करते समय अलग संविधान व अलग झंडे की

कल्पना के साथ उन्होंने तय किया था बल्कि कल्पना 2015 में ही पूरी हो जाती। इसलिए भारत की जनता को देश और उसका संविधान बचाने के लिए हेमंत करकरे का आभारी होना चाहिए और उन्हें भारतरत्न से सम्मानित करना चाहिए।

बिल्ली के गले में घंटी बाँधना

इस किताब को लिखने का मेरा प्रमुख उद्देश्य भावी पीढ़ी को यह बताना है कि मातृभूमि की सेवा करने वाले हेमंत करकरे ने देश व समाज की कैसी सेवा की और किस प्रकार उन्होनें देश को दुष्ट योजना से बचाया, जो कि तथाकथित देशभक्तों ने बनाई थी। मैंने इस बात का भी विवरण दिया है कि किस प्रकार की घटनाओं के कारण ऐसी परिस्थितियां बनीं और करकरे को निडर होकर कार्यवाही करनी पड़ी वरना यह सब कुछ महाविपत्ति में बादल जाता। मैंने यह भी बताया है की इन सभी षड्यंत्रों के योजनाकार व षडयंत्रकारी कौन थे। इस राष्ट्र व गणतंत्र को बचाने के लिए किसी न किसी को बिल्ली के गले में घंटी बांधनी ही थी तो मैंने बांध दी। मैं जानता हूँ कि यह बिल्ली बहुत ग़ज़ब ढाने वाली, उग्र बदला लेने वाली, निर्दयी, हृदय विहीन, दुष्ट और बड़ी शक्तिशाली है। मुझे पता है इसके परिणाम क्या होंगे। परंतु राष्ट्र की ख़ातिर तथा 99 प्रतिशत जनता के लिए मैं कोई भी परिणाम को भुगतने के लिए तैयार हूँ।

संलग्नक अ

(Annexure A)

मुंबई आतंकी हमले के संदर्भ में निश्चित गुप्त सूचना से सम्बंधित बिंदु जो महत्त्वपूर्ण अख़बारों में प्रकाशित हुए
(अध्याय 6 में विवेचन किया जा चुका है)

(I) *द टाइम्ज़ ऑफ़ इंडिया*, पुणे, 1 दिसम्बर 2008 :

1) जो विवरण सामने आया है उससे यह पता चलता है कि बड़ी प्रशंसनीय भारतीय नौसना तथा कोस्ट गार्ड रॉ की उस सूचना को प्राप्त करने में असफल रहे, जिसमें लश्कर-ए-तैयबा द्वारा एक जिहादी समूह के मुंबई में घुसपैठ की बात कही गई थी। दोनों ने ही इस सूचना की उपेक्षा कर दी थी।
2) जो सूचना पकड़ी गई थी व 19 नवम्बर को भेजी गई थी, उसमें कहा गया था कि लश्कर नियंत्रण वाली नाव, जिसमें ख़तरनाक सामान हैं कराची से निकल चुकी है तथा वह भारतीय समुद्री सीमा में प्रवेश कर सकती है।
3) नौसेना के सूत्र ग़ुस्से में इस दावे को झुठला रहे हैं जिसमें भारतीय गुप्तचर सेवाओं द्वारा उन्हें गुप्त सूचना देने की बात कही गई थी। नौसेना के अनुसार उन्हें किसी भी प्रकार की सूचना प्रदान नहीं की गई।
4) रॉ के सूत्र अपनी बात पर अडिग हैं।

(II) *द इंडियन एक्सप्रेस*, पुणे, 3 दिसम्बर 2008 :

भारतीय नौसेना प्रमुख एडमिरल सुरेश मेहता ने कहा कि मुंबई पर समुद्र के रास्ते आतंकी हमला, तंत्र की असफलता है। मेहता के अनुसार नौसेना के पास कार्रवाही करने के लिए कोई भी जानकारी नहीं थी। उन्होंने कहा कि भारत पर आतंकी हमला होने वाला है, इस तथ्य को कार्यवाही करने योग्य कैसे कहा जाए।

(III) *द टाइम्ज़ ऑफ़ इंडिया*, पुणे, 3 दिसम्बर 2008 :

1) मुंबई पुलिस के वरिष्ठ अधिकारी ने यह स्वीकार किया कि आई बी ने मार्च

2007 में ही महाराष्ट्र सरकार को सावधान रहने के लिए कहा था और यह कहा था कि गेट वे ऑफ़ इंडिया की तरफ़ से हमला हो सकता है। जिसमें समुद्री मार्ग का प्रयोग हो सकता है। आई बी का संदेश था कश्मीरी मूल के फ़िदायीन के मुंबई पहुँचने की संभावना है और वे समुद्री मार्ग से किसी असाधारण कार्रवाई के लिये आ रहे हैं।

2) इसी बीच मार्च 2007 व 22 नवम्बर 2008 के बीच पांच बार चेतावनियां महाराष्ट्र के गृह विभाग तथा मुंबई पुलिस कमिशनर के पास पहुँची थीं। प्रत्येक में यह कहा गया था कि बड़े होटल जैसे ताज को वास्ताविक ख़तरा है तथा यह ख़तरा दिनों दिन बढ़ता जा रहा है।
3) इन चेतावनियों में दिनांक व समय का उल्लेख नहीं था परंतु इनमें किस तरीक़े से व कहां पर हमला होने वाला है इसके बारे में जानकारी थी।
4) अमेरिकी गुप्तचर अधिकारियों ने भी चेतावनी दे दी थी कि समुद्र के रास्ते मुंबई के होटल व औद्योगिक प्रतिष्ठानों पर हमला हो सकता है।
5) चेतावनियों के मद्देनज़र पुलिस ने सुरक्षा इंतिज़ाम बढ़ा दिए थे तथा प्रमुख होटलों के प्रबंधन के साथ बैठकें भी की थीं जो कि समुद्र किनारे पर थे। यही नहीं मछुआरों के संगठन, पोर्ट ट्रस्ट के अधिकारियों, कोस्ट गार्ड तथा नौसेना से भी बातचीत की गई थी। ताज तथा ओबेराय होटल के बीच निगरानी करने के लिए एक नाव को भी किराए पर लिया गया था ।
6) नवम्बर के मध्य आख़िरी चेतावनी आई थी कि एक नाव कराची से निकल चुकी है जिसमें ख़तरनाक सामान हैं। परंतु ऐसा लग रहा था कि उस समय तक निगरानी थोड़ी सुस्त पड़ गई थी।

(IV) *सकाल*, पुणे, 3 दिसम्बर 2008 :

1) अमेरिकी गुप्तचर एजेंसियों ने सितम्बर में भारत को दो बार ताज व अन्य प्रमुख केंद्रों पर हमला होने की चेतावनी दी थी।
2) हमले के बाद अमेरिकी गुप्तचर संगठन द्वारा आतंकियों के सैटेलाइट फ़ोन टेप किए गए थे। यह पाया गया कि उस बातचीत में अमेरिका का भी ज़िक्र आया था तथा कुछ सिम कार्ड आतंकियों ने कोलकाता से ख़रीदी थी। तथा एक सिम अमेरिका से ख़रीदी गई थी। अमेरिकी गुप्तचर संस्थाओं द्वारा इसी सिम के माध्यम से संपूर्ण बातचीत रिकॉर्ड की थी।

3) आई बी तथा रॉ द्वारा 12 तथा 18 नवम्बर को दी गई सूचना के सम्बन्ध में नौसेना प्रमुख एडमिरल सुरेश मेहता का कहना था कि ये कार्रवाही करने योग्य नहीं थे।

4) आरोपों का जवाब देते हुए जिसमें संदेहास्पद नाव कुबेर को कोस्ट गार्ड द्वारा जांचा गया और छोड़ देने के बारे में कहा गया कि नाव को रोका गया था और फिर जाने दिया गया क्योंकि काग़ज़ात बिल्कुल सही थे।

(V) *हिन्दुस्तान टाइम्ज़*, मुंबई, 11 दिसम्बर 2008 :

1) मुंबई आतंकी हमले की आंतरिक जाँच में यह पता चला है कि गुप्तचर सूचना होने के बावजूद कोस्ट गार्ड, नौसेना पाकिस्तानी नाव अल-हुसैनी को देख नहीं पाए जिसमें लश्कर-ए-तैयबा के आतंकी थे। और यह उस समय हुआ जब नौसेना के युद्धपोत तथा भारतीय वायुसेना के हवाई जहाज़ गुजरात के क्षेत्र में वार्षिक सुरक्षा अभ्यास कर रहे थे।

2) भारतीय कोस्ट गार्ड के जाखु स्टेशन भुज पर जैसे ही गुप्तचर सूचना मिली थी, उसके 25 मिनट बाद ही वहाँ के डिप्टी कमांडेंट नीलकांत एम यांग्डे ने कमांडेट तथा कमांडर बीएसएफ भुज, कोस्ट गार्ड गुजरात, दमन, दिउ तथा पोरबंदर ज़िलों को फ़ैक्स किया था, जिसमें कहा गया था कि एक कोस्ट गार्ड होवरक्राफ्ट एच-185 तथा एक समुद्र के बाहर निगरानी करने वाला जहाज़ सी-142 को तटरक्षक 26 अभ्यास से हटाया गया है। क्योंकि वास्तविक रूप से कुछ घटना होने की सूचना प्राप्त हुई है। यह फ़ैक्स 20 नवम्बर को रात्रि 11:30 बजे भेजा गया था मुंबई हमलों के 6 दिन पूर्व।

3) रॉ द्वारा दी जानकारी में कोस्ट गार्ड के जाखु स्टेशन से संबंधित क्षेत्र में जाँच करने के लिए नाव भी भेजने की बात कही गई थी। साथ ही सुबह होते ही डोर्नियर विमान भेजने के लिए भी कहा गया था। ताकि हवा तथा समुद्री दोनों ही मार्गों से जाँच हो सके। इसके अलावा क्रीक क्षेत्र में भी नाव व आदमियों को भेजने के लिए कहा गया था। यह जानकारी सभी गुप्तचर एजेंसियों के पास थी जिसमें आई बी भी शामिल थी।

4) कोस्ट गार्ड के बारे में यह जानकारी मिली है उसने होवरक्राफ्ट तथा समुद्री तट की निगरानी करने वाली नाव को लश्कर-ए-तैयबा की

संदेहास्पद नाव को पकड़ने के लिए भेजा था, परंतु 21 नवम्बर को शाम 6 बजे शाम को कांडला में तलाश समाप्त हो गई थी। वही सूत्रों के अनुसार कोस्ट गार्ड की नाव कांडला पर थी परंतु रात्रि में किसी कार्यक्रम के सिलसिले में वहाँ गए थे।

5) आतंकी, जो कि लश्कर-ए-तैयबा की नाव में सवार थे, मुंबई पहुँचने में सफल हो गए। बावजूद इस तथ्य के कि गुजरात में अभ्यास चल रहा था जिसमें नौसेना, कोस्ट गार्ड, भारतीय वायु सेना, तथा आर्मी के 11 इन्फ्रेंट्री डिविजन व बीएसएफ भी भाग ले रही थी।

(VI) *द इंडियन एक्सप्रेस*, मुंबई, 15 दिसम्बर 2008

1) मुंबई हमलों में गुप्तचर एजेंसियों की संभावित विफलता पर आंतरिक जाँच में कोस्ट गार्ड को साफ़ तौर पर बरी कर दिया गया। कोस्ट गार्ड ने नाव को पकड़ने के अपने प्रयासों के बारे में बताया, परंतु उसने आई बी की तरफ़ उंगली उठाई कि उसने सूचना को और अधिक परिष्कृत नहीं किया। साथ ही नौसेना हेडक्वार्टर को भी पश्चिमी कमांड को लूप के बाहर रखने की बात उठाई है।

2) सूत्रो ने जाँच में प्राप्त सूचनाओं का अनुमोदन निम्न प्रकार से किया था :

ए. लश्कर के घुसपैठी नाव के निर्देशांकों के सम्बन्ध में जानकारी प्रिंसिपल डायरेक्टर नौसेना इंटिलजेंस, नौसेना हेडक्वार्टर को दी गई थी जिसने यह जानकारी कार्यरत वेस्टर्न नौसेना कमांड को आगे नहीं बढ़ाई। नौसेना इंटेलिजेंस के प्रिंसिपल डायरेक्टर सीधे नौसेना प्रमुख को उपप्रमुख के माध्यम से सूचना देते हैं।

बी. वेस्टर्न कमांड में, जिनके तहत कोंकण तट आता है, तभी इस घटनाक्रम में नज़र आए जब मरीन कमांडोज (मार्कोस) को आतंकियों से लड़ने के लिए बुलाया गया, जिसका आग्रह महाराष्ट्र के प्रमुख सचिव ने 26-27 नवम्बर की रात्रि को किया था।

सी. कोस्ट गार्ड ने नाव को रवाना किया था, एक होवरक्राफ्ट तथा एक डोर्नियर लश्कर की नाव को 20-24 नवम्बर के बीच ढूंढने के लिए गए, परंतु वे उसे ढूंढ नहीं पाए क्योंकि नाव भारतीय समुद्री सीमा में आई ही नहीं थी।

डी. कोस्ट गार्ड को आरंभिक सूचना मिलने के बाद 20 नवम्बर को उसने पुन: आई बी से संपर्क किया था और यह कहा था कि कार्रवाही योग्य सूचना दे क्योंकि संदेहास्पद नाव भारतीय समुद्री सीमा में नहीं है। परंतु आई बी अपनी सूचना को परिष्कृत नहीं कर पाई जबकि कोस्ट गार्ड ने इस बीच एक बार और इस सम्बन्ध में आग्रह किया था।

ई. गुप्तचर सूचनाओं के अनुसार लश्कर की नाव के निर्देशांक 30-34 थे जो उसको कराची से 20 से 30 समुद्री मील के फ़ासले पर दर्शाती है। यह हवाई रक्षात्मक पूछताछ ज़ोन में आता था, परंतु दूसरे शब्दों में कहें तो यह क्षेत्र भारतीय एजेंसियों के बस के बाहर थे और वे कराची से अनुमति लेकर ही वहाँ जा सकते थे।

(VII) *हिन्दुस्तान टाइम्ज़*, मुंबई, 24 दिसम्बर 2008 :

1) मुंबई पुलिस की समुद्र तट रक्षा करने वाली टुकड़ी जो कि बधवार पार्क तथा कफ परेड क्षेत्र में, जहां दस आतंकी उतरे थे, निगरानी करती थी, उसको 40 दिन पहले ही हटने के लिए कहा गया था।
2) एडिशनल कमिशनर ऑफ़ पुलिस (दक्षिण क्षेत्र) डॉ. के. वेंकटशम ने टुकड़ी हटाने के लिए आदेश दिए थे। उनके अनुसार यह केवल प्रशासकीय कारणों से किया गया था परंतु उन्होंने ऐसा क्यों किया इसके बारे में कोई कारण नहीं बताया।
3) नाम न छापने की शर्त पर समुद्री तट पर निगरानी करने वाले पुलिस अधिकारी ने बताया कि कोस्टल पुलिस को समुद्र तट की निगरानी के लिए ही बनाया गया है। फिर हम लोगों को वहाँ से क्यों हटाया गया? जबकि गुप्तचर सूचनाएँ समुद्र के रास्ते आतंकी हमले करने की थी।

(VIII) *द इंडियन एक्सप्रेस*, मुंबई, 26 नवम्बर 2008 :

1) प्रमुख प्रशासकीय अधिकारियों की बैठक केंन्द्रीय गृह सचिव मधुकर गुप्ता के चेम्बर में हुई थी। महाराष्ट्र के डीजीपी ए. एन. रॉय ने आई बी प्रमुख पी.सी हलधर से पूछा था कि 20 नवम्बर की गुप्तचर सूचना जिसमें लश्कर-ए-तैयबा की नाव के बारे में जानकारी थी। यह जानकारी कोस्ट गार्ड व नौसेना हेडक्वार्टर को दी गई, परंतु मुंबई पुलिस को क्यों नहीं दी

गई ? हलधर ने रूखा-सा जवाब दिया कि मुंबई पुलिस ऊँचे समुद्र में कुछ भी नहीं कर पाती।

2) 20 सितम्बर 2008, इस्लामाबाद के मेरियट होटल धमाके के चार दिन बाद, आई बी के ज्वाइंट डायरेक्टर ने महाराष्ट्र के डी.जी. को चेतावनी दी थी कि लश्कर-ए-तैयबा मुंबई पर हमला करने की योजना बना रही है तथा उनके द्वारा ताज महल पैलेस होटल, वल्लभभाई पटेल स्टेडियम, सी रॉक या ताज लेंड्स एंड होटल, मुंबई जुहू हवाई पट्टी तथा जे. डब्ल्यू मेरियट होटल को निशाना बनाया जा सकता है।

3) 18 नवम्बर 2008 की बैठक में अमेरिका ने रॉ के ज्वाइंट सेक्रेटरी, ए. के. धस्माना को सूचना दी थी, कि लश्कर-ए-तैयबा की नाव भारतीय समुद्री सीमा में घुसने की कोशिश कर रही है। उन्होंने नाव के निर्देशांकों तक की जानकारी दी थी। यह जानकारी आई बी को दी गई ताकि वह अन्य एजेंसियों को इसकी जानकारी दे। ज्वाइंट डायरेक्टर प्रभाकर आलोक ने यह जानकारी नौसेना मुख्यालय तथा कोस्ट गार्ड के पास ज़रूरी कार्यवाही के लिए भेजी थी ।

4) नौसेना मुख्यालय ने यह जानकारी कभी भी अपने तलवार वाली बांह यानी पश्चिमी कमान को नहीं सौपी, जबकि कोस्ट गार्ड ने लश्कर की नाव के लिए 21 नवम्बर की सुबह खोज आरंभ कर दी थी। अमेरिकी गुप्तचरों द्वारा दिए गए निर्देशांकों के अनुसार नाव 20-30 मील कराची के दक्षिण में थी परंतु कोस्ट गार्ड को वह नाव कभी नहीं मिली। उनके अधिकारियो ने न केवल आई बी को इस सम्बन्ध में पत्र लिखा बल्कि उन्होंने आलोक को फ़ोन भी किया कि इस सम्बन्ध में और जानकारी दें। आलोक ने वादा किया परंतु और अधिक जानकारी नहीं दी।

(IX) *हिन्दुस्तान टाइम्ज़*, मुंबई, 10 जनवरी 2009 :

1) दिल्ली में ऊंचे सूत्रों ने *तहलका* को बताया था कि आतंकियों ने जिन मोबाइल नम्बरों का प्रयोग किया था, वे नम्बर आई बी के पास 26 नवम्बर की घटना के पांच दिन पूर्व मौजूद थे। जो सूचना आई बी के पास थी, उसमें 35 मोबाइल फ़ोन नम्बर थे, जिनमें से 32 कोलकाता से ख़रीदे गए थे और तीन दिल्ली से ख़रीदे गए थे और यह लश्कर-ए-तैयबा

के कार्यकर्ताओं ने ख़रीदे थे।

2) इस सम्बन्ध में जो नोट लगाया गया था, वह काफ़ी स्पष्ट था। उसमें लिखा था कि "इन नम्बरों पर नज़र रखने की बहुत ज़रूरत है। इनपर होने वाली बातचीत का विवरण, ये कहाँ हैं और बातचीत के तफ़सीली रिकॉर्ड इनके सम्बन्ध में और ज़्यादा जानकारी हासिल करने के लिए अपेक्षित हैं।"

3) उच्च स्तर के सूत्रों ने बताया कि इस महत्त्वपूर्ण नोट के साथ यह जानकारी आई बी को 21 नवम्बर को ही मिल गई थी, यानी उससे पांच दिन पहले जब घटना के एक मात्र बचे आतंकी मुहम्मद अजमल कसाब, तथा 9 अन्य आतंकी बधवार पार्क में 26/11 की शाम को रबर की डोंगी से उतरे थे।

4) उन चार दिनों में मोबाइल नम्बर चालू थे परंतु उनपर निगरानी नहीं रखी जा रही थी। यह ग़लती और भी गंभीर हो जाती है जब यह पता चला कि उन 35 नम्बरों में से ही तीन नम्बरों का प्रयोग आतंकियों ने मुंबई में रहने के दौरान पाकिस्तान में अपने आक़ाओं से संपर्क बनाए रखने के लिए किया था।

5) प्रधानमंत्री कार्यालय के सूत्रों के अनुसार कसाब व उसके साथी इस्माईल ख़ान (दस लोग पांच जोड़ी में अलग हुए थे) ने 56 यात्रियों को छत्रपति शिवाजी टर्मिनस पर मार दिया था तथा एंटी-टेररिस्ट स्कॉड के प्रमुख हेमंत करकरे व दो अन्य अधिकारियों को मार दिया गया था जबकि आतंकियों की चार जोड़ियां अपने निर्धारित स्थान की ओर चली गई थीं जिनमें नरीमन हाउस तथा ताज व ओबेराय होटल शामिल थे। तब जाकर आई बी में किसी की नींद खुली कि हमें फ़ोन नम्बरों की सूची मिली थी। तत्काल कोलकाता फ़ोन लगाए गए तथा मोबाइल, सर्विस देने वाली कंपनी को सूचना दी गई तथा यह जानकारी तत्काल मिल गई कि 35 नम्बरों में से 3 नम्बर आतंकी वर्तमान में प्रयोग कर रहे हैं।

6) इसके बाद मुंबई पुलिस को सूचना दी गई और आतंकियों के मोबाइल पर हो रहे संवादों के रिकॉर्ड करने की प्रक्रिया आरंभ हुई।

7) इस मामले में भारतीय एजेंसियों ने लश्कर के नेटवर्क में घुस कर उनपर निगरानी रखने के लिए 35 सिम कार्ड आतंकियों के पास पहुँचा दिए थे परंतु इसके बाद की निगरानी वे नहीं रख पाए जो कि रखी जानी थी।

संलग्नक ब

(Annexure B)

कंट्रोल रूम तथा सीपी, ज्वाइंट सीपी (अपराध), डीसीपी ज़ोन – आई एसीपी (गिरगांव विभाग) और दूसरे लोगों के बीच हुए वायरलेस बातचीत की प्रतिलिपि जो कि 26 नवम्बर 2008 को संभवत: रात्रि के 10:45 से 11:30 के दौरान हुई और जिसे एन डी टी वी इंडिया, आई बी एन 7 तथा आजतक टीवी चैनल पर 7 दिसम्बर 2008 को प्रसारित किया गया (केवल कामा अस्पताल, रंगभवन लेन तथा गिरगांव चौपाटी की आसपास के गतिविधियों पर आधारित)

(1)

(आतंकी हमले के दूसरे हिस्सों से सम्बंधित बातचीत)

(2)

कंट्रोल द्वारा बीडीडीएस (बम निरोधक दस्ते को) ज़ोन 2 के :	(मराठी में) कहां पर हैं ?
कंट्रोल द्वारा बीडीडीएस को मोबाइल फ़ोन :	(मराठी में) ताज होटल, कुछ कार्य चल रहा है

(3)

(आतंकी हमले के दौरान अन्य जगहों की बातचीत)

(4)

कंट्रोल द्वारा बीडीडीएस :	(मराठी में) क्या आप चौपाटी जा रहे हैं ?
बीडीडीएस कंट्रोल को	(मराठी में) चौपाटी जा रहे हैं पीटर

डी.बी. मार्ग (डी.बी मार्ग पुलिस स्टेशन के वरिष्ठ पुलिस इंस्पेक्टर ने बुलाया है।)

(5)

(हमले के दौरान अन्य जगहों की बातचीत)

(6)

किंग (सीपी) क्राइम को [ज्वाइंट सीपी (क्राइम)]	वह चौपाटी पर पकड़ा गया है तत्काल पुछताछ की ज़रूरत है।
क्राइम द्वारा किंग को	नोट कर ली हैं जनाब, वहाँ पर दो लोग हैं जो कि वहाँ पर पकड़े गए हैं। जैसा कि हमको बताया गया है। मैंने टीम को निर्देशित कर दिया है। अगर आप अनुमति दें तो सर मैं उनको क्राइम ब्रांच में ले आता हूँ और पूछताछ करता हूँ सर।
किंग	रॉजर, विक्टर की लोकेशन क्या है (ए टी एस प्रमुख हेमंत करकरे) तथा ईस्ट रीजन [एडिशनल सीपी ईस्ट रीजन (अशोक कामटे)] तथा सेंट्रल क्षेत्र की स्थिति क्या है [एडिशनल सीपी, सेन्ट्रल रीजन (सदानंद दाते)]
क्राइम	सेंट्रल रीजन [दाते] कागा अस्पताल में हैं, ईस्ट रीजन [अशोक कामटे] एसबी 1 ऑफ़िस आ रहे हैं।

किंग	विक्टर (हेमंत करकरे) के बारे में क्या जानकारी है ?
क्राइम	वे........ हेमंत सी एस टी रेलवे स्टेशन पर थे। मैं उनके स्थान को तलाश करता हूँ और आपसे संपर्क करने के लिए कहता हूँ।
किंग	ईस्ट रीजन (कामटे) तथा विक्टर (करकरे) ज़ख्मी हुए हैं या वे सुरक्षित हैं ? तथा साथ ही सेंट्रल रीजन (दाते) को चिकित्सकीय सहायता मिली ? क्या अन्य घायलों को चिकित्सा सुविधा मिली ?
क्राइम	मैं करने की कोशिश कर रहा हूँ, ख़बर है कि ईस्ट रीजन (कामटे) के वाहन पर गोलीबारी हुई है परंतु कोई भी घायल नहीं हुआ है। परंतु सेंट्रल रीजन (दाते) के बारे में पता नहीं चला है जैसे ही जानकारी मिलती है मैं आपके पास वापस आता हूँ।
किंग	बचाव दल को उन्हें बचाने के लिए तत्काल भेजो।
क्राइम	पहले ही भेज चुका हूँ सर, एडिशनल सीपी क्राइम तथा तीन अन्य इकाइयां क्राइम ब्रांच की संपूर्ण कार्य कर रही हैं।

(7)

(अन्य जगह हमलों की बातचीत)

(8)

एबल गिरगांव (एसीपी गिरगांव डिवीजन) द्वारा साउथ कंट्रोल को तथा अन्य संबंधितों को	(मराठी में) दोनों, व्यक्ति अब घायल तथा मरे हुए व्यक्ति को नायर अस्पताल में भेजा गया है।
साउथ कंट्रोल	(मराठी में) क्या वे आतंकवादी हैं ?
एबल गिरगांव	उन्होंने हमारे आदेश को नहीं माना वे आगे बढ़ते गए तथा उनमें से एक ने हमारे एक पुलिसवाले पर भी गोली दागी। वे आतंकवादी ही हो सकते हैं।

(9)

(अन्य मुद्दों पर बातचीत)

(10)

क्राइम किंग से बात करते हुए	डीबी मार्ग जो कि चौपाटी है, दोनों ही मारे गए। डीसीपी डिक्टेटर मैंने अभी सूचना दी दोनों को गोली मारी। वे स्कॉडा कार से बाहर आए फ़ायरिंग करते हुए। हमारे लोगों ने प्रतिकार किया तथा दोनों को मार गिराया।